155

Hans-Otto Mühleisen

Das Mögliche verwirklichen

40 Jahre ZIST

Hans-Otto Mühleisen

Das Mögliche verwirklichen

Perspektiven der Humanistischen Psychologie

KREUZ

MIX
Papier aus verantwor-
tungsvollen Quellen
FSC® C106847

© KREUZ VERLAG
in der Verlag Herder GmbH, Freiburg im Breisgau 2013
Alle Rechte vorbehalten
www.kreuz-verlag.de

Satz: de·te·pe, Aalen
Herstellung: fgb · freiburger graphische betriebe
www.fgb.de

Printed in Germany

ISBN 978-3-451-61072-1

Inhalt

Hans-Otto Mühleisen

Einführung

Unsere Welt ist im Umbruch. Zu dessen Verständnis und Einschätzung wird man aus europäischer Perspektive an die traditionelle Epocheneinteilung anschließen können: Die Emanzipation von der durch die Religion vorgegebenen mittelalterlichen Lebensform durch ein neues, schon damals von Naturwissenschaft und Technik beeinflusstes Bild vom Menschen führte am Ende der Frühen Neuzeit zu den politisch wirkmächtigen Ideen von Freiheit und Gleichheit. In einem Verbund von kapitalistischem Wirtschaften und revolutionären Prozessen in Naturwissenschaften und Politik entwickelte sich dann über zwei Jahrhunderte in der westlichen Welt eine Gesellschaft, in der von vielen politische und wirtschaftliche Freiheit gleichgesetzt wurde und die man – positiv gemeint – als Industriegesellschaft bezeichnete. Seit einiger Zeit wird immer deutlicher, dass diese Gesellschaftsform sich wird ändern müssen. In den Industriestaaten haben die Menschen meist mehr als genug zum Leben und leiden eben durch die Ökonomie, die den Überfluss möglich macht, in unterschiedlicher Weise an Überforderung. In der anderen Welt fehlt den Menschen oft nicht nur das Nötigste zum Überleben, sondern durch die Bilder aus den reichen Ländern nehmen sie ihre Situation noch verstärkt als zutiefst ungerecht wahr.[1] Und wenn sie sich, um diese zu ändern, auf den Weg in die vermeintlich bessere Welt machen, sind sie nirgendwo willkommen. Aber auch in den reichen Ländern wachsen Empfinden und Erkenntnis, dass es angesichts der Zunahme speziell der Altersarmut oder der krassen Einkommensdifferenzen nicht mehr gerecht zugehe.[2] Und das Vertrauen in die Politik schwindet, dass sie in Anbetracht der Macht der Ökonomie und der Finanzwelt dies ernsthaft ändern könne oder wolle. Zu den ältesten Wissensbeständen der Ideengeschichte aber gehört, dass politische und gesellschaftliche Systeme, die als grundständig ungerecht empfunden werden, nicht überdauern und erst recht keine Zukunft haben. Menschen, die leiden, werden auf eine Änderung von Institutionen hinwirken, sofern sie diese für ihr Elend, ihre Krankheit, ihr schlechtes Leben als ursächlich ansehen.

Die Humanistische Psychologie, wie sie in diesem Band in vielen Facetten vorgestellt wird, reflektierte früh auf menschliches Leid, das seine Gründe auch in den Bedingungen einer auf Leistung, Konkurrenz und Überlegenheit ausgerichteten Gesellschaft hat. Die Leiden von Menschen konfrontieren die aus dieser Psychologie hergeleitete Psychotherapie mit einer systembedingten Missachtung persönlicher Bedürfnisse, deren Befriedung für ein gutes Leben notwendig ist. Wenn die Arbeit des Menschen zum Profit verhindernden Kostenfaktor verkommt, geht dessen Würde verloren. Die Anerkennung, die ihm die Arbeit sinnvoll werden lässt, hat keinen Platz, wenn die Abschaffung seines Arbeitsplatzes mit Prämien belohnt wird, wenn Aktionärsinteressen zu Lohndumping und Wegrationalisierung von Arbeitsplätzen führen. Man weiß aus Therapieberichten, dass der Satz »Ich komm' gar nicht vor«, der berufliche wie private Beziehungsgeschichten benennen kann, oft zu den Wurzeln einer Krankheit führt.

Die Humanistische Psychotherapie setzt eben an dieser Stelle an, indem sie dem Menschen, so wie er von Anfang an ist und wie er sich im Laufe seiner Geschichte entwickelt, das Potential zur Gestaltung eines für ihn guten Leben zuspricht. Wenn die neuere Hirnforschung eindrucksvoll bestätigt, dass Entwicklung und Veränderungen, die zu einem besseren, kreativeren, erfüllteren Leben führen, unabhängig vom Alter sind, so war eine solche Annahme – intuitiv und aus Erfahrungen gewonnen – immer schon Orientierungswissen für das therapeutische Handeln der Humanistischen Psychotherapie. Man wusste schon lange, dass die Gestalt menschlichen Lebens ihr Fundament in sozialen Beziehungen hat. Versteht man das biblische Wort, »Wer der Größte unter euch sein will, sei der Diener aller«, nicht als moralische Norm, sondern als soziale Vorgabe von gelingender Gemeinschaft, so wird deutlich, wie die auf – letztlich vernichtende – Konkurrenz ausgelegten Systeme dem Kerngedanken vieler Religionen, der im Menschen angelegten Würde, zuwider sind.

Die Idee, dass dem Menschen ein Potential zu einem für ihn gelingenden Leben mitgegeben ist, ist das Fundament der Humanistischen Psychotherapie. Ihre Begründer interessierten sich daher von Anfang an für Menschen, die ihr Leben als geglückt ansahen.[3] Natürlich kommen auch zu Therapeuten dieser Ausrichtung vor allem Menschen, die leiden. Aber die vorrangige Orientierung der therapeutischen Begleitung ist daher die Frage, wie besseres Leben gelingen könne und dabei sind Fragen nach Gründen oder früheren Erfahrungen von Leid eher funktional integriert. Die Glücksforschung und eine auf ethische Fragen eingehende Ökonomie sind sich heute einig: »Auf Dauer werden wir mit diesem Wachstum nicht glücklich werden. Wir gewöhnen uns schnell an jeden neuen Standard von Wohlstand, sind unzufrieden und verlangen alsbald nach mehr. Wachstum führt auch nicht dazu, dass die Menschen glauben, ein sinnvolles Leben zu führen.«[4] Eben dafür hatte Abraham Maslow seit den 1940er Jahren das Modell der ansteigenden und sich überlagernden Bedürfnisse entwickelt, wie es damals grundlegend für die Humanistische Psychologie wurde und, immer wieder fortentwickelt, bis heute wichtige Richtschnur geblieben ist.

Den Anstoß zur Herausgabe dieser Anthologie mit Texten zur Humanistischen Psychologie gab das 40-jährige Bestehen von ZIST. 1973 nach ihrer Rückkehr aus den USA, wo sie sich von der klassischen medizinischen Forschung der psychosomatischen Medizin zugewandt hatten, von Wolf Büntig und seiner Frau Christa als »Zentrum für Individual- und Sozialtherapie« nahe Penzberg im bayerischen Voralpenland gegründet, war dieses Institut von Beginn an den Leitgedanken der Humanistischen Psychologie verpflichtet. In seiner Entwicklung vom Ort der Selbsterfahrung zu einem modernen Seminarzentrum und jüngst zur staatlich anerkannten Akademie zur Ausbildung psychologischer Psychotherapeuten ist es gleichsam ein Spiegelbild der Rezeption und der Entfaltung der Humanistischen Psychologie in Deutschland. Begleitet wurde die praktisch-therapeutische Arbeit in ZIST durchgängig von konzeptionell-theoretischem Nachdenken über Sinn und Wert, über Erfolge und Grenzen dieser Arbeit und seiner Grundlagen. Aus diesem Fundus schöpft der vorliegende Band.[5]

Den Teil I bilden Texte von Wolf Büntig, die, von Erfahrungen geprägt, aus der Substanz der Humanistischen Psychologie heraus auf ein verantwortungsvolles therapeutisches Handeln vom Anfang bis zum Ende des Lebens reflektieren. Einen thematischen Schwerpunkt bildet, wie in seiner praktischen Arbeit, Krankheit als Wendepunkt des Lebens. Dies ist doppelsinnig: zum einen wird sich insbesondere mit der Diagnose einer lebensbedrohenden Krankheit für jede/n das Empfinden für Alltag und Zukunft wesentlich ändern. Zum anderen wird die Krankheit zum notwendigen Wendepunkt für Lebensgewohnheiten, die für die Krankheit zumindest mitursächlich waren. Dies ist oft eine schwierige therapeutische Hürde. Die Texte von Wolf Büntig sprechen mit großer Intensität vom Leiden der Menschen, von der Hoffnung auf Besserung und vom Wissen, dass Krankheit und Sterben von jeder und jedem mitzugestaltende Lebensprozesse sind, für die der Therapeut nach dem alten Sinn des Wortes verantwortungsvoller Begleiter sein kann – nicht mehr, aber auch nicht weniger.

Im Teil II sind Schriften versammelt, die wiederum über den gesamten Zeitraum im Kontext der Arbeit von ZIST als Einzelvorträge, Kongressbeiträge oder Programmaufsätze entstanden sind. In der Synopse ergeben sie zum einen eine Geschichte von Inhalten, die den weiten Rahmen der Humanistischen Psychologie ausmachen, fast mehr aber noch indizieren sie die Fülle der Gegenstände und den Reichtum der Gedanken, die in diesem Rahmen zum Tragen kommen. Jeder Text rührt auf seine Weise an das zentrale Motiv des verantwortungsvollen Beistands in der Zeit notwendiger persönlicher Orientierung vor dem Hintergrund gesellschaftlicher Umbrüche. Beim Gang durch die ausgewählten Arbeiten wird manifest, dass sich in der Humanistischen Psychotherapie Wissensbestände aus ganz unterschiedlichen Bereichen, von Theologie und Philosophie bis zur Medizin, Pädagogik oder Ökonomie vielfältig und inspirierend zu einer gemeinsamen Aufgabe verbinden. Letztlich dienen sie einem Leben in Fülle – so weit es eben möglich ist.

Der Umschlag zeigt ein Bild des 2007 verstorbenen Pfarrers Eberhard Warns, der in seiner langjährigen Demenz mit dem Malen eine neue Freiheit und vielleicht neue Autonomie fand. Das Gemälde, das einzige mit einer gegenständlichen Anspielung[6], lässt sich wie ein rite des passage lesen, ein Verweis, wie ein solcher Durchgang Ausblick und Zugang in eine andere Welt auftun kann. Um das Mögliche zu verwirklichen, ist es hilfreich, manchmal unerlässlich, auch durch Eingänge zu gehen, die in nicht bekannte Räume führen. In einer Welt im Umbruch können die Perspektiven der Humanistischen Psychologie dabei behutsame und verlässliche Wegweiser sein.

Teil I

»Das Geschenk des Lebens«

Texte von Wolf Büntig

Der persönliche Weg[7]

Selbstentfaltung

Selbstentfaltung ist ein lebenslanger Prozess des Wandels, in der Auseinandersetzung mit der Welt, von der wir abhängig und ein Teil sind. Wir gestalten auf unserem Lebensweg das im Keim schlummernde Wesen zur persönlichen Form. Wir lassen uns immer wieder neu von der Welt beeindrucken, sammeln und verdauen unsere Eindrücke, drücken die dabei auftauchenden Gefühle und Gedanken aus und finden, formen und erkennen so unser Selbst. Dieser Individuationsprozess ist ein ständiges Vergehen und Neuwerden. Jeder neue Wachstumsschritt stellt das Gewordene in Frage. Neue, differenziertere Bedürfnisse werden wach und bedrohen die Sicherheit des Gewohnten. Der Hunger nach geistiger Entwicklung in unserer Zeit ist zum Beispiel eine solche Herausforderung der materiellen Sicherheiten, mit denen wir uns einschläfern. Selbstentfaltung bedeutet Arbeit. Denn zunächst müssen die Verspannungen überwunden werden, mit deren Hilfe wir einst unerträgliche Eindrücke, unbefriedigte Bedürfnisse und unerwünschten Ausdruck verdrängen und damit unser Wesen verstellen lernten. Diese Spannungen sind die Verkörperung unserer Geschichte und bestimmen durch Haltung und Verhalten unseren Charakter. Diese erstarrte Form täuscht Sicherheit vor, verführt uns zu Idealvorstellungen und behindert die Verkörperung unseres eigenen Wesens, zu der uns unsere Lebenskraft zeitlebens drängt. Die Entscheidung von dieser Form ab- und uns auf Unsicherheit einzulassen, ist ein erster Schritt, für den Geduld, Bescheidenheit und Großzügigkeit sich selbst gegenüber notwendige Voraussetzungen sind. Die Bereitschaft, mit den Mühen, Frustrationen, Ängsten, Schmerzen und Freuden umzugehen, die mit diesem Prozess verbunden sind, ist Bedingung für Befreiung und Befriedigung wesensgemäßer Bedürfnisse.

In der Gesellschaft

Uns wird oft der Vorwurf gemacht, wir lebten auf einer Insel, und der Humanistischen Psychologie wird angelastet, sie versorge eine Elite mit Scheuklappen gegenüber den gesellschaftlichen Bedingungen. Wir wissen, dass wir unser Selbst nicht im luftleeren Raum, sondern in einer raumzeitlichen Gegenwart und in Beziehung zu Mitmenschen in der Welt finden. Wer seine Depression, d.h. die Unterdrückung der Fähigkeit, zu trauern und zu feiern, zu lieben und zu leiden, überwindet, der wird jedoch nicht nur offener für die eigenen Bedürfnisse und die Möglichkeiten ihrer Befriedigung, sondern auch für die Not der anderen. Die menschenwürdige Gesellschaft braucht sich ihrer Würde bewusste Menschen und umgekehrt. Doch wo anfangen? Therapie der entfremdeten Menschen oder Veränderung der entfremdeten Bedingungen? Beides! Doch durch wen? Wer Entfremdung überwinden helfen und für das gute Leben protestieren oder Zeugnis ablegen will, sollte eine auf eigener Erfahrung beruhende Vision von einem befriedigenden Leben haben. »Wer das gute Leben nicht kennt, ist ohnehin verloren«, sagt Marcuse zu Habermas und meint damit, dass, wer für die Bedürfnisse anderer propagiert, nicht aus unerkannter eigener frustrierter Bedürftigkeit agieren sollte. Sinnvoller Protest und ein Engagement für die Welt, das über die Abfuhr gestauter Emotionen gegen die Mächtigen (Eltern, Lehrer und so weiter) hinausgeht, braucht persönliche Kompetenz.

Dazu gehören Selbsterkenntnis, beruhend auf Selbstgefühl, Selbstbewusstsein und Selbstverständnis des Handelns, Unbestechlichkeit, Frustrationstoleranz und Selbstachtung.

Wir glauben in ZIST »politische Arbeit« zu leisten, wenn wir lernen und lehren, unserem Herzen nachzugehen, wieder den Unterschied zu sehen zwischen scheußlich und schön, zu fühlen, was weh tut und zu riechen, was stinkt, und Ja und Nein zu sagen.

17

Transzendenz

Psychotherapie, die nicht nur der Anpassung an die geltenden Normen oder Antinormen dient, führt früher oder später auf einen Weg, auf dem wir der Frage nach dem Sinn unseres persönlichen Lebens nachgehen. Viele von denen, die an ihrer Sinnlosigkeit leiden, suchen Erlösung im Schnellverfahren in sogenannten »spirituellen« Bewegungen unter Umgehung ihrer kulturellen Wirklichkeit. Manche möchten gerne den zweiten Schritt vor dem ersten tun und ihre Bedürftigkeit leugnen, statt sie zu befriedigen, um dann darüber hinauszugehen. Zur Befriedigung differenzierter Bedürfnisse gehört der momentane Verzicht, doch nicht die Verleugnung einfacher Bedürfnisse. Geistigkeit hat ihre Wurzel in einem erfüllten Leben und wird nicht erreicht durch eifrigen Glauben, sondern durch Erfahrung.

Unter Transzendenz verstehen wir das Überschreiten jener persönlichen Grenzen, die der Orientierung in der gesellschaftlich geregelten Welt dienen und die Person zu einem vorhersagbaren *Ich* festlegen; dann die Überwindung der kulturellen Vorurteile, nach denen wir nur jenen Erfahrungen Wirklichkeitscharakter zubilligen, die analytischem Denken und statistischer Messbarkeit unterworfen werden können; und schließlich die Bereitung eines geistigen Freiraumes, in dem Person und Universum als im ständigen Wandel begriffen und scheinbar absurde Widersprüche – wie zum Beispiel Sinn im Leben zu finden angesichts des Todes – als Polaritäten eines größeren Ganzen erkannt werden können.

Transzendenz bezeichnet ferner jenen inneren Weg, auf dem die Person frei wird, die Vorstellungen, Masken und Rollen, die sie »Ich« zu nennen gelernt hat, je nach Situation zu gebrauchen oder zu lassen, und durchlässig wird für die schöpferischen Gestaltungskräfte des eigenen Wesens, die ihre Wurzeln in der Gemeinschaft alles Lebendigen haben. Transzendenz bedeutet auch die Öffnung zum Unbekannten, zu den verborgenen Kräften in uns, die wir nicht mehr oder noch nicht kennen und zu denen wir uns noch nicht bekannt haben. Schließlich ist Transzendenz der Weg der persönlichen

Religion, auf dem wir im alltäglich gelebten Leben entdecken oder wiedererkennen (religare – wieder binden, einsammeln), was wir vom Wesen her eigentlich schon wissen – der Weg, auf dem wir werden, wie wir sind. Zu den transzendierenden Kräften gehören Beharrlichkeit, Intuition, Vision und Humor sowie die Bereitschaft zum radikalen Leben, in dem die Person, im Selbst wurzelnd, auch in Einsamkeit, Absurdität und Todesnähe ihre Integrität wahrt.

Wendepunkte in Schwangerschaft und Geburt[8]

Von Karlfried Graf Dürckheim habe ich gelernt, Lebenskrisen als Chancen zur persönlichen Wandlung zu sehen, und Stanley Keleman zeigte mir die Bedeutung von Wendepunkten, an denen wir diese Wandlung körperlich, emotional und geistig vollziehen, um uns über unsere biologische und kulturelle Bedingtheit hinaus zu eigenständigen Personen zu entfalten. Wann immer an Wendepunkten (in Entwicklungskrisen) gewohnte Ordnung erschüttert wird, wird gebundene Lebenskraft frei und ordnet sich neu zu verwandelnder Form. Wo immer hingegen wir diese Chance nicht wahrnehmen, vor dem Unbekannten zurückschrecken, uns vor der Verantwortung für das Neue drücken, zögern, den nächsten Schritt zu tun und die Wandlung nicht vollziehen, da unterdrücken (deprimieren) wir die Person, die wir werden, zu Gunsten der Person, die wir waren. Die Überangepasstheit an die Normen des verwalteten Lebens in der Industriegesellschaft, in der wir dazu neigen, die Entwicklung wesensgemäßer Art zu unterdrücken, nenne ich »normale Depression«.

Die umwälzenden Stoffwechselvorgänge in der Schwangerschaft und die damit verbundenen Erregungsprozesse, die als Erschütterung des Gewohnten wahrgenommen und gemeinhin als Schwangerschaftslaunen abgetan werden, und erst recht die tiefe Regression der Gebärenden, in der sie gelernte Rollen weitgehend aufgibt, erscheinen mir – vergleichbar den in der Psychotherapie provozierten Krisen – als eine bislang wenig beachtete Chance zur Überwindung der normalen Depression und zum persönlichen Wandel vor allem der werdenden Mutter, doch auch aller anderen Beteiligten.

Die normale Depression

Wir reifen in Sprüngen, diskontinuierlich, mit Unterbrechungen. Auf Zeiten von Ruhe und Sicherheit folgen Momente der Erschütterung. Die meisten von uns haben jedoch gelernt, die Unsicherheit zu scheuen, die in diesem rhythmischen Reifen liegt. Unsere Fähigkeit, uns an Vergangenes zu erinnern und Zukünftiges zu planen, unser Bewusstsein für Zeit also, hat uns in einer in der gesamten Natur unerhörten Weise befähigt, uns diesen Erdball bequem einzurichten. Paradoxerweise können wir jedoch die gleiche Fähigkeit, mit der wir unsere Vergänglichkeit erkennen, auch dazu missbrauchen, unsere Vergänglichkeit zu leben.

Depression ist die Tätigkeit der Selbstunterdrückung. Wo der Einzelne vor der Aufgabe resigniert, sein menschliches Wesen zu persönlicher Eigenart zu entfalten, lebt er die »normale Depression«. Überall da, wo wir uns Sachzwängen unterwerfen statt unser Leben persönlich zu gestalten, wo wir in lustloser Routine guten Zwecken dienen statt unserem Leben einen Sinn zu geben, wo wir vor lauter manipuliertem Bedarf keine persönlichen Bedürfnisse mehr wahrnehmen – überall da finden wir Anzeichen der normalen Depression. Wir gelten deshalb beileibe nicht als krank. Solange wir mitmachen und konsumieren statt zu genießen, produzieren statt wachsen zu lassen, fabrizieren statt zu gestalten, Spaß haben statt uns zu freuen und wehleiden statt wirklich zu leiden, das Leben aushalten statt uns darauf einzulassen – genauso lange gehören wir dazu und gelten als normal.

Dieses Normalsein, die *normale Depression* aufrecht zu erhalten, ist Arbeit und kostet Kraft, Muskelkraft. Die Kraft nämlich, die es braucht, nicht zu atmen, nichts zu fühlen, nichts zu äußern, sich nicht zu bewegen, sich nicht gehen zu lassen; die Kraft, die notwendig ist, sich zu halten: sich zusammenzureißen, sich dranzuhalten, oben zu bleiben, alles drin zu halten, sich zurückzuhalten und sich rauszuhalten. Wenn sich die normale Depression nicht mehr aufrechterhalten lässt, weil entweder der Drang zu wesensgemäßer Entfaltung zu groß oder die Kräfte zu schwach werden für die doppelte Aufgabe, gleichzeitig uns selbst zu unterdrücken und die gewohnte Leistung zu erbringen, dann kommen wir an einen Wendepunkt, den wir entweder regressiv oder progressiv bewältigen. Entweder wir danken von der Norm ab und verzichten darauf, im Leistungskarussell weiter mitzurennen, indem wir noch weniger atmen, fühlen, uns bewegen und ausdrücken, d.h. indem wir uns noch weiter deprimieren. Oder aber wir befreien uns aus unserem selbstverwalteten Gefängnis und stellen uns dem Neuen, dem Unbekannten.

Wendepunkte

Wendepunkte sind Phasen in unserem Leben, in denen aus dem Alten das Neue geboren wird, in denen wir gewordene Form verlieren, um neue Gestalt zu finden, in denen wir das Bekannte in Frage stellen und uns öffnen für das Unbekannte, für das, was wir noch nicht kennen und für das, was wir noch nicht gekannt haben.

An Wendepunkten geben wir den Halt auf, den wir am Gewordenen hatten, um dem zu begegnen, was werden will. An Wendepunkten nehmen wir Abschied von der Person, die wir waren, und begrüßen die, die wir werden.

An Wendepunkten beobachten wir vier Phasen:
Vertrautheit – Abschied – Fremdheit – Begrüßung / Gewohnheit – Ablösung – Unbekanntheit – Gewöhnung / Sicherheit – Risiko – Unsicherheit – Übung / Struktur – Zerfall – Chaos – Neuordnung / Dichte – Auflösung – Weite – Verfestigung / Ruhe – Stimulation – Unruhe – Beruhigung / Begrenztheit – Öffnung – Grenzenlosigkeit – Begrenzung … und so fort.

21

Die einzelnen Phasen sind mit für sie charakteristischen Gefühlen verbunden: In der ersten Phase finden wir Gefühle von Sicherheit und Geborgenheit, aber auch Gefühle von Enge, Langeweile und Überdruss. Die Phase des Aufbruchs und der Ablösung ist verbunden mit Gefühlen, mit denen wir Verlust begleiten: Traurigkeit, Ärger, aber auch Erleichterung, Befreiung, Freude. In der Phase der Fremdheit kennen wir Gefühle von Orientierungslosigkeit, Nichtwissen, Hilflosigkeit, aber auch Spielraum, Freiheit, Offenheit. Für die letzte Phase schließlich sind Gefühle wie Neugier, Konzentration, Zielstrebigkeit, Vorfreude, Erkennen – aber auch Zaghaftigkeit, Mutlosigkeit, Zweifel charakteristisch.

Schließlich können in jeder Phase charakteristische Ängste auftreten. Beim Loslassen des Gewohnten Verlustangst; Angst vor Unbegrenztheit, Auflösung oder Verlassenheit beim Eintauchen ins Unbekannte; in der Phase der Neubildung die Angst, etwas falsch zu machen; und schließlich, am Übergang zur neuen Sicherheit, die Angst vor Beengung und neuer Verantwortung. Alle diese Gefühle und Ängste sind gesund und realistisch. In ihnen geben wir uns uns selbst und den anderen zu erkennen und reifen von einer uns allen gemeinen Emotionalität, wie wir sie von Geburt an mitbekommen haben, zu einem differenzierten persönlichen Gefühlsleben.

Schwierigkeiten können da entstehen, wo wir gelernt haben, die Gefühle einer bestimmten Stufe so sehr zu fürchten, dass wir den nächsten Schritt nicht wagen und vorzugsweise in einer Phase der Verwandlung verharren als der Sicherheitssüchtige oder als der ewige Flüchtling, als Chaot oder schließlich als der ewige Student, der immer von vorne anfängt. Depression ist die Arbeit, aus Angst vor Gefühlen Gefühle niederzudrücken. Lebenskrisen, unausweichliche Geschehnisse wie Schwangerschaft, Geburt oder Tod können diese Gewohnheiten erschüttern und das Rad der Verwandlung wieder in Bewegung bringen, vor allem, wenn die betroffene Person Begleitung findet durch einen Freund, durch ihren Mann – oder aber durch einen Therapeuten.

Schwangerschaftslaunen

Als meine jüngste Tochter sich in ihrer Mutter darauf vorbereitete, in diese Welt geboren zu werden, habe ich die frühe Schwangerschaft als so etwas wie eine einzige bioenergetische Revolution verstehen gelernt. Das neue Leben, das wachsen und menschliche Gestalt annehmen will und für diese Arbeit das nötige Feuer braucht, fordert Nahrung und Sauerstoff. Es löst mittels der Hormone eine ganze Kette von Stoffwechselvorgängen aus, welche die Mutter körperlich wie seelisch in Bewegung und aus dem gewohnten Geleise bringen. Plötzlich oder aber auch allmählich braucht sie mehr Bewegung, geht mehr spazieren, braucht mehr Anregung oder mehr Schlaf, entwickelt neue Ess- und Trinkgewohnheiten, erlebt sich lustvoller oder weigert sich eindeutiger in der Liebe, mag auch sonst nicht, wo sie früher mitgemacht hat, und entwickelt Neugier für Unternehmungen, auf die der Mann vielleicht nicht vorbereitet ist; und so weiter.

Ärztlicher und populärer Aberglaube sind sich einig: Die Frau hat Schwangerschaftslaunen und Gelüste, denen man am besten mit liebevoller Nachsicht und Nichtbeachtung begegnet. Ich halte das für bedauerlich, denn ich glaube, dass in der Schwangerschaft mit ihren Erschütterungen des körperlichen und seelischen Gleichgewichts eine Chance für die Frau liegt, die normale Depression zu überwinden. In dieser Zeit, in der sie sich auf die umwälzende Geburtsarbeit vorbereitet, in der sie von der Frau zur Mutter wird, wachsen die Brüste, wächst und lockert sich der Uterus, werden Bänder gedehnt, Gewebe schwellen, fließt mehr Blut, das Herz schlägt kräftiger, da ist mehr Bewegung, da ist mehr Atmung.

Da finden wir plötzlich unerwartete Hoffnungen oder Ängste, Sehnsüchte oder Befürchtungen, Hartnäckigkeit oder Nachgiebigkeit, Verzagtheit oder Mut, einmal Zaudern und dann, überraschend, wieder Zuversicht. All diese widersprüchlichen Gefühle und Gedanken, denen die Schwangere sich und ihre Umgebung aussetzt, sind charakteristisch für jene Phase im Zyklus des Reifens, wo wir vom Alten noch nicht ganz losgelassen haben und das Neue noch nicht anpacken können, wo wir uns verabschieden von gewohnter Sicherheit und uns vorbereiten auf das neue Unbekannte. Hier, am Scheitel des Wendepunktes, fließt Erregung frei als kreatives Potential und lädt zur Verwandlung ein. Das ist zugleich Chance und Herausforderung, mehr zu fühlen und anders zu denken. Die einen geben dem nach und fühlen sich so gut wie nie zuvor in ihrem Leben. Andere reagieren mit mehr Depression und fühlen sich elender als je zuvor.

In der Türkei soll es Sitte sein, den schönsten Apfel des Baumes, das lockerste der frischgebackenen Brötchen, die wohlriechendste Rose im Garten der schwangeren Nachbarin zu bringen, die diese zufällig hätte sehen oder riechen und Lust darauf hätte bekommen können. Ich empfehle aus eigener glücklicher Erfahrung, wie die Türken die Gelüste der Schwangeren zu berücksichtigen, die sogenannten Launen und Stimmungsschwankungen während der Schwangerschaft ernst zu nehmen und diese natürliche Chance zur Selbstheilung von der »normalen Depression« nach Kräften zu unterstützen. Da zu sein, hinzuhören, zu antworten, zu bejahen, mitzugehen – so kraus und ungereimt die Gefühle und Gedanken zunächst auch scheinen mögen. Der Lohn für den Mann ist unter Umständen Selbstwandlung im Mitgehen und eine vertiefte Beziehung zu einer verwandelten Frau, und für alle Beteiligten eine vertiefte Beziehung zum Leben.

Geburt und danach

Zum Zeitpunkt der Geburt wird die Beziehung des neuen Menschen zur Mutter und damit zur Welt geprägt. Während die Entwicklung unserer körperlichen, seelischen, geistigen und religiösen Fähigkeiten im Mutterleib vor allem unserem im genetischen Code angelegten Wesen folgt, reifen wir vom Zeitpunkt der Geburt an in der Auseinandersetzung mit einer mannigfaltigen Welt, der wir ausgesetzt und von der wir abhängig sind. Die Geburt ist ein Gegenwart verwandelnder und Zukunft prägender Wendepunkt im Leben nicht nur des

Neugeborenen, sondern auch der Mutter und des Vaters, in den Beziehungen zwischen den Eltern wie für die Familie und für die Beziehung aller Beteiligten zur Welt. Es genügt nicht, diesen Wendepunkt medizinisch einwandfrei zu meistern, um das materielle Überleben zu sichern. Genauso wichtig ist es, die menschlichen Bedingungen zum Zeitpunkt der Geburt zu beachten, die geeignet sind, die Entfaltung persönlichen Lebens zu fördern.

Das Neugeborene hat Bewusstsein. Auch wenn es noch nicht in Symbolen (Wörtern und Bildern) denken und sprechen kann, hat es doch in den ersten neun Monaten seines Lebens im Mutterleib sinnliches Wahrnehmungsvermögen, Erlebnisfähigkeit, emotionalen Ausdruck, Erinnerungsvermögen und Lernfähigkeit weitgehend ausgebildet. Das heißt, das Neugeborene riecht, hört, spürt, sieht, hat Gleichgewichtssinn. Es kann freudig lachen, selig glucksen, ärgerlich oder verzweifelt schreien, wütend treten, befriedigt schmatzen und so weiter. Sofort nach der Geburt fängt es an, seinen Erfahrungen entsprechend zu lernen und sich zu verhalten.

In der kurzen, unmittelbar auf die Geburt folgenden Phase, in der Mutter und Kind durch die umwälzenden Erfahrungen der Geburt ganz offen, verletzlich und empfänglich sind, ist die Zeit der Prägung (Lorenz erhielt für diese Entdeckung den Nobelpreis). Die scheinbar ausweglose Enge im Geburtskanal ist wohl die Grundlage für die Urangst, die grenzenlose Weite nach dem Durchtritt die Urerfahrung unseres Alleinseins. Leboyer und andere vor ihm beschreiben diese Erfahrung als die Hölle, als die Grundlage allen Zweifelns, aller Verzweiflung, aller Verlassenheit. Der erste Blick- und Hautkontakt jedoch mit der Mutter unmittelbar nach der Geburt ist die sicherste Grundlage für die Entwicklung des sogenannten Urvertrauens im neuen Menschen. In den Augen, an der Brust, in den Händen der Mutter fühlt sich das Kind angekommen, angenommen und in dieser Welt zu Hause.

Mit der Geburt findet offenbar der Mensch ein Grundmuster für seinen Umgang mit Wendepunkten. Jedem Neubeginn geht ein Enden voraus, jeder Geburt ein Sterben. Um geboren werden zu können, sterben wir für unser intrauterines Leben. Um allein – all-ein, alles in einem – sein zu können, geben wir symbiotische Einheit auf. Dabei wird der neue Mensch nicht nur geprägt in Richtung Urangst, Urverlassenheit oder Urvertrauen; meines Erachtens wird auch die Art und Weise, wie er später mit Wendepunkten umgehen wird, zum Zeitpunkt der Geburt geprägt.

Wir wissen zum Beispiel, dass Kaiserschnittkinder, denen auf dem Weg in diese Welt die Fahrt durch die Hölle erspart blieb, im späteren Leben eine Neigung zu einer vergleichsweise geringen Frustrationstoleranz zeigen: Wenn etwas schwierig wird, wenn etwas nicht wie von selbst geht, wenn sie sich anstrengen müssen, werden sie leicht wütend, fangen an zu toben und fordern so die Abgrenzung durch die Außenwelt heraus, die ihnen durch den Kaiserschnitt erspart oder vorenthalten wurde. Amerikanische Geburtshelfer sind deswegen dazu übergegangen, durch Kaiserschnitt geborene Kinder sofort nach der Geburt kräftig zu massieren, um den Durchtritt durch den engen Geburtskanal zu simulieren. Eine solche Neigung zu verminderter Frustrationstoleranz kann auch später noch überwunden werden dadurch, dass man den Säugling regelmäßig massiert und dem Kleinkind liebevoll eindeutige Grenzen setzt.

Menschen, deren Geburt medikamentös eingeleitet wurde, neigen im späteren Leben dazu, sich zu kurz gekommen, betrogen, ungerecht behandelt, gezwungen zu fühlen. Es wäre der Mühe wert zu untersuchen, ob auch in anderen Fällen der Umgang mit Krisen im späteren Leben mit der Art der Geburt in Zusammenhang zu bringen ist: Zum Beispiel ob Menschen, denen alles zu schnell geht, Sturzgeburten erlebt haben, ob bei Routine-Kreißsaalgeburten häufiger als bei Leboyer-Geburten später das Gefühl entsteht, alles sei zu viel; ob Menschen, die eine phobische Angst davor haben, irgendwo stecken zu bleiben oder nicht weiterzukommen, eine schwierige Geburt mit zu langer Austreibungsphase hatten. Ich glaube, dass wir die totale Erregung in der Angst (der Enge) im Geburtskanal brauchen, um dann völlig offen zu sein für die erste Begegnung mit der Welt außerhalb des Uterus (des Paradieses). Wenn dann das Neugeborene liebenden Augen, einer warmen Hand, sanftem Licht und stiller Sammlung begegnet, hat es gute Voraussetzungen, sich auf dieses Leben einzulassen.

Das nach Leboyer geborene Kind entwickelt sich leichter und komplikationsloser als der Durchschnitt. Wenn es jedoch einer (dank Betäubungsmitteln) abwesenden Mutter, harten oder – schlimmer – gar keinen Händen begegnet, die es empfangen, wenn es in grelle Operationssaalbeleuchtung und hektischen Kreißsaallärm geboren wird, wenn es als erstes durch Sachlichkeit oder gar durch Mundtücher maskierte Arztgesichter sieht, dann könnte es seine erste Lektion bekommen haben, dass das Leben nicht zu genießen, sondern auszuhalten sei. Wenn es, statt mit der Mutter verbunden zu bleiben, bis es eine eigene Atmung gefunden hat, durch frühe Abnabelung von seiner Lebensquelle plötzlich abgetrennt wird, dann wird der erste Atemzug zur Überlebensfrage und der Atem von da an weniger die Basis eines befriedigenden Lebens denn eine mit der Sicherung des Überlebens belastete Tätigkeit.

Wenn der erste Stress, jener gesunde Anpassungsmechanismus an Veränderung, nicht eine Antwort auf eine Herausforderung des Lebens in uns, sondern auf eine Bedrohung des Überlebens erscheint, dann wird ein Grundmuster gelegt für den späteren Umgang mit Stress. Wenn der angstvolle Übergang von jener in diese Welt nicht zu einer Lösung der Angst in den liebevollen Augen und Armen der Mutter führt, wenn die erste Begegnung mit dem Diesseits ein Zuviel an fremden Sinnesreizen bringt, wenn wir nach Verlassen des Paradieses nicht wirklich ankommen, wenn wir nach Überschreiten der Grenze in eine bedrohlich erscheinende Welt geboren werden, dann ist es gut möglich, dass wir geprägt werden für die Resignation, für die Gewohnheit, im Zweifelsfall Augen und

Ohren zu verschließen oder die Luft anzuhalten, für die Einstellung, es lohne sich nicht, Angst auf sich zu nehmen und über die eigenen Grenzen hinauszugehen.

Der Mensch ist Mensch von Anbeginn an. Menschliches Leben beginnt nicht erst irgendwann im ersten Lebensjahr, sondern spätestens mit der Befruchtung der Eizelle. Jedenfalls werden wir als Menschen geboren, und es ist Leboyer zu danken, dass er uns daran erinnert und fordert, dass wir unsere Neugeborenen auf dieser Welt menschlich als Menschen empfangen. Doch die Geburt des Kindes ist nicht die einzige Geburt bei einer Entbindung.

Die Geburt der Mutter

Durch die extreme Herausforderung durch die Wehen- und Geburtsarbeit, die der Frau Kräfte abverlangt, von denen sie selbst meist nichts ahnt, geht sie über ihre körperlichen wie über ihre seelischen Grenzen oft weit hinaus. In dieser von Odent beschriebenen Regression, in der ihr Bewusstsein auf uraltes Instinktwesen zurückgreift, ist sie total Erregung und somit total offen für die Begegnung mit dem Kind. Hebammen und Ärzten erscheint dieser emotionale Ausnahmezustand jedoch als (unbewusst für sie selbst) bedrohlich, weshalb sie sich – in der Regel – bemühen, ihn durch Betäubungsmittel zu beherrschen. Die momentane Hilfe durch diese Medikamente scheint jedoch fragwürdig, da sie offenbar nur das Schmerzempfinden, den emotionalen Ausdruck und das bewusste Erinnerungsvermögen (Funktionen des zentralen Nervensystems) unterdrücken, während das unbewusste seelische Geschehen mit der Wehentätigkeit weitergeht. Ich habe Frauen, die in Lokalanästhesie oder gar Vollnarkose geboren haben, nach der Geburt sagen gehört: »Das war entsetzlich! Nie wieder!« Wie kommt das? Wie kann das sein, wenn sie doch vermeintlich dank der Betäubungsmittel nichts gespürt haben oder gar nicht dabei waren?

Durch das bewusste Erleben der Geburt ihres Kindes wird die Frau zur Mutter. Bei der Prägung, die in vollem Umfang nur bei einer Geburt ohne bewusstseins- oder schmerzlindernde Medikamente möglich ist, werden ihre Mutterinstinkte geweckt. Beim Säugetier entscheidet sich in diesem Moment, ob die Mutter das Kind und das Kind die Mutter annimmt oder ablehnt. Waches Gebären schafft Vertrautheit, während Frauen, die teilweise oder ganz betäubt entbunden haben, oft Tage und Wochen brauchen, um ihr Kind anzunehmen und mit ihm vertraut zu werden. Diese Fremdheit reicht bis hin zu der Angst, das Kind sei vertauscht worden. Oft fragen Mütter: »Ist das wirklich mein Kind?«, und auch die Kinder, später: »Ist das wirklich meine Mutter?« Außerdem kann Narkosegeburt den Vater entfremden. Manche Väter, die bei der Geburt ihrer Kinder dabei waren, erinnern sich an Gefühle von hilfloser Verlorenheit und vorübergehender Feindseligkeit, wenn sie lange Zeit, oft Stunden, mit dem Kind im Arm warten mussten, weil die Mutter von der Narkose nicht aufwachte, um ihr Kind zu empfangen. Frauen, die bewusst geboren haben, scheinen ihre Mutterschaft vor allem als erfüllende und erfreuliche Aufgabe zu erleben und empfänglicher und instinktsicherer gegenüber den Bedürfnissen und Äußerungen ihrer Kinder zu sein.

Eltern, Geschwister, Mitmenschen – die Welt

Auch für die Eltern bringen Schwangerschaft und Geburt des Kindes Wendepunkte, die je nach Beteiligung des Vaters zur Entfremdung oder zur Vertiefung ihrer Beziehung führen können. Das Mitgehen des Mannes mit den Gefühlsschwankungen der Frau in der Schwangerschaft und erst recht die Teilnahme des Vaters an der Geburt bringt auch ihn emotional in Bewegung und öffnet sein Herz für die Begegnung mit einer verwandelten Frau und mit dem neuen Menschen, seinem Kind. Das macht es ihm ganz sicher leichter, die Beziehung zu seinem Kind als Gewinn zu sehen, wofür es sich lohnt, vorübergehend Opfer an Aufmerksamkeit, Zärtlichkeit und sexueller Befriedigung zu bringen. Auch hier muss der Junge sterben, damit der Vater geboren werden kann.

Für die älteren Kinder sind Schwangerschaft und die Geburt eines neuen Geschwisters eine umwälzende Erfahrung, an der sie so früh wie möglich und so erregt wie möglich teilnehmen können sollten. Vor allem für das bisher jüngste Kind ist die Geburt des neuen ein erheblicher Verlust (wie schwerwiegend dieser Verlust gewertet wird, geht aus der statistischen Beobachtung hervor, dass Krebs umso seltener ist, je länger die Person jüngstes Geschwister war). Je eher nach der Geburt die älteren Kinder Kontakt mit dem neuen Geschwister und der Mutter aufnehmen, umso unmittelbarer und müheloser können sie ihre neuen Rollen finden und Eifersucht und Trennungsängste verarbeiten.

Der Mensch lernt aus Erfahrung. Je jünger, je wehrloser, je empfindsamer, je offener der Mensch, umso tiefgreifender prägen die Umwelterfahrungen die zukünftigen persönlichen Einstellungen und Verhaltensweisen Welt, Natur und Mitmenschen gegenüber. Das gilt für den neugeborenen genauso wie für den herangereiften Menschen. Zu Zeiten größter Erregung (sei es in Angst oder Ekstase) sind wir am offensten für neue Erfahrungen. Ein rein sachlicher und technischer Geburtsvorgang legt den Grundstock für ein mechanisches und unbewusstes, ein entfremdetes Leben für alle Beteiligten. Ein Neugeborenes, das bei der Geburt mit freundlicher Aufmerksamkeit, Respekt, Liebe und Bewusstsein gegenüber dem menschlichen Wesen in ihm begrüßt wird, hat bessere Chancen zur Entfaltung von Achtung, Freude und Liebe für die Mitmenschen, die Natur, das All. Alle an einer Geburt Beteiligten haben die Chance, sich der an diesem Wendepunkt frei werdenden Erregung zu öffnen, mitzuschwingen, mitzufühlen, ihre neuen Gefühle auszudrücken und damit eine kleine Geburt für sich selbst möglich zu machen.

Literatur
Leboyer, Frédérick: Geburt ohne Gewalt. Kösel, München 1992.
Leboyer, Frédérick: Sanfte Hände. Die traditionelle Kunst der indischen Baby-Massage. Kösel, München 2010.
Odent, Michael: Die sanfte Geburt. Lübbe, Bergisch-Gladbach 1990.

Krankheit als Chance
Die Not des Menschen als Anstoß zur persönlichen Entwicklung[9]

Der Titel legt den Gedanken nahe, dass ich Krankheit als eine Chance betrachte beziehungsweise die Not des Menschen als einen Anstoß zur persönlichen Entwicklung. Der Gedanke ist freilich so alt wie der, dass wir Probleme brauchen, um unsere Menschlichkeit zu entwickeln – den engen, steinigen Pfad sollen wir gehen, nicht die breite Straße (Jesus Christus); einen Berg aus tausend Schwertern sollen wir erklimmen (Zen-Spruch); »Herr, schick mir tausend Feinde, die mich einen Ketzer schimpfen«, betet ein Sufi, und ein persisches Sprichwort meint: »Ein gelöstes Problem ist für die Entwicklung des menschlichen Geistes so nützlich wie ein zerbrochenes Schwert auf dem Schlachtfeld«.

Ich beziehe mich im Folgenden auf die Arbeit mit Krebspatienten. Ich kann, was ich zu sagen habe, am besten am Umgang mit dieser Krankheit deutlich machen, es gilt jedoch entsprechend für alle psychosomatischen Krankheiten, mit denen ich zu tun habe. Ich arbeite seit 13 Jahren mit Krebskranken. Bevor ich Carl Simonton kennenlernte, von dem ich viel gelernt habe, habe ich alles, was ich über Krebs weiß, von meinen Patientinnen und Patienten gelernt. Ich will damit sagen, dass es sich lohnt, seine Patientinnen und Patienten sehr sorgfältig anzuhören, statt alles besser zu wissen. Ich glaube, dass wir alles, was wir in der Medizin wissen, von unseren Patientinnen und Patienten lernen. Denn das Potential zur Heilung liegt im Inneren, in der Natur des Patienten. Natura sanat – Medicus curat. Die Natur heilt – der Arzt sorgt lediglich dafür, dass das geschehen kann. Er schneidet, er näht, er bestrahlt, er verabreicht Medizin. Die Wunde heilt in der Regel besser, nachdem der Arzt sie versorgt hat. Doch noch nie hat ein Arzt irgendjemanden geheilt; es war immer der natürliche Organismus selbst, der heilte.

31

Die Patienten wissen – bewusst oder unbewusst – am besten, was ihnen guttut und wovon und wofür sie geheilt werden möchten. Manche haben andere Ziele als wir Helfer. Manche möchten zum Beispiel lieber zu einem würdigen Sterben geheilt werden als für die Verlängerung eines in ihren eigenen Augen sinnlosen und daher elenden Lebens. Demgemäß ist in der Arbeit mit diesen Menschen nicht die Verlängerung der Überlebenszeit mein höchstes Ziel, sondern die Verbesserung der Qualität ihres Lebens, von dem ihr Sterben ein wichtiger Teil ist.

Ich arbeite mehrmals im Jahr mit einer Gruppe von etwa 20 Kranken, von denen oft etwa zwei Drittel krebskrank sind. Ich nenne diese Workshops ›Krankheit als Chance‹, weil ich von den Patienten gelernt habe, dass viele von ihnen ihre Krankheit als eine Krise erlebten, die ihr Leben sowohl bedrohte als auch enorm bereicherte. Unabhängig davon, welchen Ausgang die Krankheit hatte, konnten sie ihr Leiden als einen Wendepunkt in ihrem Leben und als eine Chance wahrnehmen.

Meine Arbeit in diesen Workshops ist keine ärztliche Tätigkeit, sondern eine pädagogische, nämlich die der Entzauberung. Wenn ich als Lehrer tätig bin und nicht als Heiler oder Arzt, wird es den Patienten erschwert zu glauben, dass ich sie gesund machen könnte. Menschen, die zum Arzt gehen, glauben ohnehin sehr gerne, dass der Arzt sie gesund machen könne, und Krebspatienten glauben das noch viel lieber, denn eines der persönlichen Merkmale, die mit Krebs verbunden sind, ist ein Mangel an Autonomie, wenn nicht gar die Anomie – die Unkenntnis des eigenen inneren Gesetzes. Damit verbunden sind eine Unkenntnis und ein Nichtwissen um die eigenen inneren Heilungsmöglichkeiten. Wenn ich nun sage, ich arbeite hier nicht als Arzt, verabreiche ich eine indirekte Suggestion: Ich bin Lehrer, und wenn jemand zu einem Lehrer geht, dann heißt das, dass er etwas zu lernen hat. Den Patienten wird damit erleichtert sich an den Gedanken zu gewöhnen, dass die Heilkraft in ihnen selbst steckt und dass sie lernen können, zusammen mit dem Arzt diese Heilkraft zu unterstützen.

Es war vor 13 Jahren, ich war niedergelassen als Psychotherapeut und arbeitete mit den Methoden der Gestalttherapie und Bioenergetik. Eine junge Frau von etwa 27 Jahren aus einem südlichen Land kommt zur Sprechstunde und berichtet, dass sie vor einem Jahr an einem Schilddrüsenkarzinom erkrankt sei. Das sei operativ entfernt und bestrahlt worden. Jetzt habe sie einen Rückfall gehabt und sich gerade eine Metastase an der gleichen Stelle entfernen und wieder bestrahlen lassen. Gegen die empfohlene Totaloperation habe sie sich gewehrt, weil sie so entstellend gewesen wäre. Man hätte ihr den ganzen Lymphapparat am Hals zusammen mit Weichteilen wegnehmen müssen – quasi den halben Hals, wie sie sagte – und lieber wollte sie sterben, als sich so entstellen zu lassen; das war verständlich, denn sie war identifiziert mit äußerlicher Attraktivität, wie es in jenem Lande üblich ist.

Krebs ist eine psychosomatische Erkrankung

Ich fragte die Frau, was ich für sie tun könnte? Sie wollte die zwei Jahre, die sie nach statistischer Wahrscheinlichkeit noch zum Leben hatte, dazu nutzen herauszufinden, was sie für eine Person wäre, dass sie so etwas in sich wachsen ließ. Dabei sollte ich ihr helfen.

Ich war in meiner ganzen ärztlichen Tätigkeit immer an psychosomatischen Fragen interessiert gewesen, ich wusste, dass der Schnupfen, die Migräne, das Magengeschwür, das Asthma, die Herz- und Kreislauferkrankungen und so weiter psychosomatische Krankheiten waren – doch nun sagte mir eine Patienten, dass sie in ihrer Krebserkrankung einen Ausdruck ihrer Lebensweise sah. Das hat mich umgehauen. Heute wundert mich, dass ich nicht aufgewacht bin in dem Moment; denn ich war als Bioenergetiker vertraut mit der Literatur von Wilhelm Reich. Diese Patientin nun brachte ihre Krankheit in ursächlichen Zusammenhang mit ihrer Lebensweise. Sie sagte mir in meiner ersten Lektion: Krebs ist eine psychosomatische Erkrankung.[10]

Der Tumor ist nicht die Krankheit, sondern nur ihr Symptom. In der Bioenergetik arbeiten wir mit dem Körper, wir mobilisieren den Körper, wir machen Ausdrucksübungen, und das führt gelegentlich zu dem, was in der Bibel schon für heilsam beziehungsweise reinkarnierend gehalten wird: viel Heulen und Zähneklappern. Die Patientin steht eines Tages im Raum, vibriert am ganzen Körper, weint still vor sich hin und klappert mit den Zähnen. Irgendwann wird es sehr still im Raum, die Patientin lächelt von innen heraus ein stilles Lächeln und sagt ganz leise und sehr deutlich: »Wolf, ich habe keinen Krebs mehr!« Als ich frage, wie sie das meint – die letzte Metastase sei ihr doch bereits vor anderthalb Jahren herausgeschnitten worden – sagt sie. »Das war nicht der Krebs, das war nur der Tumor.« Auf meine Frage, was denn dann der Krebs sei, antwortet sie: »Das ist, wie ich lebe.« Das war die zweite Lektion. Die Patientin sah den Tumor lediglich als Symptom, während die Erkrankung in ihrer Lebensweise bestand.

Hoffnungslosigkeit

Die Patientin hasst mich jede Stunde, weil sie in den Stunden in der Regression Ereignisse erinnert, die sie lieber nie gewusst, geschweige denn jemand anderen wissen lassen hätte, und Wahrheiten zu fühlen beginnt, die sie nicht fühlen will, zum Beispiel ihre Bodenlosigkeit – ihr Gefühl, gar nicht im Leben zu stehen. Doch sie kommt wieder, denn nach jeder Stunde fühlt sie sich besser, weil irgendwie wirklicher. An ihrem wachsenden Gefühl für Präsenz merkt sie erst, wie sehr sie von den Rückmeldungen anderer Menschen für die Bestätigung ihres Selbstbildes abhängig ist. Sie ist fremdbestimmt, anderen Normen mehr unterworfen als ihren eigenen, sich selbst fremd. Die Patientin erkennt ihre Normopathie als die Ursache ihres Krebses und spricht davon, dass es ein immenser Dauerstress sei, immer so zu tun, als ob sie jemand anders wäre, als sie ist, immer nach dem zu gehen, was die Leute von ihr verlangen und so weiter. Wer sie ist, wird von ihr nicht in direkter Erfahrung in ihrem Dasein im Moment erlebt, sondern konstruiert »durch das Ablegen von tausend Beweisen ihres Fleißes«, was damit verbunden ist, dass sie sich fürchtet – »… vor allem vor dem, was die Leute über sie reden«.[11]

Menschen, die in Narkose geboren wurden und deshalb auf der Erde nie wirklich angekommen sind, weil in dieser wichtigen Phase der Prägung niemand da war, um sie mit leuchtenden Augen willkommen zu heißen, Menschen, die als Säugling nach der Uhr gefüttert und als Kinder schon nach Vernunftprinzipien aufgezogen wurden und so weiter, und die sich daher nie wirklich an- und wahrgenommen gefühlt haben, so wie sie sind – solche Menschen lernen zu denken, sie müssten sich ihre Daseinsberechtigung verdienen durch Liebsein und Gutsein, durch Unterwerfung und Leistung. Doch das Dasein ist selbstverständlich, das kann man nicht verdienen. Ich sehe in dieser Urerfahrung – ›was ich kann, taugt nichts‹ – die tiefste Wurzel des Minderwertigkeitsgefühls, d.h. den ersten Anlass für ein späteres Misstrauen in die eigene Kompetenz und den Zweifel am eigenen Wert.

Das ist ein Teufelskreis. Der Versuch, durch übermäßige Anpassung an die Norm, also durch Selbstverleugnung, Liebe im Sinne von bedingungslosem Angenommensein zu erwirken, ist hoffnungslos. Wenn ich erfahre, du liebst mich, wenn ich lieb bin, und deswegen bin ich lieb, dann kannst du mich nicht mehr lieben, wie ich bin, denn du liebst mich ja dann nicht meinetwegen, sondern für das, was ich dir vorspiele – das ist ein hoffnungsloses Unterfangen. LeShan, der Pionier der Psychoonkologie, ein Psychoanalytiker, der sein Leben lang mit Krebskranken gearbeitet hat, sieht viel Hoffnungslosigkeit im Leben derer, die Krebs bekommen; er sagt: »Hoffnungslosigkeit ist der Versuch, jemand zu sein, der du nicht bist.« Die Einsicht in diese dem Krebs zugrundeliegende Dynamik der Hoffnungslosigkeit war die dritte Lektion, in Verbindung mit der folgenden vierten.

Selbstverleugnung ist Dauerstress

Der Heidelberger Medizinsoziologe Grossarth-Maticek hat in wiederholten prospektiven Studien an großen Populationen gezeigt, dass die psychischen Faktoren ›rationales, antiemotionales Verhalten‹, ›latente Verzweiflung‹ und ›Leugnung von Angst‹ einen Krebstod binnen der nächsten zehn Jahre mit im Vergleich zur Kontrollgruppe um zwei Drittel erhöhter Wahrscheinlichkeit voraussagen lassen. D.h. Menschen einer bestimmten Altersgruppe, die ihr Leben vor allem nach der Vernunft unter Unterdrückung ihrer Emotionalität ausrichten, haben eine erheblich höhere Krebsmortalität. Diese Daten entsprechen den älteren retrospektiven Studien, von denen die große Mehrheit übereinstimmend die Unterdrückung der emotionalen Reaktionen als den wichtigsten zum Krebs disponierenden Faktor identifizierte. Dank Freud kennen wir die Abwehrmechanismen: Verleugnung, Unterdrückung, Verdrängung, Verschiebung und so weiter. Dank Reich wissen wir, dass diese Abwehrmechanismen mit Muskelkraft verrichtete Arbeiten sind.

Wie werde ich als Säugling mit den Schmerzen fertig, die das Resultat von stundenlangem Schreien nach Zuwendung oder Milch sind; wie werde ich damit fertig, wenn ich ungeduldig oder sogar mörderisch angeschaut werde dafür, dass ich so schreie; wie werde ich damit fertig, wenn mein Peiniger mich weiterschlägt, bis ich aufhöre zu schreien? Durch Kontraktion. Wenn unsere Bedürfnisse in der frühen Kindheit nicht angemessen befriedigt und die entsprechenden Emotionen durch drohende Vernichtung, Vernachlässigung, Überforderung, Manipulation, Verführung, Unterdrückung, Missachtung, Verkennung und so weiter beantwortet werden, dann lernt das Kind zunächst den emotionalen Ausdruck, bald jedoch die Wahrnehmung des Bedürfnisses und schließlich gar den Bedürfnisimpuls selbst durch Anspannung der entsprechenden Muskulatur zu unterdrücken. Die Abwehrmechanismen sind also mit Muskelkraft geleistete Arbeit.

Um zu bekommen, was sie brauchen, lernen Kinder die

Luft anzuhalten, die Zähne zusammenzubeißen, die Kehle zu verschließen, die Schultern hoch- und den Bauch einzuziehen, die Knie durchzudrücken, den Hintern zusammenzukneifen und so weiter. Doch der Mensch entwickelt sich wie alle Lebewesen in Bewegung. Wir bewegen uns in Beziehung zu Objekten (Aggression), und zwar – nach Karen Horney – auf sie zu, von ihnen weg oder gegen sie; wir nehmen innere Bewegung wahr (Empfindung), geben ihr Bedeutung (Gefühl) und äußern sie (Emotion). Wer nun viel hält, bewegt sich entsprechend wenig, spürt, lernt und fühlt wenig und entwickelt wenig Selbstgefühl. Je weniger Selbstgefühl ein Mensch entfaltet, umso mehr lernt er auf ein abstraktes Selbstbild – auch Image genannt – zu bauen, für dessen Bestätigung er auf andere Menschen angewiesen bleibt.

Die oben beschriebenen Abwehrmechanismen werden im Körper eingefleischt als konditionierte Reflexe, die durch minimale, unspezifische Reize ausgelöst werden und die Wahrnehmung der Möglichkeiten zur Bedürfnisbefriedigung in der Gegenwart behindern. So kann bei entsprechender Charakterstruktur auch freundliche Annäherung reflexartiges Hochziehen der Schultern, Luftanhalten und Zähnebeißen auslösen und somit als Bedrohung erlebt werden. Wenn Sie, lieber Leser, ein wenig die Schultern hochziehen und die Zähne zusammenbeißen, werden Sie die Umgebung automatisch als fern oder sogar feindselig erleben; und mit durchgedrückten Knien verlieren Sie den Kontakt zum Boden und zur Wirklichkeit.

Der Organismus schrumpft – Reich sah als Ursache des Krebses die ›Schrumpfungsbiopathie‹. Die so geprägte Person fühlt sich ungeliebt und bemüht sich in der Folge, Liebe zu erwirken durch Unterwerfung. Und da das nicht geht, ist es ein Teufelskreis. Vor allem aber bedeutet die der Abwehrhaltung entsprechende Paranoia, d.h. die auf die Umgebung projizierte und von ihr erwartete Ablehnung oder Feindseligkeit, Dauerstress. Und Stress schwächt das Immunsystem. Das wurde in so vielen Experimenten an Tieren und klinischen Situationen am Menschen beobachtet, dass an der Tatsache kein Zweifel mehr bestehen kann.

Verlust als Auslöser

Irgendwann begreift die Patientin, dass ein schwerer Verlust – heute würde man psychoanalytisch sagen, der Verlust eines Objekts – der Auslöser der Krankheit war. Sie sieht, dass egal, wie sie es anstellte, egal wie sie sich bemühte, ihren Mann nicht dazu bringen würde, sie so zu lieben, wie sie es brauchte. Sie hatte sich in vielen Jahren einer um Harmonie bemühten Ehe angestrengt, ihm alles recht zu machen, immer in der geheimen Hoffnung ›irgendwann muss er mich doch lieben‹. Der Mann liebte sie natürlich so, wie er es verstand, doch sie konnte es nicht wahrnehmen.

LeShan beschreibt ein für Krebspatienten charakteristisches Lebensmuster: Der frühe Verlust einer wichtigen Bezugsperson (ich würde ergänzen: das Ausbleiben, Misslingen einer tragfähigen Mutter-Kind-Bindung) in früher Kindheit schwächt die Beziehungsfähigkeit der heranwachsenden Person. Tiefere Beziehungen werden als gefährlich erlebt. Irgendwann lässt sich dieser Mensch dann doch auf eine Beziehung zu einer anderen Person, einer wichtiger Sache und so weiter ein, von der er abhängig wird zur Bestätigung des Sinns seines Daseins, seines Wertes und so weiter. Solange die Beziehung bestehen bleibt – und die Person tut alles bis zur Selbstverleugnung, dass das nie in Frage gestellt wird –, kann die frühkindliche Verzweiflung verdrängt werden. Wenn dann irgendwann die so ›über alle Maßen‹ geliebte Person oder ein anderes ›sinngebendes Objekt‹, das praktisch der einzige Hoffnungsträger war, ausfällt durch Verlust oder durch Zusammenbruch irgendeiner illusionären Hoffnung, kommt es zum Ausbruch der Krebserkrankung. In der von LeShan publizierten Studie zeigten immerhin 71% der Patienten dieses Lebensmuster.

Die Beobachtung, dass Krebs nach Verwitwung gehäuft auftritt, wurde bereits vor über hundert Jahren in England in einer der ersten statistischen Untersuchungen von psychosozialen Faktoren bei Krebs berichtet. Heute gibt es dementsprechende Laboruntersuchungen, die zeigen, dass bei einem hohen Prozentsatz von verwitweten Männern einer bestimmten Altersgruppe in den ersten 6 Wochen nach dem Verlust der gewohnten Bezugsperson das Immunsystem weitgehend zusammenbricht. Das bedeutet nicht, dass in jedem Fall Krebs auftritt, aber wir können dieses Datum mit der alten statistischen Untersuchung gut in Zusammenhang bringen. Die plausibelste Hypothese ist, dass bei objektabhängigen (durch latente Verzweiflung chronisch gestressten) Personen bei Verlust des Objekts der zur Unterdrückung der aktualisierten Verzweiflung intensivierte Stress den Zusammenbruch des Immunsystems herbeiführt.

Krebs als Suizid

Meine Patientin sagte, als sie sah, dass sie ihre Ehe nicht würde retten können durch ihre ewigen Versuche zur Anpassung, sie wolle nicht mehr leben. Sie verstand jetzt die Krankheit als einen sozial akzeptablen Suizidversuch. Eine andere Patientin sprach diesen Zusammenhang ebenfalls direkt aus. Sie hatte seit ihrer Jugendzeit in immer wieder wechselnden Beziehungen zu Männern – natürlich vergeblich – versucht, Anerkennung für ihren Wert als Frau zu finden, doch jedes Mal, wenn das drohte, wonach sie sich am meisten sehnte, und einer sich wirklich auf sie einlassen wollte, rannte sie so schnell sie konnte davon – zum nächsten. Als sie mit 35 das Muster erkannte, beschloss sie: »Wenn ich nicht in einem Jahr einen Mann habe und ein Kind, bring' ich mich um.« Genau nach einem Jahr hat sie die Diagnose Brustkrebs. Sie sagte als erstes im Vorgespräch: »Ich war wohl zu feige, es direkt zu tun, da habe ich es eben so probiert.«

Motivation zum Leben – ein heilsamer Faktor

Die nächste Lektion – immer noch durch meine erste Krebspatientin – war, dass die Motivation zum Leben einen großen

Einfluss auf die Behandlung hat, und dass die Motivation steigt, wenn man einen guten Grund zum Leben hat. Meine Patientin reagierte sehr gut auf alle Behandlungen, was das Allgemeinbefinden anlangte, d. h. sie zeigt wenig Nebenwirkungen; im Gegenteil, sie blüht trotz intensiver Strahlenbehandlung auf, nachdem sie sich in den Stationsarzt verliebt hat. Allerdings wird dadurch ihr ganzes Glaubenssystem über den Haufen geworfen. Sie erinnern sich: sie ist identifiziert mit Attraktivität, muss stets adrett sein, immer gut riechen, klug sein und so weiter. Unter der Strahlenbehandlung ist sie nach ihren Maßstäben alles andere als attraktiv; sie ist bemalt »wie ein Indianer«, sie riecht nicht immer frisch, die Haare sind nicht gewaschen, sie findet sich selbst abscheulich und fühlt sich elend – und just in dem Moment verliebt sich in sie ein Mann, den sie selbst ganz toll findet. Die beiden sind heute verheiratet und haben Kinder miteinander.

Die geistigen Kräfte – oder: Wunder sind möglich

Die nächste Lektion verdanke ich einer Kollegin. Ich hatte einen Vortrag zum Thema ›Selbstmord Krebs‹ gehalten. Als mich Kollegen im dunklen Anzug mit Fliege in der vorletzten Reihe mit Fragen nach statistischen Beweisen für meine Beobachtungen und Hypothesen in die Zange nahmen, sprang sie mir bei mit folgendem Beitrag: Sie käme gerade von einem Pathologiekongress, wo sie vier Tage lang die Immunfunktionen in Beziehung zu verschiedenen Krebserkrankungen diskutiert hätten. Sie sei sehr beeindruckt gewesen, was man dort schon alles wüsste, hatte allerdings Zweifel, wie sich das ganze klinisch anwenden lassen würde. Auf der Rückreise hätte sie dann folgendes erlebt: Im Zugabteil sitzt ihr ein Mann gegenüber und erzählt ihr, dass er gerade aus einer Universitätsklinik zurückkomme, in der ihm Gesundheit bescheinigt worden sei. Es ist die gleiche Klinik, aus der er drei Jahre zuvor nach Hause entlassen wurde, weil man, nachdem alle herkömmlichen Krebstherapien wie Operation, Bestrahlung und Chemotherapie erschöpft waren, von Seiten der Medizin nichts mehr für ihn tun konnte. Da habe er gewusst, dass ihm kein Mensch mehr würde helfen können, nur noch ein Wunder ... und habe sich auf seine geistigen Kräfte besonnen.

Als Wissenschaftler – so sagt in der Diskussion die Kollegin – dürfen wir solche Phänomene wie die Spontanheilungen nicht leugnen, nur weil wir sie nicht verstehen. Das mindeste, was wir tun könnten, wäre, uns zu wundern ... Heute ist mir die Vorstellung nicht mehr so fremd, dass ein Mann sich selbst von Krebs heilt, weil er sich auf seine geistigen Kräfte besinnt, doch damals fand ich sie äußerst bemerkenswert. Das war die achte und die wichtigste Lektion: Wunder sind möglich.

Wunder sind nicht sehr wahrscheinlich, doch sie sind möglich. Das ganze Leben auf der Erde ist nach unserem wissenschaftlichen Erkenntnisstand sehr unwahrscheinlich, doch offenbar möglich. Wir begehen einen schweren ärztlichen Fehler, wenn wir uns auf die Wahrscheinlichkeit beschränken unter Ausschluss des Möglichen. Wenn wir zum Beispiel einem Patienten mit einem Pankreaskarzinom, der nach der Statistik 2% Chancen auf fünf Jahre hat, nur diese Statistik mitteilen und nicht unterstreichen, dass er alle Chancen hat und selbst etwas dazu tun kann, zu diesen zwei Prozent zu gehören, beteiligen wir uns an so etwas wie der Voodoo-Tötung in Afrika. Wir unterstützen seine Hoffnungslosigkeit, anstatt ihm nahezubringen, dass das Mögliche immer größer ist als das Wahrscheinliche.

Die Wahrscheinlichkeit ist nämlich nur der Schein der Wahrheit. Und selbst wenn es extrem unwahrscheinlich ist, dass jemand von irgendeiner Krankheit wieder gesund wird, so dürfen wir nie aus den Augen verlieren, dass es möglich ist. Das ist radikale Wirklichkeit, es ist zumindest ein ehrlicherer Umgang mit der Wirklichkeit, als diese Möglichkeit von zwei Prozent herunterzuspielen; und es bedeutet nicht, dass wir damit falsche Hoffnung wecken, was uns ja manchmal nachgesagt wird, wenn wir sagen, es gibt Dinge, die sind möglich, auch wenn sie unwahrscheinlich sind. Wir müssen also beides tun: Den Patienten mit der Wahrscheinlichkeit vertraut machen UND ihn für das Mögliche offen halten: Wunder sind möglich.

Selbst ich, der ich solche Wunder mehrfach miterlebt habe, muss mich in bewusster Übung immer und immer wieder daran erinnern. Das braucht wirklich Übung, beziehungsweise Entwöhnung. Denn ich bin Produkt dieser Kultur, ich bin Produkt dieser Medizinkultur, und daher sehr daran gewöhnt, die Wahrscheinlichkeitsrechnungen der Statistiker für die Wahrheit zu halten.

Die Kraft der Einbildung

Nach dem genannten Vortrag kam eine Frau zu mir in Behandlung – sie litt an einem metastasierenden Mammakarzinom –, wiederum eine Frau, die sich selbst nicht kannte außer durch die Spiegelung aus der Umgebung. In den Bioenergetikübungen fängt sie an zu merken, dass man sich selbst spüren kann und genießt das ungemein. Sie findet es jedoch bedrohlich, ihren Puls zu spüren, weil sie ihn nicht kontrollieren kann. Später erkannte ich die Neigung, das Leben unter Kontrolle halten zu müssen, als ein weiteres Merkmal der zum Krebs disponierenden ›Normopathie‹. Durch die Umdeutung, dass der von ihr als bedrohlich erlebte Puls ein Zeichen von Leben in ihr sei, kann ich sie motivieren, der Pulswelle zu folgen, um zu schauen, wo sie diese in ihrem Körper hinführt. Die Patientin bemerkt, dass sie die Pulswelle und das damit verbundene Selbstgefühl sich überall hin ausbreiten lassen kann, außer dorthin, wo sie Metastasen hat. Sie lernt, trotz beziehungsweise mit der Angst vor Auflösung in diesem diffusen Gefühl des weichen Pulsierens, die Pulswelle dort hinzulenken und mit ihrer Wahrnehmung in der Nähe der Metastasen zu bleiben. Daraufhin meint sie zu spüren, dass Stellen, die sie bislang eher abwesend oder kühl gespürt habe, plötzlich heiß werden. Ich deute auch das um und sage, sie sei offenbar dabei, diesen Metastasen kräftig einzuheizen.

Eines Tages entdeckt die Patientin in meiner Praxis den Bildband »Anatomie für Künstler«[12] und findet beim Blättern

einen Brustkorb. Auf ihre Frage, wie ihre Metastasen aussehen – es waren etwa 17 zu der Zeit –, empfehle ich ihr, sich
ihre Röntgenbilder anzuschauen. Sie besorgt sich ihre Röntgenbilder und findet, dass Metastasen so aussehen, als wäre
die Knochenstruktur verwaschen. Dann nimmt sie, da sie gerade entdeckt hat, dass sie gerne zeichnet, Bleistift und Papier
und fängt an, Brustkörbe zu zeichnen wie den ihren. Überall
dort, wo sie Metastasen hat, verschmiert sie mit der Finger-
kuppe die feine Knochenstruktur und sagt, so ist es. Dann
schaltet sie um und sagt, so soll es sein, nimmt einen scharfen
Radiergummi, radiert überall die Metastasen heraus und
zeichnet wieder feine Trabekelstruktur ein. Bei der nächsten
Nachuntersuchung wundert sich die behandelnde Kollegin in
der Onkologie, dass die bisher wirkungslose Hormonbe-
handlung plötzlich anschlägt. Sie sagt wörtlich: »Die Metastasen schmelzen wie Butter im Ofen.« Fazit: Wir können uns
Gesundheit im wahrsten Sinne des Wortes einbilden. Das
heißt im Fall dieser Patientin nicht, dass sie die vorhandenen
Metastasen leugnet. Sie macht sich vielmehr innere und äu-
ßere Bilder von gesundem Knochengewebe, und ihr Knochengewebe gesundet. Ich kenne viele andere Beispiele, in denen die konsequente Vorstellung des Erwünschten – ich will
nicht sagen: dazu geführt hat, doch, vorsichtig ausgedrückt –
damit verbunden war, dass das Erwünschte entgegen aller
Wahrscheinlichkeit eintrat.

Übertragung

Die zehnte Lektion verhalf mir zu einem vertieften Verständnis der Psychodynamik. Ich ging nämlich für einen Monat in
Urlaub, ohne die Patientin ausreichend vorzubereiten, ohne
ihr für die Zwischenzeit genug Übungen zu geben und ohne
sie in ein Unterstützungssystem einzubinden. Ich war in ihrer
schwierigen Ehe mehr und mehr ihre wichtigere Bezugsperson geworden und ein Ausweichventil. Und plötzlich bin ich
weg. Auch sie hat eine frühkindliche Geschichte großer Verlassenheit und massivster Verkennung ihrer Eigenart – die

fünfzigjährige Frau wird von ihrem achtzigjährigen Vater nach wie vor ›Peter‹ genannt. Und sie ist wieder verlassen. Dem Hochgefühl beim Verschwinden der Metastasen im Brustkorb folgt die Ernüchterung: Als ich aus dem Urlaub zurückkomme, hat die Patientin eine über kirschgroße Metastase – wenn ich mich recht erinnere – im untersten Brustwirbel, der zusammenzubrechen droht.

Ich war das sinngebende Objekt geworden für diese Patientin und sie hatte all ihre Hoffnungen, so wie sie ist, akzeptiert, behütet und erkannt zu werden, auf mich gerichtet. Dass ich plötzlich weg bin, ist für sie so schlimm wie für ein Neugeborenes, wenn die Mutter plötzlich weg ist und nicht kommt, wenn es schreit. Diese Begebenheit lehrte mich, bei Krebspatienten zu starke Übertragung zu frustrieren, um derartige ›maligne Regression‹ in die Abhängigkeit außerhalb der therapeutischen Situation so gut wie möglich zu vermeiden. Ich arbeite deshalb seither mit Krebskranken fast ausschließlich in Selbsterfahrungsgruppen – eine Gruppe ist eine viel beständigere Mutter als ein Einzelner das je sein kann – und ich fördere so viel wie möglich ihre Autonomie, zum Beispiel dadurch, dass ich ihnen statt Ratschlägen Informationen gebe, aufgrund derer sie sich selbst ein Urteil bilden.

Tumore kommen und gehen

Die zuletzt genannte Patientin bekommt auch später weitere Metastasen, die alle – außer einer – auch wieder verschwinden, vor allem durch körperliche Aktivität. Als erstes bringt sie die Metastase im Wirbel zum Schrumpfen nach einer autonomen Entscheidung, Belebung der Ehe und viel Bewegung. Sie war zu mir gekommen mit der Frage um Rat, ob sie mit ihrem Mann nach Norwegen zum Paddeln gehen solle. In der Klinik habe man ihr gesagt, sie würde einen Wirbelbruch riskieren. Ich sagte ihr eindeutig, dass sie mich auf keinen Fall dazu bringen würde, in diesem Streit einzugreifen. Da müsse sie schon nach innen gehen und sich selbst fragen. Sie ging nach innen und sah sich paddeln in einem der Fjorde und sagte: »Ich fahre«. Als sie nach vier Wochen zurückkam, war sie braungebrannt, hatte sie sich ihrem Mann wieder zugewandt und die Metastase war geschrumpft auf Erbsengröße – und bei der Größe blieb sie für viele Jahre.

Seither glaube ich nicht mehr, was ich in der Schule gelernt habe, dass nämlich ein Krebs ein mathematisches Problem sei. Heute eine Zelle, morgen zwei Zellen, übermorgen vier, überübermorgen acht, und so weiter – nein, so ist das nicht. Heute weiß ich aus der Beobachtung von vielen anderen ähnlichen Fällen, dass Krebsgeschehen ein ungeheuer dynamisches Geschehen ist. Wie Tumore wachsen und auch wieder verschwinden, hängt unter anderem entscheidend davon ab, wie der Patient oder die Patientin leben, hängt von dem psychischen Klima ab, in dem sie leben.

Beschwerdefreiheit oder Gesundheit?

Wir haben ein paar Jahre zusammengearbeitet, diese Patientin und ich, und die Metastase im Wirbel war schließlich für lange Zeit die einzige, die blieb. Dann erfuhr ich durch Carl Simonton von der Arbeit an den Krankheitsgewinnen und berichtete ihr davon. Da erinnert sie sich, dass sie, bevor sie zu mir in Therapie kam, einmal gewünscht hat: »Ein bisschen Krebs möchte ich immer behalten – dann brauche ich nie wieder diese blödsinnige Arbeit zu machen.« Sie hat einen Beruf, den sie hasst, doch wegen ihres Alters glaubt sie nicht mehr daran, dass eine Umschulung Sinn haben könnte. Später versucht sie es dann sogar halbherzig und es geht nicht.

In dieser Ambivalenz bleibt sie. Das Gefühl, etwas Sinnvolles tun zu wollen, wird immer drängender, das Dasein als Rentnerin immer unerträglicher, doch sie findet nichts, worauf sie sich wirklich einlässt, so wie sie sich trotz guter Gelegenheit auf keine neue Beziehung einlässt, nachdem sie sich von ihrem Mann endlich getrennt hat. In der Therapie erzählt sie, was sie treibt und wovon sie getrieben wird, sie schildert ihr Leid, doch sie ändert nichts. Heute ist sie für mich ein Beispiel für diejenigen, die auf Besserung aus sind, nicht auf Gesundheit. Carl Simonton hatte mich einmal gewarnt: »Most people want to get better – they don't want to get well.«

Konfrontation

Allmählich war ich die wichtigste Bezugsperson geworden und in der Therapie ging nichts weiter. Als ich das sah, konfrontierte ich die Patientin damit und mit ihrem vor Jahren zugegebenen Wunsch, ein klein wenig Krebs behalten zu wollen, und damit, dass dies nicht meine Aufgabe war. Das war eine Konfrontation zuviel. Sie brach an der Stelle die Therapie und den Kontakt zu mir sofort ab. Bald darauf hatte sie einen Rückfall, wie ich von der Therapeutin erfuhr, zu der sie dann ging, und starb etwa zwei Jahre später. Sie starb allerdings einverstanden, wie ich erfuhr, und in Frieden. Sie war gegen Ende ihres Lebens für viele andere Krebskranke so etwas wie eine Lehrerin geworden, indem sie das, was sie innerlich entwickelt hatte, weitergab. Sie muss in ihren letzten Jahren eine erhebliche spirituelle Entwicklung durchgemacht und einfach durch ihre Präsenz anderen Mut gemacht haben.

Krankheitsgewinn

Damit sind wir beim Thema: »Krankheit als Chance« – oder die Not des Menschen als Anstoß zur persönlichen Entwicklung. Die Arbeit mit dem Krankheitsgewinn ist bei Carl Simonton in ›Wieder gesund werden‹ ausführlich beschrieben. Jede Krankheit kann einen Gewinn bringen, wenn man offen ist für die Idee. Es gibt natürlich Menschen, die sagen, meine Krankheit ist ein einziges Elend, ich bin ihr Opfer und andere – oder der Kosmos – sind Schuld. Warum ich? Ich habe mir in meinem eigenen Interesse – ich verliere viel Kraft in Rechthaberei – abgewöhnt, Menschen von etwas überzeugen zu wollen, was für sie nicht stimmt. Die Arbeit mit dem Krankheitsgewinn ist nur ein Werkzeug von vielen und jedes Werkzeug, das nicht greift, ist eher eine Belastung als eine Hilfe. Also weg damit. Man könnte sie höchstens noch fragen, was sie mit der Frage meinen: Warum ich? Denn die Antwort auf diese Frage ist ja gerade das, worum es in der Arbeit mit dem Krankheitsgewinn geht. Man kann als Opfer fragen: ›Warum ich?‹ und meint damit: ›Warum muss mir das passieren? Womit habe ich das verdient? Ausgerechnet ich?‹; oder man will's wirklich wissen: ›Warum ich? Was sagt mir diese Krankheit über mich, was kann ich daraus lernen für mein Leben?‹ Die meisten, die zur Gruppe kommen, können mit diesen Fragen etwas anfangen, sie sind sogar wegen dieser Fragen gekommen, nachdem sie sie im Programm gelesen haben. Man kann, wenn man will, den Patienten die Arbeit auch noch erleichtern und ihnen das Konzept vom Krankheitsgewinn am eigenen Beispiel deutlich machen. In der Regel können die Patienten vier Kategorien von Krankheitsgewinn ausmachen: Entlastung oder ein Ausweg aus einer ausweglos erlebten Situation; Beachtung oder ein ähnliches, Dasein bestätigendes Grundbedürfnis; die Frage nach dem Sinn und schließlich: Autonomie.

Krankheit als Ausweg oder Entlastung

Der erste Krankheitsgewinn ist – wenn auch erfreulich – ein negativer: Es fällt etwas weg. Immer wieder einmal sagt jemand: »Ich habe ja gewusst, dass es nicht so weiter geht. Ich hatte schon lange Angst, dass ich das nicht mehr alles schaffen kann. Als ich dann die Diagnose hatte, war ich erst einmal richtig erleichtert.«

Eine etwa 53-jährige Frau mit Brustkrebs kommt zur Beratungssprechstunde. Wir sprechen über die Prinzipien der Arbeit. »Heißt das, dass ich mir dann auch meine Ehe anschauen müsste?« »Nicht unbedingt«, sage ich, »aber wenn sie schon so fragen, vielleicht doch.« Dann wird sie sehr still, neigt den Kopf, ein paar Tränen werden sichtbar und sie sagt sehr leise: »Lieber sterbe ich.« Etwas später erläutert sie, sie wolle es nicht so genau wissen, was sie in dieser Ehe mit sich habe machen lassen und mit sich selbst gemacht habe. Lieber wolle sie noch die ihr prognostizierte Zeit von zwei Jahren ausleben, so gut sie es kann, und das andere lieber unter dem Teppich lassen. An Trennung oder gar Scheidung wäre nicht zu denken; denn so, wie sie erzogen worden sei, würde das heißen, das Umlernen wäre mehr Stress – so viel hatte sie im Vorgespräch verstanden – als das, was sie nicht wissen wollte, weiter zu verdrängen, und sie nähme an, wenn sie das alles konfrontieren würde, dann hätte sie gute Chancen, noch schneller zu sterben, und deswegen wollte sie es lieber so lassen. Ich glaube, es war eine weise Entscheidung; denn wir wissen, dass Verleugnung und Verdrängung bei Krebs die zweitbeste Strategie zum Überleben ist – nicht viel schlechter als aktive Auseinandersetzung – und unter nicht statistischen Umständen auch manchmal die beste sein kann.

Beachtung

Die wichtigste Arbeit am Anfang – und vor allem bei denen, die statistisch nur eine geringe Lebenserwartung haben und damit nicht mehr viel Zeit haben, sich ihr Leben etwas besser einzurichten – ist die Arbeit am Bedürfnis nach Beachtung. Der Krankheitsgewinn Beachtung fehlt auf kaum einer der Listen, die wir die Menschen in den Gruppen erstellen lassen. »Mein Mann merkt plötzlich, dass es mich auch noch gibt«, »Meine Frau kümmert sich sehr um mich, seit ich so krank bin«, »Plötzlich bin ich wieder gefragt«, »Ich bin total überrascht, wie viele Leute mich besuchen kommen – das hätte ich nie erwartet. Wo ich doch im Moment wirklich nichts zu bieten habe«, und so weiter.

Das Bedürfnis des Menschen nach Daseinsbestätigung durch Beachtung ist in der Psychologie lange Zeit unbeachtet geblieben zugunsten Freuds Steckenpferd Sexualität. Das Vernünftigste, was ich auf diesem Gebiet gelesen habe, stammt von Idries Shah in ›Wege des Lernens‹. Er geht davon aus, dass alles, was Menschen miteinander tun: lehren – lernen, vortragen – zuhören, lieben – geliebt werden, predigen – folgen, kurz alles, was Menschen miteinander tun, von dem Bedürfnis nach Beachtung zumindest gefärbt, wenn nicht be-

stimmt ist. Das ist sehr wichtig zu wissen für Psychotherapeuten: Beachtung allein ist heilsam, und ein Therapeut oder
ein Arzt, der seinen Patienten wirklich Beachtung schenkt,
der kann schon viel für sie tun – und manchmal kann er mehr
für sie tun.

Wie Sie selbst mit dem Bedürfnis nach Beachtung umgehen, können Sie leicht testen. Stellen Sie sich hier und jetzt
vor, dass Sie einem Menschen, den Sie als Freund oder Freun-
din bezeichnen, bei nächster Gelegenheit ins Gesicht sagen:
»Bitte schau mich an, bitte höre mir zu! Bitte nimm mich in
den Arm!« Wie reagieren Sie auf diese Vorstellung? Wird Ihnen warm oder schrumpfen Sie? Es gibt sehr viele Menschen,
denen das furchtbar schwer fällt, und es gibt Menschen, die
beißen sich lieber die Zähne aus dem Mund und die Zunge ab,
als eine solche Bitte über die Lippen zu bringen. Das Bedürfnis ist so groß und die emotionale Reaktion, die sie befürch-
ten, so überwältigend, dass sie in alter Gewohnheit schrumpfen.

Auf die Dauer muss unsere Arbeit natürlich darin bestehen, uns selbst genug zu beachten, dass wir im Lauf der Zeit
unabhängiger werden von der Beachtung anderer und von zu-
fälligen und unbewussten Quellen von Beachtung wie Mode,
Statussymbolen, was man tut, was die Leute von uns denken –
und schließlich Krankheit. Doch unabhängig werden in der
Gestaltung eines Bedürfnisses kann man nur, wenn man das
Bedürfnis anerkennt – nicht durch Leugnung des Bedürfnisses. Sie können das Bedürfnis nach Beachtung so wenig unterdrücken wie den Hunger nach Nahrung.

Hier ein Beispiel für den Krankheitsgewinn Beachtung:
Ein Patient Heinrich mit einem Lungenkarzinom mit aus-
sichtsloser Prognose ist dekompensiert und muss auf die Intensivstation. Dort blüht er auf. Kein Mensch versteht das, bis
ich ihn eines Abends besuche. Dann ist alles klar. Auf der Intensivstation gibt es sieben Betten, sechs davon sind belegt,
drei davon mit Bewusstlosen – und es gibt drei Nachtschwes-
tern. Wer den Medizinbetrieb kennt, weiß, dass das Pflege-

personal auf den Intensivstationen fast schon zur Kategorie der Engel zu rechnen ist: Sehr hingabefähige, einsatzbereite Menschen arbeiten dort. Es war ganz klar, Heinrich hat das total genossen. Während ihn zu Hause seine Frau den Tee selbst machen ließ, solange er das noch konnte – und das war richtig so, auch wenn es ihr selbst schwergefallen war – wird ihm hier jeder Handstreich abgenommen. Da ist immer jemand da, die ihm zuhört, die ihm ab und zu auch die Hand hält, während er über seine Eheprobleme spricht, die ihm alle Stunde den Rücken abreibt mit Franzbranntwein – viel Berührung, viel Beachtung – und Heinrich blüht auf. Er fürchtet sich davor, er wehrt sich dagegen, doch weil es ihm wieder so gut geht, muss er natürlich auf die Station zurück.

Auf der Normalstation verfällt Heinrich zusehends. Er lässt alles Üben sein, er meditiert nicht mehr, das Tonband steht verstaubt in der Nachtkästchenschublade, und es ist überhaupt nicht an ihn ranzukommen. Er ist voll von Kodein gegen den Husten und ein Gespräch ist nicht möglich. Weihnachten naht und ich sage bei einem meiner Besuche, dass ich mich verabschieden will, denn es kann sein, dass wir uns nicht mehr sehen. Keine Reaktion. Ich probiere es ein weiteres Mal, wieder umsonst. Beim dritten Mal spreche ich eindringlicher von Abschied – es ist das letzte Mal vor Weihnachten, dass ich ihn besuchen kann. Ich spreche von der guten Zeit, die wir miteinander hatten, die große Zuneigung, die da war, und die gute Arbeit, die wir getan haben, und ich spreche von seiner Frau und seiner Tochter – ich gebe ihm nochmals einen Überblick über alles, was er in der Zeit seiner Krankheit entwickelt hat – und plötzlich setzt sich dieser Mann, den ich für nahezu bewusstlos gehalten hatte, senkrecht im Bett auf, schaut mich an und sagt: »Mensch lass mich doch in Ruhe mit deinem Scheiß-Sterben.« Darauf sage ich: »Ja, gerne!«, gebe ihm das Kodein in die Hand und halte ihm den Papierkorb hin für eine symbolische Geste. Er schaut mich erst etwas wehleidig an, doch dann wirft er es entschlossen hinein und bittet mich, ihm seinen Kassettenrecorder herzurichten zum Üben.

Als ich nach Weihnachten wieder hinkomme, ist das Bett leer – die Nachtschwester, die mich fassungslos stehen sieht, beruhigt mich: »Der ist heute nach Hause gegangen.« Heinrich war wach und aktiv geworden. Als er erfuhr, dass in den USA ein Gerät entwickelt worden war, womit man Sauerstoff auch in der Badewanne herstellen kann, überzeugte er die Betriebskrankenkasse davon, ihm das Gerät zur Verfügung zu stellen, da das Gerät nicht teurer war als zehn Tage in Großhadern und er noch länger zu leben gedachte. Dann ging er nach Hause. Als ich zu ihm nach Hause komme, sitzt er da mit einer Gitarre in Händen und bringt mit dem wenigem Atem, der ihm geblieben ist, seiner kleinen Tochter noch ein paar Lieder bei. Er räumt in der letzten Zeit seine Beziehungen auf, vor allem die zu seiner Frau, und stirbt ein Vierteljahr später in den Armen seiner Frau im Beisein seiner kleinen Tochter – ohne jedes Ersticken, in Meditation, friedlich. Ich halte es für sinnvolle Arbeit, Menschen zu einem guten Leben zu bringen und zu einem guten Sterben.

Zurück zum Krankheitsgewinn Beachtung. Die sorgfältige Arbeit mit diesem wie mit anderen Grundbedürfnissen ist von zentraler Wichtigkeit. Wenn nämlich die Person erfahren lernt, dass sie so, wie sie ist, willkommen, aufgenommen, angenommen, ernst genommen, wertgeschätzt und geachtet ist, dann kann sie auch lernen, sich selbst anzunehmen, ernst zu nehmen, wertzuschätzen und zu achten. Das ist aber in der Regel die Voraussetzung, dass sie den Ruf der Inneren Stimme wahrnehmen kann, die ihr sagt, worum es in ihrem Leben eigentlich geht.

Ein Exkurs zum Thema Beachtung[13]

Die Meister sagen: Bevor wir Menschen werden, sind wir erst Mineral, dann Pflanze, dann Tier. Wir brauchen Beachtung auf allen vier Ebenen unseres Seins. Wir brauchen Beachtung zur Bestätigung des Daseins, wie der Stein. Wir brauchen, wie die Pflanze, Beachtung zur Anerkennung unserer Zugehörigkeit, unserer Neigung, Wurzeln zu schlagen und in den Himmel zu wachsen, der Fähigkeit, zu geben und zu nehmen, unserer Empfindsamkeit und unserer Abhängigkeit vom Klima. Wir brauchen, wie die Tiere, Beachtung unserer Bedürfnisse und Neigungen, unserer Grenzen und unserer Freizügigkeit, unserer Lust zu Paarung, Nestbau und Brutpflege. Und wir brauchen als Menschen zur Entwicklung unseres Selbstbewusstseins die Wahrnehmung unseres Wesens, aus dem heraus wir selbstverständlich sagen können: »Ich bin da, ich gehöre dazu, ich habe meinen eigenen Raum, ich weiß, wer ich bin: ich bin.«

Beachtung mag unangenehm sein oder angenehm, freundlich oder feindlich – Hauptsache, wir finden Beachtung. Ein Kind, das den ganzen Tag keine Beachtung bekommen hat, quengelt am Abend. Dann wird es gescholten oder bekommt sogar seine gehörige Tracht Prügel, kann weinen, sich dabei selbst spüren und, wenn auch unglücklich, in seinem Bedürfnis nach Beachtung befriedigt einschlafen. Für viele von uns war es schlimmer, überhaupt nicht berührt zu werden, als gelegentlich eine Ohrfeige zu bekommen. Und die meisten derer, die ich frage, haben die Schelte dem Liebesentzug vorgezogen.

Der Mangel an Beachtung und Selbstbeachtung und die damit verbundene Gier nach Beachtung durch andere, bei gleichzeitiger Angst vor der Abhängigkeit von anderen, kann großen Stress verursachen, der zu Unzufriedenheit, Elend und psychosomatischen Krankheiten führen kann. Doch nicht nur der Mangel, auch ein Übermaß an Beachtung kann schaden. Ich denke hier an die vielen Verwöhnten und Überforderten, die von ihren Eltern als Tröster, Ratgeber, Partner, Eltern oder gar Sexualobjekte missbraucht wurden und als ›Freunde‹ ihrer Eltern zu viel Beachtung bekamen, doch nicht geachtet wurden in ihrem kindlichen Dasein; die als Kinder keinen geschützten Raum hatten und in ihrem Wesen und der sich daraus entwickelnden Eigenart verkannt wurden; die überfordert waren damit, ihre Eltern verstehen zu müssen, und die zu viel bringen mussten, um dazuzugehören.

Der unbewusste Umgang mit dem Bedürfnis nach Beachtung könnte auch ein entscheidender Faktor bei vielen Formen der Sucht sein.[14] Trunksüchtige betäuben und überwinden vorübergehend ihr Gefühl der Wertlosigkeit, das auf eine mangelnde Bestätigung ihres Wertes als Geschöpf durch Beachtung ihrer Eigenart zurückgeführt werden kann, während andere das gleiche Gefühl durch Arbeits- und Geltungssucht kompensieren. Doch auch das Umfeld hat Beachtungsgewinn durch das Leiden an den Süchtigen.

Ganz sicher spielt Beachtung eine entscheidende Rolle in der verbreiteten Sucht nach Sex. Das Bedürfnis nach Beachtung ist in unserer an Macht und Kontrolle orientierten Zeit als Schwäche verpönt wie die anderen Primärbedürfnisse nach Angenommensein, Geborgenheit, Berührung, Zuwendung und Nähe, während der zum Sex verkümmerte Umgang mit der Sexualität zum Leistungssport mit erklärter Zielmarke Orgasmus geworden ist, wo man etwas bringen kann oder muss. Nicht wissend, dass sie motiviert sind vom Bedürfnis nach Beachtung und anderen Primärbedürfnissen, betätigen sich so Millionen immer und immer wieder sexuell, ohne Erfüllung zu finden. Wer Beachtung braucht, wird durch diese Art von sexueller Betätigung ebenso wenig Frieden finden, wie er Durst mit Kartoffeln stillen kann.

Man könnte neidisch werden auf die sogenannten Wilden. Wir rackern täglich acht bis zehn und mehr Stunden, um das Geld für all das Zeug zu verdienen, das wir nicht brauchen und das auf dem Müll landet, sobald es den Reiz des Neuen verloren hat – während wir eigentlich Beachtung brauchen – und finden keine Zeit mehr, im freundschaftlichen Austausch einander oder aber in der Meditation uns selbst zu beachten. Jene hingegen verbringen etwa zwei bis drei Stunden täglich damit, ihren Lebensunterhalt zu erwirtschaften, während sie den Rest der Zeit sich selbst, einander, die Natur um sie herum und das große Geheimnis, das in alledem wirkt, beachten. Dabei entwickeln sie – so habe ich mir sagen lassen – einen dem unseren gegenüber unvergleichlich reichhaltigeren ökologischen und spirituellen Wortschatz für die Beschreibung der Beziehung des Menschen zu seiner inneren und äußeren Welt. Dieser Reichtum an Sprache entspricht einem differenzierten Bewusstsein für die inneren Dinge, für die Beziehung des Menschen zur Umwelt und dem geistigen Bereich, von dem wir uns dank unserem rasanten Fortschritt weit entfernt haben.

Ein Beispiel für den heilsamen Umgang mit dem Bedürfnis nach Beachtung finden wir bei Momo. Ihr Autor Michael Ende beschreibt, dass sie so zuhören konnte, »dass dummen Leuten plötzlich sehr gescheite Gedanken kamen; dass ratlose und unentschlossene Leute auf einmal ganz genau wussten, was sie wollten. Oder dass Schüchterne sich plötzlich frei und mutig fühlten. Oder dass Unglückliche und Bedrückte zuversichtlich und froh wurden. Und wenn jemand meinte, sein Leben sei ganz und gar verfehlt und bedeutungslos und er nur irgendeiner unter Millionen, der ersetzt werden kann wie ein kaputter Topf, dann wurde ihm klar, dass es ihn, genau so, wie er war, unter allen Menschen nur ein einziges Mal gab und dass er deshalb auf seine besondere Weise für die Welt wichtig war. So konnte Momo zuhören!« Wie wäre es, wenn wir einander und vor allem uns selbst so, das heißt »mit aller Aufmerksamkeit und aller Anteilnahme« zuhörten?

Autonomie

An dem Beispiel einer Frau, die ich Heidrun nennen möchte, können wir eine ganze Reihe von Krankheitsgewinnen deutlich machen. Ich traf sie zum ersten Mal in einer meiner vierwöchigen Intensivgruppen, dem sogenannten Januarprogramm. Ich mache am Anfang immer eine Runde und frage, wofür die Leute gekommen sind. Die wenigsten wissen klar, was sie suchen, oder sie wollen nicht gleich am Anfang zu viel sagen. Heidrun war die vierte; sie sagte mit heller Stimme: »Ich bin hier, weil ich Krebs habe, und ich möchte etwas für mein Leben tun.« Das hat sofort den Tenor in der ganzen Gruppe für den Rest des Monates beeinflusst und die Motivation der anderen Teilnehmer gesteigert. Diese Frau war von Anfang an eine Lehrerin für die anderen Mitglieder der Gruppe und später für viele Menschen um sie herum. In der Pause eines der ersten Tage steckte sie mir einen Zettel zu, auf dem las ich: »Ich traue es mich in der Gruppe nicht zu sagen, weil es zu verrückt ist, aber ich bin dankbar, dass ich diese Krankheit habe.« Sie hätte nie geglaubt, dass sie irgendwann in Frage stellen könnte, oder sogar herausfinden könnte, wer sie eigentlich ist.

Sie war voll definiert als Ehefrau von, Mutter von, Kollegin von, Tochter von und so weiter. Ihre Identität bezog sich nur immer auf andere, sie war die Ehefrau eines depressiven Mannes, die Mutter von zwei verwöhnten halbwüchsigen Töchtern, die Kollegin von Lehrern, die sie gerne als Sprecherin gewählt hatten, weil sie ihre eigenen politischen Träume am besten verbalisieren konnte und dann am rührigsten war im Anstiften von Demonstrationen, und sie war vor allen Dingen die Tochter einer trunksüchtigen Frau. Sie selbst kam gar nicht vor.

Sie lernte in großen Schritten. Sie lernte, ihrem Mann zu sagen, er solle sich selbst um seine Depression kümmern, sie könnte ihn nicht dauernd stützen, sie hätte selber Probleme genug in ihrem Leben und wollte dafür sorgen, dass sie selber gut leben lernen konnte. Sie konnte ihren Töchtern plötzlich sagen, sie sollten doch ihr Bett bitte selber machen und sich das Schulbrot schmieren, sie konnte ihren KollegInnen sagen, sie sollten sich doch bitte eine andere Anführerin in politischen Fragen suchen – sie würde zum Töpfern gehen –, sie müsste sich eine Weile um sich selbst kümmern; und vor allem lernte sie – sie sagte, das war der größte Schritt –, ihrer Mutter liebevoll die Tür zu weisen, wenn diese wieder einmal betrunken an ihre Tür kam und ihr Leid ausschütten wollte: Bitte komme morgen wieder, wenn du wieder nüchtern bist.

Sie wurde autonom, eine sehr unabhängige Frau. Das heißt nun überhaupt nicht asozial, im Gegenteil. Sie kannte lediglich zunehmend sich selbst und ihr eigenes Gesetz. Sie wurde klarer den anderen gegenüber, sie lernte sich abzugrenzen, sie lernte nein zu sagen, wo es notwendig war, und hatte dadurch viel mehr Zeit, sich für Kontakte ihren Mitmenschen gegenüber zu öffnen und denen das zu geben, was sie wirklich hatte – ein offenes Ohr. Sie konnte zuhören. Sie wurde immer schöner, indem die, die sie eigentlich war, immer mehr durch ihre Augen durchkam, die immer unverstellter, immer offener wurden; und wer von ihr angeschaut wurde, wusste sich gesehen.

Sie lernte auch ihren Tod zu sehen. Sie ging für einige Wochen allein auf eine griechische Insel, um ihr Leben zu überdenken, und als eines Tages ein Käuzchen auf dem Dach der Hütte erschien, in der sie lebte, da hatte sie ein Gespräch mit diesem Käuzchen und wusste, dass ihre Zeit um war. In der Nacht, in der sie starb, rief sie mich im Ausland an. Sie wollte nicht gehen, kämpfte wie eine Löwin, doch ihre Kraft war aufgebraucht. Sie sagte, ganz ruhig, etwa folgendes: »Ich weiß, heute Nacht gehe ich. Ich bin dankbar. Ich habe in diesen drei Jahren mit Krebs mehr gelebt als in den dreißig Jahren zuvor.« Sie starb bewusst, einverstanden, im Einklang mit ihrem Leben.

Autonomie scheint der wichtigste Faktor in der Auseinandersetzung mit jeder Krankheit zu sein. Sie ist gekennzeichnet durch aktive Auseinandersetzung mit der Krankheit. Das heißt radikal anzunehmen, das ist meine Krankheit; das ist meine Aufgabe, aus dieser Krankheit Sinn zu machen; es ist meine Aufgabe, die Lektionen zu verstehen, die mir die Krankheit geben will, und es ist meine Aufgabe, meine Lebensumstände so zu verändern, dass ich in ihnen heilen kann, wenn ich daran krank geworden bin, wie ich mein Leben bisher gelebt habe. Das ist eine sehr anstrengende Arbeit, sie ist stressvoll, aber sie ist statistisch die aussichtsreichste.

Spiritualität

Bis hierher habe ich Krankheitsgewinne erläutert, die noch psychologische Momente, emotionale Momente betreffen, die Lebensgestaltung und so weiter, bis hin zur Autonomie. Das wichtigste ist mir allerdings, das spirituelle Erwachen mancher Patienten und Patientinnen durch den Schock der Krankheit da, wo es geschieht, nicht zu blockieren. Viele Menschen erfahren im Moment der Diagnose oder in der Zeit danach das, was Maslow Gipfelerlebnisse nannte, Erfahrungen außerhalb jeder konditionierten Realität; Erfahrungen von schierem Dasein und – völlig paradox – von unbegründbarer Glückseligkeit, von Zufriedenheit, von Einverstandensein mit den Leben. Manche fühlen sich im Licht, manche fühlen sich völlig angstfrei. Wir wissen, dass es eine innere Entwicklung braucht, um die Verbindung zu diesem spirituellen Bereich zu halten. Und für mich ist es heute ein Kriterium für gutes Leben geworden, ob die Patienten die Verbindung zu diesen Bereichen halten können oder nicht, mehr als die Befriedigung der emotionalen Bedürfnisse.

Schluss

Ich habe hier einige Verläufe geschildert, die aus schulmedizinischer Sicht nicht ›gut‹ ausgegangen sind. Aber, so gesehen, geht unser Leben ja nie gut aus. »Ich würde mich sehr wundern«, sagte Mulla Nasrudin, »wenn ich dieses Leben überlebte!« Nun, er hat es überlebt bis gerade eben – oder? Ich könnte Ihnen eine ganze Reihe von Beispielen nennen von Menschen, die durch eine radikale Umstellung im Leben entgegen aller Wahrscheinlichkeit vom Krebs genesen sind. Da gibt es viel, was man für sich tun kann – Stress reduzieren, streiten und spielen lernen, die Emotionen wecken, besser essen und vor allem ›Nein‹ sagen lernen.

Ich möchte jedoch lieber schließen mit dem Beispiel einer sehr einfachen Frau, die eine radikale Wende in ihrem Leben vollzog, ohne viel zu ändern. Als ich über Krankheitsgewinne sprach, klopfte sie auf den Teppich bei mir im Gruppenraum und sagte: »Genau, Doktor, das ist es! – Die Krankheit war mein Wecker.« Als ich frage, wie sie das meint, sagt sie: »Ja, bislang hat es mich gar nicht gegeben.« Sie sei immer für andere Menschen dagewesen, besorgt gewesen, es allen recht zu machen, sie sei eine gute Ehefrau gewesen und eine gute Mutter, und sie habe natürlich dem Mann die Hemden gebügelt und den Söhnen die Schuhe geputzt – und sie selber sei nicht vorgekommen. Und das habe sich radikal geändert. Ich frage: »Wie denn?« »Jetzt komm erst einmal ich«, sagt sie, und ich denke insgeheim: »Das klingt aber egoistisch.« Da sagt sie: »Das klingt vielleicht egoistisch, aber so ist das gar nicht. Ich bin nach wie vor gerne für andere da.« – Hier sieht man schon den radikalen Umschwung, denn früher musste sie für andere da sein zur Daseinsbestätigung, jetzt ist sie gerne für andere da. »Ich bügele natürlich auch meinem Mann die Hemden und putze meinen Söhnen die Schuhe; aber die, die das tut, das bin ich.« Sie hatte sich radikal in ihr Leben gestellt und Verantwortung übernommen für alles, was sie tat. Sie war diejenige, die im Moment das tat, was sie tat, und das dachte, was sie dachte, das fühlte, was sie fühlte, das losließ, was sie gerade losließ, und niemand sonst war verantwortlich für oder Schuld an ihrem Leben: »Die, die das tut, was ich tue – DAS BIN ICH.«

Methodenvielfalt in der Kurzzeit- Psychotherapie bei akuten und chronischen Schmerzen[15]

Milton H. Erickson, der Begründer der modernen Hypnothe- rapie, bescherte einer Patientin mit schwersten chronischen Schmerzen momentan weitgehende Schmerzfreiheit, indem er sie aufforderte, sich vorzustellen, ein seit Tagen ausgehunger- ter Tiger käme soeben zur Praxistür herein. Hypnotherapeu- ten verschaffen Linderung, indem sie die Schmerzpatienten ihre Schmerzen prozentual aufteilen lassen in erinnerten, er- warteten, befürchteten, stechenden, stumpfen, ziehenden, bohrenden, erträglichen usw. Schmerz. Ich selbst erlebte mich trotz eines Peridontalabszesses weitgehend schmerzfrei, so- lange ich mich beim Skifahren auf die Buckel der Piste und meine Schwünge konzentrierte.

Diese Anekdoten machen deutlich: Die Intensität erlebter Schmerzen ist nicht immer und unbedingt linear mit auslö- senden Ursachen zu korrelieren. Vielmehr hängt das Schmerz- erleben von einer Fülle subjektiver Faktoren ab und ist somit psychotherapeutischer Behandlung zugängig. Dabei kann man im Einzelfall Schmerzzustände durch Integration einer Vielfalt von Methoden aus verschiedenen psychotherapeuti- schen Richtungen in erstaunlichem Ausmaß günstig beein- flussen. Das soll im Folgenden durch zwei Fallbeispiele dar- gestellt werden.

1. Fall: Migräne

Es sollte inzwischen lehrbuchreifes ärztliches Allgemeinwis- sen sein, dass die Migräne eine psychosomatische Erkrankung ist; d.h. sie ist somatisierter Ausdruck eines meist in früher Kindheit konstellierten seelischen Konfliktes[16], der durch in der Körperhaltung eingefleischte Stressmuster in die Gegen- wart übertragen wird.[17] Erste persönliche Berührung mit dem Krankheitsbild der Migräne hatte ich durch die Behandlung der Ehefrau eines Kollegen. Sie bekam immer dann einen akuten Anfall, wenn der Ehemann nach längerer Abwesenheit im entfernten Krankenhaus zum Wochenende nach Hause zurückkehrte, wonach sie sich eigentlich sehnte. Wie sich im therapeutischen Gespräch herausstellte, wollte sie von ihm zunächst nur (mütterliche) Nähe und Geborgenheit, ohne gleich sexuell zur Verfügung stehen zu müssen.[18] Ihre Unfähigkeit, sich bewusst zu verweigern, machte ihr das entsprechende Kopfzerbrechen. Durch die Migräne konnte sie zwar den Mann fernhalten, doch sie wiederholte im Rückzug auch den Verlust von Geborgenheit und Nähe. Der Ehemann bemerkte zunächst die »ungeheure« Tapferkeit seiner Frau, verstand dann den Konflikt und ermutigte sie schließlich erfolgreich, sich an ihm festzuhalten (wie ein Kind an seiner Mutter) und zu jammern, wodurch sich der Schmerz regelmäßig lösen ließ. Die Erinnerung an diese Episode brachte mich später auf die Idee, die Lösung von Spannung psychotherapeutisch zu induzieren.

Kupierung eines akuten Anfalls

In meinen Selbsterfahrungsgruppen berichtet die Person mit einem Migräneanfall (P) von ihren Kopfschmerzen in der Regel erst in der Schlussrunde vor Beendigung einer Gruppensitzung. Ich frage dann: »Wollen Sie die Kopfschmerzen loswerden?« Wenn P die Frage bejaht (1)[19], sage ich: »Sie können Ihre Kopfschmerzen meinetwegen (2) bis zur nächsten Sitzung aufheben, damit wir gründlich daran arbeiten können. Jetzt haben wir allerdings nur noch Zeit (3) für ein Wunder (4). Wären Sie zur Not (5) mit einem Wunder einverstanden?« Meist bejaht P auch diese Frage.

Ich stehe auf und bitte P, ebenfalls aufzustehen (6). Ich stelle weitere Fragen, die mit ›Ja‹ oder ›Nein‹ zu beantworten sind, z. B.: Sie leiden schon lange genug an ihren Kopfschmerzen? Sie legen keinen gesteigerten Wert darauf, noch länger zu leiden? Sie wären sie wirklich gerne los? Und Sie haben noch nie ein Wunder probiert? Ich stelle derartige Fragen so lange, bis P zu den Antworten die entsprechende Geste macht, also zu ›Ja‹ nickt und zu ›Nein‹ den Kopf schüttelt (7). Dann erzähle ich, wie gern ich als Kind barfuß gelaufen bin, und erinnere das lustvolle Gefühl, das sich einstellt, wenn die Pampe (der Batz, Gatsch usw. – je nach Mundart der P) durch die Zehen quillt (8). Ich laufe auch heute noch gerne barfuß, am liebsten am Meer, spüre den feuchten Sand unter den Füßen, auf dem sich's leichter geht, mag aber auch den trockenen heißen Sand, in dem man mehr Mühe hat vorwärts zu kommen (9); und ich gehe gerne an der Wasserkante, wo die Wellen beim Kommen die Füße umspülen und beim Gehen ein wenig Sand unter den Füßen wegziehen (10). Dann frage ich, ob P gerne schwimmt, und biete zur Erleichterung das Mittelmeer an, weil dort das Wasser warm ist und wegen des großen Salzgehaltes gut trägt (11). Ich bleibe bei der Frage, bis ich wieder eine auch in der Kopfbewegung eindeutige Antwort bekomme (7).

Spätestens jetzt trete ich näher, bis ich P gegenüberstehe, und mute ihr eine Wirklichkeitsveränderung zu: ich bitte um die Erlaubnis, einen kleinen Trick benutzen zu dürfen. »Ich brauche Ebbe und Flut, damit es funktioniert – können Sie sich vorstellen, dass es am Mittelmeer Gezeiten gibt?« (12). In der Regel bekomme ich auch hierzu die Zustimmung durch Nicken. Dann lasse ich P erinnern, wie sinnlich aufregend es sein kann zu spüren, wie mit kommender Flut das Wasser erst die Knöchel umspült, dann die Waden, dann die Knie usw., bis sie irgendwann mit den Fingerspitzen im Wasser plätschern kann (13). Ich bewege die Finger im imaginierten Wasser und beobachte, wie P die Geste nachahmt. Wenn das Wasser weiter steigt, kann P – wie zuhause in der Badewanne – wahrnehmen und sich wundern, wie die Arme ganz ohne Anstrengung »wie von selbst« gehoben werden. Dabei stehe ich P gegenüber und hebe selbst die Arme (14). Jetzt erinnere ich P daran, dass von den Wellen des Meeres alles mögliche herumgetrieben wird – Muscheln, Algen, Steinchen, Holzstücke – und schon mal in der ausgestreckten Hand liegen bleiben kann, lade P ein, doch einmal selbst zu schauen, was sie/er da in der Hand hat, und sage schließlich: »Zeigen Sie mal her, was Sie da haben« (15). Dann streckt P die Arme nach mir aus (16), so wie ich nach ihr, und wir lachen beide (17). Wenn ich dann frage »Haben Sie noch Kopfschmerzen?«, wacht P erstaunt bis erschrocken auf aus dem Zauber und sagt: »Nein, die sind weg – aber das gibt's doch gar nicht.«

2. Fall: Chronisches Schmerzsyndrom

Eine bald 60-jährige Frau (P) mit einer fast vierzigjährigen Schmerzanamnese hatte sich nach der Teilnahme an einer psychosomatisch orientierten Selbsterfahrungsgruppe bei mir zur Einzeltherapie gemeldet. In der Vorbesprechung zeigte sie sich als ehrgeizige, äußerst tüchtige Chefsekretärin und gebildete Frau aus gutem Hause, das sie früh verließ, nachdem sie dort nach einer stark gestörten Frühphase eine unglückliche Kindheit erlebt hatte. In der Adoleszenz hatte sie an starker Migräne gelitten. Sie kam jetzt zur Therapie wegen der häufigen und heftigen Bauchschmerzen, an denen sie seit dem 23. Lebensjahr mehr oder weniger dauernd gelitten hatte. Oft konnte sie die Schmerzen nur nach einer Flasche Rotwein ertragen. Sie machte mir klar, dass sie nach bald 40 Jahren enttäuschender Therapieversuche nicht mit einer Besserung rechne. Auf die beharrlich wiederholte Frage, was sie in der Therapie suche, gab sie schließlich doch zu, sie wollte »die Schmerzen loswerden!« (1).

Ich wusste bei der Begrüßung an der Haustür, dass ich angesichts dieser Krankheitsgeschichte mit herkömmlichen Methoden auf verlorenem Posten stand. Im Behandlungszimmer stand die P eine Weile ratlos, weil ich ihr frei gelassen hatte, auf welchen Stuhl sie sich setzen wollte (18). Während ich noch überlegte, wie ich Zugang zu dieser P und ihren Schmerzen finden könnte, setzte ich mich auf den Boden (19), griff gedankenverloren zu meinen Tablas (indische Trommeln) und fing an, eine polyrhythmische Figur im Verhältnis 4/3 zu üben (20), worauf die P sowohl Faszination als auch noch größere Verwirrung sowie zunehmende Trancebereitschaft zeigte. Gleichzeitig setzte ich die Exploration fort (21).

Die P lebte nur für ihren Sohn und ging in ihrer Arbeit auf, womit sie nicht nur ihren Lebensunterhalt, sondern auch ihre Daseinsberechtigung verdiente. Der bevorstehende Auszug des Sohnes und die in Aussicht stehende Pensionierung beunruhigten sie daher mehr, als sie zunächst wahrhaben wollte (22). Ich erfuhr auch, dass die Bauchschmerzen meist wehenartig wären. Die naheliegende Vermutung, die Bauchschmerzen könnten eine Somatisierung nicht durchlebter Trauer über ungeborene Kinder sein, behielt ich für mich (23) und setzte das Tablaspiel und gleichzeitig die verbale Tranceinduktion fort.

Ich suggerierte der P den angenehmen Zustand, in dem es »nichts zu tun« gibt als »sich wie ein sattes Kind in den Armen der Mutter fallen lassen« (24).

Wenn Kinder »ganz für sich sein können« (25), dann »*lassen Sie alles los*[20] (26), lassen Sie den Atem kommen und gehen (27) – ein und aus und Pause – wie die Wellen des Meeres, die sich aufbauen und wieder zusammenfallen und eine Weile brauchen, um sich neu zu sammeln!« (28) – Viele Dinge kommen und gehen wie die Wellen des Meeres (29) – und »gehen Sie auf ganz natürliche Weise in Trance« (30), »wie Sie es schon immer konnten wie die vielen anderen Dinge, die Sie ganz von selbst tun konnten, lange bevor Vater und Mutter einen Einfluss auf Sie hatten!« (31) »Sie können den Boden unter den Füßen spüren, wahrnehmen wie der Stuhl Sie trägt und wie die Lehne Sie stützt« (32) … »und wie der Atem kommt und geht, so wie ihr kommt und geht« (33) und so weiter.

Nachdem eine tiefe therapeutische Trance induziert war und P sich bereit erklärt hatte, Zustimmung bzw. Ablehnung des Unbewussten zur Kooperation mit den jeweiligen Suggestionen durch idiomotorische Signale (Nicken bzw. zäh verlangsamtes Kopfdrehen) anzudeuten (34), wurden ihr im therapeutischen Teil der Sitzung im Wesentlichen die folgenden

Suggestionen gegeben: »Ihre Schmerzen sind ehrlich erworben« (die P nickt und atmet auf) (35) ... »sie sind körperlicher Ausdruck von seelischen Schmerzen in der Vergangenheit, die damals nicht anders zu ertragen und zu bewältigen waren« (die P nickt heftiger, weint und schluchzt schließlich) (36) ... »Sie können nur das loslassen, was Sie zuvor angenommen haben« (angestrengtes Aufmerken) (37), »und Sie haben die Wahl: *Lassen Sie die Schmerzen jetzt los!* und erinnern Sie sich später, was so wehgetan hat« (Nicken, Anspannung) oder: *»Lassen Sie die Schmerzen jetzt los!* und vergessen Sie, was Ihnen damals so großen Kummer bereitet hat« (Kopfschütteln) (38).

»Ich kenne Sie als einen tüchtigen, gründlichen und verlässlichen Menschen.« (leichtes, zufriedenes Lächeln) (39) »Ich würde mich sehr wundern, wenn Sie es schneller als in drei Wochen schaffen würden, *die Schmerzen loslassen!* zu können« (P beantwortet diese Herausforderung mit Vorrecken des Kinns), »und ich würde mich sehr wundern, wenn Sie länger als sechs Wochen dafür brauchen würden, *die Schmerzen loslassen!* zu können« (im Gesicht Ausdruck von zuversichtlicher Selbstzufriedenheit und deutliches Nicken) ... (40) »Sie dürfen alles vergessen (41), was ich gesagt habe, alle Sorgen fahren lassen und Ihrem Unbewussten die Arbeit überlassen, denn das Unbewusste hat für Sie deutlich spürbar und für mich deutlich sichtbar Ihre Bereitschaft signalisiert, die *körperlichen Schmerzen in Kürze loslassen und die seelischen konfrontieren* zu wollen, wann immer es Zeit ist dafür.« (42) Schließlich suggerierte ich allmähliches Auftauchen aus der Trance zum Klang der Trommel, die ich ununterbrochen gespielt hatte. Die Patientin rief zwei Tage später in heller Panik an. Die Schmerzen seien ganz weg, doch sie sei verzweifelt, denn sie wüsste nicht mehr, was ich ihr aufgetragen hätte – irgendwas müsse sie binnen drei bis sechs Wochen geschafft haben. Ich beruhigte sie, dass sie, ohne es zu merken, ihre Arbeit im Unbewussten erledigen und sich schon daran gewöhnen würde, dass manche Sachen ganz von selbst gut ausgehen usw.

Nachdem sich die Patientin an die Schmerzfreiheit und die damit verbundenen Erregungszustände gewöhnt hatte, begann sie sich zu erinnern. Die wehenartigen Bauchschmerzen entpuppten sich als die Wehen nicht durchlebter Geburten und als der Schmerz über den Verlust von drei durch Abtreibung verlorenen Kindern. Sie konnte allmählich durch Weinen und Schluchzen als Ausdruck tief empfundener Reue und Trauer die chronischen Spannungsmuster lösen und ihre Geschichte annehmen. P ist nach wie vor weitgehend schmerzfrei und weiß inzwischen, dass jedes Mal, wenn ›ihre‹ Schmerzen wiederkommen, es schmerzliche Ereignisse zu erinnern gibt. Sie kommt in mehr oder weniger regelmäßigen Abständen von zwei bis vier Wochen zu einer Stunde, in der wir mit Methoden aus der tiefenpsychologisch orientierten Psychotherapie (hier Gestalt und Bioenergetische Analyse) traumatische Erfahrungen aufarbeiten und in ihre Lebensgeschichte integrieren.

Diskussion

Es ist nützlich, bei den einzelnen psychotherapeutischen Verfahren zwischen dem theoretischen Rahmen (tiefenpsychologisch, d.h. am lebensgeschichtlichen Hintergrund orientierte Psychotherapie inklusive Psychoanalyse; lerntheoretische, am Verhalten orientierte Verfahren; systemische Psychotherapie; humanistische Psychotherapie usw.), den angestrebten Zielen (Integration verdrängter Geschichte in den Lebenslauf und Einsicht ins So-Gewordensein, Symptombeseitigung durch Verhaltensänderung, Eingliederung ins System, Entfaltung wesensgemäßen Potentials zu persönlicher Eigenart und so weiter) und dem methodischen Rüstzeug (Regression und Deutung; Verhaltenstraining, Nachreifung durch Einübung; Familienrekonstruktion, Re-Framing, Re-Parenting; Visualisierung, Selbst-Erinnerung und so weiter) zu unterscheiden. So bedienen sich Gestalttherapie und bioenergetische Analyse eines erweiterten technischen Repertoires, auch wenn sie, wie die Psychoanalyse, im Grunde genommen tiefenpsychologisch orientierte Verfahren sind.

Die Hypnotherapie nach Milton H. Erickson nimmt eine Sonderstellung ein; sie ist keiner der Schulen mit ihren unterschiedlichen Erklärungsmodellen verpflichtet, sondern bedient sich entsprechend dem anstehenden Problem der P der jeweils wirksamsten psychotherapeutischen Technik. Sie ist psychodynamisch orientiert, indem sie die Bedeutung von Kontakt bzw. Rapport zwischen Therapeut und P betont, in Hypnose Altersregression induziert, die P in Kontakt bringt mit verdrängten Phasen ihrer Geschichte und in der Verdrängung gebundene Kräfte mobilisiert und diese zur Bewältigung der Gegenwart utilisiert; sie ist verhaltenstherapeutisch orientiert, indem sie in Hypnose die Bereitschaft der P zur Kooperation mit dem therapeutischen Prozess und zur Durchführung von Übungen (Hausaufgaben) erwirkt, in denen die P Entwicklung behinderndes oder gar selbstzerstörerisches Verhalten ändern lernen kann; sie bedient sich der Möglichkeiten der systemischen Therapie zur Rekonstruktion von Geschichte und Familie; und sie glaubt – entsprechend den Grundsätzen der Humanistischen Psychologie – an ein zu entfaltendes Potential und erarbeitet Zugang zu verschütteten Ressourcen im Unbewussten der P.

Erläuterungen zu einzelnen, oben bezifferten Interventionen:

(1) Die Entscheidung, die Schmerzen lassen zu wollen, ist eine Bedingung für den guten Ausgang der Intervention.

(2) Migränepatienten sprechen in der Regel besitzanzeigend von »ihrer« Migräne – die darf man ihnen nicht ohne Einverständnis nehmen.

(3) Zeitdruck bringt P in die Zwickmühle zwischen dem Krankheitsgewinn Aufmerksamkeit für Leid und dem Lustgewinn Schmerzfreiheit.

(4) Jedermann weiß, dass bei Migräne nichts hilft – außer ein Wunder.

(5) Schwarzer Humor – bahnt Lösung durch Lachen.

(6) Im Stehen ist es leichter, zu dem zu stehen, was man sagt.

(7) Das Nicken und Kopfschütteln dient der Lösung der Spannungen des Nackens. Ich habe beobachtet, dass die Intervention bisher in allen (über 100) Fällen gewirkt hat außer in jenen, in denen P den Kopf bei den Antworten nicht bewegt hat.

(8) Die Erinnerung ans Barfußlaufen induziert Altersregression.

(9) Die Suggestion von Boden unter den Füßen und von Sinnlichkeit lenkt die Aufmerksamkeit und die Blutzufuhr vom Kopf in die Füße.

(10) Das Wegziehen von Sand unter den Füßen suggeriert Risikobereitschaft und Nervenkitzel und deutet Bodenverlust neu als möglicherweise lustvoll.

(11) Eine gute Mutter ist warm und kann uns tragen.

(12) Die Zustimmung zum Kommen und Gehen der Gezeiten bahnt die Zustimmung zum Gehen der Migräne.

(13) Das Spiel mit den Fingerspitzen löst Spannung in den Armen bis in den Nacken.

(14) Die Erinnerung an eigene Erfahrungen mit dem Auftrieb im Wasser induziert eine beidseitige Armlevitation.

(15) Die Aufforderung zu zeigen, was P in der Hand hat, ist eine wichtige Suggestion für Migränepatienten, die in der Regel das Gefühl haben, dem Kopfschmerz ausgeliefert zu sein und dem gegenüber nichts in der Hand zu haben. Außerdem wird oft beim genaueren Hinschauen der eingezogene Kopf herausgestreckt, was die Spannung weiterer Partien der Nackenmuskulatur löst.

(16) Das Strecken der Arme löst die Spannung im Bereich der oberen Schultermuskulatur.

(17) Lachen ist natürlich das umfassendste Mittel zur Lösung von Angstspannung.

(18) Die P in der zweiten Fallbeschreibung ist Tochter aus gutem Hause und bezieht Selbstsicherheit aus richtigem Benehmen. Keinen Platz angewiesen zu bekommen und selbst entscheiden zu müssen, wo sie sitzt, verwirrt sie im Moment, während gleichzeitig ihre Bereitschaft, sich von mir führen

zu lassen und doch letztlich selbst zu entscheiden, gebahnt wird.

(19) Die P hatte vier Jahrzehnte lang die Unfähigkeit von mächtigen Männern bewiesen dadurch, dass ihr all die Ärzte nicht hatten helfen können (analog dem Vater, der sie mehrfach im Stich gelassen hatte, und ihren einflussreichen Liebhabern, die sie geschwängert sitzen gelassen hatten). Durch die Geste der Unterwerfung suggeriere ich meine Ohnmacht und Abhängigkeit von ihr für das Gelingen ihres Vorhabens.

(20) Tranceinduktion durch Polyrhythmik ist ein Standardelement in der von Flatischler und Büntig entwickelten Rhythmustherapie.

(21) In der Ericksonschen Hypnotherapie bedeutet Hypnose nicht Tiefschlaf, sondern gesteigerte Wachheit für innere Prozesse bzw. für jene Bewusstseinsschichten, die wir gemeinhin das Vorbewusste, das Unterbewusste und das Unbewusste nennen, bei gleichzeitiger Dissoziation des rationalen, kontrollierenden Verstandes. Es ist dabei trotz tiefer Trance möglich, mit der P zu sprechen, wobei sie entweder sehr langsam verbal oder mit Fingersignalen antwortet.

(22) Viele Menschen, die nichts annehmen können und sich nicht angenommen fühlen, kennen ihren Wert als Geschöpf und Mensch nicht und glauben, ihr Dasein durch Leistung verdienen und ihren Selbstwert durch Tüchtigkeit beweisen zu müssen. Der Verlust dieser Kompensation musste die P zutiefst verunsichern.

(23) Ich behalte meine Deutungen immer für mich, denn die ›Deutung von innen‹ im Aha-Erlebnis provoziert weniger Widerstand und bewegt die P eher zu angemessenen, das Leben verändernden Handlungen als die Deutungen des Therapeuten.

(24) Diese Suggestion der Möglichkeit einer tragenden Mutter war für die in den ersten Lebenstagen von der eigenen Mutter weggegebene P, die mangels Vertrauens in den Halt durch andere stets selbst Haltung bewahrt hatte, sehr relevant und bewegend.

(25) Auch die Suggestion, ganz für sich sein zu können, er-öffnete der P, die immer für andere da war, im wahrsten Sinne des Wortes unerhörte Möglichkeiten.

(26) »Lassen Sie alles los« heißt auch: »Lassen Sie die Kopf-schmerzen los.«

(27) Die im Atemrhythmus der P gesprochene Hinlenkung des Bewusstseins auf den Prozess der Atmung ist eine der ein-fachsten Induktionen zur Einleitung und Vertiefung thera-peutischer Trance.

(28) Analogie zum gesunden Rhythmus von Leistung, Nachlassen und Erholung.

(29) Krisen, Schwangerschaften, Söhne, berufliche Anfor-derungen und Schmerzen kommen und gehen. Das ist so na-türlich wie das Kommen und Gehen des Atems.

(30) Die Bewusstseinsveränderung und der Kontrollverlust in Trance sind etwas ganz Natürliches.

(31) Erinnerung an das der P eingeborene Potential und an ihre Wurzeln in der Unbedingtheit.

(32) Mit dieser Suggestion kann die P Unterstützung an-nehmen lernen.

(33) *Ihr* statt *er* kommt und geht – wir werden geboren und wir sterben.

(34) Idiomotorische Signale – oft in Form von Strecken verschiedener Finger für »Ja«, »Nein« und »Ich weiß nicht« – sind eine Möglichkeit in der Hypnotherapie, auch in tiefer Trance mit tiefen Schichten des Bewusstseins der P zu kom-munizieren.

(35) Die P ist nicht schuld an ihrem Zustand; sie hat, als sie ein kleines Kind war, ihre Not so gut sie konnte kompensie-ren gelernt,

(36) und zwar durch Somatisierung des seelischen Schmer-zes.

(37) Die P muss ihr Schicksal annehmen, wenn sie die Schmerzen loslassen will.

(38) Ich lasse hier der P die Wahl, die Verletzungen der Ver-gangenheit zu vergessen oder später zu erinnern. Ich lasse ihr

in diesem sogenannten therapeutischen ›double-bind‹ jedoch keine Wahl, was das Loslassen der Schmerzen angeht.

(39) Hier packe ich P bei ihrer Ehre – im Fachjargon: ich utilisiere ihre Wertvorstellung Tüchtigkeit; sie hat schon so viel geschafft im Leben – das schafft sie auch.

(40) Durch diese motorische Rückmeldung war ich ziemlich sicher, dass die Behandlung Erfolg haben und die P ihre Schmerzen aufgeben würde.

(41) Die P darf auch ihre schmerzhafte Geschichte vergessen.

(42) Verankerung der Aufgabe und Rückmeldung, dass ich die Bereitschaft der P dazu wahrgenommen habe.

Plädoyer

Die Psychotherapie ist im Westen eine vergleichsweise junge Disziplin. Sie steckt nach hundert Jahren Psychoanalyse gerade eben in den Kinderschuhen. Wie jede neue Entwicklung neigt sie dazu, durch Richtungskämpfe vom eigentlichen Problem, nämlich dem relativen Mangel an gesichertem Wissen und der damit verbundenen Unsicherheit, abzulenken. Der Schulenstreit dient keinesfalls den Patienten, vielleicht der wissenschaftlichen Profilierung der Streiter, mit Sicherheit jedoch der Abwehr derer, die Angst vor ihrer eigenen Seele haben und aus diesem oder einem anderen Grund der Psychotherapie insgesamt skeptisch oder gar ablehnend gegenüberstehen. Statt die Reinheit einer unsicheren Lehre zu verfechten, finde ich es sinnvoller, im nahen Kontakt zur P und zu der gegenwärtig wahrnehmbaren Dynamik zwischen Lebenslust und Sicherungsbestreben ein reichhaltiges Rüstzeug an Interventionen parat zu haben im Dienst an der Heilung leidender Menschen.

Keine therapeutische Disziplin eignet sich meines Erachtens so gut zur Integration der unterschiedlichsten Verfahren wie die Hypnotherapie nach Milton H. Erickson. Statt auf die kognitive Bewältigung komplexer Denkmodelle baut sie auf akute Wahrnehmung und bedingungslose Achtung der Le-

70

bensäußerungen der P, auf die ungenutzten Ressourcen im Unbewussten der P, auf die Nutzung von Symptomen als Wegweiser in Richtung einer Lösung und auf die therapeutische Kreativität im Umgang mit einer Vielzahl von technischen Interventionsmöglichkeiten.

Die erfolgreiche Kupierung eines akuten Anfalls von Migräne heilt noch nicht von dem chronischen Leiden; doch sie zeigt der P, dass überhaupt etwas hilft, und dass es zu ihren in jahrelanger Wiederholung bestätigten Erfahrungen Alternativen gibt. Nicht alle Psychotherapien haben einen so durchschlagenden Erfolg wie bei der P mit den chronischen Bauchschmerzen, und manche haben gar keinen. Die beiden dargestellten Fallbeispiele können jedoch einen Eindruck von den Möglichkeiten eines integrativen Psychotherapiestils geben.

Wesen und Charakter[21]

Das Wesen

Der Begriff des Wesens wurde von Meister Eckhart in die Philosophie eingeführt als im Deutschen gleichbedeutend mit dem lateinischen *Essentia*. Wesen kommt vom althochdeutschen *Wesan* – das heißt *Sein* – und bedeutet bei Dingen wie Personen zunächst die Hauptsache – als das Wesentliche – gegenüber der Nebensache, das Bleibende gegenüber dem Veränderlichen. Wir können uns der Bedeutung des Wortes nähern über die Begriffe, in denen es sich ausdrückt.

Als anwesend bezeichnen wir etwas, das wahrnehmbar da ist. So ist menschliche Gesundheit nicht nur die Abwesenheit von Krankheit, sondern zeigt sich in der Art und Weise, in der der Mensch anwesend ist, in der er da ist, in Kontakt ist, wahrnimmt, fühlt, denkt und handelt. Ebenso ist Stille nicht lediglich die Abwesenheit von Krach, vielmehr ist in der Stille eines Raumes oder in der Stille des Waldes etwas anwesend, spürbar da, das wir mit Sinnen nicht greifen und doch erfahren können. Wir nennen es das Numinose.

Wir finden das Wort Wesen wieder im Lebewesen. Das Lebewesen stellt die Manifestation seines Wesens dar. Das Wesen ist also die grundlegende Wirklichkeit des Lebewesens, wo hingegen das Lebewesen der sinnlich wahrnehmbare Ausdruck des Wesens ist. Das Wesen ist nicht von dieser Welt, doch es lebt in dieser Welt als Lebewesen. Das Wesen ist zeitlos, es ist, wie die Zen-Mönche sagen, vor Vater und Mutter, es ist unerschaffen und unerschaffbar. Das Wesen überdauert allen individuellen Tod. Das Lebewesen hingegen ist anwesend nur, solange es lebt und bis es verwest.

Damit sind wir beim Verwesen, jenem Vorgang, bei dem sich das ungeschaffene Wesen von seiner als Lebewesen geschaffenen Form löst und sich dem großen Sein anheim gibt, so wie sich der Fluss ins Meer ergießt, während das Geformte zurücksinkt, dort hinein, woraus es geschaffen wurde: Staub zu Staub, Asche zu Asche.

So steht es im Brockhaus: Das »Wesen ist das tragende, gründende Sein des Seienden, das Seiendes überhaupt erst ermöglicht und von dem Seiendes nur die Erscheinung ist«. Das Wesen ist also die eigentliche, urbildliche und vernunftgemäße Wirklichkeit – das, was wirkt – der gegenüber die raumzeitliche Realität – das, was Sache ist – lediglich Abbild und Erscheinung ist, dabei allerdings nicht bloß Schein, sondern gerade Manifestation des Wesens.

Das Wesen allen Wesens ist das göttliche Sein, die reine Wirklichkeit, das große Geheimnis, wie die Indianer sagen. Es zeigt sich im Wesen aller einzelnen Dinge, also auch im menschlichen Wesen. Vom Wesen des Einzelnen sagte Dürckheim mit Meister Eckart, es sei inbildhaft. Das menschliche Wesen als Inbild persönlicher Menschlichkeit findet seinen Ausdruck im menschlichen Potential, wie es die Humanistische Psychologie beschreibt.

Abraham Maslow gelang ein wunderbarer Brückenschlag zwischen philosophischer Tradition und psychologischer Wissenschaft. Er entdeckte mit den Mitteln moderner Forschung, dass besonders menschliche Menschen eine natürliche Neigung zum Wahren, Schönen und Guten zeigen und postulierte, dass das Streben nach dem Höheren, dass Geistigkeit und die Suche nach Gotteserkenntnis nicht im Widerspruch zum natürlichen Menschen stehen, sondern eingeborener, geradezu instinkthaft verankerter Ausdruck menschlicher Natur sind. Danach hat, wer sich die kleinen Freuden selbstverständlich gönnt und keine Kraft vergeudet in der Selbstunterdrückung, Kräfte frei für die Verwirklichung höherer Ziele. Abraham Maslow untersuchte auf der Suche nach einem Bild von menschlicher Gesundheit besonders gelungene Exemplare unserer Spezies, nämlich die sogenannten Selbstverwirklicher. Dabei machte er Entdeckungen, die ihn zu radikal anderen Schlussfolgerungen führten als Sigmund Freud und seine Nachfolger, die ihr Menschenbild am Studium von eher steckengebliebenen Normverwirklichern gewannen und daher für Menschen, die ganz und gar transparent waren fürs Wesen, die in dieser Welt aber nicht von dieser Welt waren – Menschen wie Moses, Buddha, Jesus oder Mohammed also – keine anderen als psychopathologische Kriterien zur Verfügung hatten.

Maslow entdeckte – als Sohn einer bigotten Mutter gegen großen Widerstand – religiöse Erfahrung in Form von Offenbarung selbstevidenter Wirklichkeit als Merkmal gesunder menschlicher Entwicklung. Er fand, dass diese Menschen häufig berichteten, »so etwas wie mystische Erlebnisse gehabt zu haben, Momente von tiefer Ehrfurcht, Momente tiefsten Glücks oder gar der Verzückung, Ekstase oder Seligkeit. … Jedes Getrenntsein von der Welt und jede Distanz waren verschwunden, als sie sich eins mit der Welt fühlten, mit ihr verschmolzen, ihr wirklich zugehörig, statt außerhalb zu stehen und hineinzuschauen. Aber das allerwichtigste bei diesen Berichten über diese Erfahrung war das Gefühl, dass sie wirklich die höchste Wahrheit gesehen hatten, das Wesen der Dinge – das Geheimnis des Lebens – als ob Schleier beiseite gezogen worden wären.« Er erklärt: »Diese Erfahrungen hatten meistens nichts mit Religion zu tun, jedenfalls nichts mit Religion im üblichen Sinn, mit Übernatürlichem. Sie traten auf in großen Augenblicken von Liebe und Sex, bei großen ästhetischen Eindrücken, besonders in der Musik, bei der Freisetzung von Kreativität und kreativer Begeisterung, in großen Momenten der Eingebung und des Entdeckens; bei Frauen, wenn sie ihre Babys auf natürliche Weise zur Welt brachten, oder einfach, wenn sie sie liebten; in Augenblicken des Verschmelzens mit der Natur, […] bei bestimmten sportlichen Aktivitäten, beim Tauchen, Skifahren, Tanzen und so weiter.« »Und so war die zweite große Lektion, dass es sich dabei um eine natürliche und nicht um eine übernatürliche Erfahrung handelte. Ich gab also den Begriff *mystische Erfahrung* auf und nannte diese Erfahrungen nun *Gipfelerlebnis*.«

Maslow erläutert weiter: »Ein wesentlicher Gewinn, den ich von dieser Erfahrung habe und den wir alle haben können, ist der, dass sie uns hilft, einander besser zu verstehen. In unserem Innern ist viel mehr Übereinstimmung als in den Äußerlichkeiten. […] Denn während dieser Gipfelerlebnisse sind wir uns sehr klar und intensiv bewusst, dass wir zusammengehören und etwas teilen, das jedem menschlichen Wesen eigen ist. Wenn unser inneres Glücksgefühl so übereinstimmend ist, ungeachtet dessen, wodurch es ausgelöst wird, und ungeachtet der Verschiedenartigkeit der Menschen, die diese Erfahrung machen, dann weist uns das vielleicht einen Weg, wie wir gegenüber Menschen, die sehr verschieden von uns sind, einfühlsamer und verständnisvoller sein können.« Über seine eigene Erfahrung sagt er: »Ich erinnere mich, wie das Kind überall nach der Quelle dieses Glücks Ausschau hielt. Und endlich fragte es: ›Gott?‹ Denn Gott war das einzige Wort der Ehrfurcht, das es kannte. Tief innen vernahm es, wie das leise Tönen einer Glocke, die Antwort: ›Gott – Gott!‹ Wie lange dieser unsagbare Augenblick dauerte, ich weiß es nicht. Er zersprang wie eine Seifenblase, als plötzlich ein Vogel sang; und der Wind wehte, und die Welt war wie immer und doch nie mehr ganz so wie zuvor.«

Der Charakter

Die Art und Weise, in der wir alles streng unter Kontrolle halten, um normal zu erscheinen, nennen wir Charakter. Das Wort kommt aus dem Griechischen. Es bedeutet: das Geprägte. Während unser Wesen bestimmt, wer wir im Prinzip – das heißt von Anbeginn – sind, definiert unser Charakter, wer wir unter dem Einfluss der Welt zu sein glauben. Der Charakter ist die psychosomatische Einheit im Ausdruck, hinter dem und mit dessen Hilfe wir unser Wesen verbergen oder uns dem Wesen verstellen.

Charakter ist die eingefleischte Geschichte unserer Sozialisierung, der äußerlich sichtbare Ausdruck unserer Kompromisse, die wir in früher Not geschlossen haben und die uns heute an die von Alan Watts sogenannte Illusion des Ich glauben lassen. Wie kommen wir dazu, uns so festzulegen auf ein definiertes Repertoire an gewohnten Wahrnehmungen, Gefühlen, Gedanken und Handlungen? Die Antwort auf diese Frage verdanken wir der Psychoanalyse und ihren Fortentwicklungen durch Wilhelm Reich, Alexander Lowen, Alice Miller und andere.

Das Neugeborene manipuliert seine Umwelt, das ist zunächst die Mutter, mithilfe seiner eingeborenen und weitgehend ausgereiften Emotionen (das sind Bewegungen aus dem Inneren nach außen), mit dem Ziel der Befriedigung seiner gegebenen Bedürfnisse beziehungsweise Erwartungen. Befriedigung wie Frustration werden wiederum emotional geäußert. Bei Befriedigung der Bedürfnisse gewinnt das Kind mit der Zeit und mit zunehmendem Alter Kompetenz und Selbstvertrauen im emotionalen Ausdruck, der allmählich ökonomischer und differenzierter wird.

Werden seine Erwartungen nicht erfüllt und die entsprechenden Emotionen durch drohende Vernichtung, Vernachlässigung, Überforderung, Manipulation, Verführung, Unterdrückung, Missachtung, Verkennung und so weiter beantwortet, dann lernt das Kind zunächst den emotionalen Ausdruck, bald jedoch die Wahrnehmung des Bedürfnisses und schließlich gar

den Bedürfnisimpuls selbst durch Anspannung der entsprechenden Muskulatur zu unterdrücken. Doch der Mensch lernt
nichts vom Halten und alles aus Erfahrung – das heißt wir entwickeln uns in Bewegung (»fahren«). Wir bewegen uns in Beziehung zu Objekten dank der Aggression – jener allem Tier-
reich eigenen Fähigkeit zur Fortbewegung – und zwar auf sie
zu, von ihnen weg oder gegen sie. Wir nehmen die damit verbundene innere Bewegung wahr als Empfindung, geben ihr
Bedeutung als Gefühl und äußern sie als Emotion.

Wer nun viel hält, bewegt sich entsprechend wenig, lernt
wenig, fühlt wenig, äußert wenig und entwickelt wenig
Selbstgefühl. Je weniger Selbstgefühl ein Mensch entfaltet, um
so mehr lernt er, auf ein abstraktes Selbstbild, auch Image genannt, zu bauen, für dessen Bestätigung er auf andere Menschen angewiesen bleibt. Diese Abwehrmechanismen werden
im Körper eingefleischt als konditionierte Reflexe, die die
Entfaltung des Wesens in der Person verhindern.

Am Anfang waren wir offen, wir waren voller Interesse,
ganz Wahrnehmung, ängstlich und mutig, waren stark *und*
verletzlich, wussten, was stimmte – solange wir noch nicht auf
richtig und falsch festgelegt waren – und sagten *unsere* Wahrheit. Wir kannten uns schon als ich *und* du, und ich *anders als*
du, doch wir kannten uns auch noch als ich und du verbunden
im Einen, in der menschlichen Neigung und Fähigkeit, mit
dem anderen Menschen und mit aller Welt zu verschmelzen.
Wir kannten uns selbst, wir wussten, wer wir waren, wir waren selbstverständlich wir selbst. In dem Maße, in dem wir abgelehnt, bestraft, geächtet, fallen gelassen oder gar am Leben
bedroht waren für das, was wir vom Wesen her waren, im selben Maße lernten wir, uns selbst zu halten und uns so zu verhalten, wie die anderen uns wollten, indem wir uns die Haltungen einprägten, in denen die, die Macht über uns hatten,
uns als normal ertragen konnten. Wir haben gelernt, unser
Wesen zu verstellen und uns so lange zu verstecken, bis das
Wesen uns nicht mehr finden konnte. Das Selbstgefühl, mit
dem das Kind selbstverständlich ruft, »Ja, ich bin da!«, und

der Sinn für Stimmigkeit, mit dem wir die Welt wahrnahmen, werden – unter dem Einfluss der Gegebenheiten und Bedingungen der Welt – im Lauf der Zeit zum Selbstbild und zur akzeptierten Rechtschaffenheit.

Die Leere

Wo einst das Wesen in unserer selbstverständlichen Wahrnehmung stets präsent war, erleben wir heute ein Loch. Der durch den Charakter und sein Selbstbild verstellte Zugang zum Wesen wird als Mangel erlebt wie das Fehlen von Wasser oder Vitamin C. Dieser Mangel ist verbunden mit dem stets mahnenden Grundgefühl, dass etwas Wesentliches fehlt. Ohne ein Wissen um das Wesen bleiben wir oft in unserem Hunger nach Wesentlichem in einer undefinierten Sehnsucht hängen, die ungestillt bleibt wie jeder fehlgedeutete Hunger.

In dieser Situation versuchen wir dann vergeblich, den Mangel zu kompensieren: den Verlust des süßen Gefühls, lebendig zu sein, durch Sucht nach Süßem; den Verlust des Selbstwerts durch Geltungssucht, den Mangel an wesentlichem Kontakt durch Beziehungssucht, den Verlust der Lebenslust und der Fähigkeit, mit der Welt zu verschmelzen, durch süchtigen Konsum von Sex; mangelnde Selbstwahrnehmung durch Beachtungssucht, den Mangel an sinnvollem Tun durch Arbeitswut, kreativen Ausdruck durch Leistung und den Verlust der Stille durch Betäubung. Fritz Perls sagte, der neurotische, das ist der normale, konditionierte Mensch, habe Löcher in seiner Persönlichkeit. Und in der Tat ist es so, dass, wenn wir unsere Ersatzhandlungen mit freundlicher Aufmerksamkeit beobachten, wir früher oder später bei dem großen schwarzen Loch landen, das als Zeichen von Depression, das heißt Selbstunterdrückung gedeutet wird: der Leere.

Diese Leere ist das Tor zur Fülle. Hier liegt eine große Chance, die diejenigen immer wieder vertun, die der Angst Macht über sich einräumen – wer täte das nicht – und vor dem Loch davonrennen so schnell sie können, zurück zu ihren unwesentlichen Ersatzhandlungen. Wenn sie jedoch – durchaus mit Angst, aber auch mit Mut – beharrlich und aufmerksam bei diesem Loch verweilen, dann mag es geschehen, dass die Zeit ganz Gegenwart wird und sich ein Raum auftut, der – je länger sie dabei bleiben, umso wahrscheinlicher – sich füllt mit dem, woran sie sich selbst wiedererkennen. Auf einmal sind sie dann einfach da, allein, aber nicht einsam, sondern auf merkwürdige Weise verbunden. Oder sie empfinden Zuversicht, entschlossen ihren Weg zu gehen, selbst wenn sie noch nicht klar sehen, wohin der führt. Oder sie kommen in Kontakt mit einer Kraft, manchmal wahrgenommen als leuchtende Kugel im Bauch, von der sie nichts wussten und die sie doch als zugehörig annehmen. Oder sie spüren Entschlossenheit, das Notwendige (das ist das, was die Not wendet) zu tun, auch wenn ihnen noch verborgen ist, was sie zu tun haben. Für manche erscheint, nachdem sie sich der Dunkelheit lange genug ausgesetzt und die Angst vor dem Vergehen, die oft mit dem Schmelzen verbunden ist, ertragen haben, die Welt in diesem Moment deutlicher, klarer oder heller, oder aber farbiger und weicher. Und vielleicht sagen sie dann einfach nur: »Ach so!«

Die heilsame Beziehung

Ich sprach am Anfang vom Wesen als Inbild. Zur Verwirklichung dieses Inbildes braucht die Person ein Vorbild oder Leitbild, wie die Jungianer sagen. Das kann die Mutter sein oder der Vater, ein Freund, der oder die Geliebte, der Mann oder die Frau, oder auch ein Therapeut. In der Beziehung zu einer Person, die den Kontakt zum Wesen nie ganz verloren oder aber wiedergefunden hat und selbst beharrlich bemüht ist, die Tür offen zu halten, kann sich das Wesen in der Person zu wesentlichem Dasein entfalten.

Martin Buber unterschied zwischen Ich-Du- und Ich-Es-Beziehungen. In der Ich-Es-Beziehung sehen wir die Welt sachlich. Die Mutter, die bei der Geburt ihr neugeborenes Kind nicht erkennt, weil sie ohnehin selbst wesensblind und vielleicht bei der Geburt darüber hinaus narkotisiert war, wird in der Folgezeit alles richtig machen, genug füttern und schmusen und rechtzeitig wickeln, und doch wird dem Kind etwas fehlen. Der Mann, der ein guter Mann ist, seine Frau sicher versorgt und ihr treu dient und vielleicht sogar ein toller Liebhaber ist und sie nicht erkennt jenseits von richtig und falsch, gut oder schlecht, frustrierend oder befriedigend, wird immer Zweifel haben, ob er der richtige Mann und sie die richtige Frau ist. Ebenso ist es mit der Freundschaft zu sich selbst.

Als Analytiker, Bioenergetiker, Gestalttherapeut und so weiter arbeiten wir am Charakter: Der Patient leidet an einer Fixierung auf dieser oder jener Stufe, da muss man dieses oder jenes tun und so weiter – kausales Vorgehen also, wie in jeder naturwissenschaftlichen Therapie. Das ist Ich-Er-Sie-Es-Beziehung. Dabei kann alles, was ich sachlich oder rational weiß, nützlich zum Tragen kommen. Doch ich verfehle so den anderen in seinem Wesen. Der am Wesen orientierte Psychotherapeut befindet sich in der Ich-Du-Beziehung dem Patienten in unmittelbarer Ausschließlichkeit gegenüber. Es gibt im Moment dieser Beziehung nichts als sich und ihn oder sie in ihrer primären Verbindung im Wesen. Alles Ich-Es ist im Hintergrund verfügbar und wirksam als Handwerkszeug, doch nur dort, wo der Therapeut sich voll mit seinem eigenen Sein dem Sein des Patienten stellt, die Frau dem des Mannes, die Eltern dem des Kindes und so weiter, kann es zu einer heilsamen Ich-Du-Beziehung kommen, die die entscheidende Voraussetzung für Menschwerdung ist. Am Charakter kennen, im Wesen erkennen wir einander.

Im Mittelpunkt – der Mensch?[22]

Das Menschenbild in alten Kulturen

Das eigentlich Menschliche ist allen Menschen – unabhängig von der kulturellen Ausprägung – wesentlich zu eigen. Im Wesen sind wir alle gleich, während die Unterschiede in Weltanschauung und Lebensart zwischen den Menschen auf unterschiedliche Konditionierung zurückgehen. Um auf die Frage, was das Menschliche am Menschen sei, eine Antwort zu finden, die von kultureller Prägung möglichst frei ist, erlaube ich mir, über den Tellerrand europäischer Konditionierung hinauszuschauen, um Menschen zu Wort kommen zu lassen, die nicht unter den gleichen Bedingungen aufgewachsen sind wie wir.

Adario, ein Huronenhäuptling, der während des Krieges von Frontenac Ende des 17. Jahrhunderts an der Seite eines Baron de Lahontan gegen die Engländer kämpfte, diskutierte mit seinem Kampfgefährten französisches Strafrecht. Als der ihm erklärte, dass ohne Bestrafung der Missetäter und Belohnung der Guten sich überall in Europa bald Mord und Räuberei ausbreiten würden, verdeutlichte Adario sein Verständnis der Gesetze des weißen Mannes folgendermaßen: »Meine Güte, ihr seid doch jetzt schon bedauernswert genug; und ich kann mir nicht vorstellen, wie ihr noch elender werden könntet. Welcher Gattung von Kreaturen soll man euch zuordnen, euch Europäer, die man zwingen muss, das Gute zu tun, und die keine andere Veranlassung zur Vermeidung des Bösen als die Angst vor Strafe kennen? Wenn ich dich fragte, was ein Mensch sei, würdest du mir antworten: ein Franzose; und doch werde ich dir beweisen, dass dein Mensch eher so etwas ist wie ein Biber. Denn der Mensch hat kein Anrecht auf diesen Titel nur wegen seiner Fähigkeit, auf zwei Beinen aufrecht zu gehen, zu lesen oder zu schreiben und tausend andere Beispiele seines Fleißes vorzuzeigen …

Wahrlich, lieber Bruder – du tust mir aus tiefster Seele leid;

denn ich sehe ganz einfach einen himmelweiten Unterschied zwischen deinem Zustand und meinem. Ich bin Herr meiner Bedingungen und meiner selbst. Ich bin Herr meines Körpers, und ich habe die absolute Verfügung über mein Selbst; ich tue, was mir beliebt, ich bin der erste und der letzte meiner Nation, ich fürchte keinen Menschen und bin einzig und allein dem großen Geheimnis unterworfen ... Dein Körper hingegen, wie deine Seele, sind zur Abhängigkeit von deinem Oberst verdammt, dein Vizekönig verfügt nach Gutdünken über dich, du hast nicht die Freiheit zu tun, wonach dir der Sinn steht; du fürchtest dich vor Räubern und Mördern und vor dem, was die Leute über dich reden – und du hängst ab von einer Unzahl von Personen, die sich nur wegen ihrer Stellung über dich erheben. Ist das wahr oder nicht?« Mir scheint, es ist wahr – wir brauchen nur Oberst und Vizekönig durch Direktor und Vorstand zu ersetzen.

Es wird uns hier von einem von uns so genannten Wilden vor 300 Jahren ein für unsere Zivilisation kennzeichnendes Dilemma zwischen dem seelischen Auftrag zur Autonomie und der unseligen Neigung zur Normopathie vor Augen geführt.

Der Mensch in der Zivilisation

Ich bin Psychotherapeut. Ich habe mit Menschen zu tun, die an den Einschränkungen in Wahrnehmung, Fühlen, Denken und Handeln leiden, an die sie sich in der ersten Zeit ihrer Entwicklung gewöhnt haben. Diese Gewohnheiten, die in der Vergangenheit dazu dienten, sie vor Verlassenheit, Desinteresse, Verkennung, Überforderung, Schelte, Missbrauch, Gewalt und so weiter zu schützen, hindern sie in der Gegenwart an der situationsgemäßen Beziehung zu einer veränderten Umwelt. Meine Aufgabe ist es, sie an die zu erinnern, die sie von Anbeginn waren und jenseits ihrer erworbenen Gewohnheiten sein können.

Was ich beschreibe, nennt man Identifikation durch Konditionierung. Als Kinder wissen wir noch, wer wir sind – Ich ist nie festgelegt und immer neu in immer neuer Beziehung. Ich ist immer der, der gerade jetzt mit ausgestrecktem Finger auf die Welt zeigt und da und du sagt. Doch unter dem Druck der Bedingungen der Welt, in die wir hineinwachsen – in erster Linie vertreten durch Mutter und Vater –, geben wir früh unsere Identität auf und lernen uns zu identifizieren mit einem Bild von dem, wie man uns haben will und wie wir selbst uns sehen wollen (Image). Dann geht es uns bald wie jenem Mulla Nasrudin, der rückwärts auf einem Esel sitzend durch sein Dorf galoppiert und, als sein Nachbar Wali ihm zuruft: »Wohin so schnell des Weges?«, antwortet: »Frag' nicht mich – frag' meinen Esel!« In jener Tradition, aus der die Geschichte kommt, ist der Esel das Gewohnheitstier, dem in unserer Geschichte der Reiter, gebunden an das Vergangene, die Steuerung des Laufs der Dinge überlässt.

Autonomie

Die jedem Menschen wesensgemäße Gesetzmäßigkeit der Entfaltung eingeborener menschlicher Gaben heißt Autonomie. Autonom sind nicht die, die ständig unter dem Zwang stehen, machen zu müssen, was sie wollen, sondern jene, die wissen, was das Leben von ihnen will – was sie sollen, wofür sie da sind, was ihrem Wesen gemäß ist. Die Menschen, die im Dritten Reich bedrohte Menschen versteckten, handelten entgegen der Norm des Zeitgeistes nach diesem inneren Gesetz.

Wie ich eingangs sagte, unterscheiden sich die Menschen in ihren Gewohnheiten, doch im Wesen sind sie alle gleich. Daher wird es nicht verwundern, dass wir von einem Volk von Aborigines, die sich die »Wahren Menschen« nennen, ähnliche Kriterien hören. Sie bemühen sich ständig um Einklang mit der göttlichen Einheit, sie leben in dem Vertrauen, dass alles da ist, was sie brauchen, und sie bitten darum, dass es ihnen gewährt werde unter der Bedingung, dass es zum eigenen Besten und zum Besten allen Lebens ist.

Normopathie

Die Unterwerfung unter fremde Normen, deren Sinnhaftigkeit nicht mehr hinterfragt wird, nenne ich mit Viktor von Weizsäcker *Normopathie*. Ihre zentralen Merkmale sind normale Depression, Selbstentfremdung und Isolation von der Umwelt. Normale Depression ist das Ergebnis der Konditionierung in der sogenannten Zivilisation, die die Kultur verdrängt, wenn ihre Wurzeln – die Kultivierung des Bodens und der Kult – aus dem öffentlichen Leben verschwinden. Normale Depression hat im Prinzip zweierlei Ursachen: Zum einen: Wir wachsen hierzulande auf in einer kollektiven Zwickmühle nach folgendem Muster: »Sei wie alle anderen und werde etwas Besonderes!« Der Drang, so zu sein wie alle anderen, führt zu Egalisierung, Vermassung und zum Verlust individueller und kultureller Vielfalt. Der Drang zur Besonderheit hat den Verlust von Mitmenschlichkeit zur Folge. Zwickmühlen, sogenannte double-binds, sind eine Voraussetzung des Wahnsinns; die soeben benannte Zwickmühle ist eine Voraussetzung für den von Arno Gruen beschriebenen *Wahnsinn der Normalität*.

Zum anderen: Acht Würden unterscheiden unseres Wissens den Menschen wesentlich vom Tier: Der aufrechte Gang, die bildermachende Sprache, das Weinen, das Lachen, die Wissbegier, das Staunen, die bewusste Lust und die Selbstbewusstheit. Dem entsprechen bei uns acht Erziehungsprinzipien: »Lass dich nicht gehen!«, »Halt' den Mund!«, »Hör' auf zu heulen!«, »Lach' nicht so blöd!«, »Frag nicht so viel!«, »Mach den Mund zu, sonst siehst du so dumm aus!«, »Pfui, schäm dich!« und »Was glaubst du eigentlich, wer du bist?« Fazit: »Sei kein Mensch – sei normal!« Erziehung zur Normalität mindert die Fähigkeit zur wesensgemäßen Entfaltung des menschlichen Potentials zur Person, durch die das Wesentliche immer gegenwärtig durchtönt (lat.: personare). So dem Wesen entfremdet werden wir bestenfalls eine Persönlichkeit, das heißt jemand, der etwas darstellt.

Normale Depression befähigt uns, die rechteckige Scheußlichkeit zu übersehen, mit der wir die Erde überziehen, den ohrenbetäubenden Lärm zu überhören, mit dem wir die Stille übertönen, und nicht mehr zu riechen, was zum Himmel stinkt. Normale Depression befähigt uns, je nach Vorliebe für den Sender um 19 oder 20 Uhr unsere tägliche Portion Horror zu konsumieren, um danach zu Bier, Bildung oder Sex überzugehen, so als wäre nichts. Normale Depression macht es uns möglich, mit dem Skilift durch sterbende Bäume zu fahren und zu ignorieren, dass wir mit dem damit verbundenen Stromverbrauch zu diesem Sterben beitragen; aus süchtiger Gewohnheit Fleisch in Mengen zu vertilgen, die uns krank machen, und dabei so zu tun, als ob wir nicht wüssten dass täglich Kinder tausendfach verhungern, weil wir ihre Grundnahrungsmittel an unsere Rinder und Schweine verfüttern; und stolz unsere Tibeterteppiche vorzeigen, die indische Kinder in 16-Stunden-Schichten in Dunkelheit und stickiger Luft fürs schiere Überleben knüpfen, unter der Androhung ausgepeitscht, geblendet oder gar erschlagen zu werden, wenn sie versuchen, nach Hause zu laufen.

Kollektive Normopathie

Hoimar von Ditfurth wunderte sich, warum die Menschen angesichts dessen, was wir mit uns und unserer Mutter Erde machen, nicht auf die Straße rennen und schreien. Doch wir schreien nicht. Warum? Wir üben kollektiv normale Depression.

Es gab eine Zeit, da galt die Brunnenvergiftung gegenüber dem Mord als das schlimmere Verbrechen und eine gute Quelle war Anlass genug, eine Kapelle zu bauen – heute diskutieren wir Grenzwerte normaler Brunnenvergiftung und die Menschen in Wessobrunn (wo der heilige Thassilo das nach der dortigen Quelle benannte Kloster gründete) und anderswo gewöhnen sich daran, ihr Wasser im Supermarkt zu kaufen, weil das Wasser aus der Quelle so vergiftet ist, dass sie es ihre Kinder nicht trinken lassen wollen. Wir erinnern uns noch, wie unheilvoll die kollektive Unterwerfung unter die nicht mehr hinterfragte Norm wirkte, dass eine Rasse allen anderen überlegen sei. Ich halte die Unterwerfung allen wirtschaftlichen Handelns der Industrienationen unter die Norm des stetigen Wirtschaftswachstums für ähnlich verhängnisvoll – für alle Rassen.

Der einzige Organismus in der Natur, der unbegrenzt wächst, ist der Krebs. Mir scheint, dass die Menschheit unter dem Diktat des Wirtschaftswachstums, das in der unseligen Allianz von Forschung und Technik weder durch ein geistiges Prinzip oder eine wertende Instanz noch durch politischen Willen gesteuert wird, zum Krebs der Erde wird, der sich vermehrt und wächst, bis er den tragenden Organismus Mutter Erde auszehrt und mit ihm zugrunde geht. Indianer, mit denen ich darüber sprach, meinten dazu: »Sie wird sich von uns heilen.«

Das Notwendige tun

Was können wir tun außer mit Hoimar von Ditfurth zu schreien oder mit den Indianern zu beten? Wir können, wenn wir wollen, vielleicht das Notwendige tun, das heißt das, wovon wir zumindest hoffen können, dass es die Not wendet. Um eine Not wenden zu können, muss man sie erst einmal als solche erkennen. Dazu müsste man leidensfähig und schuldfähig, also auch zurechnungsfähig (accountable) sein. Wenn ich die Herren aus der Wirtschaft, mit denen ich arbeite, frage, welches Anliegen sie zu mir führt, dann zeigt sich, dass viele von ihnen mit den Krebskranken ein Problem gemeinsam haben: die Unfähigkeit, ein Problem zu haben. Sie sind konditioniert – »abgerichtet wie mein Hund«, wie einer von ihnen sagte – nichts zu fühlen, nichts zu brauchen und alles alleine zu schaffen. Sie haben es sehr schwer, anwesend zu sein, etwas mit Sinnen wahrzunehmen – also auch zu spüren, was wehtut und was wohltut – und dementsprechend wertend zu fühlen, was sie wollen und was sie lieber lassen sollten. Für manche ist die Nachricht von der Krebserkrankung eines Kollegen ein heilsamer Impuls, der sie vorübergehend aus dem Tiefschlaf des Normalbewusstseins wachrüttelt. Andere fragen sich, ob sie sich ihren Ruhestand so vorgestellt haben wie den eines Leitenden in exponierter Stellung mit Vorbildfunktion, der an seinem letzten Arbeitstag beim Aufräumen seines Schreibtischs mit einem Herzinfarkt darauf liegen blieb.

Wenn ich sie dann frage, ob sie sich klar darüber seien, dass sie im Moment Karl Marx das Wort reden, der beklagte, dass im kapitalistischen System nicht die Menschen die Wirtschaft bestimmen, sondern von ihr bestimmt würden, dann schweigen sie, peinlich berührt.

Doch es genügt nicht, peinlich berührt zu sein, und es hilft auch nicht weiter, auf das Scheitern der Systeme zu verweisen. Wenn es so ist, dass die, die das Geld bewegen, anfangen zu bemerken und daran zu leiden, dass sie selbst vom Geld bewegt werden, dann wird es offenbar notwendig, dass sich die Mächtigen zum Menschsein ermächtigen, indem sie sich daran erinnern, dass sie Menschen sind und sich den zentralen menschlichen Fragen zuwenden: »Wo komme ich her?«, »Wo gehe ich hin?« und »Wofür bin ich hier?«

Weiterbildung in menschlicher Kompetenz

Ich arbeite mit leitenden Angestellten in fünftägigen Seminaren. Anfangs wurden die Teilnehmer von den Firmen geschickt beziehungsweise mit Nachdruck eingeladen, was meine Arbeit wegen der dadurch vermehrten Widerstände erheblich erschwerte.

In der Zwischenzeit verbreitet sich die Nachricht, dass die Seminare beruflich und/oder privat von Nutzen oder gar notwendig seien, sodass die meisten Teilnehmer sich selbst um eine Teilnahme bemühen, vor allem wenn sie zum wiederholten Male kommen. Das erleichtert die Arbeit allein schon deshalb, weil ihre Motivation bewusster und persönlicher ist.

Mein Auftrag ist mehrfach:
- Verbesserung der Kommunikation mit dem Ziel der effektiven Vermittlung der Unternehmensziele an die Mitarbeiter,

der Minimierung oder besser Vermeidung von Kränkung und ganz allgemein der Pflege der Unternehmenskultur.

■ Information und Übung zum Umgang mit Belastungen (Stressmanagement) zur Vorbeugung von Stresskrankheiten.

■ Schulung in emotionaler Intelligenz und Kompetenz.

■ Übung in Selbstmanagement mit dem Ziel des mündigen Mitarbeiters.

Häufige Anliegen der Teilnehmer sind unter anderen:

■ Zwanghaftes Denken, Getriebenheit, Schlaflosigkeit, Verspannungen, Kreuz- und Nackenschmerzen.

■ Spannungen in Arbeits- und Privatbeziehungen.

■ Loyalitätskonflikte zwischen Arbeit und Familie.

■ Selbstüberforderung (manchmal in Verbindung mit Minderwertigkeitsideen).

■ Kränkungen, Existenzängste.

■ Der Umgang mit schwierigen Mitarbeitern (die häufig die Schattenseiten derer verkörpern, die mit ihnen Schwierigkeiten haben, weil sie ihrem Selbstbild entsprechend so auf keinen Fall sein wollen oder dürfen).

■ Loyalitätskonflikte in der Vermittlung von Unternehmenszielen und -strategien an die Mitarbeiter, mit denen der/die Leitende sich selbst nicht voll identifizieren kann.

■ Zweifel an der Sinnhaftigkeit des wirtschaftlich Zweckmäßigen.

■ Viele würden die Entwicklung von körperlich verankertem Selbstgefühl und Gelassenheit für ein gutes Ergebnis halten.

Die Veranstaltungen werden als Kommunikationsseminare angeboten. Dabei gehe ich davon aus, dass Kommunikation nicht etwa nur dazu dient, Informationen zu transportieren – diese Aufgabe wird mehr und mehr von so genannten Medien übernommen –, sondern (im Wortsinn) zur Herstellung von Gemeinschaft.

In meinen Kommunikationsseminaren geht es um die Frage: Wer sagt wem was wie. Selbst was gesagt wird, ist in der Regel komplex, mehr als eine Information. So kann die einfache Mitteilung »Ich bin hungrig« als Information, als Klage, Vorwurf oder Drohung gemeint sein oder verstanden werden, je nachdem, wie sie gesagt und gehört wird, und das hängt wiederum vom wer und wem, d. h. den beteiligten Personen und ihrer Beziehung ab, die wiederum von beider Vorgeschichte geprägt ist, in der sie in spezifischen Gemeinschaften gelernt haben, so und nicht anders zu kommunizieren.

Früher oder später führt die Frage nach effektiver Kommunikation zur Wahrnehmung der beteiligten Personen, Wer und Wem, das heißt die Seminare gehen in Selbsterfahrungsgruppen über, in denen die Teilnehmer die Fixierung im Charakter erleben können. Sie lernen dabei zu verstehen, wodurch sie im Kontakt mit sich selbst und im Kontakt mit anderen festgelegt sind in Wahrnehmung, Fühlen, Denken und Handeln, und entwickeln Strategien, die vertrauten Grenzen zu erweitern zu vermehrter persönlicher Kompetenz.

Schwerpunkte der Arbeit sind unter anderem:

- Das menschliche Grundbedürfnis nach Beachtung.
- Übung von Gegenwärtigkeit, Gelassenheit und körperlich verankertem Selbstgefühl.
- Persönliche Kommunikation: Zuhören und etwas sagen.
- Stellung beziehen, Ja und Nein sagen lernen.
- Übungen zur Stressreduktion – die alltägliche Trance.
- Körperübungen für Bandscheibenprophylaxe, Stressreduktion, Vitalität, Widerstandskraft, Selbstgefühl und so weiter.
- Der Zusammenhang zwischen Körperausdruck und Persönlichkeit – nonverbale Kommunikation.
- Das Suchtproblem: Der vergebliche Versuch, ein wesentliches Bedürfnis durch Ersatz zu stillen.
- Klärung von Prioritäten.

Im Mittelpunkt: Der Mensch?

Nein! Im Mittelpunkt: das Gemeinwohl der Erde.

Ich freue mich, wenn meine Arbeit einzelnen Führungskräften guttut, und ich bin einverstanden, wenn sie nicht nur die zweckmäßigen, sondern auch die sinnvollen Ziele eines Unternehmens unterstützt. Ich hoffe allerdings auch, dass sie Einzelne, die irgendwann einmal richtungsweisend das Geschehen bestimmen werden, sensibilisiert für die Frage, was wirklich sinnvoll ist, und ermächtigt, ihren Werten gemäß zu handeln.

Einige Verantwortungsbewusste in Wirtschaft und Politik beginnen an den überall sichtbaren Konsequenzen unseres Tuns zu leiden, einige wenige davon besinnen sich, dass sie Verantwortung übernehmen und zur Einsicht politischen Willen gesellen müssen. Wir müssen begreifen, dass eigennütziges Wirtschaften auf Kosten der wirtschaftlich unterentwickelten Länder und der Natur global gesehen zum Scheitern verurteilt ist, und entschieden danach handeln. Die viel diskutierte Alternative *share-holder value* und *stake-holder value* ist keine Alternative. Wir müssen, wenn wir noch etwas retten wollen, neben den Dividenden der *share-holder* und dem gesicherten Wohlstand der *stake-holder* – auch in der qualifizierenden Weiterbildung – die größere Gemeinschaft allen Lebens auf der Erde im Auge behalten und ins Zentrum unseres Bemühens rücken.

Im *Time Magazine* lese ich einen Bericht über den Niedergang des rituellen Lebens in Afrika. Die sogenannten Naturvölker haben überall auf der Welt Kulturen entwickelt, in denen das Leben im Einklang mit der Natur im Mittelpunkt ihres Denkens und Handelns stand und dieser Einklang in Ritualen gefeiert wurde. Ob wir davon noch etwas von ihnen lernen, bevor wir mit unserem sogenannten Fortschritt, mit dem wir uns von der menschlichen Aufgabe so weit entfernt haben, erst sie und dann uns ausgerottet haben?

Ob wir noch etwas retten können? Ich vermag es nicht zu sagen. Ich weiß jedoch, dass wir alle – Sie wie ich – mit drinhängen. Unsere Väter und Großväter mussten sich die Frage gefallen lassen, was sie im Dritten Reich getan haben. Sollen wir, wie sie, unseren Kindern sagen, wir haben das alles nicht gewusst? Was wollen wir unseren Kindern sagen?

»Du hast mich angesprochen«
Demenz und Freiheit im künstlerischen Schaffen
Zu Bildern von Eberhard Warns[23]

Vor einiger Zeit war ich zu einer eigenartigen Aufgabe eingeladen. Eine Studiengruppe hatte Fachkräfte unterschiedlicher Berufsgruppen Informationen über die Alzheimersche Krankheit und die von ihr betroffenen Menschen zusammentragen lassen. Ärzte, Pfleger, Krankenschwestern, Angehörigenvertreter, Juristen, Hirnforscher, Vertreter des Sozialmanagement, und so weiter, sammelten in einschlägigen Institutionen und gesellschaftlichen Gruppen Informationen über diese für uns so unheimliche Krankheit, die manche gar nicht für eine Krankheit halten, sondern für eine Alterserscheinung, mit der wir lernen müssen zurechtzukommen. Meine Aufgabe war nun, mir die unterschiedlichen Referate anzuhören, um zum Abschluss eine Aussage zu machen, die über das Vorgetragene hinauswies.

Ich hatte Zeit, mich für eine Weile in die Kirche zu setzen, in deren Gemeindehaus die Tagung stattfand. Nach einer Weile der Sammlung fiel mein Blick auf ein Bild, das im Umgang des Kirchenschiffs hing und meine Aufmerksamkeit unwiderstehlich anzog. Als ich näher kam, sah ich, dass dieses Bild ein Teil einer Reihe von großen Bildern war, die mich ansprachen, meine Aufmerksamkeit bannten, mich fesselten. Zumeist mit kraftvollen Balkenstrichen gemalt, waren sie Zeichen – aber wofür? – ja, sogar persönliche Aussagen – aber von wem und worüber?

Je länger ich die Bilder betrachtete, umso deutlicher wurde

mir, dass es nicht die Bilder waren, die mich ansprachen, sondern eine Person. Jemand sprach zu mir durch diese Bilder. Hinter diesen Bildern war jemand, einer, der mich ansprach, der »du« sagte und mich ins Gespräch verwickelte. Wer bist du? Du da, der meine Aufmerksamkeit so fesseln kann? Was willst du mir sagen mit deinem geradlinigen Strich, deiner entschiedenen Farbwahl, deinen so rhythmischen wie ruhigen, so lustigen wie schweren, so borstigen wie widerborstigen Wiederholungen, deinem Bekenntnis zum Lot, zum Aufrechtsein, zur Aufrichtigkeit. Die Zeichen waren Aussagen von einem, der ebenso vielfältig wie eindeutig anwesend war, auch wenn er, wie ich später erfuhr, mental für seine Umwelt nicht mehr erreichbar war. Selten habe ich so unwiderlegbar den Irrtum aufgedeckt gesehen, dem wir unterliegen, wenn wir Geist und Verstand verwechseln. Hier war trotz eines defekten Hirnes ein großer Geist am Werke. Die Person, über die sich dieser Geist ausdrückte, setzte Zeichen, an denen man sich reiben konnte, die einen aber auch in den unendlichen Raum jenseits der Verdinglichung einluden. Welche Weite! Tief beeindruckt von dieser Begegnung ging ich in die Versammlung, in der die Ergebnisse der Feldstudien mitgeteilt wurden. Ich wusste nicht, was ich würde sagen wollen, ich war ja – außer durch eine lebenslange bewusste Auseinandersetzung mit meiner Seele – nicht vorbereitet. Doch es tauchten Erinnerungen auf und Fragen: Warum hatte ich als Student, der auf der Intensivstation in der Chirurgie Nachtdienst machte, in der horchenden Hinwendung zu Menschen im Koma den Eindruck, mit ihnen zu kommunizieren, und warum lächelten sie, wenn ich mit ihnen sprach und sie freundlich berührte? Warum kommt es bei Chirurgen, die während der Operation für ihre Patienten beten, seltener zu Komplikationen, und warum erholen sie sich schneller? Warum sind viele Menschen im Sterben so schön?

Als einer der Gesprächsteilnehmer einen Hirnforscher zitierte, der meinte, bei Dementen könne man nicht mehr von Personen sprechen, die seien als menschliche Wesen eigentlich nicht mehr vorhanden, erinnerte ich mich an den Begriff vom lebensunwerten Leben der Nazis, das von vielen deutschen Wissenschaftlern in einem einseitigen Verständnis der Lehre von Charles Darwin im 19. Jahrhundert entwickelt wurde. Da wusste ich, was ich würde sagen müssen.

Ich bin, du bist, er/sie ist ... eine verkörperte Seele. Unsere Menschlichkeit ist uns inbildhaft eingeboren als menschliches Potential. Wir brauchen menschliche Vorbilder, um uns dieses Potentials bewusst zu werden, und einen an der Entfaltung dieses Potentials interessierten Beziehungsraum, in dem die junge Seele gemäß ihrer Eigenart und Einzigartigkeit reifen kann. Je mehr der heranwachsende Mensch von diesem Potential entfaltet, umso mehr wird er zur Person, durch die seine Natur, die Menschlichkeit, hindurchtönt (lateinisch *personare*). Je weniger er im Ausdruck seiner Eigenart unterstützt und je mehr er darin den Normen derer unterworfen wird, von denen er in seiner Entwicklung abhängig ist, umso mehr verkümmert sein Potential zur Persönlichkeit, die etwas darstellt, wie Shakespeare in den Worten von Jorge Luis Borges ausdrückt: »Damit seine Niemandverfassung nicht auffiel, hatte er sich angewöhnt, so zu tun, als wäre er jemand. In London ergriff er den Beruf, für den er prädestiniert war. Er wurde Schauspieler und tat auf einer Bühne so, als wäre er ein anderer, vor einer Ansammlung von Leuten, die so taten, als hielten sie ihn für jenen anderen.«

Wenn Sein und Schein, gelebte Wirklichkeit und Selbstbild übereinstimmen, sprechen wir von Identität. Die Bilder von Eberhard Warns sind beredter Ausdruck von Identität und Autonomie; Zeugnisse von Eigenart und Einzigartigkeit. Die von Demenz Betroffenen leiden mit Sicherheit am Verlust des rationalen Bewusstseins und der damit unverbundenen zunehmenden Unfähigkeit, Spiegelung für ihre Persönlichkeit, für ihr Rollenspiel zu erwirken. Leiden sie vielleicht auch daran, dass wir in unserer eigenen Angst, unsere Spiegelung durch die erkrankte Person zu verlieren, weniger Verständnis für ihre Mitteilungen, die jenseits rationaler Kommunikation liegen, aufbringen können? Wir alle, so auch die Angehörigen von Demenzkranken, sind angewiesen auf Spiegelung: Auf Beachtung zur Daseinsbestätigung, auf Anerkennung unserer Leistungen, auf Bestätigung unserer guten Absichten, auf Würdigung unserer Bemühungen um den anderen und auf Resonanz. Angewiesen auf solcherlei Spiegelung leiden wir, wenn uns der andere immer weniger erkennt; wie das Kind, zu dem die Mutter sagt, so kenne ich dich gar nicht.

Das menschliche Gehirn ist – wie die Muskulatur oder der Darm – *ein* Ausdruck des Menschseins von vielen. Wem ein Arm fehlt, ist doch immer noch ein Mensch. Auch wenn einem wegen einer Krebserkrankung ein Stück Darm entfernt wird, ist man im allgemeinen Verständnis immer noch ein Mensch. Vielen Frauen dient die Brust zur Identifikation als Frau; so fragen sich manche nach der Amputation wegen eines Brustkrebses: »Bin ich ohne Brust noch eine Frau?« Ebenso könnte ein zunehmend dementer Mensch sich fragen: »Bin ich ohne rationalen Verstand noch ein Mensch?« Wenn wir René Descartes anhängen, jenem armen Menschen, der die Wahrnehmung seines Seins von seiner Denkfunktion abhängig machte und damit das Zeitalter der Entfremdung einleitete, müssen wir die Frage verneinen. Doch wir müssen Descartes nicht immer und ausnahmslos in die psychische Störung der Identifikation mit unseren Reflexionen folgen, die wir Narzissmus nennen. Wir können uns – manchmal – auf jene Momente in unserem Leben besinnen, in denen wir die Grenzen der durch gedankliche Definitionen definierten Alltags- oder Konsens-Realität – der Welt, *in* der wir leben – überschreiten und vordringen in eine Wirklichkeit, die die Realität übersteigt und gleichzeitig umfasst: die Welt, *von* der wir sind.

Eine Theorie besagt, Alzheimer sei eine Degeneration bestimmter Hirnbereiche, bei der unter anderem die Orientierung in Raum und Zeit verloren geht. Wenn das eine Krankheit und nicht nur ein altersbedingter Rückgang von Funktionen ist: Ist dann die mangelnde Übung, einen inneren Raum und eine persönliche, an Schritt und Herzschlag und

Atem gemessene Zeit wahrzunehmen, und die Gewohnheit, diese Wahrnehmung zu ersetzen durch die Uhr, auch eine Krankheit? Und sind all die vielen, die nur noch nachdenken, was sie selbst oder andere schon vorgedacht haben und mit Herrn Descartes ihr Dasein nur von Gedachtem und nicht auch von Erlebtem ableiten können, gesund? Moderne Hirnforschung bestätigt Goethes Aussage, die Funktion unserer Organe entwickle sich mit ihrem Gebrauch, und sie beobachtet auch, dass unsere Organe verkümmern, wenn wir sie nicht gebrauchen. Daraus ergibt sich eine Reihe von Fragen: Bekommen Menschen, die von Tag zu Tag, von Stunde zu Stunde, von Minute zu Minute immer wieder neue Lösungen für aktuelle Probleme finden müssen, wie zum Beispiel Obdachlose, seltener Alzheimer als gut Etablierte? Gibt es ein gesellschaftliches Gefälle bei Alzheimer? Haben Arme, die sich mehr aktuelle Notlösungen ausdenken müssen als Reiche, weniger Alzheimer? Gab es Alzheimer nach dem großen Krieg, als die Menschen keine Zeit zum Nachdenken hatten, weil sie damit beschäftigt waren, das Überleben zu sichern und ihre Behausungen neu aufzubauen? Wie ist die Korrelation zwischen Fernsehkonsum und Demenz? Werden Fernsehsüchtige häufiger und früher dement als andere, die sich miteinander unterhalten, statt sich von imaginierten anderen unterhalten zu lassen?

Wo gibt es mehr Alzheimer? In der modernen Zivilisation, wo vor allem viel nachgedacht, abstrakt gelebt und Kunst produziert, gehandelt und konsumiert wird, oder in den alten, sogenannten primitiven Kulturen, wo situativ gedacht wird, wo die Menschen ihre Nahrungsmittel selbst jagen, sammeln und anbauen und noch selber malen, singen und tanzen? Die Menschen in jenem Dorf an den Hängen des Vesuv, die im Durchschnitt sehr viel älter werden als alle anderen Europäer, weil sie – davon sind sie überzeugt – viel arbeiten und ihre Nahrungsmittel selbst anbauen: erkranken die an Demenz?

Wenn sich die Persönlichkeit ein Leben lang an die Bedingungen der Umwelt angepasst hat: Könnte es nicht ein

Krankheitsgewinn sein, dass sich die Welt den Bedingungen der Person anpassen muss? Ich bin versucht zu sagen, dass Pfarrer Warns der Demenz die Befreiung des Künstlers in ihm verdankt. Ich stelle ihn mir als ein zeitlebens intelligentes, verlässliches, tüchtiges, dienstbereites und kulturbeflissenes Mitglied seiner Gemeinschaft vor. Vielleicht hat er die Demenz gebraucht, um seine so unkonventionelle wie überzeugende Gestaltungskraft zu befreien von den Restriktionen einer normierten Persönlichkeit.

Auch als Angehörige können wir von der Auseinandersetzung mit einer Person mit zunehmender Demenz einen Krankheitsgewinn haben. Sie gibt uns die Chance, die Reife und das Maß unserer Liebesfähigkeit zu erkennen: Lieben wir den anderen nur, wenn er so ist, wie wir ihn kennen und brauchen, oder lieben wir ihn, weil er oder sie gerade *diese* Person ist von Moment zu Moment – der Ausdruck einer einzigartigen Seele –, auch oder gerade dann, wenn sie uns nicht mehr auf die uns vertraute Weise antworten kann. An dieser Stelle möchte ich ein Zitat wiedergeben, von dem ich nicht weiß, wo ich es her habe: »Der ist schon lange tot, der angepasst immer der gleiche war.« Können wir die lieben, die von Tag zu Tag neu sind?

Wahrheit heilt
Psychotherapeutische Begleitung von Kindern und Enkeln von Tätern und Opfern[24]

Psychotherapie
Psychotherapie ist – nach der Definition einer Patientin von Josef Breuer, dem Mitbegründer der Psychoanalyse – eine Redekur. Wir Psychotherapeuten sprechen mit den Menschen in Not. Das Wort Psychotherapie kommt vom griechischen *psyche*, dass bedeutet zugleich Atem und Seele, und von *therapeuein*, das heißt so viel wie: Geselle sein, auf dem Weg beglei-

ten, dem Höchsten im Anderen dienen, auch heilen im Sinne von Ganzwerdung, an die Ganzheit erinnern. Therapie heißt ganz sicher nicht Reparatur, wie das Wort heute allgemein verwendet wird. Deswegen haben wir auch für ZIST den Namen Zentrum für Individual- und Sozialtherapie aufgegeben, weil das Wort *Therapie* im Firmennamen zu viele Leute ermuntert hatte, in dem Glauben zu kommen, wir könnten etwas tun, damit sie gesund werden. Das können wir nicht. Wir können mit ihnen lediglich Einstellungen und Übungen erarbeiten, mit denen sie selbst ihre Neigung zur Gesundheit unterstützen können.

Psychotherapie dient der Befreiung durch Erinnerung. »Alles, was wir nicht erinnern wollen, müssen wir noch einmal erleben«, lehrt eine alte indische Weisheit. Warum müssen wir alles, was wir nicht erinnern wollen, noch einmal erleben? Wozu die Wiederholung? Sigmund Freud beantwortet die Frage etwa so: Weil wir identifiziert sind mit Idealbildern – Idealbildern von uns selbst, von der Welt, von den Gemeinschaften, in denen wir leben, von den Organisationen, in denen wir arbeiten und so weiter. Das Wort *identifizieren* ist interessant. Es kommt vom lateinischen *idem facere*. Spannend dabei ist, dass im Lateinischen *idem facere* doppeldeutig ist. Es bedeutet nämlich sowohl »Immer wieder dasselbe tun« als auch »Sich zum selben machen«. In der Identifikation machen wir uns also immer wieder zu demselben, der wir gestern schon waren, indem wir immer wieder dasselbe machen, was wir gestern schon getan haben.

Sozialisierung durch Konditionierung

Wir kommen mit einem klaren Wissen auf die Welt, was für uns stimmt und was für uns nicht stimmt; was wir brauchen und was wir nicht brauchen. Wenn wir kriegen, was wir brauchen, dann schmatzen wir zufrieden und wenn wir nicht kriegen, was wir brauchen, oder etwas kriegen, was wir nicht brauchen, dann plärren wir wie am Spieß. Mit diesem inneren Wissen, was für uns stimmt, werden wir in eine Welt hineingeboren, die Vorstellungen davon hat, was für Kinder richtig ist. Dieses klare Bewusstsein um das, was für uns stimmt, ist natürlich noch nicht ausgeformt in Symbolen und kann noch nicht verbalisiert werden, doch es ist ein Bewusstsein wie schon die Qualle eines davon hat, wo es Fleisch gibt.

Auf Gedeih und Verderb angewiesen auf diese durch Mutter und Vater, Lehrer und andere Autoritäten vertretene Welt, opfern wir unser eingeborenes Wissen – was für uns stimmt, wer wir vom Wesen her sind, bei welchen Namen wir gerufen wurden und mit welchem inneren Auftrag, der von uns verwirklicht sein will, wir antreten – den Gewohnheiten, mit denen wir unsere Identifikationen aufrecht erhalten. Nachts zeigt sich uns das Unerhörte – das ist das, was wir noch nicht erhört haben – im Traum, doch zwischen Aufstehen und Zähneputzen haben wir uns wieder so hergestellt, wie wir gestern schon waren, damit wir, wenn wir in den Spiegel schauen, genau so aussehen wie gestern und uns wiedererkennen. Dabei helfen uns die sogenannten Attachements – die Anhaftungen. Wir verhaften uns mit Dingen, die wir für wichtig und richtig halten.

Wir kommen also auf die Welt mit diesem Wissen um das, was wir brauchen und was wir nicht brauchen. Doch statt zu bekommen, was wir brauchen, kriegen wir – mit wir meine ich meine Generation und auch die danach – die Hölle. Als erstes machen wir infolge von verfrühter Abnabelung die Erfahrung von Todesangst durch drohendes Ersticken. Um nachzufühlen, wie das für ein Neugeborenes ist, muss man sich vorstellen, man würde mit dem Kopf unter Wasser getaucht und nicht wieder rausgelassen – eine der gängigen Foltermethoden aller totalitären Staaten einschließlich der CIA, jenes Staates im Staate der USA. Das waren für viele von uns die ersten Gefühle im Diesseits. Was wir eigentlich gebraucht hätten, wäre gewesen, dass uns jemand, vorzugsweise die Mutter, mit ihrem Leuchten in den Augen begrüßt: »Da bist du ja, du da, du wie noch nie eine zuvor, du wie nie wieder eine, solange es Menschen geben wird, du wie kein anderer

unter sieben Milliarden anderen. Wie schön dass du da bist!«
Dann hängt man uns an den Füßen auf, damit der Rotz der
Schwerkraft folgend herauslaufen kann und wir nicht daran
ersticken – das ist mechanisch sehr richtig gedacht, vor allem
wenn man der Natur nicht vertraut, dass wir ja husten könnten. Wenn wir dann immer noch nicht atmen und drohen blau
zu werden, werden wir auf den Rücken geschlagen. Wie ist es
euch bei der Vorstellung, man würde euch als Erwachsene an
den Füßen aufhängen? War nicht auch das zu allen Zeiten eine
gängige Foltermethode? Für uns mit unseren geübten Rücken
wäre das unangenehm genug. Wie muss das erst für ein Neugeborenes sein, das bislang im Mutterleib schwerelos aufgehoben war. Ich kann mir nicht vorstellen, dass mir das gefallen hat. Dann kriegten wir Silbernitrat in die Augen, das heißt
Höllenstein, weil es brennt wie die Hölle. In größerer Konzentration ist es gut dafür, Warzen wegzuätzen. Das war
damals dafür gut, dass das Kind sich nicht am Tripper der
Mutter ansteckte, was in einem von hunderttausend Fällen
geschah. Heute nimmt man dazu zum Glück Antibiotika.
Darauf folgte – auch eine Foltermethode – Isolationshaft. Wir
wurden von der Mutter getrennt und mit acht Anderen in ein
Zimmer gesteckt, wo wir brüllten bis wir nicht mehr konnten.
Dann wollten wir schlafen, doch dann konnten wir auch dieses Bedürfnis nicht befriedigen, denn da brüllten sieben andere. Schlafentzug – eine weitere Foltermethode.

Was passiert, wenn ein Baby stundenlang schreit? Der
Hunger wird immer größer, und in dem Dilemma zwischen
dem Hunger und dem wachsenden Schmerz an Zwerchfell
und Kehlkopf tut das Baby das, was jedes instinktsichere Säugetier in auswegloser Situation tut, wenn es nicht fliehen und
nicht kämpfen kann: Es stellt sich tot. Das gelingt am besten
durch Unterdrückung der Atmung mittels Zwerchfellblo-
ckade. Wenn man das beharrlich über Monate tut, dann entfaltet sich der Brustkorb und verknöchert schließlich, während der Ansatz des Zwerchfells am Brustbein vorne nach
innen gezogen bleibt. Das führt dann zum sogenannten ora-

len Loch. Eine kleine Einziehung am Brustbein, die früher mit Rachitis in Verbindung gebracht wurde. Doch das halte ich für Unsinn, denn Sonne hatten wir genug, um Vitamin D zu bilden. Auf der seelischen Ebene führte die Vergeblichkeit unseres Brüllens – brüllen konnten wir gut – zu einer Verminderung des Gefühls der Selbstwirksamkeit, des Vertrauens, dass persönlicher Einsatz etwas bewirkt, und in der Folge zu Minderwertigkeitsgefühlen.

Erziehung zur Normopathie

Nach der Trotzphase kommt Erziehung. Die Erziehung heute ist anders als die vor hundert Jahren. Wer wissen will, wie die Erziehung vor hundert Jahren war, der möge sich den Film *Das weiße Band* anschauen. Ich hatte den Vorspann gesehen und wollte den Film nicht anschauen. Ein Freund lud mich ein, ihn mit seiner Gruppe anzuschauen, doch ich hatte Angst, ich würde anfangen zu schreien. Da erinnerte ich mich an einen frühen Entschluss, lieber an der Wirklichkeit als an meinen Ängsten zu scheitern und dachte »Na gut, dann schreie ich halt, dann wissen die Leute, dass der Wolf schreien kann«. Also schaute ich mir den Film an. Ich habe überhaupt nicht geschrien. Ich habe nur immer wieder genickt und innerlich gesagt: »Ja, so war das.« Ich verstand plötzlich, wie ganz Deutschland Hitler nachlaufen konnte. Ich glaube nicht, dass es nur die Demütigung der Niederlage im ersten Weltkrieg und des Versailler Vertrags war; ich glaube auch nicht, dass es die Begeisterung »Wir sind wieder wer« war, die das bewirkte. Ich glaube vielmehr, dass die Aberziehung jedes Mitgefühls für sich und andere es möglich machte, dass das gesamte deutsche Offizierstum, also gebildete Menschen, um Hitlers Ziele der Ausrottung der Minderwertigen wissend nach Osten marschierte.

Die von uns fabrizierte Einheit von sinnlichem Erleben, mentalem Deuten und muskulärem Handeln, die wir den Charakter nennen, glauben wir zu sein und verteidigen diese eingefleischte Identifikation mit der Vergangenheit gegen alle

Ahnung, dass es auch Alternativen geben könnte, um jeden Preis: »Ich werde doch nicht in einen Club gehen, der mich nimmt«, »An dem Mann, der mich will, muss etwas verkehrt sein – so einer kommt nicht in Frage!«, »Bevor ich wieder verlassen werde, gehe ich lieber selber«, und so weiter. Wir halten an unserem Elend fest, denn es ist wenigstens sicher. So fixieren wir uns auf eine festgefahrene Form in Wahrnehmung, Fühlen, Denken und Handeln. Sie in Frage zu stellen, macht Angst.

Haltung

Mit der Identifikation, mit unserem Rollenspiel, in dem wir so tun, als wären wir jemand Anderes als wir sind, sichern wir unsere Zugehörigkeit. Wenn der Sohnemann böse wird und die Mutter sagt: »Aber Hansi, so kenne ich dich gar nicht!«, dann lernt der Sohn ganz schnell, die Wut zu unterdrücken, denn er ist angewiesen auf die Mutter. Jedes Säugetierkind ist darauf angewiesen, dass die Mutter es kennt. Um zu bekommen, was wir brauchen, um dazuzugehören und Nähe zu erfahren, unterdrücken wir unsere Emotionen, unsere Gefühle und schließlich die Impulse zum Leben hin selbst – mit Muskelkraft. Wir reißen uns zusammen, um nicht auseinanderzufallen, wir klammern uns an Beziehungen, die nicht mehr nahrhaft sind, um nicht zurückgelassen zu werden; wir halten uns oben, um nicht immer wieder fallengelassen zu werden; wir halten alles drin, was eigentlich ausgedrückt sein will, um nicht aus Mutters Gnade zu fallen; wir halten uns zurück, damit nichts vorfällt; und wir halten uns raus, um nicht immer wieder reinzufallen. So lernen wir das Leben aushalten, statt es mit Hingabe und Leidenschaft zu leben.

Die Aufrechterhaltung von Selbstbildern kostet Lebenskraft. Es braucht sehr viel Lebenskraft so zu tun, als wäre man ein anderer als man vom Wesen her ist. Ich bin ein tüchtiges Kriegskind – ich habe viel geschafft. Ich habe eine Geburt durch Hohe Zange überstanden, ich habe eine Streptokokkensepsis überlebt; ich habe meiner Mutter viel geholfen in der Nachkriegszeit; ich war die bessere Alternative zu meinem Vater, allein schon deswegen, weil ich da war und er weg; ich habe Abitur gemacht, Medizin studiert, einen Doktorhut aufgesetzt und eine Karriere als Physiologe aufgegeben, um eine als Psychotherapeut anzufangen. Ich habe ZIST gegründet, einige Beratungsstellen und zwei Konferenzen ins Leben gerufen und ein paar hundert Seiten publiziert und so weiter – und es hat nicht gereicht. Vor ein paar Jahren wache ich mitten in der Nacht mit einem lauten inneren Traumsatz auf: »You haven't got what it takes.« – Du hast es nicht drauf, was es braucht. Ich stehe innerlich schallend lachend auf (ganz leise natürlich, damit meine Frau nicht aufwacht) und mir wird wie in einem Blitzfilm deutlich, dass ich ein Leben lang einen vergeblichen Kampf an der falschen Front geführt habe. Was ich in die Welt gesetzt habe, sollte eigentlich reichen. Doch das Grundgefühl der Vergeblichkeit bleibt. Es ist völlig vergeblich so zu tun, als wäre ich jemand, der ich nicht bin. Ich habe es nicht geschafft, Mama glücklich zu machen.

Ich bin nicht nur dieser erfolgreiche Macher, ich bin auch einer, der Nähe braucht, der es braucht geliebt zu sein, dazuzugehören, und so weiter; doch ich habe gelernt so zu tun, als ob ich das alles nicht brauche. Lieber einsam als immer wieder in meiner Liebe zurückgewiesen oder nur unter unannehmbaren Bedingungen geliebt zu werden. Zu dieser Dynamik gibt es natürlich eine Kindheitsgeschichte. Ich sehe mich als Zweijährigen in meinem Bettchen liegen: gut gefüttert, gut gewickelt, weggelegt. Ich schaukle und drehe meine Locken, um zu spüren, dass ich da bin. Die Eltern finden das richtig – fast alle Eltern finden das richtig –, doch ich weiß, es stimmt nicht. Ich sollte bei ihnen sein dürfen. Ich bin wütend. Später bin ich darüber wütend, dass, wann immer wir Kinder etwas nicht hören sollten, die Eltern Englisch sprechen. Immer diese Ausgrenzung, als gehörte ich nicht dazu.

Das Opfer

Ein Kind kann mit der Diskrepanz zwischen dem Wissen, was für es selber stimmt und andererseits den Überzeugungen der Eltern von dem, was richtig ist, nicht leben. Die einen opfern dann die Zugehörigkeit, weigern sich, die Regeln der Welt zu übernehmen und so zu tun, als wären sie jemand anderes als sie sind. Um ihrem Wesen treu zu bleiben, verzichten sie auf mentale Kohärenz und auf ihre Zugehörigkeit zur Gemeinschaft. Sie weigern sich auch, die Sprache der Welt zu lernen und erscheinen dann den Anderen als fremd oder gar verrückt. Die anderen passen sich an, unterdrücken ihr inneres Wissen um das, was stimmt, und lernen alles richtig und den Anderen recht zu machen. Sie sichern die Zugehörigkeit zur Gemeinschaft, indem sie ihre Impulse zum Ausdruck ihrer Eigenart unterdrücken und ein Selbstbild entwickeln, das nicht übereinstimmt mit der eigenen Natur. Dieses Leben *als ob* kostet, wie gesagt, Lebenskraft. Es kostet Lebenskraft, die Impulse zur Eigenart zu unterdrücken. Das eigene Leben will gelebt sein, der innerliche Auftrag, der zu werden, der ich »in Gott ewiglich gewesen« bin (Meister Eckhart), will erfüllt sein. Wir wollen am Ende unseres Lebens in der Gewissheit einschlafen, getan zu haben, was uns aufgetragen war und »es ist vollbracht!« sagen zu können. Ein Leben lang gegen diese Selbstverwirklichung ankämpfen zu müssen, kostet Lebenskraft, sodass oft nicht genug Abwehrkraft gegen Krankheit bleibt.

In meinem Fall war der Preis für den *Verrat am Selbst* (Arno Gruen) zugunsten des Wahns, ich müsse und könne alles richtig und es den anderen recht und Mama und damit die ganze Welt glücklich machen, ein Dickdarmkrebs, der im August 2011 – Gott sei Dank rechtzeitig – operativ entfernt wurde. Ich arbeite seit dreißig Jahren psychotherapeutisch mit Krebskranken, ich gelte als ein Fachmann für Psychoonkologie, der Wissenschaft von den psychologischen Faktoren bei Entstehung, Verlauf und Ausgang von Krebserkrankungen, und kenne die einschlägige Literatur. Sobald ich aus dem

Krankenhaus heraus war, habe ich angefangen, die Literatur noch einmal zu lesen und war sehr erstaunt zu erkennen, dass ich nicht wahrgenommen hatte, dass ich selbst voll ins Bild passe.

Lawrence LeShan, der Urvater der Psychoonkologie, sieht als Grund vieler Krebskrankheiten eine tiefe Verzweiflung, und zwar nicht eine Verzweiflung über irgendetwas – über die Welt oder über die Ehefrau oder das Missgeschick in der Firma –, sondern eine viel tiefere Verzweiflung, die Verzweiflung an sich selbst, über Fremdheit und Einsamkeit, darüber, nicht in die Welt zu passen. »You haven't got what it takes« – ein vernichtendes Urteil. Außerdem kannte ich jede Menge lange Zeit verdrängte Wut. Mit der Gemeinheit der narzisstischen Struktur hatte ich mich beizeiten reichlich auseinandergesetzt. Was ich nicht kannte, war diese Verzweiflung. Doch auch der Zusammenhang zwischen der Verleugnung und Verdrängung von tiefer Kränkung in der frühen Zeit im individuellen Leben einerseits und meiner Krankheit andererseits wurde mir in der psychodynamischen Arbeit an mir selbst bald deutlich. Ich erkannte, dass ich mehr Privatleben und Gemeinschaft brauchte, also singe ich wie in meiner Studentenzeit in einem Chor und übe nach dreißig Jahren wieder Querflöte. Und ich lerne, mich persönlich mehr zu zeigen, was zu meiner Freude mit viel Nähe, Wärme und Signalen von Zugehörigkeit beantwortet wird. Der Hirnforscher Hüther hat offenbar recht, wenn er sagt, dass es hirntechnisch möglich ist, auch im Alter noch dazuzulernen. Man braucht dazu jedoch Einladung, Inspiration und Ermutigung. All das erlebe ich, seit ich dank der Krankheit die Entscheidung getroffen habe, mich zu öffnen.

Familiäre Verstrickung

Es gibt auch Leid und Krankheit infolge von Verleugnung und Verdrängung von Ereignissen im Familiensystem. Nicht nur die Identifikation mit idealisierten Selbstbildern, auch die Identifikation und Gegenidentifikation (nach dem Motto

»Ich mach's wie du« und »Das soll mir nicht passieren«) mit Vorgängern im Familiensystem, deren Schicksal, so wie es war, teilweise der Verleugnung und Verdrängung zum Opfer gefallen ist und das nicht in seiner Gänze gewürdigt wurde, kostet Lebenskraft.

Zum Familiensystem gehören die Geschwister, die Eltern, die Geschwister der Eltern, die Großeltern und deren Geschwister und alle, die für einen von den Zugehörigen Platz gemacht haben. So schuldet das Kind dem Mann, den die Mutter vor dem Vater geliebt hat und der für diesen Platz gemacht hat, die Anerkennung der Zugehörigkeit zum System dafür, dass auf diese Weise das Leben zu ihm, dem Kind, gekommen ist. Die Anerkennung der Zugehörigkeit derer, die dazugehören, bedingt Leichtigkeit und gutes Gelingen, die Verweigerung ihrer Zugehörigkeit ist oft mit vergeblicher Mühe und Scheitern verbunden. Das zu würdigen fällt jedoch manchen, die von einer solchen Dynamik betroffen sind, sehr schwer, denn die Würdigung der Ausgegrenzten wird als Verrat erlebt an dem Elternteil, der die Anerkennung der Zugehörigkeit des Vorgängers bisher geleugnet hat. Es gibt so etwas wie ein Kindergelübde, zum Beispiel: »Ich wahre dein Geheimnis oder deinen Schein um jeden Preis«, das zu brechen schwer fällt, da der Verrat in allen Kulturen schwer geahndet wird.

Als Therapeut kann man eine solche familiäre Verstrickung vermuten, wenn man vermeintlich alles richtig gemacht hat, der Patient auch alles richtig gemacht hat und das Ergebnis richtig ist – aber irgendetwas stimmt nicht. Wenn ich den Eindruck habe, dass zwar alles richtig war, irgendetwas aber nicht stimmt, dann fangen wir an zu fragen: Gibt es ein Familiengeheimnis – eine geheim gehaltene Liebe vor der Ehe; ein uneheliches oder ein totgeborenes Kind, das nicht dazugezählt wird; einen unbekannten Vater, einen Vermissten, einen Versager und so weiter?

Bert Hellingers Beitrag ist nicht das Aufstellen – andere vor ihm haben Systeme aufgestellt und durch Umstellung in einer

Aufstellung bewirkt, dass Betroffene heilsame Bilder vom ih-rem Platz im System entwickeln konnten. Wir verdanken Hellinger vor allem, dass er Gesetzmäßigkeiten beobachtet hat, die mit Gelingen, Glück und Gesundheit verbunden sind. Er nennt diese Gesetzmäßigkeiten *Ordnungen der Liebe*. Es gibt Kollegen, die – noch in Reaktion gegen das Dritte Reich – mit heftigem Widerstand reagieren, wenn man von beobacht-baren Ordnungen spricht. Sie müssen selbst die Gegebenheit, dass das Wasser vom Berg zum Meer fließt, immer wieder neu dialektisch klären. Hellinger ist von ihnen für die Wahrneh-mung dieser Ordnungen – oft ohne direkte Erfahrung seiner Person und seiner Arbeit – viel angefeindet und als Faschist beschimpft worden. Für mich ist die Wahrnehmung der Ord-nungen eine große Hilfe. Die folgenden Grundsätze gehören zu diesen Ordnungen.

Das was ist, muss auch sein dürfen

Wenn die Tante die Hure im Dorf war, dann muss sie das ge-wesen sein dürfen und gehört als die Schwester des Vaters doch dazu. Und selbst wenn der Großvater gemordet oder sich selbst das Leben genommen hat, tun wir gut daran, ihn in seiner Ganzheit zu nehmen: als den Mörder oder Selbstmör-der, der er war, *und* als den Großvater, der er auch ist und von dem alle, die nach ihm kommen, ihr Leben haben. Diese Wür-digung der Vorgänger in ihrer Ganzheit fällt vielen Nachfol-genden schwer. Für die Kinder der zweiten Frau des Vaters, dessen erste Frau gestorben ist, ist es schwer, zur ersten zu sagen: »Du gehörst dazu und ich gebe dir die Ehre, denn ich verdanke mein Leben deinem Tod«.

Es ist – wie in der Individualpsychologie auch – nicht das Geschehene, das zur Verstrickung führt und Lebenskraft kos-tet, sondern die Verleugnung und Verdrängung des Geschehe-nen. Wenn einer, der mit wenigen anderen überlebt hat, als die Kompanie von den Partisanen aufgerieben wurde, offen sagt: »Bitte frag mich nicht, was wir mit dem Dorf gemacht haben«, dann steht er zu seiner Schuld, er trägt sie selbst und belastet Nachkommende nicht mit dem vergeblichen kollektiven Bemühen, seine Schuld zu entschuldigen.

Wer tot ist, muss auch tot sein dürfen. Ich sehe gelegentlich Menschen, die mit schwarzen Socken oder einem schwarzen Bändchen im Haar oder einem schwarzen Besatz am Revers herumlaufen, obwohl das Schwarz zum Rest der Kleidung überhaupt nicht passt. Dann halte ich es für möglich, dass es sich dabei um ein Zeichen unbewusster Trauer um jemanden handelt, der dazugehört, aber nicht dazugezählt wird, und frage gezielt nach. Manche Kollegen finden das skurril, doch ich gehe diesen Signalen nach und werde oft fündig.

Wer zuerst kommt, hat Vorrang

Die Eltern haben Vorrang vor den Kindern. Manche Menschen sprechen von ihren Eltern so, als wären sie ihnen gleichrangig. Doch selbst wenn wir im Alter die Eltern pflegen, werden wir ihnen nie gleichrangig. Wir bleiben ihnen gegenüber Sohn oder Tochter. Manche Kinder nennen ihre Eltern gar beim Vornamen, statt sie Papa und Mama zu nennen. Dann fange ich an, nach einer den Kindern vorrangigen und den Eltern gleichrangigen oder gar vorrangigen Person, die nicht gewürdigt ist, zu fahnden: Hat der Vater eine Frau geliebt, bevor er die Mutter genommen hat? Hat die Mutter als Kind ein vor ihr geborenes Geschwister verloren? Wird ein Großvater als Held gefeiert, weil er aus sibirischer Kriegsgefangenschaft zu Fuß nach Hause gelaufen ist, und wird dabei vergessen, dass er in Racheaktionen verwickelt war oder in der Zivilbevölkerung gemordet hat?

Ältere Geschwister haben Vorrang vor den jüngeren, auch wenn die älteren schwach oder gar behindert waren. In der Bibel ist zu lesen, wie der Verkauf des Erstgeburtsrechts durch Esau Unglück brachte.

In verbindlichen Beziehungen ist zu unterscheiden zwischen Vorrang und Vorzug – *precedence and preference*. Als verbindlich gelten heutzutage Herzensbeziehungen, die – mit oder ohne Trauschein – sexuell vollzogen wurden und deren

Trennung mit Trauer und Schuld verbunden erlebt wurde. Früher führte bereits das Wort, das man sich gab, zu einer Bindung. Wenn ein Soldat in den Krieg fuhr und bei der Abfahrt sagte: »Warte auf mich!«, und das zurückgelassene Mädchen antwortete: »Ja, ich warte auf dich«, dann bedingte das eine verbindliche Beziehung. Die erste verbindliche Beziehung hat Vorrang vor der zweiten, auch wenn der oder die Betroffene es nach einer Trennung vorzieht, in einer neuen verbindlichen Beziehung zu leben. Eine Frau kann den ersten Mann würdigen als ihren ersten Mann, auch wenn sie es heute vorzieht, ihr Leben mit dem zweiten zu teilen. So klagte einmal eine wiederverheiratete Frau,[25] dass sich ihr zweiter Mann nicht wirklich auf sie einlassen wolle. Als sie lernte, ihren ersten Mann – ohne zu leugnen, dass das Leben mit ihm für sie die Hölle war – als ihren ersten Mann zu würdigen: »Du warst und bist mein erster Mann ... und das Beste, das ich im Leben habe, verdanke ich dir: Unsere Söhne«, besserte sich ihr Verhältnis zum zweiten Mann zusehends.

Das Geschenk des Lebens nehmen

Das Geben und Nehmen geschieht von oben nach unten. Denen, die mit dem Anspruch leben, dass die Eltern oder das Leben ihnen etwas schulden, etwas zu geben, was sie zu nehmen bereit sind, ist so schwer so wie Tee in eine Tasse oberhalb der Kanne zu schütten. Sie sind Fässer ohne Boden. Wer etwas nehmen will, muss bitten und danken können. Durch das Bitten ziehen wir einen Boden in das Fass ein und geben dem anderen eine Chance, dass das, was er zu geben hat, ankommen kann. Durch das Danken geben wir den Gebenden eine Quittung mit Kopie für uns selber: ich hab was gekriegt. Wir tun das nicht, damit die Mutter bei Tante Else gut dasteht, sondern wir bitten, um etwas bekommen zu können, und wir danken, um uns selbst wissen zu lassen: jetzt bin ich ein bisschen satter oder reicher.

Das Leben ist ein Geschenk. Man kann es nicht verdienen. Es gibt Menschen, die meinen, ihre Daseinsberechtigung ver-

dienen zu müssen und sich mit dieser Anmaßung zu Tode arbeiten. Die demütige Abdankung von diesem Anspruch kann
eine erhebliche Entlastung bewirken. Ein Beispiel: Eine ihr
Leben lang sehr tüchtige Ärztin namens Anna bekommt seit
einigen Monaten alle zwei Wochen eine neue Diagnose aus
dem vielfältigen Formenkreis der Autoimmunkrankheiten.
Sie wird immer schwächer, kann ihren Beruf nicht mehr ausüben und verbringt schließlich mehr Zeit im Krankenhaus als
außerhalb. Im Gespräch erinnert sie plötzlich, dass es vor ihr
eine erstgeborene Schwester gab, die am dritten Tag ihres Lebens starb und auch schon Anna hieß. Die Patientin war also
nicht die zweite von drei Töchtern, als die sie sich ein Leben
lang gesehen hatte, sondern die dritte von vier Töchtern, die
noch dazu den Eltern die Erstgeborene ersetzen sollte. Ich
ließ sie in einer Familienaufstellung zur verstorbenen Schwester sagen: »Du musstest gehen, kaum dass du da warst. Das
hast du nicht verdient. Ich darf bleiben und habe das nicht
verdient. Ich nehme es als ein Geschenk und ich bitte dich:
Gönne mir, dass mir so viel offensteht, was dir versagt blieb«.
Das konnte sie mit tief empfundener Demut sagen und war
bald wieder gesund.

Familienstellen in der Arbeit mit Kindern und Enkeln von Opfern und Tätern

Das Nehmen des Lebens als Geschenk ist für die Arbeit mit
den Kindern und Enkeln von Opfern und Tätern oft entscheidend und es gibt Entlastungen, die eintreten, wenn die Wahrheit gesagt wird. Aber es braucht außer der Wahrheit oft auch
sehr viel Demut und sehr viel Mut, um einen lösenden Satz in
der Tiefe gefühlt auszusprechen.

Ich denke an eine sehr erfolgreiche Frau, die an all ihrem
Erfolg und dem guten Leben, dass ihr dieser ermöglichte,
keine Freude hatte. Sie geht mit 45 Jahren schon ein bisschen
gebeugt, ist grauhaarig, hat tiefe Furchen quer durch die Stirn
und sieht aus wie eine, die sich plagt. In der Familienaufstellung stellt sie zwölf Stellvertreter in vier Dreierreihen auf, die

alle in eine Richtung marschieren. Ich frage gar nicht lang, wie sonst üblich, wie sich die Stellvertreter fühlen, sondern gleich: »Wer war der Nazi in deiner Familie?«, worauf sie antwortet: »Mein Vater.« »Was hat er getan?« »Er nahm in der militärischen Führung einen hohen Rang ein und obwohl er wusste, dass der Krieg längst verloren war, hat er ihn doch weitergeführt und damit sein Gewissen mit Tausenden von sinnlos geopferten Menschenleben belastet.« Ich will den Lösungssatz, der aus meinem Inneren auftaucht, zunächst nicht hören; doch er kommt immer wieder und so schlage ich der Frau vor wahrzunehmen, wie es wirkt, wenn sie zum (durch einen Gruppenteilnehmer vertretenen) Vater sagt: »Lieber Vater, du weißt, wie sehr ich dich liebe«, – das konnte man sehen – »und als meinem Vater, dem ich mein Leben verdanke, gebe ich dir die Ehre. Doch wenn du hängen musst für das, was du getan hast, dann stimme ich dem zu.« Es folgt ein langes Schweigen. Dann richtet sie sich sehr ruhig, sehr entschieden und sehr langsam auf, schaut den Vater fest an und sagt, was ich vorgeschlagen habe. Ein paar Tränen fließen, doch dann kann man Zentnerlasten von ihren Schultern gleiten und als eine aufrichtende Kraft vom Boden wieder aufsteigen sehen. Ich habe noch nie jemand in so kurzer Zeit so aufblühen sehen wie diese Frau. In der Folgezeit ging es ihr eine Weile sehr gut, doch irgendwann rief der Ehemann an und bat um Hilfe – es ginge »alles den Bach runter.« Die Frau war schwer psychosomatisch erkrankt, ein Sohn drehte durch, ein anderer versagte in der Schule. Ich riet ihm, ein Foto seines Schwiegervaters in voller Uniform vergrößern und gut rahmen zu lassen und den Rahmen mit einem Messingschildchen versehen zu lassen, auf dem sein Rang beim Militär und seine Funktion im Dritten Reich zu lesen war – und es im Wohnzimmer oder in der Diele aufzuhängen, damit es jeder sehen konnte. Der Mann diskutiert den Vorschlag beim Mittagessen mit der Familie. Die drei Betroffenen sind strikt dagegen, doch alle anderen sind dafür. Er setzt sich durch und das Bild wird aufgehängt als Zeichen, dass Wahrheit sein darf. Nach drei Monaten ruft der Mann an. Er berichtet, dass die Frau wie durch ein Wunder geheilt ist und dass die Söhne wieder in der Spur laufen, und bedankt sich.

Das Totschweigen kann tödlich sein. Wenn in Familien, in denen Krebs so gut wie nie zuvor vorgekommen war, Angehörige plötzlich gehäuft krebskrank werden, sich das Leben nehmen, an schweren Infektionen sterben, schon als Kinder schwer krank waren und beinah tödliche Unfälle hatten und so weiter, forsche ich immer nach einer Verstrickung in der Kriegszeit.

Ein Teilnehmer einer Gruppe berichtet, sein ältester Bruder habe als junger Mann einen Hodenkrebs und im mittleren Alter einen Hirntumor überlebt und sei schließlich an einer Leukämie gestorben. Seine Schwester sei mit vierzig Jahren am Leberkrebs umgekommen und nun habe sein noch lebender Bruder einen Lymphkrebs. Ich sage, dass ich eine solche Häufung von Krebs nicht selten in Familien sehe, in denen ein Mord vertuscht wird, und frage, ob es ein Familiengeheimnis gibt. Da erinnert er sich daran, dass der Bruder seines Vaters bei Kriegsende seine sechs Kinder, seine Frau und sich selbst erschossen hat. Doch darüber durfte nie gesprochen werden.

Nach dem Krieg sind viele Väter und Großväter zwar körperlich heimgekehrt, wurden von Angehörigen jedoch oft als geistesabwesend wahrgenommen. Sie waren dem massenhaften Sterben an der Front entgangen, hatten das Konzentrationslager überlebt oder hatten sich am Morden beteiligt oder als Angehörige der Reichsbahn durch den Transport zu den Vernichtungslagern mitschuldig gemacht, ohne sich selbst ihre Taten eingestanden und gesühnt zu haben – man braucht viel Eisenbahn, um Millionen von Mitbürgern aus ganz Europa nach Polen zu verfrachten. Ihre Seelen waren bei ihren gefallenen Kameraden oder bei ihren Opfern. In der Gruppe wie in der Einzeltherapie schlage ich bei der Vermutung einer solchen Verstrickung von Söhnen und Enkeln mit der *survivors' guilt*, den Schuldgefühlen der Überlebenden, eine Zeitreise vor.

Ich suggeriere den Betroffenen, dass sie wissen, dass Zeit

ein Hirngespinst ist. Es gibt nur die Gegenwart; Vergangenheit und Zukunft sind Produkte unserer Hirntätigkeit – einverstanden? Ich erinnere daran, dass man die Welt auch so sehen kann wie die Physiker und C. G. Jung, dass alles gleichzeitig geschieht. Einverstanden? Dann schlage ich vor, dass die betroffene Person mit Großvater, Mutter oder Vater und mit mir als Zeuge Ende 1942 nach Stalingrad geht und das schwere Schicksal der Gefallenen auf beiden Seiten würdigt; oder dass wir kurz vor Kriegsende nach Auschwitz gehen, wo wir von den vorrückenden Russen aufgegriffen werden und wie alle Deutschen, die sie in dieser Gegend finden, einmal durchs Lager geführt werden, damit später niemand behaupten kann, das sei alles nicht so geschehen, wie es geschehen ist. Dann schildere ich die Bilder, die man vom Fernsehen kennt: Die verhungerten und erfrorenen Soldaten im Schnee beziehungsweise die Lagerstraße, auf der uns mit Haut behangene Gerippe entgegen taumeln, und der große Haufen Leichen, den die Leute von der SS nicht mehr verbrennen konnten, bevor sie sich davon gemacht haben. Ich frage: »Wie schauen Sie hin? Wie schaut die Mutter oder der Vater da hin und wie schaut der Großvater hin?«, und biete Lösungssätze an, die immer sehr ähnlich und doch von Fall zu Fall verschieden sind; zum Beispiel zum Großvater: »Wenn du Mitschuld trägst an dem hier, dann lasse ich sie dir. Und ich lasse dir die Sühne, was immer die sei.« Manchmal lasse ich die Betroffenen sich vorstellen, wie der Großvater sich dazulegt, und beobachte, ob das eine deutliche Entlastung bringt. Die von den betroffenen Nachkommen wahrnehmbare Botschaft ist dann: »Wenn er sühnt, brauch ich's nicht zu tun.« Manche Väter schauen hin, manche schauen nicht hin. Wenn die Eltern nicht hinschauen wollen, lasse ich die betroffene Person so etwas Ähnliches zu ihnen sagen wie: »Alles, was ich von dir brauche, hab ich: mein Leben. Alles andere kann ich von anderen nehmen. Wenn du glaubst, für deinen Vater etwas gutmachen zu müssen und statt seiner gehen oder ihm nachgehen willst, dann muss ich dich gehen lassen. Ich kann dich nicht halten,

denn ich bin nur dein Kind.« Und dann lasse ich die Betroffenen die Toten anschauen und sagen: »Ihr wolltet leben, ihr
wolltet eure Kinder und Enkel aufwachsen sehen – und ihr
musstet sterben. Ihr habt das nicht verdient. Und ich darf leben und habe das nicht verdient« – und so weiter, wie oben.
Da schlucken viele, denn für narzisstisch strukturierte Menschen mit der Gewohnheit, in ihren Reflexionen zu ersaufen
wie Narziss in seinem Spiegelbild im Tümpel ist es sehr
schwer, von dem Anspruch, man könne das Leben verdienen,
abzulassen.

Wer mit so einem mit schwerem Leid oder schwerer Schuld
beladenen Großvater verstrickt ist, kann in einer realen Familienaufstellung oder einer *Familienaufstellung im Kopf* eine
erhebliche Entlastung erfahren. Dabei geht es darum, dem
schweren Schicksal des Großvaters zuzustimmen und in Demut das eigene leichtere Leben zu nehmen, zu genießen und
in einem dem eigenen Wesen gemäßen Dienst zu erfüllen.

Zur Haltung beim Familienstellen

Von zentraler Bedeutung in jeder Therapie und auch in dieser
ist die Beziehung. Man kann all das nicht als eine technische
Anwendung wie den Austausch einer Zündkerze im Auto
machen, sondern es braucht eine Liebe zu gerade diesem Mitmenschen vor uns, damit die Intuition frei fließen kann. Da,
wo spürbar wird, dass diese Liebe aufgrund irgendeiner eigenen Verstrickung nicht aufgebracht werden kann, ist es Zeit in
Supervision zu gehen. Es gibt manchmal die Versuchung zu
glauben, man wisse, worum es geht, und vorschnell Lösungssätze vorzuschlagen. Doch die Lösungssätze ergeben sich aus
den Bewegungen im Feld, und oft ist es heilsamer, erst einen
die mögliche Verstrickung beschreibenden Satz sagen zu lassen, um zu sehen, ob er stimmt, bevor man einen Lösungssatz
anbietet.

Für mich ist das Aufstellen vor allem ein diagnostisches
Werkzeug; sehr oft kann man – ob in der Gruppe oder in der
Einzeltherapie – auch ohne Aufstellung die Prinzipien der

Aufstellung in der Psychotherapie einsetzen. Dabei ist es wichtig, die vermuteten Sätze der Verstrickung (zum Beispiel »Ich mach's wie du«, »Ich wahre dein Geheimnis um jeden Preis«, »Wo du nicht sein darfst, will ich auch nicht sein«) und die möglicherweise heilsamen Lösungssätze nicht als gesicherte Wahrheiten aus Hellingers Büchern aufzudrängen, sondern eine phänomenologische Haltung einzunehmen: »Schau mal, was geschieht, wenn du Folgendes sagst«, und dann zu beobachten, ob der Satz eine Wirkung hat. Ein wichtiges Element der Arbeit ist deswegen das Fühlen.

Fühlen

Der Therapeut sowie die Stellvertreterinnen und Stellvertreter, die in der Aufstellung stehen, müssen sich erlauben etwas zu fühlen. So teilen die Stellvertreter beobachtete Bewegungen im Wahrnehmen, Fühlen, Denken und Handeln mit und entdecken Bewegungsimpulse, aus denen sich dann aus der kranken Ordnung gesunde Ordnungen ergeben können.

Fühlen heißt: der gegenwärtig mit Sinnen wahrnehmbaren Erregung eine der Gegenwart angemessene Bedeutung geben. So meinte eine Frau in einer Einführung, sie hätte Angst. Als ich sie fragte, woher sie das wüsste, sagte sie, sie habe Herzklopfen. Ich fragte, ob Sie nicht mal hinhorchen wollte, was ihr das Herzklopfen heute sagen will? Da horchte sie eine Weile auf ihr pochendes Herz, schaute strahlend wieder auf und sagte: »Sie, ich hab gar keine Angst. Ich bin wahnsinnig neugierig, was mich heute hier erwartet.«

Wenn man konsequent fühlt, dann kann man vordringen in die Bereiche des Unerhörten. Ich gebe Ihnen dazu noch ein Beispiel: Ich bin bei einer jungen Frau offenbar etwas zu forsch vorgegangen. Sie hat einen Kloß im Hals. Jedermann weiß, was es bedeutet, wenn jemand einen dicken Hals bekommt, und ich denke: »Auweia, die hat sich geärgert über mich – muss ich mich jetzt entschuldigen? Vielleicht können wir den Kloß ja nutzen, entschuldigen kann ich mich hinterher immer noch.« Ich frage: »Wollen wir diesen Kloß nutzen?« Sie sagt: »Ok.« Ich sage: »Bleib dabei und fühle den Kloß – ich bleibe auch dabei.« »Ich bleibe auch dabei« ist die Formel, die ich immer verwende, wenn ich jemanden einlade nach innen zu gehen, um der Angst vor Verlassenheit vorzubeugen. Sie bleibt dabei und der Kloß sinkt in den Bauch und weitet sich aus. Und während er sich ausweitet, wird er wärmer, der Raum wird größer und irgendwann gibt es eine paradigmatische Grenze. Sie muss zulassen, dass der Raum, den sie da innen drin wahrnimmt, weit größer wird als der Umriss ihrer Haut. Das schafft sie, aber dann kriegt sie ein bisschen Angst, denn dieser Raum ist tiefschwarz. Da lasse ich sie in die Schwärze hineinschauen wie in einen tiefen Brunnen. Die Schwärze wird zur Unendlichkeit und aus dieser Unendlichkeit leuchtet ein kristallklares Licht auf, das immer intensiver wird und ihr ins Herz strahlt. »Bleib dabei, ich bleib auch dabei!«, sage ich und frage sie immer wieder: »Wie fühlst du dich?« Sie erkennt die Qualitäten *hell, klar und schön*, dann richtet sie sich auf und sagt *aufrichtig, wahr, ganz und heil*, und mit einem kleinen Fragezeichen: *heilig?* Und dann auf bayrisch: »Ja halt ich.« Da war sie auf einmal nicht mehr an ihre Persönlichkeit gebunden, sondern mit dem Heiligen in sich oder mit dem Heiligen, dessen Teil sie war, als Geschöpf verbunden.

Warum Selbsterfahrung politisch ist
Später Versuch einer Antwort an Monika Seifert[26]

Der Vorwurf
Die Begegnung mit der Humanistischen Psychologie veränderte mein Leben. Ich hängte meine Karriere als Physiologe an den Nagel, absorbierte in San Francisco und Umgebung in knapp einem Jahr etwa 600 Stunden Vorträge, Seminare und Selbsterfahrung in unterschiedlichen Methoden und legte so einen Grundstock für meine spätere Arbeit als Psychotherapeut.

Als wir 1970 nach München zurückkamen, fanden wir Deutschland grundlegend verändert: Wir sahen Polizisten mit

Bärten, Postboten ohne Schlips, im Park Fußball spielende Arbeiter, die notfalls ganz regelwidrig die Hände zu Hilfe nahmen, und ein Pärchen, das leidenschaftlich Ping-Pong spielte – ohne Netz; wir wurden Zeugen von Straßenschlachten, die zur Einstellung eines Polizeipsychologen führten, wir lasen Wilhelm Reich und wir versuchten, unsere Kinder nach den Prinzipien von *Summerhill* zu erziehen.

Anfang der 70er Jahre gingen viele der 68er Linken in Selbsterfahrungsgruppen. Sie waren freiwillig arbeitslos und lebten sehr bescheiden, um Zeit und Geld für die Gruppen zur Verfügung zu haben. Sie vermuteten, dass der Grund für das von ihnen als Scheitern erlebte Abflauen der Revolution *der subjektive Faktor* war. Sie ahnten oder begriffen, dass sie die Massen nicht befreien konnten, solange sie selbst – in Reaktion auf eine von Mangel und Trauma geprägte Sozialisierung – gefangen waren in eingefleischten Mustern von Wahrnehmung, Fühlen, Denken und Handeln. In der Arbeit mit ihnen waren nicht selten für diese Klientel typische Widerstände gegen Veränderung zu beobachten. Zum einen fürchteten manche, dass ihnen der revolutionäre Dampf ausgehen könnte, wenn sie sich auf Selbsterfahrung einließen. Andere hatten, wenn sie in Selbsterfahrungsgruppen oder gar in Einzeltherapie gingen, ein schlechtes Gewissen und fürchteten, als *unpolitisch* abgekanzelt zu werden und damit die Zugehörigkeit zu der Gruppe, der sie angehörten, zu gefährden. Eine streng gläubige Kommunistin, die aus gutem Grund zu mir in Einzeltherapie kam, musste jede Sitzung vor einem Tribunal der *Roten Zelle*, der sie angehörte, rechtfertigen, was sie als regelrechten Psychoterror erlebte, wodurch die therapeutische Arbeit erheblich erschwert, aber auch vertieft wurde.

»Du bist ja völlig unpolitisch!«, war in den 70er Jahren ein so häufig vorgebrachter wie schlimmer Vorwurf. Das hatte vermutlich weniger mit Thomas Manns *Betrachtungen eines Unpolitischen* zu tun als mit Klassenkampf und Bewusstseinsveränderung der Massen. Wie auch immer: Selbsterfahrung galt, wie Psychotherapie, als unpolitisch. Meine Arbeit, die ich liebte, deren Entwicklung ich mich mit Leidenschaft widmete und für die sich namhafte Angehörige des Münchener psychoanalytischen Establishments interessierten, galt in den Augen derer, zu denen ich gehören wollte, als individualistisch, konformistisch und damit unpolitisch. In San Francisco war ich Teil des *human potential movement* gewesen, einer Bewegung, in der soziales Engagement und Bewusstseinserweiterung in lebendiger Wechselwirkung standen, wenn nicht einander bedingten. Wieder zu Hause musste ich mich entscheiden, so schien es mir, zwischen der Zugehörigkeit zum psychotherapeutischen Establishment einerseits und der Bewegung der Zeit andererseits. Ich entschied mich – eher unbewusst – dafür, mich nicht parteilich zu entscheiden, sondern der Bewusstseinserweiterung beider Parteien zu dienen. Doch der Vorwurf, unpolitisch zu sein, beschäftigt mich bis heute.

Wie macht ihr das?

Eines Tages fand ich frühmorgens Monika Seifert* versonnen im Dämmerlicht des unbeleuchteten Speisesaals von ZIST stehend. Als ich sie fragte, »Was machst denn du hier so früh am Tage?«, antwortete sie, eher fragend: »Ihr produziert hier doch

---

* Monika Seifert (1932–2002), Tochter der Psychoanalytiker Alexander und Melitta Mitscherlich, war seinerzeit als *Mutter der antiautoritären Kinderläden* eine prominente Linke. Nachdem sie am Institut für Sozialforschung in Frankfurt über Gaststudenten aus den USA die Schriften Wilhelm Reichs und bei einem Studienaufenthalt in England Alexander S. Neill, den Gründer von *Summerhill*, kennengelernt hatte, gründete sie in Frankfurt den *Verein für angewandte Sozialpädagogik* und initiierte die Wiederentdeckung von Wilhelm Reich. Reichs Bücher waren (damals noch als Raubdrucke) bald Bestseller unter Studenten und Linken. Aufgrund seiner Hypothesen zur Funktion der menschlichen Sexualität für die Gesellschaft wurde Reich zum theoretischen Vordenker der sexuellen Revolution. Vor allem aber hatte er (auch über Neill) wegen des Prinzips der Selbstregulierung bis heute nachhaltigen Einfluss auf die Pädagogik. Kinder jeden Alters sollten danach ihre Bedürfnisse frei äußern und selbst steuern können.

116

Mehrwert?« »So kann man das sehen«, sagte ich. »Und man merkt das nicht in den Beziehungen.« »Das freut mich, dass du das so siehst.« ... »Wie macht ihr das?« »Das ist eine gute Frage«, antwortete ich.

»Wie macht ihr das?«, ist wirklich eine gute Frage, die seither immer wieder einmal auftaucht und der ich hier nachgehen will: Wie kann man das kapitalistische System mit Darlehen und Kapitaldienst (was für ein verräterisches Wort!) nutzen, um ein Zentrum für Bewusstseinserweiterung aufzubauen, ohne davon bestimmt zu werden – ohne dem Mammon zu dienen? Wie kann man einen kommerziellen Betrieb leiten und für sich selbst und andere als Mitmensch wahrnehmbar bleiben? Wie kann man Autorität wirken lassen, ohne autoritäre Strukturen? Wie kann man führen, das heißt anderen vorausgehen, ohne sich über sie zu erheben? Wie kann man Kompetenz einbringen, ohne sich besser als andere zu wähnen? Wie kann man (in der Sprache der östlichen Traditionen bis hin zu Jesus von Nazareth) in dieser Welt, in der wir leben, wie kann man in der bedingten Realität funktionieren, ohne die Verbindung zur unbedingten Wirklichkeit – zu der Welt, aus der wir kommen – ganz zu verlieren? Wie macht man das? Indem man es tut. Das ist einfach und doch sehr schwer – wie alles Einfache.

Potentialorientierte Selbsterfahrung

Therapeutische Selbsterfahrung zielt auf Linderung oder Überwindung von Leiden mit Krankheitswert, wie es im Jargon der Krankenkassen heißt. Umfassender dient Selbsterfahrung der Einsicht ins eigene Gewordensein, das heißt in die Prägung durch Geschichte, mittels der fühlenden Erkundung und geistigen Reflektion des eigenen Erlebens und der meist unbewussten Motivation des Handelns insbesondere in kritischen Situationen: »Warum sehe ich mich selbst anders als andere, warum werde ich nicht verstanden, warum verhalte ich mich anders als ich will? Wie kommt es, dass ich unter Druck automatisch und eingefahren reagiere statt der Situation angemessen zu handeln? Warum benehme ich mich gegenüber der Person, die ich zu lieben glaube und behaupte, oft so hässlich?«

Das Bedürfnis nach Selbsterfahrung kann aber auch durch eine Grenzerfahrung ausgelöst werden, die zur Hinterfragung der vertrauten Muster in Wahrnehmung, Fühlen, Denken und Handeln führt: »Wer bin ich, wenn ich – ergriffen von der Schönheit eines Bildes oder eines Musikstücks; im Herzen berührt durch das Lied einer Amsel; allein und doch aufgehoben in der Stille des Waldes oder auf dem Gipfel eines Berges; hingegeben an eine Liebe – mich nicht mehr kenne wie gewohnt, mich unerwartet frei von Angst und Groll, weit, still, klar und glücklich fühle?«, und schließlich: »Wie muss ich leben, um bereit zu sein für ein Sein in jener die Alltagsrealität übersteigenden und umfassenden Wirklichkeit?«

Tiefenpsychologisch orientierte, auf Verständnis der in der Kindheit geprägten Psychodynamik ausgerichtete Selbsterfahrung kann tiefe Gefühle reaktivieren und heftige Emotionen auslösen, die lange verdrängt und abgespalten wurden beziehungsweise unterdrückt waren. Die Regression genannte emotionale Entladung wird nach anfänglichem Widerstand als entlastend erlebt und kann zur Lösung von eingefleischten Mustern führen. Sie wird allerdings heutzutage oft vermieden aus Angst vor der sogenannten Retraumatisierung. Sowohl klinische Erfahrung als auch Hirnforschung deuten darauf hin, dass unbewusst emotional vollzogene Erinnerung an traumatisierende Erfahrung vom Organismus so verarbeitet wird, als habe man sie tatsächlich noch einmal erlebt, und so zu einer Bestätigung der defensiven Strukturen führt. Potentialorientierte Psychotherapie begegnet den in der Übertragung mobilisierten schmerzlichen Beziehungserfahrungen der Vergangenheit und den damit verbundenen Befürchtungen, diese könnten sich in der Gegenwart der Selbsterfahrungsgruppe wiederholen, indem die therapeutische Beziehungsperson beharrlich zur Wahrnehmung der veränderten Gegenwart einlädt. Dann nämlich, und nur dann, dient die emotionale Mobilisierung einer vertieften Einprägung der neuen, ergänzenden und damit heilsamen Erfahrung.

Ist nun Potentialorientierte Selbsterfahrung politisch? Ich glaube ja, insofern sie über die Restauration von Beziehungs- und Leistungsfähigkeit hinaus auf den Abbau autoritärer Strukturen sowohl bei den Tätern wie bei den Opfern abzielt, die Entfaltung als Potential angelegter menschlicher Qualitäten wie Autonomie und Mitgefühl fördert und letztlich Selbstverwirklichung im Dienst an der Gemeinschaft anregt und unterstützt.

Durch Potentialorientierte Selbsterfahrung können wir als Mitmenschen wahrnehmbar bleiben lernen, indem wir uns selbst annehmen, sein lassen und zeigen, wie wir sind. Wir können uns unseren sogenannten Existenzängsten stellen und mit Scheitern und Schuld leben lernen. Wir können unsere eigenen autoritären Muster – als Täter wie als Opfer – wahrnehmen lernen. Wir können aufhören, uns zu vergleichen und zu konkurrieren und stattdessen lernen, einander zu unterstützen in unserer spirituellen Entwicklung. Wir können miteinander die Erinnerung an Momente der Einheit mit allem Sein pflegen; die Muster in Wahrnehmung, Fühlen, Denken und Handeln hinterfragen, die uns dieser Einheit entfremden; unser Leben so gestalten lernen, dass wir offen bleiben für die unbedingte Wirklichkeit und unseren Alltag auf sie gerichtet gestalten. Und wir können erkennen, dass wir – ob Männer oder Frauen, Arme oder Reiche, Gestrandete oder Erfolgreiche, Europäer oder Afrikaner, Maori oder Inuit – in unserem Wesen von der gleichen menschlichen Natur sind und uns nur durch unsere kulturellen Bräuche und durch unsere Sozialisierung geprägte, geformte oder verformte Individualität unterscheiden. Dessen eingedenk können wir – jeder an seinem Platz und oft nur in kleinen Schritten – im Alltag darauf hinarbeiten, dass wir uns selbst und einander unsere Beschränktheit vergeben, unsere Stärken würdigen, Verständnis füreinander entwickeln und so einen bescheidenen Beitrag zur Entfaltung der Menschlichkeit leisten.

Teil II

»Die Person von morgen«

Texte zur Humanistischen Psychologie

Carl Rogers

Die Person von morgen[27]

Übersetzt von Wolf Büntig (1970)[28]

Ich bin dieser Tage fasziniert von einem nach meiner Überzeugung zutiefst signifikanten Phänomen. Ich sehe einen
neuen Menschen in Erscheinung treten. Ich glaube, dieser
neue Mensch ist die Person von morgen. Über ihn möchte ich
sprechen.

Ich habe ihn, in vorläufiger Gestalt, in Encounter-Grup-
pen, in Sensitivity-Trainings, in sogenannten T-Gruppen in
Erscheinung treten sehen. Mir wird klar, dass ich seit vielen
Jahren einzelne Facetten von ihm in der tiefen Beziehung in
der Einzelpsychotherapie auftauchen sehe. Ich sehe ihn sein
Gesicht zeigen in der rasch wachsenden Bewegung in Richtung einer humanistischen und menschengemäßen Psychologie. Ich sehe ihn in einem neuen Typus des Studenten, der sich
auf unseren Universitäten und in den Studentenunruhen weltweit zeigt. Er ist nicht nur liebenswert, er ist sogar manchmal
beängstigend, doch er tritt in Erscheinung. Ich sehe ihn in
dem Drang nach Individualität und Selbstrespekt in unserer
schwarzen Bevölkerung innerhalb und außerhalb der Ghet-
tos, und in den Rassenunruhen, die sich wie ein Fieber in allen
unseren Großstädten ausbreiten.

Ich sehe Elemente von ihm in der Philosophie der Thoreaus[29]
unserer Generation – der Hippies, der Blumenkinder. Ich sehe
ihn – eigenartig genug – in den jüngeren Mitgliedern des industriellen Managements von heute. Ich erhasche einen für
meine alten Augen verwirrenden Blick von ihm in den Musi-
kern, Dichtern, Schriftstellern und Komponisten dieser Generation – ich erwähne nur die Beatles, ihr könnt die übrigen
hinzufügen. Ich habe das Gefühl, dass die Massenmedien, vor
allem das Fernsehen, ihm geholfen haben, in Erscheinung zu
treten, doch darüber bin ich mir nicht ganz im Klaren. Aber
ich habe, glaube ich, eine ganze Anzahl der Gebiete und Trends

genannt, die möglicherweise für das Erscheinen verantwortlich zu machen sind und uns sicherlich erlauben, die Qualitäten dieses neuen Menschen zu sehen.

Obwohl ich begeistert und voller Erwartung bin angesichts dieser Person von morgen, hat die Situation doch sehr ernüchternde Aspekte. Ich glaube, der neue Mensch hat Charakteristika, die stark gegen den Strich der Orthodoxien, Dogmen, Formen und Glaubensbekenntnisse der größeren westlichen Religionen – Katholizismus, Protestantismus, Judentum – laufen. Dieser Mensch passt überhaupt nicht in die traditionellen industriellen Verwaltungsapparate und Organisationsformen. Er widerspricht schon in seiner Person fast jedem Element der traditionellen Schulen, Hochschulen und Universitäten. Er ist ganz sicher nicht geeignet, ein Teil der bürokratischen Regierungsverwaltung zu werden. Er passt nicht gut ins Militär. Da unsere Kultur all diese Orthodoxien und Formen des gegenwärtigen Lebens entwickelt hat, müssen wir uns ernsthaft fragen, ob dieser neue Mensch einfach ein abwegiger Tunichtgut ist oder ob wir Hoffnung in ihn setzen können.

Es gibt einen anderen Grund, warum wir tief und nüchtern über ihn nachdenken sollten. Er ist beinahe die Antithese unserer puritanischen Kultur mit ihren strikten Überzeugungen und Kontrollen, die die Grundlage der Entwicklung unseres Landes geworden ist. Er unterscheidet sich sehr von der Person, die von der industriellen Revolution bewundert wird, mit ihrem Ehrgeiz und ihrer Produktivität. Er ist aus tiefster Überzeugung gegen die kommunistische Kultur mit ihren Kontrollen von Gedanken und Verhaltensweisen im Interesse des Staates. Er gleicht in keiner Weise dem mittelalterlichen Menschen, dem Menschen von Glaube und Gewalt, von Klöstern und Kreuzzügen. Er würde sich nicht gut verstehen mit dem Menschen, den das Römische Reich hervorgebracht hat – dem praktischen, disziplinierten Menschen. Er ist auch der heutigen Kultur in den Vereinigten Staaten sehr fremd, die die elektronische Technologie und den Menschen in Uniform hervorhebt – egal, ob Militär, Polizei oder Regierungsinspektor.

Wenn er nun neu ist auf so vielfältige Weise oder wenn er so grundlegend von all unseren allmählich entwickelten Normen der Vergangenheit und sogar der Gegenwart abweicht – ist er einfach nur ein Zufallsprodukt in der revolutionären Entwicklung, das bald ausstirbt oder entsorgt wird? Ich persönlich glaube das nicht. Ich halte ihn für ein lebensfähiges Lebewesen. Ich habe die Überzeugung, dass er die Person von morgen ist und dass er möglicherweise eine bessere Überlebenschance hat als wir. Aber das ist nur meine eigene Meinung. Ich habe über diesen Menschen schon eine Weile gesprochen, aber ich habe keinen Versuch gemacht, seine Haltungen, seine Merkmale, seine Überzeugungen zu beschreiben. Ich möchte das kurz tun. Ich möchte sagen, dass ich kein einziges Einzelwesen kenne, auf das alle der folgenden Aussagen zutreffen. Mir ist auch sehr deutlich bewusst, dass ich eine Minderheit beschreibe, vielleicht eine kleine Minderheit unserer heutigen Population, aber ich bin überzeugt, dass es eine wachsende Minderheit ist.

Im Folgenden gebe ich eine tastende, unsichere Beschreibung dessen, was ich als den neuen Menschen ansehe. Einige seiner Qualitäten sind wahrscheinlich vorübergehend, solange er kämpft, um sich von dem Kokon seiner Kultur zu befreien. Ich möchte auf diese Qualitäten hinweisen. Einige, so glaube ich, repräsentieren die im Prozess befindliche Person, die er wird. Hier also einige der Charakteristika, wie ich sie sehe. Der neue Mensch hat keine Verwendung für Heuchelei, Fassade oder Verstellung, ob nun in zwischenmenschlichen Beziehungen, in der Erziehung, in der Politik oder in der Religion. Er schätzt Echtheit. Er wird sich mit Doppelzüngigkeit nicht abfinden. Er hasst Aussagen wie die folgende: »Zigarettenrauchen ist eine romantische, aufregende, lustvolle, befriedigende Angelegenheit – (und natürlich bringt es viele durch Lungenkrebs um)«, oder: »Wir vertreten ein ehrenwertes Anliegen, wenn wir Südvietnam verteidigen und uns an unsere Verpflichtungen und Verträge halten – (aber indem wir das tun, töten wir Tausende von Männern, Frauen und Kindern, viele von ihnen völlig unschuldig, während das Verbrechen von anderen darin besteht, dass sie ein Ziel für ihr eigenes Land haben, das sich von dem unseren unterscheidet).« Er hasst so etwas mit Leidenschaft. Er betrachtet die gegenwärtige Kultur als nahezu vollständig verlogen. Ich glaube, dass dieser Hass auf Doppelzüngigkeit vielleicht das zutiefst charakteristische Merkmal des neuen Menschen ist.

Er ist gegen alle hoch strukturierten, inflexiblen Institutionen. Er will Organisationen flüssig, wandelbar, anpassungsfähig und menschlich. Aus dem Folgenden wird klar werden, wie tief seine Abneigung gegenüber Bürokratie, Rigidität und Form um der Form willen ist. Er will sich mit diesen Qualitäten einfach nicht zufrieden geben. Er findet die Institutionen des Erziehungswesens in der Regel irrelevant und sinnlos, sofern es um ihn persönlich geht. Seine Unruhe – in der Schule und der Universität – hat hundert spezifische Anlässe, aber keiner dieser Anlässe wäre von Bedeutung, wenn seine Schule wirklich Sinn machen würde für ihn. Er sieht das traditionelle Erziehungswesen, wie es ist: die starrste, veraltetste, inkompetenteste Institution unserer Kultur. Er will, dass *sein* Lernen mit Gefühlen zu tun hat, dass das Lernen lebendig ist, dass die Anwendung von relevantem Wissen im Hier und Jetzt einen Sinn hat. Als Ausdruck dieser Elemente gefällt es ihm gelegentlich, sich mit der Suche nach neuen Annäherungen an die Wahrheit zu beschäftigen, aber die Verfolgung des Wissens als Selbstzweck ist nicht charakteristisch für ihn. Religiöse Institutionen nimmt er als eindeutig irrelevant und häufig als schädlich für die menschliche Entwicklung wahr. Diese Einstellung gegenüber religiösen Institutionen heißt überhaupt nicht, dass er kein Interesse an den Mysterien des Lebens oder an der Suche nach ethischen und moralischen Werten hätte. Es scheint vielmehr, dass diese Person von morgen zutiefst darum ringt, auf eine moralische und ethische Weise zu leben, doch die Moral ist neu und wechselhaft, die

Ethik bezieht sich immer auf die Situation, und etwas, was er überhaupt nicht verträgt, ist eine Diskrepanz zwischen verbal geäußerten Prinzipien und dem tatsächlichen Leben nach Werten.

Er sucht neue Formen von Gemeinschaft, von Nähe, von Intimität, von gemeinsamen Zielen. Er sucht neue Formen der Kommunikation in einer solchen Gemeinschaft – verbal und nonverbal –, voller Gefühl ebenso wie intellektuell. Er erkennt, dass er sein vergängliches Leben meistens in vorübergehenden Beziehungen leben wird und dass er fähig sein muss, sich auf Nähe schnell einzulassen. Er muss auch fähig sein, diese nahen Beziehungen ohne übertriebene Konflikte oder Trauer hinter sich zu lassen. Er misstraut der Ehe als Institution. Eine Mann-Frau-Beziehung hat nur dann tiefen Wert für ihn, wenn sie eine beiderseits förderliche, wachsende, fließende Beziehung ist. Er hält wenig von ihr als Zeremonie, und von Gelübden oder Ritualen, die sich als in hohem Maße vorübergehend erwiesen haben.

Er ist ein Mensch auf der Suche, ohne irgendwelche glatten Antworten. Das einzige, dessen er sich sicher ist, ist, dass er unsicher ist. Manchmal fühlt er eine wehmütige Traurigkeit in seiner unsicheren Welt. Er ist sich schmerzlich der Tatsache bewusst, dass er nur ein Fleckchen Leben auf einem kleinen blauen und weißen Planeten in einem unendlichen Universum ist. Gibt es einen Sinn in diesem Universum? Oder nur die Zweckbestimmung, die er erfindet? Er weiß die Antwort nicht, doch er erklärt sich bereit, mit dieser ängstlichen Unsicherheit zu leben. Sein Leben hat einen Rhythmus zwischen Fluss und Stabilität, zwischen Wandel und Struktur, zwischen Angst und vorübergehender Sicherheit. Stabilität ist nur eine kurze Periode, um das Gelernte zu verfestigen, bevor er sich auf den Weg macht zu weiterem Wandel. Er existiert dauernd in diesem rhythmischen Voranschreiten.

Er ist eine offene Person, offen für sich selbst, seinen eigenen Gefühlen nahe. Er ist auch offen und empfindsam gegenüber den Gedanken und Gefühlen von anderen und gegenüber den Gegebenheiten dieser Welt. Er ist ein in hohem Maße wacher Mensch. Er kann mit sich selbst mit viel größerer Freiheit kommunizieren als irgendjemand vor ihm. Die Schranken der Verdrängung, die so viel eines Menschen von ihm selbst abtrennen, sind ganz eindeutig niedriger als in früheren Generationen. Und er ist nicht nur mit sich selbst besser in Kontakt, er ist auch oft fähig, seine Gefühle und Gedanken anderen gegenüber auszudrücken, ob sie nun negativ und konfrontierend sind oder positiv und liebevoll. Seine Vorlieben und Abneigungen, seine Freuden und seine Sorgen sind tief gefühlt und werden leidenschaftlich ausgedrückt. Er ist in hohem Maße lebendig.

Er ist eine spontane Person, die Neues wagt, oft bereit zu dem Risiko, etwas Wildes, etwas Außergewöhnliches zu sagen oder zu tun. Seine Abenteuerlust hat nahezu eine Qualität der Elisabethanischen Zeit – alles ist möglich, alles kann ausprobiert werden. Zur Zeit liebt er es, sich anregen zu lassen – durch viele Arten von Erlebnissen und durch Drogen. Seine Abhängigkeit von Drogen für eine bewusstseinserweiternde Erfahrung wird oft hinter sich gelassen, wenn er entdeckt, dass er es vorzieht, stimuliert zu werden durch tiefe, frische, lebendige zwischenpersönliche Erfahrungen oder durch Meditation. Immer wieder entscheidet er sich dafür, jene Gesetze zu befolgen, die er für gerecht erachtet, und jene zu missachten, die er für ungerecht hält, und die Konsequenzen seiner Handlungen zu tragen. Das ist ein neues Phänomen. Wir hatten immer ein paar Thoreaus, doch wir hatten noch nie hunderte von Leuten, junge wie alte, die bereit waren, einige Gesetze zu befolgen und andere nicht zu befolgen, auf der Basis ihres eigenen persönlichen moralischen Unterscheidungsvermögens.

Der neue Mensch ist aktiv – manchmal gewaltsam, intolerant und selbstgerecht aktiv – für die Sachen, an die er glaubt. Er erregt deshalb die extremsten und repressivsten Antipathien bei jenen, die Angst vor Wandel haben. Er kann keinen Grund sehen, warum Erziehungsinstitutionen, Stadtgebiete, Ghettozustände, Rassendiskriminierung und ungerechte Kriege unverändert weiterbestehen sollen. Er hat einen beharrlichen Idealismus in Verbindung mit seinem Aktivismus. Er hofft nicht, dass diese Dinge in fünfzig Jahren geändert werden; er hat die Absicht, sie jetzt zu ändern.

Er vertraut seiner eigenen Erfahrung und hat ein tiefes Misstrauen aller äußeren Autorität gegenüber. Weder Papst noch Richter noch Wissenschaftler können ihn von irgendetwas überzeugen, das nicht in seiner eigenen Erfahrung wurzelt. Er hat einen Glauben an sein eigenes Potential und an seine eigene Richtung. Dieser Glauben wirkt in seine eigenen Zukunftsträume hinein und in seine gegenwärtigen Ahnungen. Er kann mit großer Effektivität mit anderen zusammenarbeiten in der Verfolgung eines Zieles, von dessen Wert und Sinnhaftigkeit er überzeugt ist. Er wird nie kooperieren einfach nur, um mitzumachen oder um *ein guter Kerl* zu sein.

Er schätzt materielle Dinge und materiellen Lohn gering. Während er einerseits an Wohlstand gewöhnt war und allerlei materielle Dinge benutzt und sie für selbstverständlich hält, ist er andererseits durch nichts zu bewegen, materielle Belohnungen oder materielle Güter zu akzeptieren, wenn das bedeutet, dass er dadurch seine Integrität kompromittieren muss. Er ist gerne in der elementaren Natur: an der See, in der Sonne, im Schnee; nahe den Blumen, Tieren und Vögeln; dem Leben, dem Wachstum und dem Tod. Er reitet die Wellen auf seinem Surfboard, er besegelt die See in einer Nussschale; er lebt mit Gorillas oder Löwen; er rauscht die Berge hinab auf seinen Skiern.

Dies sind einige der Qualitäten, die ich in dem neuen Menschen sehe, dem Menschen, der als die Person von morgen auftaucht. Er passt überhaupt nicht gut in die gegenwärtige Welt. Er wird es schwer haben, sein Leben auf seine Weise zu leben. Doch wenn er diesen Qualitäten, die ich so kurz aufgelistet habe, treu bleiben kann, wenn er eine Kultur schaffen kann, die diese Qualitäten nährt und unterstützt, dann kann es sein, dass er eine große Hoffnung für uns und unsere

Zukunft wird. In einer Welt, die durch unglaublich rasanten technologischen Wandel und durch eine überwältigende psychologische Heuchelei und Scheinheiligkeit gekennzeichnet ist, brauchen wir seine Fähigkeit, als ein Prozess im Fluss zu leben, ebenso wie seine kompromisslose Integrität.

Möglicherweise haben sich einige von Ihnen angesprochen gefühlt von meiner Beschreibung, weil Sie selbst in sich einige dieser Qualitäten auftauchen fühlen. In dem Maß, in dem Sie diese Person von morgen werden und sich daran machen, Ihre Qualitäten zu schärfen und zu verfeinern auf eine konstruktive Weise, wünsche ich Ihnen alles Gute. Mögen Sie reichlich Erfüllung finden, während Sie darum kämpfen, in sich selbst und in Ihren Beziehungen mit anderen das Beste dieses neuen Menschen ins Dasein zu bringen.

Willigis Jäger

Mystik – Weltflucht oder Weltverantwortung?

Wenn du auf der mystischen Ebene ankommst, gibt es keine Buddhisten, Hindus, Muslime, Juden oder Christen mehr. Es gibt keine Asiaten, Europäer, Amerikaner oder Afrikaner. Es gibt nur eine Ebene, die das Personale übersteigt und die eigentliche Deutung unseres Menschseins bringt.

Die Evolution hat die Spezies Mensch mit Erkenntnis- und Verhaltensmöglichkeiten ausgestattet, dank derer sie sich in der Biosphäre dieses Planeten einigermaßen zurechtfinden und behaupten kann. Das Wesen des Seins selbst in einem direkten Zugriff zu erfassen, blieb dem Menschen zunächst versagt. Er brauchte es in den Jahren der Menschheitskindheit ja auch nicht. Zum Überleben der Art genügte es zunächst, sich zu ernähren und fortzupflanzen, sich fürchten und notfalls davonlaufen zu können, einen Verständigungsmodus zu haben und der Gefühle von Zuneigung und Abneigung fähig zu sein. Später entwickelte der Mensch Projektionen auf ein allmächtiges Schöpferwesen, um die eigene Existenz und die der Welt zu deuten. Mehr war für das Überleben nicht wichtig. Heute dagegen kann er es sich nicht mehr leisten, den Bereich des universalen Bewusstseins aus seinem Menschsein auszuklammern. Angesichts der Sackgasse, in die die Menschheitsentwicklung geraten ist, genügt und trägt es nicht mehr, die religiöse Weltdeutung der Vorfahren fraglos zu übernehmen. Offensichtlich können nur noch die Suche nach neuen Paradigmen und der Quantensprung in eine neue Bewusstseinsebene vor dem Untergang retten.

Nach Jean Gebser entwickelte sich das menschliche Bewusstsein aus einem archaischen Vorbewusstsein in ein magisches Bewusstsein, aus dem magischen ins mythische und aus dem mythischen in das mentale Bewusstsein. Heute steht der Mensch offensichtlich vor einer erneuten Öffnung seines Bewusstseins, einer Öffnung ins Transpersonale, Mystische. Nicht nur der Christ, der Mensch der Zukunft wird ein Mystiker sein oder er wird nicht mehr sein, möchte ich in Abwandlung eines Wortes von Karl Rahner sagen. Die Entwicklung ist jedoch nicht gleichmäßig. Während ein Teil der Menschheit erkennt, dass sie sich in den letzten Jahrhunderten vom schlimmsten Aberglauben ihrer Geschichte täuschen ließ, von Intellektualismus, Materialismus und Positivismus, verstrickt sich der andere Teil immer tiefer darin. Die Aufgeschlossenen allerdings können nicht mehr anders als neue Deutungen zu suchen, um den Menschen den Sinn ihrer Existenz zu erhellen.

Wer bin ich?

Diese uralte Frage wird in unseren Tagen mit neuer existentieller Schärfe, ja mit Verzweiflung wieder gestellt. Warum laufen wir ein paar Jahrzehnte auf diesem absolut unbedeutenden Staubkorn im Kosmos herum? Was sollen unsere sechzig, siebzig oder achtzig Lebensjahre angesichts der Zeiträume von Milliarden von Jahren kosmischen Geschehens?

Die neuesten Forschungen sagen, dass es in unserem Universum 52 Milliarden Planeten gibt. Auf 300 000 soll es Leben geben ähnlich, gleich oder auch ganz anders als auf unserer Erde. Angesichts dieser kosmischen Dimensionen stellt sich die Frage nach dem Sinn des individuellen Lebens und der paar Jahrzehnte, die wir auf dem Staubkorn Erde verbringen. Der Sinn des Menschseins kann sich nicht in seiner personalen Struktur erfüllen, sondern nur in der transrationalen Erfahrungsebene, die unser wahres Wesen ist, sich aber hinter der personalen Ausformung verbirgt.

Die neue Sicht des Menschen

Die neue Sicht des Menschen beruht auf einer neuen Kartographie der menschlichen Psyche. Darin macht das Personale nur noch einen Teil aus. Für die traditionelle Deutung von Mensch und Welt müssen wir das Personale und Rationale überschreiten. Die traditionelle Theologie z.B. huldigt in ihrer Überbetonung des Personalen einem Geozentrismus und Homozentrismus. Wir leiden als Menschen an einem Mittelpunktswahn. In Wirklichkeit vollzieht sich die Evolution keineswegs nur auf der Erde oder gar in einer Person. Sie ereignet sich in kosmischen Dimensionen. Wir sind sicher nicht das einzige seiner Existenz bewusste Wesen. Sinn finden heißt, hinter allen Strukturen jene Dimension erfahren, aus der alles kommt. Das ist möglich, wenn wir den Sprung vom personalen ins transpersonale Bewusstsein wagen. Letzteres ist die Ebene der Mystik und des Zen. Die überwältigende Erfahrung der Mystik des Ostens und Westens ist, dass die Urwirklichkeit Leben, Gottheit, das Numinose – oder wie man sie sonst noch nennen mag – sich in jeder und so auch in dieser unserer menschlichen Struktur manifestiert.

Krise der Religion

Konfessionen geraten immer dann in eine Krise, wenn die vorherrschende Weltdeutung durch die Erfahrung einer höheren Ebene in Frage gestellt wird. Heute ist es die mystische Ebene, die auf kognitiven Erkenntnissen aufbauend die theistischen Konfessionen infrage stellt. Immer mehr Menschen stehen an der Schwelle einer transpersonalen Erfahrungsebene. Sie ahnen – und nicht wenige erfahren auch –, dass es eine Gewissheit gibt, die rein kognitive Erkenntnisse übersteigt. Wir stehen vor allem in den theistischen Religionen vor einer vertikalen Veränderung, einer Transformation. Die Wandlung des religiösen Bewusstseins oder die Transformation der Konfessionen ist also ein Sprung von der personalen Ebene in die Seinsebene. Während sich die personale Ebene mit dem Herumschieben von Möbeln im selben Stockwerk vergleichen lässt, gleicht die transpersonale Ebene einem Umzug in ein höheres Stockwerk.

Das immer stärker werdende Bedürfnis nach Überschreitung der Ich-Grenzen resultiert aus der Sehnsucht nach Lebenssinn. Sie führt zu dem, was die *sophia perennis* unter der transzendenten Einheit aller Konfessionen versteht. Jeder mystische Weg ist ein Weg heraus aus dem engen konfessionellen Religionsverständnis. Das muss nicht einen Abschied von der Konfession bedeuten, wohl aber sprengt und übersteigt die Mystik und das Zen alles, was eine Konfession festschreiben will.

Eine Transformation der Religion – nicht nur Reformation – tut uns Not. Es geht also um eine radikal neue Interpretation unseres Menschseins. Unser nichtmaterielles Bewusstsein ist zeit- und raumlos, aber es drückt sich ständig in Zeit und Raum und in einem materiellen Körper aus. Wir sind nicht menschliche Fleischklumpen, die voneinander getrennt sind und sich durch Raum und Zeit bewegen; wir sind immaterielles und zeitloses Bewusstsein, das sich in einen Körper eingegrenzt hat, sich darin erfährt. Der Körper wird wieder vergehen. Im ständigen Kommen und Gehen aller Formen und Strukturen vollzieht sich das große »Welttheater« Akt für Akt.

Der mystische Weg sucht die Einheit des Lebens durch ein Überschreiten der Individualität. Konfessionen sollten uns dahin führen, um unser Leben wirklich zu begreifen, das dem Seinsgrund entsteigt. Das wäre ihre vornehmste Aufgabe. Ihr Lehrgebäude sollte einzig im Dienst dieser Aufgabe stehen. Weil Dogmen und Moral, wie sie heute verkündet werden, nicht mehr der Erfahrungswirklichkeit der Menschen entsprechen, treten viele aus der Institution aus und suchen nach einer neuen Grundlage für ihr Leben. Nicht wenige finden in einem spirituellen Weg die Antwort auf ihre Lebensfragen.

Wege wie Zen und Mystik haben mit Erfahrung zu tun und nicht mit Glaubensinhalten. In ihrer Grundstruktur einander sehr ähnlich, sind sie Bestandteil einer *sophia perennis*, einer zeitlosen Wahrheit, wie sie unserem Menschsein zugrundegelegt und in allen Kulturen nachzuweisen ist. Hier liegen der eigentliche Zugang und der Ansatz für eine kosmische Religiosität. Aber zunächst kann diese sich leider nur auf ausgegrenzte, tief erfahrene Menschen stützen, die leider oft als sogenannte »Häretiker«, heilige Narren, Weise und Nonkonformisten ausgegrenzt werden. Es wird noch einige Zeit dauern, bis die Spezies Mensch sich als eine vergängliche momentane »Spielart des Seins« verstehen kann.

Kosmische Religiosität

In der transkonfessionellen Spiritualität erfährt sich der Mensch als eins mit dem Leben. Kosmische Religiosität kennt keinen personal geformten Gottesbegriff. »Person« erscheint mehr und mehr als ein Gefängnis, ein Gefängnis für Gottesvorstellungen wie für den Menschen. Die großen religiösen Genies aller Zeiten, deren Erfahrung man später als Religion festgeschrieben hat, suchten aus einer engen Gottesvorstellung herauszuführen. Die traditionelle Theologie freilich ist geneigt, ein solches Verständnis als Neo-Gnosis abzutun. Aber im Gegensatz zur historischen Gnosis, die sich in Verachtung von der Welt abkehrte, führt die echte mystische Tiefenerfahrung zur vollen Weltbejahung und Weltverantwortung; denn der Mystiker erfährt alles, was ist, als eine Manifestation dieser Urenergie. Manche würden eine solche Erfahrung auch gerne mit dem Schlagwort Pantheismus abtun. Was hier erfahren wird, ist aber die Nicht-Zweiheit von diesem universalen Leben und der menschlichen Form.

Was ist Nicht-Zweiheit? Als Beispiel diene eine Goldmünze: Eine Goldmünze ist eine Einheit. In Wirklichkeit aber besteht sie aus dem Material Gold und aus der Form der Münze. Münze ist nicht gleich Gold und Gold nicht gleich Münze. Beide aber können nur zusammen auftreten; sie sind nicht-zwei. Für diese Nicht-Zweiheit wird gern das Symbol der liegenden Acht verwendet, das Symbol für Unendlichkeit. Die eine Seite entspricht dem, was im Zen ›Leerheit‹ genannt wird oder ›Wesensnatur‹, die andere Seite ist die Erscheinungsform.

Meister Eckhart nennt die zwei Seiten ›Gottheit‹ und ›Schöpfung‹. Beide können nur zusammen auftreten und machen in ihrer Einheit den ganzen Menschen bzw. den ganzen Kosmos aus. In der Mystik wird jene Einheit erfahren, die weder Raum noch Zeit kennt, die sich aber in allen Strukturen wiedererkennt, sich mit allem verbunden weiß und daher zu allem »Ich« sagen kann. So sprachen Al-Halladsch und Jesus und mancher andere Mystiker Sätze wie: »Ich bin Gott«, oder »Ich und der Vater sind eins«. In Wirklichkeit wollten sie damit sagen: »Gott drückt sich aus als dieses Ich«, d. h. Gott manifestiert sich als diese meine Ichstruktur, er manifestiert sich in jeder Form. Jedes Ich ist eine Eingrenzung dieses zeitlosen Urgrundes. Das Ich wird im Tod vergehen.

Der Mensch – eine Inkarnation des zeitlosen Urgrundes

Max Planck, der Entdecker der Quantenmechanik und des Planckschen Wirkungsquantums, hielt im Jahr 1944 in Florenz einen Vortrag zum Thema »Das Wesen der Materie«. Er führte bereits damals u. a. aus: »Als Physiker, also als Mann, der sein ganzes Leben der nüchternsten Wissenschaft, nämlich der Erforschung der Materie diente, bin ich sicher frei davon, für einen Schwarmgeist gehalten zu werden, und so sage ich Ihnen nach meinen Erforschungen des Atoms dieses: Es gibt keine Materie an sich! Alle Materie entsteht und besteht nur durch eine Kraft, welche die Atomteilchen in Schwingung bringt und sie zum winzigsten Sonnensystem des Atoms zusammenhält. So müssen wir hinter dieser Kraft einen bewussten intelligenten Geist annehmen. Dieser Geist ist der Urgrund aller Materie! Nicht die sichtbare, aber vergängliche Materie ist das Reale, Wahre, Wirkliche, sondern der unsichtbare, unsterbliche Geist ist das Wahre! Da es aber Geist an sich allein ebenfalls nicht geben kann, sondern jeder Geist einem Wesen gehört, müssen wir zwingend Geistwesen annehmen.«[30]

Das ganze Universum ist nichts anderes als die Korrespondenz zwischen den beiden Polen Individualität und Einheit, Materie und Seinsgrund. Wir sind Teil einer unendlichen Fluktuation des Universums. Da ist kein Beweger von außen. Da ist nur dieser Fluss zeitloser Energie, die sich immer wieder strukturiert. Menschsein heißt nicht, einen materiellen Körper besitzen, der Geist entwickelt hat, sondern nicht-materielles Bewusstsein zu sein, das sich diese individuelle menschliche Struktur kreiert hat. Der Kosmos ist intelligente Energie, die sich in Milliarden Strukturen und so auch im Menschen offenbart. Und darum erfahren wir uns als in unserem tiefsten Wesen eins mit dem ganzen Kosmos. Daher kommt die Aussage der Mystik: »Ich bin das.« Ich bin nicht getrennt. Ich bin der Vollzug dieses Energiestromes. Das Universum ist nichts anderes als die fortwährende Materialisierung dieses Urgrundes.

Der Weg zur mystischen Erfahrung

Der Weg in diese mystische Erfahrung ist uralt und die Grundstruktur aller spirituellen Wege ist mehr oder weniger die gleiche. Sie führen uns in die Bewusstseinsentleerung oder in die Bewusstseinsvereinheitlichung. Bewusstseinsentleerung meint, dass man an keinem Gedanken oder Gefühl hängen bleibt. Man betrachtet alles in der Haltung eines Zeugen und lässt es dann los. Allmählich führt die Übung zur Einsicht, dass alles, was sich da in unserem Bewusstsein abspielt, nichts weiter ist als eine Reihe wechselnder und flüchtiger Empfindungen, die unser Ich nicht als Substanz akzeptiert. Langsam entschwindet im Lauf des Übungsweges die Identifikation mit diesen auftauchenden Erinnerungen. Es bleibt nur der neutrale Zuschauer und Zeuge der verschiedenen Abläufe, nicht mehr ihr Akteur.

Das Individuum erlebt den Übergang in die Ebene der Einheitserfahrung immer als Sterben. Sowohl die Mystik des Ostens wie die des Westens spricht deshalb vom Tod des Ich als Voraussetzung für die Erfahrung der Wirklichkeit. Sobald das Ich seine Dominanz zu verlieren droht, wird es von Angst befallen und reagiert mit immer neuer Abwehr. Unsicherheit, Verwirrung und Angst nehmen zu. Es kommt zu einer Art Kollaps als Voraussetzung für eine echte Transformation. Der Weg zur wirklichen Verwandlung der Persönlichkeit führt durch Wüste, Einsamkeit, Frustration, Verzweiflung. Das kann ein dramatischer Prozess sein, der von Angst besetzt ist. Viele gelangen deshalb erst spät oder überhaupt nicht zur Erfahrung ihres tiefsten Wesens. Wer aber dort ankommt, hat eine Deutung der paar Jahrzehnte seines Erdenlebens gefunden.

Mystik – Regression oder Erfüllung?

Welt- und Lebensverneinung waren besonders in der christlichen Mystik immer eine Gefahr; denn die Versuchung ist groß, diesen Leib und dieses Leben als Last und Einengung zu empfinden und in eine falsche Ichlosigkeit zu fliehen, um das eigentliche Leben erst im Jenseits zu erwarten. Echte Mystik aber flieht nicht in einen eventuellen Paradieseszustand. Im Gegenteil: Die Fülle des Menschseins liegt im Hier und Jetzt. Während die »Pseudo-Mystik« weltverneinend, ja weltverachtend ist, bejaht die wahre Mystik nicht nur Welt und Mensch, sondern auch das Ich und den Geschichtsprozess in der Zeit. Alles erfährt der Mystiker als Ausdrucksform der Urwirklichkeit, die sich zeitlos entfaltet. Er kennt kein zukünftiges Jenseits oder einen Himmel. Die Vollendung liegt vielmehr im Hier und Jetzt. Sie muss nur erfahren werden. Wenn der Mensch seine fast kindhafte Homozentrik und Geozentrik überwunden hat, weiß er sich eins mit dem evolutionären Prozess, der sich als dieser Seinsgrund entfaltet.

Wahre religiöse Führer jedoch wollten nicht erlösen. Sie haben vielmehr zur Umkehr aufgerufen, zur Wende nach innen, zum Wesentlichen hin, zu unserer wahren Natur. Aber der Mensch hat die Religionsführer lieber zur Ehre der Altäre erhoben und betet sie an, statt die *Metanoia*, die Umkehr, die sie vorgelebt haben, an sich selbst zu vollziehen; denn der Weg der Verwandlung ist lange und beschwerlich. Wandlung der Welt wird niemals durch ein neues Gesellschaftssystem geschehen, sondern nur über die Umkehr des Einzelnen.

Mystik – harmonisierend oder revolutionierend?

Der mystische Mensch gehört oft einer Konfession an, muss sich aber nicht unbedingt einer Konfession zurechnen. Mystiker und Mystikerinnen, die sich keiner Religion zuzählten, konnten sich viel freier ausdrücken. Wer konfessionsgebunden ist, gerät auch heute noch mit der dogmatischen Festlegung der jeweiligen Religion in Konflikt; denn die mystische Erfahrung kann nicht anders sein als transkonfessionell. Mystik ist daher immer revolutionär und wird deshalb von der Institution als störend, wenn nicht sogar als häretisch empfunden. Viele Mystiker wurden von der Institution angefeindet, verurteilt, ja hingerichtet – oder sie haben ihre Aussagen mit nichtreligiöser Terminologie getarnt, sodass sie nur noch Eingeweihten erkenntlich waren. Dass die Mystik das belebende Element und der ständige Jungbrunnen jeder Religion sein könnte, wurde und wird immer noch verkannt.

Der mystische Mensch hat Zukunft

Der Mystiker ist auf dem Weg, sich mehr und mehr als Ganzes, d.h. als eingebunden in den Seinsgrund zu erfahren. Als Menschheit sind wir momentan in einer pubertären Phase. Wir wissen nicht so recht, wer wir in diesem zeitlosen Universum mit seinen vielen Galaxien sind. Aber die Entwicklung dieser Menschheitspersönlichkeit geht immer schneller voran. Wir erkennen wenigstens schon, dass ein Freund-Feind-Denken, Nationalismus, religiöser Fanatismus, Gewalttätigkeit usw. uns alle bedrohen. Wir können uns zwar kaum vorstellen, wie diese unsere Menschheitszukunft einmal aussehen wird, aber sie kündet sich schon an in einer wachsenden Offenheit und Sensibilität für einen transpersonalen Seinsgrund. Wir entdecken, dass wir an ihm partizipieren.

Der Mensch ist auf dem Weg zum Menschen. Mögen die Hiobsbotschaften in den Nachrichten auch nicht abreißen, dieser Seinsgrund wird sich von der Spezies *homo sapiens* nicht in seiner Entfaltung hindern lassen. Die Welt ist nicht der missglückte Versuch eines zweitrangigen Demiurgen, sie ist die Entfaltung dieses transpersonalen Seinsgrundes.

Bernardin Schellenberger

Meditative Praxis ohne Gottesglauben?

Zum Stellenwert von Religion in der Psychologie[31]

Die Fragestellung zu den folgenden Ausführungen ist diese: »Das Bedürfnis nach religiöser oder spiritueller Erfahrung ist groß, die Enttäuschung über den Mangel an Möglichkeiten zur Erfahrung in den Kirchen verbreitet. Psychotherapeuten und Gruppenleiter begegnen in ihren Gruppen diesem Mangel und fühlen sich – von ihrem eigenen Mangel einmal ganz abgesehen – unter Zugzwang. Das führt zu der Neigung, ohne exoterischen Rahmen esoterische Praxis anzubieten, verbunden mit einer der eigenen Unsicherheit entsprechenden Kränkbarkeit.«

Der Zusammenhang war eine Diskussion »über Psychologie und Religion beziehungsweise Psychologie in der Religion (oder aber Religion in der Psychologie),

- ausgehend von der Beobachtung eines unqualifizierten Affektes gegen die Kirche und alle tradierte Religion, die man zu beobachten glaubte,
- über die Frage, wie sinnvoll oder irreführend esoterische Praxis ohne exoterisches Eingebundensein in eine Tradition sei,
- bis hin zur Auseinandersetzung über den immanenten versus transzendenten Gott.
- Die Kritik: Aussagen über die religiöse Natur des Menschen und über religiöse Erfahrungen ohne Kenntnis der kirchlichen Lehre sind leichtfertig und irreführend.
- Die andere Kritik: Glaube ohne religiöse Erfahrung ist beschränkt, und buchstabentreuer Glaube dient der Verhinderung von religiöser Erfahrung.«

Damit ist der Themenkreis für das Folgende ziemlich klar umschrieben. Insbesondere soll behandelt werden, wie ich »als Seelsorger christliche Lehre, kirchliche Praxis und therapeutische Fertigkeit miteinander verquickt« habe, »und zweitens, unter welchen Bedingungen (ich) meditative Praxis für sinnvoll« halte.

Da ich hier keine abstrakt-akademische Erörterung, sondern eine subjektiv-persönliche Sicht beitragen möchte, will ich mich selbst etwas genauer vorstellen. Bis zu meinem vierzehnten Lebensjahr bin ich in der katholischen Tradition aufgewachsen, ohne dass mich diese tief berührt hätte. Mit vierzehn, beim Besuch in einer Klosterkirche, empfand ich jäh und überwältigend die Wirklichkeit des Numinosen, und von da an stand für mich fest: diesem Geheimnisvollen, diesem Atemberaubenden möchtest du näher kommen. Das konkretisierte sich ziemlich bald im Wunsch, Mönch zu werden. Ich verwirklichte ihn auch gleich nach dem Abitur und trat bei den Bayrischen Franziskanern ein. Drei Jahre später wechselte ich zu den Trappisten, weil mir bei den Franziskanern das meditative Element zu wenig ausgeprägt war.

In Deutschland gibt es nur ein Trappistenkloster, die Abtei

Mariawald in der Eifel, in die ich 1966 eingetreten bin. Der Orden hat heute weltweit 90 Männer- und 60 Frauenklöster mit 3500 Mönchen und 2600 Nonnen. Neben den Kartäusern ist er der extremste in der katholischen Kirche und erfreut sich in etlichen Ländern, vor allem den USA und Frankreich, einer erstaunlichen Vitalität und spirituellen Wachheit – wozu traditionellerweise auch das Interesse für psychologische Fragen gehört. Extrem ist der Orden deshalb, weil die Klöster möglichst weit abseits liegen und sich gegen die Umgebung sehr stark abschotten. Zur Askese gehören neben der Beschränkung auf einfache vegetarische Kost und knappen Schlaf nächtliche Gebetszeiten (in der Abtei Mariawald beginnt jeder Tag um 2:15 Uhr morgens) und eine strikte Regel des Stillschweigens, die die Mönche zu einer Art von »kasernierten Eremiten« werden lässt. Small Talk ist nur einmal jährlich vorgesehen. Gewöhnlich beschränkt sich die Kommunikation auf den Austausch kurzer technischer Informationen bei der Arbeitsverteilung; außerdem steht eine stumme Finger-Zeichensprache zur Verfügung. Fernsehen und Rundfunk gibt es nicht, eine Tageszeitung wird nur von manchen gelesen, alle Wände sind kahl. Als Gesprächspartner sind offiziell nur der Abt und der Beichtvater vorgesehen, die aber höchstens alle zwei, drei Wochen angesprochen werden, von den meisten noch seltener. Diese Organisation schafft psychologisch eine Extremsituation: der Einzelne, ohne verbale Kommunikation mit anderen (wiewohl die nonverbale Kommunikation dadurch hochsensibel wird), ohne Möglichkeiten der Zerstreuung, abgeschirmt von allen nicht vorsätzlich gewählten Klängen, Bildern und Eindrücken, ist sehr stark auf sich selbst und sein Inneres reduziert.

Tatsächlich sieht sich der Orden in der Tradition der nahöstlichen Wüstenväter des 4. und 5. Jahrhunderts, und seine *Methode* spiritueller Ausbildung besteht im Wüstenväter-Spruch, den ich oft zu hören bekam: »Geh in deine Zelle und bleib darin, und die Zelle wird dich alles lehren.« Leider muss ich sagen, dass die Begleitung und Betreuung in dieser Situation extremen Zurückgeworfenwerdens auf sich selbst weithin sehr dilettantisch und mangelhaft war. Man muss psychisch sehr robust sein, um in dieser Situation allein lange fruchtbar leben zu können. Diese Lebensart fasziniert viele Kandidaten, aber die meisten scheitern daran oder verlassen die Gemeinschaft fluchtartig nach wenigen Wochen. Dennoch – es gibt darin eine uralte Tradition der Sichtung und Kenntnis dessen, was im Menschen vorgeht, also dessen, was wir heute Psychologie nennen. Es ist eine vorwissenschaftliche, mit religiösen und theologischen Anschauungen durchsetzte Überlieferung, die hierzulande wenig bekannt ist – nicht zuletzt deshalb, weil sie intensiv nur von wenigen gepflegt wurde und diese kein Interesse daran hatten, sie an die Öffentlichkeit zu bringen. Erst allmählich erscheint Literatur darüber.

Ich selbst habe bis 1981, also 15 Jahre lang, in diesem Milieu gelebt. Dann bin ich ausgezogen, unter anderem wegen des zunehmenden Eindrucks, diese Lebensform sei zwar als Phase ungemein fruchtbar, aber als endgültiger Lebensstand verhängnisvoll festzementiert, was zu Verkümmerungen vielseitiger Art führt. Im Grunde genommen findet eine Selektion extrem introvertierter Typen statt, die bis an ihr Lebensende bleiben, gar nicht mehr anders können und die Fähigkeit zur Kommunikation verlieren. Ich empfand es als Herausforderung, das in mir Gewachsene ins Gespräch mit sogenannten normalen Menschen zu bringen. So habe ich knapp zehn Jahre in einem schwäbischen Dorf als Seelsorger gelebt. Ende 1991 habe ich geheiratet und dies als weiteren Schritt zur Integration von noch mehr Wirklichkeit und Fülle in mein Leben empfunden – und tue es noch.

Sieben Jahre lang war ich als Novizenmeister zuständig für die Begleitung und Ausbildung des Nachwuchses und daher von Amts wegen mehr als üblich mit anderen im Gespräch. Wir waren zeitweise eine Gruppe junger Mönche, die sich sehr offen auf andere spirituelle Traditionen einließ. Einer meiner Novizen hatte neun Jahre in einem Hindu-Ashram gelebt, einige andere hatten Kontakte mit Zen-Klöstern gehabt – denen wir uns übrigens am nächsten verwandt fühlten. In meinem Seelsorgedienst lag – neben der Verkündigung in der Predigt – ein Schwerpunkt auf dem Gespräch mit Einzelnen, und ich begleite auch jetzt noch – oder wieder – eine Anzahl Menschen in ihrer religiösen und psychischen Entwicklung. Dabei verstehe ich mich – von unserem trappistischen Ansatz her – als eine Art Hebamme, die möglichst diskret den Hilfsdienst versieht, ein Leben zum Vorschein kommen zu lassen, das im Wesentlichen bereits im betreffenden Menschen da ist, aber aus irgendwelchen Gründen klemmt.

Außer den Psychologievorlesungen im Rahmen meines Theologiestudiums, sehr viel selbst gelesener Literatur und meinen eigenen Erfahrungen, habe ich keine psychologische Qualifikation.

Ich will mich auch nicht als Hobby-Psychologe oder -Psychiater gebärden und sage das meinen Gesprächspartnern. Grundsätzlich geht es mir um eine religiöse Begleitung der Menschen. Allerdings zeigt es sich bei der Anamnese der religiösen Entwicklung eines Menschen, dass die religiöse und psychische Biographie fast untrennbar ineinander verwoben sind. So ist es unvermeidlich, dass ich die Menschen auf bestimmte psychologische Zusammenhänge aufmerksam machen und ihnen auch auf diesem Feld zu einer besseren Selbsterkenntnis verhelfen kann. Damit bin ich in der besten Tradition meiner mönchischen Herkunft, die vertritt, dass die Grundlage jedes spirituellen Lebens die realistische Erkenntnis seiner selbst sei.

Zu meinem spezifisch religiösen Beitrag bei der Beratung gleich nachher noch einige Worte. Vorher möchte ich auf das eingangs genannte gegenseitige Ressentiment von Psychologie und Theologie beziehungsweise Kirche eingehen. Sigmund Freud hat der Psychologie eine stark religionskritische Komponente in die Wiege gelegt, die in Kirchenkreisen als geradezu religionsfeindlich empfunden wurde. Das war ein schlechter Start für eine fruchtbare Zusammenarbeit zwischen Seelsorge und Psychologie – zumal die Seelsorge weithin aus oberflächlicher Sakramentenversorgung und moralischer In-

doktrination der Menschen bestand, die eher neurotisierend
als heilend wirkte. Deshalb mussten die Kirchen zu Recht
fürchten, ihr System (das trotz aller Vokabeln des Dienens
und Sorgens auch mit Macht zu tun hat) werde durch die
Psychologie unterhöhlt, ihre Dogmen würden wegerklärt,
ihre Morallehre relativiert, ihre Predigt der Selbstlosigkeit
durch Selbstverwirklichungs-Ideale konterkariert. Andererseits stellen sich natürlich in den Praxen der Therapeuten so
gut wie nur geschädigte, verwundete, leidende Menschen ein,
die die Opfer (unter anderem) von fragwürdigen Formen religiöser Phantasie, Indoktrination und Praxis sind, und folglich
vorwiegend ängstlich, hysterisch oder zwanghaft strukturiert
sind. Den Begriff der oft zu beobachtenden ekklesiogenen
Neurose hat meines Wissens ein katholischer Psychologe geprägt. Im Übrigen weckt ein Blick auf die zeitgenössischen
Auswüchse an religiösem Fundamentalismus und Fanatismus
nicht gerade Sympathien für die Religion.

Carl Gustav Jung schien nun, anders als Freud, die Religion in der Psychologie wieder ernst zu nehmen. Er ist immer
noch der beliebteste Gewährsmann spiritueller Autoren.
Allerdings erwiesen sich seine Ansichten bald als eine Art tro-
janisches Pferd in der geschlossenen Festung der Theologen,
da er die exoterische Dimension der Religion von innen her in
Frage stellte und alle religiösen Bilder und Vorstellungen lediglich als Produkte der Psyche zu deuten scheint. Er hielt sie
zwar für unverzichtbar – aber nur als Symbole und Hilfsmit-
tel zur Findung und Stärkung des Selbst. Die Frage, ob es nun
über diese Phänomene in der Seele hinaus eine entsprechende
Wirklichkeit jenseits der Seele gebe, bleibt bei Jung offen. Bei
den Theologen schrillten die Alarmglocken: hier wurde die
Religion zwar rehabilitiert, aber gleichzeitig psychologisiert.
Wenn die Religion lediglich eine sinnvolle Funktion der Psyche ist, wird ein transzendenter Gott überflüssig, ja womöglich eher schädlich.

So weit zum – meiner Ansicht nach verständlichen – Konflikt zwischen Psychologie und Religion beziehungsweise

kirchlicher Theologie. Religion ist offensichtlich ein sehr schillernder, vieldeutiger Begriff und Inhalt. Ich glaube, wenn dieses Phänomen nicht von den Psychologen erfasst und ins Konzept einer reifen Gesamtpersönlichkeit integriert wird, entsteht das, was wir gegenwärtig in zunehmendem Maß beobachten: dass die seltsamsten religiös-fundamentalistischen Vorstellungen, Praktiken und Maximen frei flottieren und als Wildwuchs üppig ins Kraut schießen. Wenn ich nun für die Religion und für den Glauben an einen Gott jenseits und außerhalb meiner Psyche spreche, so verstehe ich das in einem sehr spezifischen Sinn. Offensichtlich gibt es in der Psyche des Menschen eine religiöse Dimension, eine Art kollektives Unbewusstes oder Erinnerungen und Strukturen uralter kultischer und magischer Formen und Symbole, die heute in zahllosen seltsamen Bewegungen, Riten und Zirkeln fröhliche Urständ feiern – wo man doch hätte meinen müssen, dies alles sei nach einem Jahrhundert der Aufklärung und intellektuellen Durchdringung und Ernüchterung der Wirklichkeit endgültig versunken.

Glaube, wie ich ihn verstehe, steht dieser religiösen Dimension im Menschen kritisch gegenüber. Seit Anfang dieses Jahrhunderts, vor allem seit Karl Barth und Dietrich Bonhoeffer, gibt es unter – vorwiegend protestantischen – Theologen die lebhafte Diskussion, ob das Christentum nicht radikal von aller Religion gesäubert und zu einem religionslosen Christentum werden müsse. Dahinter steht der Gedanke, dass der christliche Glaube im Wesentlichen darin bestehe, dass der Mensch vom transzendenten Gott angeredet werde und darauf eine Antwort zu leben versuche. Der Anspruch und die Weisung dieses Gottes, der ganz anders sei als alle in der menschlichen Psyche vorhandene Religion, durchkreuzen diese und stellen sie radikal in Frage. Ich persönlich neige zu dieser Ansicht. Mit diesem Bekenntnis haben Sie auch gleich eine erste Antwort auf unsere Fragestellung, wie sinnvoll esoterische Praktiken ohne einen exoterischen Gott seien. Doch dazu gleich noch ausführlicher.

Die Barthsche Religionskritik im Namen der Theologie hat
meiner Ansicht nach grundsätzlich eine wichtige Klärung gebracht. Allerdings war ihr vernichtendes Urteil über jegliche
Form der Religion und deren Verbannung aus dem Raum des
Christlichen zu pauschal. Was Barth zu wenig berücksichtigt
hat, war der Umstand, dass auch der strenge christliche
Glaube zu seiner praktischen Verwirklichung irgendwelcher
Formen bedarf, will er nicht ganz abstrakt und intellektuell
und entsprechend ohne psychische Tiefenwirkung bleiben.
Und so greift er eben doch – unter anderem – wieder zu religiösen Formen, Bildern und Symbolen, um artikuliert und zele-
briert werden zu können, und muss das tun. Die religiöse
Veranlagung würde ich in Parallele setzen etwa zur musikali-
schen Veranlagung des Menschen: Sie kann ungemein hilfreich sein, ja ist geradezu notwendig, um bestimmte Dimensionen der Wirklichkeit zu erschließen, aber sie selbst ist nicht
das Wesentliche, sondern bleibt Medium zur Erschließung
der Ahnung oder Feier der Wirklichkeit des ganz Anderen.
Wo sie für sich selbst zum Zweck, Ziel, Absolutum wird,
hätte ich von meiner christlichen Überzeugung her meine Bedenken. Andererseits sind die Kirchen, denke ich, genau deshalb weithin unattraktiv und wenig überzeugend geworden,
weil sie es nicht mehr verstehen, alles, was sie veranstalten, als
Medium zur Erschließung der Erfahrung des ganz Anderen
zu gebrauchen oder auch nur selbst zu begreifen. Der Betrieb,
die Rituale, die Moralregeln, und so weiter kreisen um sich
selbst, sind zum Ziel in sich geworden, und die Seele bleibt
hungrig und leer.
Ich spreche vielleicht zu selbstverständlich vom ganz Anderen, vom Gott, der den Menschen von außerhalb seiner Psyche
her anspricht. Ich bin mir bewusst, dass dies problematisch
erscheinen mag. Tatsächlich gähnt hier ein Graben, der nicht
argumentativ zu überbrücken ist. Gottesglaube und Gottes-
erfahrung, wie ich sie verstehe, fallen dem Menschen von Gna-
den zu und lassen sich auf keine Weise herbeiführen und produzieren. So werde ich auch nicht versuchen, diesen Glauben

zu *beweisen* oder auch nur anzuraten. Man hat ihn oder hat ihn nicht. Die Form, ihn weiterzugeben, ist streng genommen nur das persönliche Bekenntnis. Natürlich ist die Rede von Gott, der mich von außen her anredet, falsch. Damit soll nur gesagt sein, dass dieser Gott ein transpsychisches Phänomen ist, eine Realität, die nicht lediglich Produkt meiner eigenen psychischen Dispositionen und Gärprozesse ist. Die Diskussion, ob er über oder in mir ist, ist im Übrigen müßig. Alle großen Mystiker sind sich einig, dass er mir sowohl innerlicher ist, als ich mir selbst bin; als auch jenseitiger, als ich selbst jemals reichen kann. Er kommt sozusagen aus meiner tiefsten Tiefe von anderswoher in mich hinein, ist extremste Immanenz und Transzendenz zugleich. Es gibt eine lange Tradition der Abklärung und Unterscheidung dessen, was nun wirklich seine Stimme in mir ist, und was die Produkte und Regungen meiner eigenen Psyche sind. Ganz praktisch habe ich selbst das so erfahren, dass ich an entscheidenden Punkten meines Lebens zu einem Schritt geradezu gedrängt worden bin, auf den ich von mir aus nie gekommen und den ich mir auch gar nicht gewünscht hätte, der sich aber im Nachhinein als eine ungeahnte größere Möglichkeit meiner selbst erwiesen hat.

Nachdem dies alles gesagt ist, kann ich genauer auf die speziellen Fragen eingehen, zunächst zur Meditation: Das Christentum hat keine sehr ausgeprägten Meditationstechniken entwickelt. In der mönchischen Tradition, wo man solche am ehesten vermuten sollte, wurde immer betont, die asketische Lebensform als ganze sei die eigentliche Meditationsmethode. In ihrem Rahmen wurde das beständige Lesen, Rezitieren und Murmeln heiliger Texte geübt (die lectio divina). Meditari bedeutet in dieser Tradition ursprünglich das leise Murmeln solcher Texte (Os iusti meditabitur sapientiam, lautet der erste Gesang in der Messe heiliger Bekenner). Daraus hat sich das kirchliche Stundengebet entwickelt (als gemeinsames Rezitieren). Ferner ist daraus in der orthodoxen Kirche die Tradition des sogenannten Jesusgebets entstanden, das tatsächlich die Gestalt einer Meditationstechnik im heute gefragten Sinn angenommen hat. Dabei handelt es sich um das litaneiartige Wiederholen des Namens Jesu oder einer kurzen Gebetsformel, verbunden mit einer bestimmten Atemtechnik. Eine verwässerte Form davon ist das katholische Rosenkranzgebet. Doch das generelle Fehlen von ausgefeilten Methoden in der christlichen Tradition bestätigt mir meine Auffassung, der christliche Glaube sei im Wesentlichen keine Religion, sondern eine dialogische Beziehung.

Bei allen Meditationsmethoden, die wir derzeit vor allem aus Fernost importieren, ist zu beachten, dass sie ursprünglich im Rahmen eines sehr hoch ausdifferenzierten religiösen Systems mit seiner Dogmatik und Moral entwickelt worden sind. Ich bezweifle, dass man sie daraus einfach herauslösen und als Technik verselbständigen kann. Nun gibt es allerdings ein weites Feld oberflächlich geübter, sogenannter Meditation, wo ich finde, dass gewisse Techniken ganz hilfreich und wohltuend sein können. Warum sollen unsere gestressten Zeitgenossen nicht mit Hilfe bestimmter Sitz-, Atem- und Meditationsübungen lernen, wieder wenigstens kurze Zeit entspannt und ruhig da sein und sich auf bestimmte Inhalte konzentrieren zu können? Ein bisschen autogenes Training, ein bisschen sogenannte Yoga-Übungen sind offensichtlich für viele Zeitgenossen eine Wohltat. Nur sollte man das nicht als Meditation im eigentlichen Sinne verkaufen. Es ist ein bisschen Technik, langsamer zu atmen, seinen Puls zu verlangsamen und zur Ruhe zu kommen.

Die Grenze zum Gefährlichen liegt allerdings nahebei. In psychisch angeknacksten Menschen können schon relativ harmlose Stille-Übungen innere Prozesse in Gang setzen und Unbewusstes aufbrechen lassen, das verheerend wirken kann. Hier stoßen wir dann auf die Problematik einer sogenannten oder auch wirklichen Meditation, die losgelöst ist von einer konkreten religiösen Tradition.

Das Geheimnis, das Unfassbare, das Numinose oder welchen Namen man immer ihm geben will – mag es im Übrigen transzendent oder der Psyche immanent sein – bleibt seinem

Wesen nach bildlos und undefinierbar. Der Mensch, der – in der Meditation – an es rührt, kehrt aus dieser unaussprechlichen und streng genommen nicht kommunizierbaren Erfahrung zurück und sucht nach Bildern und Gleichnissen, um sich einigermaßen analog verständlich zu machen. Das ist bei allen Mystikern zu beobachten. Die jeweilige religiöse Tradition stellt dafür ein Set an Geschichten, Figuren, Bildern, Symbolen und Bräuchen zur Verfügung und hilft dem Sprachlosen, eine Sprache zu finden. Dem Katholiken erscheint das Numinose folglich in seinen Visionen und Träumen in der Gestalt Jesu Christi, der Jungfrau Maria, der Engel oder irgendwelcher Heiliger; dem Moslem in Gestalt des Propheten Mohammed und der Heiligen und himmlischen Wesen seiner Tradition, dem Hindu als Vishnu, als Götter- oder Geistergestalt seiner Tradition, als weißer Elefant, und so weiter. Diese jeweilige religiöse Tradition ist in Jahrhunderten, ja Jahrtausenden entwickelt, geübt und reflektiert worden; sie hat eine gewisse Objektivität und innere Logik gefunden, ist ausgemünzt worden zu bestimmten praktischen sozialen und moralischen Spielregeln.

Was ist nun mit einem Menschen, der in der Meditation an Unfassbares, Irrationales, Verwirrendes rührt, daraus auftaucht und nicht in einer bestimmten religiösen Tradition beheimatet ist, die ihm Sprache und Bilder zur Verfügung stellt, mittels derer er das Erfahrene und sich selbst wieder in seine Umgebung einordnen kann? Ist er damit nicht überfordert? Besteht nicht die Gefahr, dass er sich damit nicht zurechtfindet und sich in seine inneren Seelenfigurationen einspinnt und verstrickt und den Bezug zur Gesellschaft und Realität verliert? Ich kann das nicht endgültig beurteilen, möchte aber dieses Bedenken äußern und als Frage im Raum stehen lassen.

Und ich stelle mir die weitere Frage, woher die Menschen in unserem Kulturkreis die Bilder und Symbole nehmen, um ihr Dasein zu deuten und ihre Psyche zu klären, wenn jene ganze Welt christlicher Symbole und Bilder versinkt, die fast zwei Jahrtausende lang dem Abendland zur Verfügung gestanden und sich in zahllosen Kunstwerken, Kathedralen, Skulpturen, Bildern, Geschichten, Mythen und Träumen konkretisiert hat. Es war gewiss nicht die vollkommenste und idealste aller denkbaren Bilderwelten, aber es war eine, die allen gemeinsam war, den Ketzern genauso wie den Orthodoxen. Folglich war Verständigung und Gemeinsamkeit möglich, und auch ein seelisches Gleichgewicht.

Nun möchte ich noch kurz etwas darüber sagen, wie ich meine Aufgabe als religiöser Begleiter sehe und zu praktizieren versuche. In jedem Gespräch, das zunächst nur psychologischen Inhalts zu sein scheint, entdecke ich früher oder später zutiefst religiöse Fragestellungen. Nehmen wir das Phänomen der Schuldgefühle von Menschen, die dann, verbunden mit der tief sitzenden Maxime »Strafe muss sein«, zu den raffiniertesten Formen der Selbstbestrafung und Lähmung führen können. Dem zugrunde liegt die religiöse Frage, ob Mängel und Fehler oder boshafte Taten tatsächlich der Sühne bedürfen. Die Vorstellung, dass sie ihrer bedürfen, scheint ungeheuer tief im Menschen verwurzelt zu sein; es scheint eingefleischte archaische Vorstellungen von rächenden Gottheiten und peinlich genau aufrechnenden Seelenwägern zu geben. Zum Kern der christlichen Botschaft dagegen gehört die Aussage, dass der Mensch ohne Strafe und Sühne vom Ballast seiner Vergangenheit freigesprochen werden könne, sofern er sich in absolutem Vertrauen Gott zuwende. Diese Wahrheit ist auch in der christlichen Tradition selten durchgehalten worden und hat zu den merkwürdigsten Sühne- und Opfertheorien geführt, von denen noch heute viele Menschen geschädigt werden. Aber es gibt diese befreiende Wahrheit, dass Sühneopfer unnötig sind. Folglich sehe ich meine Aufgabe darin, mit meinem Gesprächspartner sein Gottesbild aufzuarbeiten und ihm anhand der Bibel und meiner eigenen Einsichten jene befreiende, erlösende Gottesvorstellung zu erschließen, die ich dem Neuen Testament entnehme.

Eng verwandt damit ist der ganze Komplex der Ängste und

Stresssymptome um das Thema Leistung und Erfolg. Die religiöse Frage Martin Luthers: »Wie finde ich einen gnädigen Gott?«, ist längst umgekippt in die Frage: »Wie finde ich einen gnädigen Nächsten?« Wie beweise ich, dass ich kein Nichtsnutz bin? Akut stellt sich diese Frage heute bei den zahllosen arbeitslosen Menschen, vor allem Männern, die ihren Selbstwert fast ausschließlich über ihre Leistung, ihr Einkommen und ihren beruflichen Status zu definieren gewohnt sind. Letztlich bleibt das eine religiöse Frage. Die christliche Antwort darauf lautet, dass der Beweis meiner Nützlichkeit unnötig sei, weil Gott den Menschen bedingungslos liebe und ihn schon vor aller Leistung und Bewährung für wertvoll halte, rein aufgrund seines Daseins an sich. Ja, der springende Punkt der Botschaft Jesu ist gerade diese Umkehr: Nicht wenn du moralisch integer und sozial leistungsstark bist, liebt dich Gott, sondern Gott liebt dich, damit du aus dem Glück und der Freiheit dieser Erfahrung des Geliebtseins heraus integer und vital leben kannst. Wieder zeigt sich, dass der Knackpunkt das Gottesbild ist, oder, allgemeiner formuliert, die Frage, ob der Grund und Sinn, der mich und mein Leben trägt, im Tiefsten gnadenlos oder gnädig ist. Das sind und bleiben religiöse Kategorien.

Mir wäre es zu wenig, das in Frage stehende Gottesbild nur als Phänomen in der Psyche des Menschen zu verstehen, dem keine eigenständige Wirklichkeit jenseits dieser Psyche entspräche; also *Gott* nur als ein Symbol zu verwenden, um die Imagination und Gefühle meines Gesprächspartners fruchtbarer ordnen zu können. Die traditionelle christliche Anthropologie deutet den Menschen als ekstatisches Wesen, das nur im Überschreiten und Vergessen seiner selbst in Gott hinein sich selbst endgültig finden kann. Mir den, worin hinein ich mich überschreite, lediglich als Figuration und Produkt meiner eigenen Psyche vorzustellen, käme mir merkwürdig vor. Dann würde es nur darum gehen, in einen Spiegel hineinsteigen zu wollen, es bliebe also ein herzhaft narzisstisches Unterfangen.

Bei meinen Gesprächspartnern habe ich den Vorteil, dass sie sich gewöhnlich als gläubige, religiöse Menschen verstehen und auf dieser Ebene Rat suchen. So kann ich mit ihnen religiös und vor allem vom Neuen Testament her argumentieren. Mein Nachteil ist, dass man ein Gottesbild nicht auf rein kognitivem Weg korrigiert oder erwirbt. Was rational klargemacht ist, ist damit noch lange nicht in die Emotionen und Tiefenschichten der Seele eingesickert. Dazu bedürfte es ganzheitlicher Formen des Erkennens und Erfahrens, zum Beispiel einer Glaubensgemeinschaft mit überzeugenden sozialen Verhaltensweisen, erfahrbaren Formen des menschlichen Angenommenseins und überzeugenden Symbolen. Was sich heute noch Gemeinde nennt, hat das allermeist nicht zu bieten. Mir bleibt, meine Gesprächspartner über längere Zeit zu begleiten und sie zu einfachen Formen des Meditierens über bestimmte Wahrheiten oder Bibelworte anzuleiten, damit so in ihnen allmählich ein hilfreiches Gottesbild entsteht.

Ich möchte meine Ausführungen schließen mit einem Zitat des Schweizer Juristen Peter Noll in seinen bemerkenswerten Diktaten über Sterben & Tod[32], die er im Jahr seines bewussten Annehmens des Krebstodes aufzeichnen ließ. Es ist ein abschließender Gesichtspunkt zur Frage, wie hilfreich reine Esoterik ohne den Glauben an einen Gott über mir und jenseits meiner selbst überhaupt sein kann. Peter Noll spricht vom Gedanken »an Gott als oberste Berufungsinstanz, die den Einzelnen frei und stark machen kann, auch wenn die ganze übrige Gesellschaft gegen ihn ist. Diese – wichtigste – psychologische Funktion Gottes wird von den Psychologen nicht gesehen, auch vom ziemlich religionsfreundlichen Erich Fromm nicht, obwohl dieser sich unermüdlich auf die Beispiele von Propheten, von Sokrates und Jesus beruft. Wie kann jemand als einziger gegen alle sein und doch bestehen? Stets bedarf er einer höheren Instanz, die allen anderen überlegen ist. Diese kann immer nur Gott sein, auch wenn dafür andere Zeichen eingesetzt werden, zum Beispiel das Daimonion bei Sokrates, sein Gewissen, sein Weltgewissen. Dafür aber braucht er einen einigermaßen definierten und inhaltlich strukturierten Gott, einen Gott, der sich solidarisiert mit menschlichen Anliegen und unterscheidet zwischen Gut und Böse. Eine unbestimmte Neigung zum Religiösen und Numinosen oder zum Mystischen kann nie eine solche Haltung produzieren, die eben nicht nur oder überhaupt nicht der psychischen Selbstbefriedigung dient, sondern die allgemeine Ungerechtigkeit vermindern will.«

Weiter führt er aus: »Mit Gott kannst du gegen die ganze Welt allein sein, mutig, hochmütig, demütig. Die gottlose Welt, die wir ja nun wirklich haben, ist eine Welt der Machtsysteme, in denen keiner sich auflehnt, alle sich anpassen, alle die anonyme Macht und den gedankenlosen Zwang eines nicht denkenden Apparats oder Systems vermehren. Da ist mir sogar die Vorstellung eines Vatergottes lieber. Welche Art von Gewissen er auch immer schaffen mag, es ist immer noch besser als die Gewissenlosigkeit, die den Sachzwängen, den Machtapparaten, den anonymen Systemen sich anpasst … Wenn die Menschen sich von jeder Bindung lösen, die außerhalb der eigenen Erfahrung liegt, die aber – ich kann es jetzt nicht besser sagen – das Ganze transzendental umgibt und ständig die Frage nach dem Sinn stellt, dann werden sie automatisch (im echten Sinn des Wortes) und ohne es gedacht und gewollt zu haben, die totale Zerstörung herbeiführen.«

WICHTIG

152

David Steindl-Rast

Credo – ein Glaube, der verbindet[33]

Das Buch »Credo« entstand aufgrund einer Anregung des Dalai Lama bei einer Begegnung im Stift Melk, der im Gegenzug das Vorwort dafür geschrieben hat. Das »Credo« wurde gewählt, weil ich es als Herausforderung ansehe, den tiefen interreligiösen Dialog, an dem ich seit Langem teilnehme, nicht nur über Texte zu führen, die nicht so Widerspruch erregend oder eher geläufig sind, sondern über einen der typischsten Texte den gemeinsamen Glauben, der alle verbindet, durchsichtig zu machen. Es geht um den einen Glauben, der die vielen Ausformungen des Glaubens miteinander verbindet, ein Urglaube, der unter verschiedenen Zeiten und Umständen zu verschiedenen Ausprägungen geführt hat, der aber ein urmenschlicher Glaube ist, den jeder nachvollziehen kann. Wir können daher hierfür von unseren persönlichen Erfahrungen ausgehen.

Die Struktur des Beitrags ergibt sich aus den Begriffen: Was verstehen wir unter »Glaube«, wer sind »alle« und was bedeutet die Verbindung, von der hier die Rede ist, wie können wir sie halten und vertiefen? Um »Glaube« zu verstehen, muss man zunächst unterscheiden von einem älteren Sprachgebrauch, wo man unter ihm »Für wahr halten« verstand. *Ich glaube an Gott* bedeutet etwas anderes. Das Latein hilft hier insofern weiter, als das Wort Credo zwei Wurzeln hat, das eine ist *cor*, das Herz, das zweite ist *do*, ich gebe. Wenn ich also glaube, schenke ich mein Herz, setze ich auf das, woran ich glaube, worauf ich mich verlasse – in diesem Begriff liegen schon ein Weg und eine Begegnung. In diesem Sinn beinhaltet »credo«, ich setze mein Herz auf diese Sache. Worauf kann ich mich als Mensch – unabhängig von jeder Religion oder auch ohne Religion – verlassen? Wenn wir das in den Griff bekommen, haben wir einen Zugang zu dem Urglauben, um den es hier geht. Ich schlage hierfür den Satz vor: »Es gibt mich«.

Darüber kann man nicht streiten und darin ist schon alles enthalten, der Glaube, das Verhältnis zu Gott, die Trinität. Das »Es« in diesem Satz steht für ein unergründliches Geheimnis, einen unergründlichen Urgrund, auf den wir uns entweder verlassen müssen, oder wir sind desorientiert und das Leben hat keinen Sinn. Worauf weist dieses »Es« hin? Augustinus sagt: »Unruhig ist unser Herz, bis es ruht in Dir, oh Gott.« Das ist kein Satz, der Wissen über Gott ausdrückt, sondern von der Erfahrung der Unruhe des Herzens spricht, einer Urerfahrung, zu der auch gehört, dass wir nicht wissen, wonach wir suchen. Wir sind wie der König Daniel, der zum Propheten sagt, er solle ihm den Traum ausdeuten, und zudem sagen, was er geträumt habe. Wir suchen nach etwas, ohne zu wissen nach was, und wenn wir es gefunden haben, sagen wir, das ist es. Meist ist es nur für einen Moment und dann ist die Unruhe des Herzens wieder da. Insofern ist das Göttliche eher eine Richtung als etwas Festes, eine Richtung, auf die unser Herz hinweist wie ein Kompass. Es ist ein Weg, nicht ein Ein-für-alle-Mal-gefunden-Haben.

Wir wissen nicht, woher wir kommen, wir wissen nicht, wohin wir gehen – in jedem Moment kommt dieses »Es« aus dem unergründlichen Geheimnis hervor. Wir können auch sagen, es ist in der Vergangenheit daraus hervorgegangen, und dies zurückverfolgen, soweit es uns die Wissenschaft ermöglicht, aber wir wissen nicht, was vor dem Urknall war. Erst mit ihm entstehen Raum und Zeit. Alles, was es gibt, kommt aus diesem unerklärlichen Geheimnis. Jetzt begreifen wir, dass, wenn es uns gibt, auch wir aus diesem unerklärlichen Geheimnis kommen: Ich bin Teil einer unergründlichen Vielfalt, die ständig aus dem »Es« hervorkommt, denn es gibt ja alles. Ich erfahre mich, aber dies ist nur erfahrbar, wie Martin Buber gezeigt hat, in Beziehung zu einem Du. Auf die Frage »Wer bin ich?« wird bei aller Verschiedenheit der Antworten das Gemeinsame sein, dass sich das Ich über Beziehungen definiert, als Angehöriger einer Familie, eines Volkes, einer Bildungsklasse oder des Geschlechts: Ich gehöre zu … Darauf kann man sich verlassen, ich bestimme mich über Beziehung zu einem Du – und dieses Du ist das »Es«. Ein amerikanischer Dichter drückt das in einer Zeile aus: »Ich bin durch dich so ich«. Das ganze Sein ist auf das Du bezogen. Das ist das »Es«, aus dem ich entspringe und darauf kann ich mich verlassen. Und wenn ich mich darauf verlasse, beginnt mein Leben Sinn zu haben. Es ist ein Rahmen gegeben für Sinnfindung. Wenn ich dieses Verlassen verweigere, hat nichts mehr Sinn. Der Glaube, der dieses »Sichverlassen« ist, ist schon mitgegeben, wenn ich sage, es gibt mich. Und wenn ich darüber nachdenke, wer ich bin, ist dies bezogen auf dieses letzte unbegreifliche Geheimnis. Das »Es« und das Ich sind in diesem Satz, es gibt mich, die statischen Momente, das Geben ist das dynamische – der Grund für eine unerschöpfliche Lebendigkeit, die weit über das hinausgeht, was wir bewusst vollziehen. In unserem Körper gehen in jedem Moment Tausende von chemischen Vorgängen vor, von denen wir keine Ahnung und über die wir keine Kontrolle haben und die doch zu unserem Leben ganz entscheidend dazugehören. Und wenn nur eines der Enzyme nicht so funktioniert, wie es soll, sind wir nicht mehr so, wie wir sein sollen. Auf die Frage, habe ich das Leben oder hat das Leben mich, macht es den weit größeren Sinn zu sagen, das Leben hat mich. Ich gehöre der Dynamik an, die alle verbindet. Wenn ein Kind in einem Kinderwagen wackelt, wenn er den Bordstein hinunterfährt, antwortet es und ist verbunden mit der Schwerkraft, die das Weltall bestimmt und uns mit den entferntesten Galaxien verbindet. Alles, was es gibt, hängt mit allem zusammen und so legt uns das Leben nahe, uns auf diese unerschöpfliche Lebendigkeit zu verlassen. Aber wir können es verweigern. Der Urglaube ist das Verlassen auf die Verlässlichkeit, dass alles ist, die ehrfürchtige Beziehung zu dem Du. Verlässlichkeit auf das »Es« bedeutet dankbares Leben, in dem Sinne, dass Dankbarkeit nicht danke sagen ist, sondern sich verwirklichen, indem man zu dem wird, wozu man bestimmt ist und sich dafür dankbar erweisen, dass es uns gibt. Dankbares Leben ist eine Form des Urglaubens.

2. Die zweite Frage ist, wer sind »alle«? Das lässt sich jetzt beantworten: Alle, die es gibt und mit denen wir verbunden sind. Alles, was es gibt, sind nicht nur die Menschen, sondern auch alle anderen Lebewesen, das Unbelebte, und nicht nur das Materielle, sondern auch Ideen, Denkweisen und Religionen. Es gibt sie und damit sind wir mit ihnen verbunden. In diesem Sinne sind die Religionen, so verschieden sie auch sind, durch Religiosität verbunden. Das liegt schon in der ursprünglichen, lateinischen Wortbedeutung von religare: wieder miteinander verbinden. Das was abgerissen ist, wird in der Religiosität wieder verbunden, die Beziehung zu mir selbst, zu den Anderen und zum Göttlichen, zum »Es«. Wenn eine dieser Beziehungen nicht stimmt, sind auch die anderen nicht in Ordnung. Man kann nicht sagen, ich komme wunderbar mit allen Menschen aus, nur mit mir selber nicht. Man kann auch nicht sagen, mit mir selbst habe ich Schwierigkeiten, aber mit Gott ist das wunderbar, oder mit Gott komme ich gut aus, aber mit den Menschen kann ich mich nicht verstehen. Ich kann nur mit allem oder niemandem verbunden sein. Darum ist der Glaube religiös.

3. Die dritte Frage ist nun die wichtigste: Wie können wir diese Verbundenheit finden, pflegen und vertiefen? Für diesen Moment der Weltgeschichte gilt: Wenn wir nicht etwas finden, was uns als Menschen verbindet, was die Religionen verbindet, dann steht es schlecht um uns. Vier Punkte schlage ich vor, um diese Verbundenheit zu finden. Der erste Punkt ist, furchtlos umgehen mit allen anderen. Fürchte dich nicht, ist eines meiner wichtigsten Bibelwörter. Nicht das Liebesgebot, sondern das »Fürchte dich nicht« ist das häufigste Gebot in der Bibel – in der Regel dann, wenn ein Engel erscheint. Das sagt er nicht, weil er ein Engel ist, vor dem man sich nicht fürchten soll, sondern weil er ein Bote und dies seine wichtigste Botschaft ist und dann kommt noch etwas anderes. Das sagt jeder Engel zuerst. Diese Furchtlosigkeit gehört zu unserem Glauben, zu unserer Verbundenheit dazu. Wenn wir uns furchtlos etwas nähern, schwinden unsere Vorurteile. Furchtlosigkeit und Offenheit gehen Hand in Hand. So kennen gerade Menschen, die Angst vor dem interreligiösen Dialog haben, kaum jemanden aus anderen Religionen oder wenn, dann nur entfernt. Während diejenigen, die offen sind für den interreligiösen Dialog häufig im Austausch mit Menschen anderer Religionen stehen. Wenn wir uns dieser Begegnung öffnen, kann dies der erste Schritt zu der Verbundenheit sein, die es dann weiter zu pflegen und zu vertiefen gilt.

Ein zweiter Vorschlag, die Verbundenheit zu pflegen, ist, Verständnis für die dichterische Sprache zu erwerben, Gedichte zu lesen und zu hören. Das mag überraschend sein, aber ein großer Teil der Widersprüche und Missverständnisse zwischen den Religionen, rührt daher, dass sie auf den Formulierungen ihrer Tradition beharren: So muss es sein, wie es hier gesagt ist. Aber darüber kann man jeweils auch mit ganz anderen dichterischen Ausdrücken sprechen. Vielleicht sprechen die Anderen über genau dasselbe, aber eben mit anderen dichterischen Ausdrücken. Wenn wir etwas Großes ausdrücken, von etwas überwältigt sind, verwenden wir alle die dichterische Sprache. Die Liebe lässt einen sagen: Ich schenke dir mein Herz. Das hat nichts mit Chirurgie zu tun, aber alle verstehen, was damit gemeint ist. Was wir oft vergessen, ist, dass das Denken, die Bücher, die Liturgie der großen Religionen aus einem so tiefen Empfinden entspringen, dass sie nur in einer dichterischen Sprache ausgedrückt werden können. Daher müssen wir die dichterische Sprache lernen. Wenn wir sagen, es gibt mich, ist dies schon ein Schöpfungsbericht in einer dichterischen Sprache. Wenn wir den dichterischen Schöpfungsbericht der Bibel lesen, wird das »Es« zu einem großen Vater oder einer großen Mutter, einem Ursprung, der nicht hinterfragt werden kann. So haben sich die Dichter bemüht, diesen Ursprung als das nicht mehr zu Hinterfragende darzustellen. Sie bemühen sich dann, das Materielle, das was geschaffen wird, möglichst klein darzustellen. So entsteht der Mensch im jüdisch-christlichen Schöpfungsmythos aus Staub oder eher noch aus Schlamm. Oder ein Indianerstamm sagt, nur kleine Stöckchen und Steinchen hat der Schöpfer verwendet, um die Erde zu bauen. In ozeanischen Schöpfungsmythen ist davon die Rede, dass die Schöpfung ein Traum ist, den der Schöpfer einfangen und zusammenpressen muss, bis er sagen kann, jetzt habe ich etwas, worauf ich stehen und eine Welt schaffen kann. In dem »Es gibt mich« ist dies alles enthalten. Was dazu kommt, ist die Personifizierung des Urgrunds und das Materielle, aus dem die Welt geschaffen wird. Vergleicht man verschiedene Schöpfungsmythen, so ist das Gemeinsame, dass sie diesen Anfang möglichst eng mit mir in Verbindung bringen wollen. Einer der schönsten Mythen ist der der Apachen-Indianer. Er beginnt damit, dass der Schöpfer mit seinem Hund herumgeht – ein Apache kann sich nicht vorstellen, dass jemand ohne seinen Hund herumgeht – und der Hund beginnt das Ganze und sagt: Großvater, wirst du immer bei mir sein? Und der Schöpfer sagt: Vielleicht wird eine Zeit kommen, wo ich nicht mehr bei dir sein werde und darauf sagt der Hund: Oh schaffe mir doch bitte einen Herrn. Darauf legt sich der Schöpfer auf die Erde und sagt zu dem Hund: Zeichne meinen Umriss auf die Erde. Der Hund zeichnet mit einer Kreide den Umriss, dann sagt der Schöpfer: Und jetzt geh weiter und schau dich nicht um. Der Hund geht weiter, schaut sich natürlich um und sagt: Oh Großvater, da liegt jemand, wo du gelegen bist. Der Schöpfer sagt: Geh weiter und der Hund schaut sich wieder um und sagt: Da sitzt jemand, wo du gelegen bist. Der Schöpfer schickt ihn weiter und sagt dann: Jetzt kannst du dich umschauen. Und der Hund sagt: Da steht jemand, wo du gelegen bist. Der Hund sieht den Menschen und der Schöpfer sagt: Nicht schlecht, aber er steht einfach nur so herum. Er fordert ihn auf zu gehen und, als er zurückkommt, sagt er: Und nun sprich. Viermal muss er ihn auffordern und plötzlich sagt der Mensch: Was jetzt? Und der Hund lacht und der Mensch lacht und der Schöpfer sagt: Jetzt bist du fähig zu leben. Und darauf geht der Mensch mit dem Hund fort, der Hund hat seinen Herrn. Das ist schon enthalten in »Es gibt mich«.

C. Das Dritte ist »Dankbares Leben«. Dankbares Leben ist deswegen so wichtig für die Verbundenheit mit allen, weil es uns ins Jetzt führt. Jedes Mal, wenn wir dankbar sind, sind wir jetzt dankbar. Man kann dankbar sein für die Vergangenheit und für die Zukunft, aber dankbar sein, kann man nur im Jetzt. Das ist das Ziel jeder spirituellen Praxis, gleich welcher Religion, uns ins Jetzt zu bringen. Weil, wenn wir im Jetzt sind, sind wir unser wunderbares Selbst. Wenn wir in der Zeit verfangen sind, identifizieren wir uns mit unserem Ich. Wir brauchen dieses Ich, aber in dem Moment, in dem wir uns mit ihm identifizieren, sind wir vereinzelt und oft voller Angst. Das Selbst dagegen kennt keine Angst und lebt in Beziehung. Die Bibel sagt im Urtext ganz einfach: Liebe deinen Nächsten als dich selbst. Die Übersetzung, liebe deinen Nächsten *wie* dich selbst, wird häufig zu komplizierten Gedankengängen über Selbst- und Nächstenliebe verwendet – man hört ganze Predigten, als ob man selbst jemand anderer wäre. »Selbst« ist dagegen die gelebte Zugehörigkeit, ob wir wollen oder nicht, die Liebe ist das Ja zu dieser Zugehörigkeit. Die Liebe zum Nächsten setzt voraus, dass es nur ein Selbst für uns alle gibt. Jede Religion hat dafür einen eigenen Namen, so etwa die Buddhanatur, in Indonesien ist es Arucha. Es gibt in jeder Religion das Selbst, das wir alle gemeinsam haben, dort sind wir zuhause, dort sind wir furchtlos. Jedes Mal, wenn wir im Selbst sind, sind wir für einen Augenblick dort. Dort ist unsere Identität, die man von unseren vielen Identifikationen unterscheiden muss, und die haben wir alle gemeinsam. Dankbarkeit ist deswegen so wichtig, weil sie eine spirituelle Praxis ist, die uns ins Jetzt und damit zu unserer Identität führt. Die Schwierigkeit, immer dankbar zu sein, rührt von der Frage her, ob man in dieser Welt für alles dankbar sein kann – natürlich nicht, man kann nicht für alles dankbar sein, aber man kann in jeder Situation dankbar sein. Der Unterschied liegt in dem Wort »Gelegenheit«. Wenn wir uns fragen, wofür sind wir denn dankbar, so sind wir nicht dankbar für den Tee, die Blumen oder den Menschen gegenüber, sondern wir sind dankbar für

159

die Gelegenheit Beziehung aufzunehmen. Wenn wir üben, in jeder Situation Gelegenheit wahrzunehmen, uns zunächst zu freuen, werden wir dabei entdecken, wie viel Gelegenheit es zur Freude und damit zur Dankbarkeit gibt. Wenn es dann aber Situationen gibt, für die man nicht dankbar sein kann, wie Krieg oder Ausbeutung, Krankheit oder der Verlust eines geliebten Menschen, dann können wir lernen zu fragen: Wozu gibt mir das jetzt Gelegenheit? – so entwickelt sich eine ungeheuer kreative Art, mit dem Leben umzugehen. Meistens gibt es mir Gelegenheit, etwas zu lernen, zu wachsen. Und, wenn es um Dinge wie Krieg, Hunger oder Ausbeutung geht, gibt es mir Gelegenheit etwas zu tun, was andere gar nicht sehen. Und, wenn ich selbst angesichts des Ausmaßes von Leid nicht weiß, was man machen kann, kann ich andere fragen, was man da machen könnte. Man stelle sich eine Gesellschaft vor, in der alle fragen, was man gegen das Leid machen kann – die Welt würde anders aussehen, wenn in einer scheinbar hoffnungslosen Situation alle fragen würden, was man da machen kann. Wenn alle die Gelegenheit, so zu fragen, wahrnehmen würden, würde sich die Welt verändern.

· Ein vierter Punkt, der uns hilft, die Verbindung mit allen zu finden, ist das erneute Durchdenken unserer eigenen Religion. Für die christliche Religion heißt das, dass der Satz »Es gibt mich« auch schon unsere ganze Trinitätslehre beinhaltet. Ähnliches wird sich für andere Religionen sagen lassen. Das »Es« nennen wir mit Jesus Christus Vater. In anderen Kulturen würde man es Mutter nennen. Es ist der unergründliche Urgrund, aus dem dieses Schweigen hervorkommt, die unmanifestierte Gottheit, wie es die Buddhisten nennen. Sie legen das Schwergewicht auf diesen Aspekt des Göttlichen. Für uns ist es schwer vorstellbar, dass in einer religiösen Tradition das Schweigen so wichtig ist wie für uns das Wort. Als ich einen buddhistischen Lehrer einmal fragte, ob ich das richtig verstanden habe, was er erklärt hatte, sagte er: Genau richtig, aber schade, dass du das in Worte fassen musst. Dann sprach er beredt über seine Lehre weiter, bis er sich unterbrach und sagte:

Ich red' schon wieder, ich bin schon ein halber Christ. Das Wort gehört zu unserer christlichen Tradition. Die unbegreifliche Vielfalt, der kosmische Christus, die Fülle, der Logos – das Wort gehört zur jüdischen, christlichen und islamischen Tradition, die ich gerne unter dem Begriff der Amen-Traditionen zusammenfasse. Das Amen ist ein zentrales Wort für den Glauben, der alle verbindet. Amen ist in der hebräischen Tradition die Antwort des Menschen auf Gottes Verlässlichkeit. Mit dem Wort Amen verlässt man sich auf die Verlässlichkeit Gottes. Das Amen ist unsere westliche Antwort auf das göttliche Gegenüber. Das dritte, der Heilige Geist, ist Wort, das hervorkommt. So gehört als drittes das Verstehen, die Lebendigkeit dazu. Das Verstehen verbindet das Wort und das Schweigen. Es führt uns im Hören zu dem Schweigen, von dem es herkommt. Wie im Buddhismus das Schweigen und in den Amen-Traditionen das Wort, so steht im Hinduismus das Verstehen im Zentrum. Yoga als die Spiritualität des Hinduismus ist Verstehen. Im Wort Yoga ist das Joch enthalten, das zwei Ochsen zusammenspannt, so wie Yoga das Schweigen und das Wort zusammenführt. So sind in dem Satz »Es gibt mich« mit dem unergründlichen Schweigen, der Fülle des Wortes und dem Verstehen nicht nur die Elemente der Dreifaltigkeit enthalten, sondern auch die Erkenntnis, dass die großen religiösen Traditionen diese Elemente je in anderer Weise betonen, der Buddhismus eine Theologie des Vaters, die Amen-Traditionen eine Theologie des Wortes und der Hinduismus eine Theologie des Verstehens. Ich schließe mit einem Bild, das mir im interreligiösen Dialog sehr wichtig geworden ist: dem Reigentanz der Traditionen, in dem sich in dem Glauben, der alle verbindet, die Religionen wie die Kinder an den Händen halten. Solange man dies von außen anschaut, hat man den Eindruck, dass die Seite bei uns und die gegenüberliegende in gegensätzliche Richtungen laufen. Wenn man aber in den Kreis tritt und sich die Hände reicht, merkt man, dass alle in die gleiche Richtung laufen. Wenn wir uns darauf einlassen, gibt das Sinn für das Leben.

Silvia Ostertag

»Wasch' deine Essschale!«

Eine Herführung zu Zen[34]

Hier also saß Graf Dürckheim vor 15 Jahren, und als ich damals an diesem gleichen Platz sprechen durfte, spürte ich seinen vertrauenden und gleichzeitig herausfordernden Blick. Diesen grenzenlos vertrauenden und klar herausfordernden Blick, der mich in langen Jahren begleitet hat, der mich vertrauen gelehrt hat auf Erfahrenes im sprach- und bildlosen Raum, und der mich oftmals bewahrt hat vor den Illusionen, welche solcherweise Erfahrenes im Nachhinein verzerren möchten, um sich die Konsequenz, die Realitätsforderung zu ersparen. Bei mir jedenfalls ist das so. Immer wenn ich an Karlfried denke, will ich ihm danken. Das ist es, was ich zu seinem Geburtstag zu sagen habe. Und wie damals fühle ich jetzt diesen seinen Blick, fühle ihn mit uns, die wir heute seinen Geburtstag feiern und damit des Impulses gedenken, der von ihm aus durch die ganze Welt geht.

Der Titel meines Vortrages, den man ja schon vor Monaten anzugeben hatte, ohne zu wissen, wovon man dann wird sprechen können, der Titel lautet: »Wasch' deine Essschale.« Mit dem Untertitel: »Eine Herführung zu Zen.« Mein Sohn hat mich darauf aufmerksam gemacht, dass man nicht »Herführung« sage, sondern »Hinführung«.

»Her« meint ja bekanntlich die Richtung zum Hier, dahin, wo man selbst ist, also zu sich selbst. »Komm her, du dort, komm hierher zu mir!« Während »hin« die Richtung meint, von einem fort, zum Dort, zu dem Ort, wo ein anderer oder etwas anderes ist. Eine Herführung würde also bedeuten, dass man, von wo aus auch immer, dahin geführt würde, wo man ohnehin, ohne ein hin, schon ist. Das wäre ja Unsinn. Falls man wirklich da ist, wo man ist, bei sich selbst. Ist man das?

Wie auch nicht, wie soll man sich von sich selbst entfernen

können! Ich weiß auch nicht wie, aber man kann. Nicht wahr? Man kann weit entfernt sein von sich selbst.

Für Augenblicke oder für Jahre, vielleicht ein halbes Leben lang. Erst im Zurückkommen weiß man jeweils, dass man weit hinausgegangen ist, und wenn man Glück hat, so schwingt im Bedauern die dankbare Ahnung mit, dass man ohne das Hinausgegangensein gar nicht zu diesem Moment des zu sich Kommens hätte kommen können. Und auch weiß man immer mehr beim Zurück, dass man ja doch niemals woanders war, man war schon bei sich, man war nur nicht bei sich.

Wenn man in die Welt schaut, wer hat da nicht den Eindruck, dass die ganze Menschheit weit entfernt ist von sich selbst, dass die ganze Menschheit nicht mehr bei sich ist. Wo sind die Menschen denn, wenn sie nicht bei sich sind. Etwa beim anderen? Das wäre schön. Aber das ist es ja. Wie will man beim anderen sein, wenn man nicht bei sich ist.

Ist hier jemand bei sich? Wie soll man es wissen? Von wo aus soll man schauen, ob man wirklich da ist, wo man ist? Kann man vom Hier aus das Hier sehen? Müsste man nicht dort sein, um sich hier zu sehen? Ach, wenn man es aufheben könnte, das hier und dort. Vorgestern, an Dürckheims Geburtstag, als wir von seiner Grabstätte zu unserem Haus zurückfuhren, da sah ich auf einmal einen Regenbogen direkt vor uns. Seltsame Erscheinung, da es doch den ganzen Tag nicht geregnet hatte. Aber aus dem nebeligen Dunst, der sich knapp über der Erde hinzog, stieg ein feiner Regenbogenstreifen zum sonnigen Himmel auf. »Schau hier«, sage ich zu meinem Mann, »schau, ein Regenbogen!« Und nach einer Weile entdeckte ich einen zweiten, weiter drüben. »Dort«, sage ich zu meinem Mann, »schau, dort ist noch einer!« Mein Mann aber antwortet: »Das sind nicht zwei. Du siehst nur nicht, wo sie zusammenkommen.« Ja, tatsächlich, jetzt seh' ich es auch. Da, wo man es nicht sieht, da kommen sie zusammen, in dem klarblauen leeren Himmel, die beiden Streifen, die man nur sieht im nebeligen Dunst.

Eine Herführung zu Zen, heißt es. Wenn »her« meint dahin, wo man selbst in Wirklichkeit ist, dann muss Zen dort stattfinden, wo man selbst aktuell ist. Was soll dort stattfinden, außer dass man hier sitzt und atmet und schaut und zuhört. Das ist es, was stattfindet, falls es stattfindet. Ist das alles? Ist das Zen?

Nun, man bezeichnet mit Zen die aus dem indischen Zenbuddhismus kommende Meditationsschule, welche sich direkt auf Shakyamuni Buddha bezieht, und welche sich vor allem in China vom 6. und 7. Jahrhundert aus weiterentwickelt hat durch Bodhidharma, um im 12. Jahrhundert in Japan Wurzeln zu schlagen und aufzublühen, um von dort aus in unserem Jahrhundert auch nach USA und Europa zu gelangen. Somit bezeichnet Zen also zum einen eine spirituelle Tradition und zudem bezeichnet es die in dieser Tradition weitergegebene Übungsweise, die dahin führen soll, dass das, was Zen meint, stattfinde, das heißt, dass sich das Stattfinden von dem, was eigentlich stattfindet, in unserem Bewusstsein realisiere. Offenbar entzieht sich solches eigentliches Stattfinden, ein Stattfinden von Eigentlichem, für gewöhnlich unserem Blick, obschon es nicht etwas anderes ist als die einfache und volle Wirklichkeit, das sich offenbarende grenzlose Sein im Geschehen des aktuellen Daseins. Aber was sind das schon für Worte. Sie führen weit weg. Weit weg von sich selbst. Im Lexikon steht geschrieben: »Zen meint die Versunkenheit, in der alle dualistischen Unterscheidungen aufgehoben sind.« Aufgehoben das Hier oder Dort. Aufgehoben das Stattfinden oder Nicht-Stattfinden. Aufgehoben das »oder«. Was soll dann noch stattfinden?

»Wasch' deine Essschale!« Das ist ein Zitat. Übersetzt heißt es: Spül' deine Tasse. Oder den Teller. Wer hat heute schon seine Tasse gespült? Die Maschinen sind wohl gerade dabei, unsere Frühstückstassen zu spülen. Damit wir Zeit gewinnen. Wir haben noch immer viel zu wenig Maschinen. Oder haben Sie schon genug Zeit?

»Wasch' deine Essschale!« Derjenige, zu dem das gesprochen wurde, der hatte sie bei sich, die Essschale, so wie wandernde Mönche ihre Essschale immer bei sich hatten zu jener Zeit, im 9. Jahrhundert in China. Dieser Mönch, dessen Namen wir nicht wissen, er war zu Meister Joshu gekommen.

Joshu Jushin ist einer der berühmtesten chinesischen Zenmeister. Er lebte von 778–897. Es gibt viele Geschichten von ihm, der bekannt ist für seine ungewöhnlich leise Stimme. (Um jene Zeit haben manche Zenmeister eher gebrüllt, um jemanden aufzuwecken, aber Joshu soll geflüstert haben, sodass man hinhorchen musste.) Die berühmteste Geschichte ist die Szene mit dem Hund. Ein Mönch hatte den Joshu einmal gefragt: »Hat auch ein Hund die Buddhanatur?« Wäre er ein Schüler von Graf Dürckheim gewesen, so hätte er wohl gefragt: »West auch in einem Hund das göttliche Sein«? Aber jener Mönch fragte: »Hat auch ein Hund die Buddhanatur?«

Und Joshu antwortete: »MU«. MU heißt so viel wie »nicht«, aber nicht »nicht« im Gegensatz zu »er hat«, sondern eher »nicht« im Gegensatz »hat oder hat nicht«. Aufgehoben das »oder«. Weder ja noch nein. Aber mit dieser Geschichte möchte ich jetzt nicht weitermachen.

Meister Joshu soll schon mit 18 Jahren einen besonderen Moment erfahren haben, einen Moment des Aufgehobenseins in einer Wirklichkeit, in welcher die Dualismus schaffenden Unterscheidungen aufgehoben sind. Sodass kein Unterschied ist zwischen Etwas und Nichtetwas. Oder anders und konkret gesagt: Sodass etwas stattfindet, was ist wie nicht. Etwas, was ist wie nicht, als ob es nicht sei, ein Nicht, findet seine Statt in dem, was ist wie etwas, als ob es sei. Grenzloses zeigt Kontur. Kontur zeigt das Grenzenlose.

Im Herzsutra, einem Kerntext des Zen, heißt es: »Form ist nichts anderes als Leere, Leere nichts anderes als Form. Form ist wirklich Leere, Leere wirklich Form.« Andere Menschen würden eher sagen: »Die Schöpfung ist nichts anderes als der Schöpfer, der Schöpfer nichts anderes als die Schöpfung. Die Schöpfung ist wirklich der Schöpfer. Der Schöpfer wirklich die Schöpfung.« Sollte in einem Moment solchen Erlebens und Erkennens der Blick des einen den Blick eines anderen treffen, dann weiß man nicht, wer schaut. Ich oder du? Oder wer? Von einem solchen oder anderen besonderen Erleben aus übte Meister Joshu Jushin bei seinem Meister, bei Meister Nansen, bis zu dessen Tod, 40 Jahre lang.

Heutzutage neigen manche Menschen eher dazu, einen Moment der klaren Wirklichkeitssicht für das Ziel des spirituellen Weges zu halten. Aber was hat man schon von solchem Ziel, außer dass man dann sagen kann: ich hab es – gehabt.

Wie sagte es Graf Dürckheim: Eine Erleuchtung macht noch keinen Erleuchteten aus. Ihm ging es eher darum, erhellendes Erleben wirken zu lassen. Wenn es wirkt, dann zeigt sich in dem feinen Lichtschein der Nichtunterschiedenheit um so deutlicher, an welchen Unterscheidungen aus welchen Motiven wir hängen, und welche Unterscheidungen aus welchen Motiven wir zu vermeiden suchen, und es entwickelt sich aus dem feinen Schein der Nichtunterschiedenheit ein Kriterium für das Werden, das heißt für die gelebte Integration von Grenzlosem und persönlicher Kontur.

Nachdem Meister Nansen gestorben war und Joshu zwei Jahre lang getrauert hatte, begab er sich für 20 Jahre auf Wanderschaft, um Sicht von Wirklichkeit in jeder Begegnung prüfen zu lassen, und um in jeder Begegnung dazuzulernen. Und erst mit 80 Jahren ließ er sich nieder in der Stadt Joshu, von welcher er seinen Namen bekommen hat, und lehrte. Er konnte es sich leisten, er wurde ja 120 Jahre alt und hatte also noch 40 Jahre zu lehren. Wenn ich wüsste, dass ich 120 Jahre alt werde, dann hätte ich auch erst mit 80 angefangen.

Was mag er gelehrt haben? Sicherlich hat er nicht davon gepredigt, dass es im Eigentlichen keinen Unterschied zwischen etwas und nicht etwas gebe, oder zwischen dir und mir, oder zwischen dem, was wir göttliches Sein nennen und dem, was wir für unsere banale Realität halten. Solche Begriffe stellen sich ja gerade an die Stelle von dem, was, wenn es erfahren wird, diesen Begriffen sich entzieht und dem Begrifflichen überhaupt widerspricht. Das heißt nicht, dass wir die Begriffe nicht brauchen. Nur nicht um zu lehren. Wie dann lehren, außer sagen: Setz dich einfach hin und lass' dich ganz und gar schweigen. Die Grundübung im Zen, das Zazen.

Das kann man ja nicht oft genug sagen, vor allem sich selbst. Setz dich einfach hin und lass' dich schweigen.

Nun, Joshu hatte noch eine andere Weise zu lehren, die sich in der folgenden kleinen Szene, die ein Koan ist, zeigt. Da kam zu ihm, dem über 80-jährigen Lebemeister, also ein Mönch, der einen Meister suchte. Er hatte wohl von dem berühmten Joshu gehört. Und er hatte wohl eben mit den anderen Mönchen gefrühstückt, als er zu Joshu gerufen wurde, und so sagt er: »Gerade bin ich erst in dieses Kloster eingetreten. Ich ersuche Euch, Meister, gebt mir bitte Unterweisung!«

Wie kommt man überhaupt darauf, Unterweisung zu wollen in Bezug auf die Sicht der Wirklichkeit? Man muss an der eigenen Wirklichkeitssicht zweifeln. Man muss daran zweifeln, ob das, was man sieht, das ist, was man sieht. Und ob das, was man von sich selbst wahrnimmt, das ist, was man ist. Heute zweifelt man wenig und glaubt viel. Man glaubt an alles, was Mode ist. An Erleuchtung zum Beispiel. Damit aber erfährt es sich schwer. Vielleicht hatte der Mönch auch schon eine Erfahrung des Eigentlichen gehabt, und dann hatte er die Sicht wieder verloren. Dabei ist diese Sicht ja gerade so, dass man fühlt, es gibt gar nichts zu verlieren. Es ist alles ohnehin, ohne ein hin, das eigentliche Sein. Das ist es ja, was tief berührt. Es gibt nichts zu verlieren. Wie kann man das verlieren? Anders gefragt: Warum kann man es nicht halten? Das, was war wie nicht. Man müsste selber sein wie nicht. War man es? Wie hat man es gemacht? Man weiß es nicht mehr. Man hat nichts gemacht. Aber jetzt, wie macht man es? Nicht machen. Wie ist nichtmachen?

»Unterweise mich,« sagt der Mönch. »Nimm mich an als Schüler, und zeig mir die eigentliche Wirklichkeit.« Das ist es ja, was man in alten Zeiten von den Meistern erwarten durfte.

Nicht nur eine Instruktion zum Üben, sondern eine Präsentation des Nichtzeigbaren. Ein bißchen verrückt. Wenn man die Augen offen hat, sieht man es doch selbst. Wenn man aber blind ist, was soll dann gezeigt werden? Was wird Joshu tun? Wo holt er das Wesentliche her, da es offenbar nicht offenbar ist? Was öffnet er, um es hervorzuholen? Den Mund öffnet er. Achtung: Jetzt kommt es. Achtung, es wird gezeigt. Aber nein.

»Hast du schon gefrühstückt?«, fragt Joshu den Mönch. Im Originaltext heißt es: »Hast du deinen Reisbrei schon gegessen?« Denn es gab natürlich Reisbrei zum Frühstück, wie noch heute in den japanischen Klöstern und Zendos. Manche lieben ihn. »Hast du deinen Reisbrei schon gegessen?« Nun, das ist eine höfliche Frage, wenn man gerade angekommen ist. Aber doch ist es ein bißchen enttäuschend, so gefragt zu werden in dem Augenblick, in dem man um Unterweisung fragt und offen ist zu schauen, bereit ist, so offen zu schauen, wie man noch nie geschaut hat, auch wenn man nicht weiß wie. Gerade weil man nicht weiß wie. Nur wenn man nicht weiß wie, ist man offen. Und dann diese alltägliche Frage. Andererseits muss der Lehrer sich ja erst einmal ein Bild machen von einem potentiellen Schüler. Heute muss man Fragebogen ausfüllen, wenn man irgendwo aufgenommen werden will, muss zeigen, was für Noten man gesammelt hat an Stelle von Erfahrung.

Joshu aber fragt nur nach dem Frühstück. Die Frage führt zurück zu dem, der fragt, führt zu ihm her. An der Antwort wird Joshu sehen, wer es ist, der fragt. »Hast du schon gefrühstückt?« Der Mönch sagt: »Ja. Ja ja«, sagt er, »ich hab' den Reisbrei schon gegessen.« Wie leicht sagt man »ja«. »Ja ja, ich habe. Ja ja, ich weiß. Ja, ich kenne. Ja ja, ja natürlich.« Weiß er denn, was er sagt? »Ja natürlich.« War er denn bei sich, als er gefrühstückt hat? Kann man sonst einfach »ja« sagen, wenn man nicht in der vollen Wirklichkeit war? »Ich weiß nicht«, müsste man sagen, »ich weiß nicht, ob ich gefrühstückt habe, aber wenn ich meinen Bauch anfühle, so muss es wohl so gewesen sein.«

Nur wenn der Kaffee zu schwach war, dann erinnert man sich genau. Oder wenn der Partner über den schwachen Kaffee gemeckert hat, dann erinnert man sich auch. Obschon gerade das vielleicht war wie sonst. Warum gewöhnt man sich nicht daran?

Nur an den gewohnt guten Kaffee gewöhnt man sich, an das gewohnt gute Gesicht des Anderen gewöhnt man sich und an die gewohnt guten Atemzüge auch.

»Hast du schon gefrühstückt?« »Hast du schon gelebt?«, hätte Joshu auch fragen können. »Hast du je gelebt? Wenigstens ein Frühstück lang? Einen Atemzug lang voll gelebt? So, dass du warst und nicht warst, so dass du es warst und doch nicht du. So dass alles du war. Du alles. Alles du. Hast du schon gelebt? Lebst du jetzt, wo ich dich frage?« Wie hat diese Frage mich als Jugendliche Nacht für Nacht bedrängt. Immer dachte ich, wenn ich jetzt sterben würde, so hätte ich das Gefühl, noch nicht gelebt zu haben. Nicht wirklich. Ich wusste es von Augenblicken her, in denen diese Frage weder existierte noch vergessen war. Und ich fand keine Brücke zwischen der Welt jener seltenen Augenblicke, in denen ein einziger Atemzug alles war, und dem Alltag, in dem ich kaum zu Atem kam.

Verrückt. Da kann man nicht einschlafen, weil man erwachen möchte.

Man leidet daran, vergangene Augenblicke nicht gelebt zu haben, anstatt diesen Augenblick zu leben. Diesen! Und dabei wäre es so einfach, das Schweigen der Nacht zu nehmen wie es kommt und geht mit jedem Atemzug. Erst als ich Jahre später in Graf Dürckheims Stübchen trat, begann ich eine Brücke zu ahnen, die Brücke, die eine Nichtbrücke ist, denn was gibt es zu verbinden? An Graf Dürckheim sah ich, dass er beides kannte. Die Not der Spaltung und den Weg ins Immerverbundene, wie zwei Regenbogen, die nichtzwei sind.

Ich weiß nicht mehr, was wir bei dem ersten Begegnen gesprochen haben. Wahrscheinlich fragte er mich, ob ich gut gefahren sei und ob ich schon gefrühstückt hätte und so weiter.

Woran ich mich erinnere, das ist sein Schweigen; sein Schweigen, während er sprach; dieses sein Schweigen fand in mir statt, dies Schweigen ohne mein oder dein. Vielleicht hat der Mönch ja vorbildlich geschwiegen bei seinem Frühstück, war ganz dabei, wollte es jedenfalls. Leider geht das nicht: Wenn man es will, kann man nicht dabei sein. Aber er hat sicher nicht zum Fenster hinausgeschaut, wahrscheinlich hat er in edler Zenhaltung, voll im Hara, Bissen für Bissen meditativ gekaut und darauf geachtet, Form und Leere zugleich zu schlucken. Oder hat er sich schon auf das Eigentliche konzentriert, auf das, was gleich kommen wird, die Begegnung mit Joshu? Manche Menschen sind schon beim Frühstück bei dem, was danach kommt, beim Eigentlichen. Als ob Eigentliches jemals danach käme.

Jedenfalls sagt der Mönch: »Ja, ja, ich habe gegessen.« »Dann wasch' deine Essschale!«, sagt Joshu. Das ist seine Unterweisung, nachdem er den Mönch nun kennt. Wie jede Mutter spricht er: »Geh, wasch' deinen Teller, du bist doch fertig, träum nicht!« Und wie Graf Dürckheim spricht der alte Joshu. Nicht wahr?

Wer kennt nicht dieses Beispiel aus Dürckheims Alltag. Er hatte keine Maschine. Die Übung des Geschirrspülens. Einfache, vertraute Bewegung, so vertraut, dass man in der Gefahr ist, sie automatisch zu tun, vollautomatisch wie die Spülmaschine, andererseits so vertraut, dass in diesem immer gleichen Tun die Chance ist, ohne aufzupassen (aufpassen ist ja nicht dabei sein), die Chance ist, dabei zu sein, ganz bei sich zu sein, indem man ganz bei der Essschale oder beim Tässchen ist. Nichts anderes tun als das; das Tässlein waschen und trocknen, nichts Besonderes darin suchen, nichts dahinter suchen, nichts darüber hinaus suchen, nicht sich selbst suchen, nichts Transzendentes suchen, nur in aller Aufmerksamkeit sich selbst vergessend mit der Hand da so um das Tässlein herum und in das Tässlein hineinfahren. Als hätte man Zeit.

Mit der Zeit, beim 20. Tässlein oder nach 20 Jahren, verändert sich das Wie dieses Tuns, und wenn man dann das Tässlein aus der Hand legt und etwas Nächstes tut, dann merkt man vielleicht, wie das Tässlein offenbar einen Horizont geöffnet hat.

Und aus dem geöffneten Wie ergibt sich das neue Was, ergibt sich, was wir als nächstes tun, was wir überhaupt tun im Leben. Ob es etwas ist aus Öffnung heraus oder nicht. Darum ist das Geschirrspülen eine gute Übung in Richtung Frieden. Denn solche Wandlung geschieht auf jeder Stufe der Bemühung. Man muss nicht zu einem großen Tassenerlebnis gekommen sein.

Die Gefahr ist allerdings, aber was ist schon ohne Gefahr, die Gefahr ist, dass die Bemühung um das Wie, auch wenn es eine Bemühung um Hingabe ist, dass sie sich verabsolutiert. Dann kann es einem nicht genug »dabei« sein, als könne man das nichtbedingte Eigentliche doch herbeibedingen, als müsse man das ganze Universum in diesem Tässlein begreifen, aber unter dem Druck solcher Hingabe zerbricht allenfalls das Tässlein; das Universum bleibt unversehrt. Oder man sucht im ständigen »Verbessern« der Hingabe eine perfekte meditative Leistung zum Ersatz für Eigentliches. Es ist gar nicht so leicht, die Übung, was immer es sei, auszubalancieren zwischen Verantwortung und Eitelkeit.

»Wasch' deine Essschale!«, sagt Joshu. Zum einen eine Übungsanweisung auf Lebenszeit. Aber er meint es jetzt. Er sagt ja nicht: »Wasch' täglich deine Essschale.«

Nur: »Wasch' deine Essschale. Warte nicht. Jetzt, geh' in das Jetzt.« Wer weiß, wie oft der Mönch das schon geübt hat, das Jetzt. Vergeblich geübt. Ist nicht nachgekommen. Das Jetzt ist so schnell. Immer schon wieder vorbei. Schon wieder. Je schneller man greift, desto schneller ist es vorbei. Und doch geschieht es, dass das Jetzt einfach stehen bleibt, unvermutet. Bleibt einfach stehen, während Zeit weitergeht. Wer möchte da nicht bleiben. Stehen bleiben.

»Wasch' deine Essschale!« Der Mönch nimmt die Worte, die den Schleier heben. Es heißt, er habe bei diesen Worten eine gewisse Erleuchtung erlangt. Er ist zu sich gekommen. In die Realität der Begegnung. So hatte er also mit seiner Antwort: »Ich habe den Reisbrei schon gegessen«, nicht etwa gemeint, »ich habe es erfahren.« Das hätte ja auch sein können. Aber hätte er dann so gesprochen? Und was hätte Joshu dann wohl geantwortet?

»Wasch’ deine Essschale«, denke ich, hätte er gesagt. »Oder soll darin der Frühstücksrest kleben bleiben, nur weil du eine Erleuchtung hattest? Soll der Erfahrungsrest in deinem Bewusstsein kleben bleiben, sodass du nicht mehr neu erfährst, dich nur erinnerst? Vergiss es! Wasch’ dein Bewusstsein!« Der Mönch nimmt die Worte. Er nimmt sie einfach, ohne »Ja, aber.« »Ja, aber Essschale waschen hab’ ich schon einmal probiert, da hat es nichts gebracht. Ja, aber zuerst habe ich noch eine Frage. Ja, aber das kalte Wasser tut mir nicht so gut. Ja aber.« Der Mönch nimmt die Worte einfach, fragt auch nicht »wie«. »Wie soll ich es machen, damit es etwas bringt? So herum oder so herum? Willst nicht lieber gleich du es für mich tun?« Der Mönch nimmt einfach die Worte. Und es ging ihm etwas auf. Offenbar war es gerade der richtige Moment. Er hatte genug geübt bis dahin. Oder auch nicht. Die Gnade schert sich ja nicht um unser Üben. Das Aha tritt ein, wann es will.

Ja, aber wo war nun eigentlich das Eigentliche? Hat Joshu es gezeigt? Das, was ist, nicht wie? »Hast du schon gefrühstückt?«, hat er gesagt und: »Wasch’ deine Essschale.« Wo ist es? Kann Joshu es verbergen? Kann irgendjemand es verbergen? Wenn es nicht zu verbergen ist, dann ist es ja gleichgültig, was man sagt. Dann ist kein Inhalt mehr das Eigentliche als der andere. Ja, wenn es gleichgültig ist, dann ist es gleichgültig.

Für Joshu war es so. Hätte er auch »bla bla« sagen können? Er sagte nicht »bla bla«. In voller Achtung vor dem Fragenden, aus Mitsein heraus spricht er und sagt aus ganzem Herzen: »Wasch’ deine Essschale!« So sprach Joshu. Er hatte ja auch schon mindestens 60 Jahre lang Zen geübt, geübt, dabei zu sein bei dem, was man alltäglich tut und sagt. Nicht in besonderen Situationen, auf die man sich lange gefreut hat, die man mit Spannung erwartet hat. Nein, beim Alltäglichen.

Hatte geübt, sich selbst zu vergessen in das Tun seines Tuns, in das Schauen seines Schauens, in das Sprechen des Sprechens.

Man kann leicht wissen, ob jemand dabei ist beim Alltäglichen, hin und wieder ein wenig jedenfalls, man kann es leicht wissen, auch ohne ihm zuzuschauen. Man braucht nur zu fragen: »Was hast du heute so gemacht?« Die meisten Menschen, wenn man sie in allem Ernst so fragt, die meisten Menschen sagen dann: »Oh, nichts Besonderes«. Als ob man gefragt hätte, ob sie etwas Besonderes gemacht haben. Das kommt daher, dass sie das Nichtbesondere nicht besonders schätzen, und so denken sie, dass der andere es auch nicht besonders schätzen würde, davon zu hören. Es wäre ja auch etwas lächerlich, wenn jemand erzählen würde: »Ich bin aufgestanden heute morgen, dann habe ich zum Fenster hinaus geschaut, dann habe ich ein Tässlein Tee getrunken, dann hab' ich mein Tässlein gespült und dann bin ich ein paar Schritte gegangen, und dann hab' ich mich hingesetzt.« Seltsam, nicht wahr? Allerdings, ich habe in seinen letzten Jahren Graf Dürckheim oftmals gefragt: »Was hast du heute so gemacht?« Und Karlfried antwortete oftmals in etwa so: »Nun, ich bin aufgestanden heute morgen, dann habe ich zum Fenster hinaus geschaut, dann habe ich ein Tässlein Tee getrunken, dann hab' ich mein Tässlein gespült und dann bin ich ein paar Schritte gegangen, und dann hab' ich mich hingesetzt –« Es war nicht lächerlich. Es war nicht seltsam. Es klang eher wie ein Gedicht.

»Ich bin aufgestanden heute Morgen, dann habe ich zum Fenster hinaus geschaut, dann habe ich ein Tässlein Tee getrunken, dann hab' ich mein Tässlein gespült und …« So spricht jemand, der dabei war beim Aufstehen und beim zum Fenster Hinausschauen und beim Tässleinspülen. So spricht jemand, der dabei ist beim davon Erzählen und der selbstvergessen mit dem ist, der fragt.

Gerhard Marcel Martin

Jahreszeiten der Seele

Ein theologisch-religionsphilosophischer Beitrag[35]

Aus Japan habe ich ein paar Haikus mitgebracht, die Jahreszeiten in den Blick nehmen:

> Sogar mein Schatten
> ist durch und durch gesund
> an diesem Frühlingstag.   Issa

> Sommerfluss.
> Da ist eine Brücke, doch
> das Pferd geht durchs Wasser.   Shiki

> Herbstnacht –
> das Loch in der Tür
> spielt Flöte.   Issa

> Wintermond.
> Ein Tempel ohne Tor.
> Wie hoch der Himmel.   Buson[36]

Zur Schwingungsbreite des Wortfeldes »Seele« und eine Arbeitsdefinition

Religionsgeschichtlich und theologisch möchte ich auf das Sprach- und Vorstellungsfeld »Seele« in der jüdisch-christlichen Überlieferung hinweisen. In der Hebräischen Bibel taucht das Wort nephesch (= »n.«) auf, das gewöhnlich mit Anima, Psyche und Seele übersetzt wird. Dieses Wort hat – gerade durch den Gebrauch der Psalmen – die Frömmigkeitsgeschichte der letzten zweieinhalbtausend Jahre stark geprägt und ist doch keineswegs deckungsgleich mit dem üblichen philosophischen, theologischen und psychologischen Begriff »Seele«.

Ich stelle Daten zusammen aus dem Klassiker von Hans-Walter Wolff: Anthropologie des Alten Testaments. Grundworte alttestamentlicher Anthropologie erstrecken sich immer über viele Bereiche. Sie meinen immer auch den Körper oder konkrete Körperorte. Sie gehen von Phänomenen des Lebens in der persönlichen und kollektiven Existenz aus. So ist es auch mit dem Wort Seele, das die umfassende Bedürftigkeit des Menschen zum Ausdruck bringt – Bedürftigkeit im Sinne von Angewiesenheit, Beziehungsaufnahme, Begierde. Der Körperort dazu und davon ist in Kehle und Hals. Es geht um Hunger, um Essen und Trinken und ganz zentral um das Kommen und Gehen des Atems. Nephesch bläst, atmet, keucht. Nephesch atmet auf.[37] Die Kehle ist der Sitz elementarer Lebensbedürfnisse. Aber darin und darüber hinaus geht es um das vitale Verlangen, Begehren, Trachten oder Sehnen – ausgerichtet auf näheste, leiblichste, aber auch weiteste und in dem Sinn transzendente/spirituelle Ziele. Auch Gott will und soll von ganzer Seele (freilich auch von ganzem Herzen und mit aller Kraft) geliebt werden (5 Mose 6,5). Eine Seele, die so bedürftig ist, kann nun aber auch – mit all ihrer Lebenserfahrung positiver und negativer Art – leidend, gequält, erschrocken, verzweifelt, unruhig und erschöpft sein. Sie kann sich freuen und jubeln, aber auch hassen, trauern und weinen. In dem Sinn kann Seele für »Leben« und »Person« schlechthin stehen.

Hans Walter Wolff fasst zusammen: »Überschauen wir den weiten Zusammenhang, in dem die n. des Menschen und der Mensch als n. betrachtet werden, so sehen wir darin vor allem den Menschen als das einzelne Lebewesen gekennzeichnet, das das Leben weder aus sich selbst gewonnen hat noch erhalten kann, sondern das in vitalem Begehren auf Leben aus ist, wie das die Kehle als Organ der Nahrungsaufnahme und des Atmens und der Hals als der besonders gefährdete Körperteil verdeutlichen. Zeigt so n. vor allem den Menschen in seiner Bedürftigkeit und Begehrlichkeit, so schließt das seine emotionale Erregbarkeit und Verletzbarkeit ein.«[38]

Mir gefällt dieses hebräische Wortfeld für Seele, weil es konkret und körperbezogen ist, weil es Seele nicht von vornherein vergeistigt und dadurch leiblich entrückt, weil es gerade so vitale und energetische Prozesse auf allen Ebenen in den Blick nimmt (und darum auch nicht individualisiert). Trotzdem darf nicht verschwiegen werden, dass der in der abendländischen philosophischen und theologischen Überlieferung trägfähige und wirksame Begriff »Seele« auch noch andere Grunddimensionen und -aspekte alttestamentlicher Anthropologie einbezieht und in ein komplexes Vorstellungsgebilde »Seele« integriert.

Hans Walter Wolff fängt mit *nephesch*, dem bedürftigen Menschen, an, bietet dann aber ein kurzes Kapitel über Fleisch/*basar* (der hinfällige Mensch) und setzt fort mit zwei zentralen und umfangreichen Kapiteln zu ruach und leb, das heißt zu »Geist« und zu »Herz«. Anders als in unserem oft romantisch gefühlsorientierten Vorstellungsbereich »Herz« geht es in der Hebräischen Bibel dabei um den »vernünftigen Menschen«, der über Einsicht, Erkenntnis und Willensentschlüsse, über Planen und Absicht seine durchaus auch im Herzen bewegten Gefühle, Wünsche und Gemütsverfassungen zu strukturieren vermag. Und schließlich: ruach / Geist ist zunächst das Wort für Wind und Atem, für die Lebenskraft. Das Wort verbindet Gott und Mensch. Gott gibt die ruach, und die ruach kehrt ihrerseits am Ende des Lebens zu Gott zurück. In dem Sinn ist der Mensch »begeistert« und von vornherein in Beziehung.

Nach diesen textnahen Beobachtungen aus jüdisch-christlicher Tradition komme ich zu meiner Arbeitsdefinition von Seele, die der Verbindlichkeit und Mitvollziehbarkeit meiner Gedanken dienen soll: Seele meint den zweipoligen Kontaktbereich zwischen sterblichem Leben und der transzendenten Wirklichkeit. Nur wenn ich diese beiden Pole bleibend gleichzeitig – wiewohl in ganz verschiedenen Schwerpunktsetzungen und Bewegungsformen – im Blick behalte, bin ich theologisch und spirituell bei der Sache, zu der unabdingbar die den Mensch

und die menschliche Existenz umfassende und überschrei-
tende Wirklichkeit, der Grund und Abgrund allen Lebens gehört. Menschliches Leben bewegt sich in Raum und Zeit.
Transzendente Wirklichkeit überschreitet Raum und Zeit.
Manche Psychologen und Theologen prägen und benutzen in
dieser Perspektive Worte wie: transempirisch, transemotional,
transpersonal, transsubjektiv, transkirchlich, transinstitutio-
nell, transhuman. Wobei es keineswegs nur um »trans« im
Sinne von »darüber hinaus« gehen muss, sondern auch um
»darunter hindurch«, »daneben vorbei« gehen kann. Natürlich
kann man keinen Gesprächspartner auf diese Zweipoligkeit
festlegen. Es gibt eine Perspektivierung von Seele, die auf die
transzendente Wirklichkeit sehr gezielt und aus nachvollziehbaren Gründen verzichtet – etsi deus non daretur – und es
gibt auch eine, für mich freilich fragwürdige Schwerpunkt-
setzung in einer Lehre von der Seinsweise göttlicher Wirklichkeit, die meint, menschliches Leben auf längere Sicht nicht im
Blick behalten zu müssen. Theologische und religionsphäno-
menologische seelsorgerliche Rede von der Seele thematisiert
aber gerade das Begegnungs- und Bewegungsfeld, den Spielraum zwischen »Mensch« und »Gott« und arbeitet nicht mit
irgendeiner Form von Sperrgebiet oder mit Raumtrennungen
(und sei es mit von der einen Seite durchsichtigem Spiegelglas).
Ich glaube, dass die Welt der Jahreszeiten mit ihren Rhythmen
zum Verständnis des Seelenlebens viel beitragen kann.

Frühling

Seelenfrühling – das heißt, dass es im Kontaktbereich zwischen sterblichem Leben und transzendenter Wirklichkeit
knospt und blüht, dass Gott sich nach den Menschen, dass
sich der Mensch nach Gott sehnt, und dass sie sich auf einem
bunten Lebensfeld begegnen, dass Begehren aufbricht und
Erfüllung findet – eine Bewegung aufeinander zu, umeinan-
der herum bis an die Grenzen des Feldes, das sich durch den
Tanz selbst konstituiert und erweitert. Hier ist Ekstase im
Spiel: herausgehend nicht nur aus selbstverschuldeter Un-

mündigkeit, sondern aus verschuldeter und unverschuldeter Kälte, Erstarrung, Einkapselung. Jubel. Freiheit. Glück.

»Lobe den Herrn, meine Seele, und alles, was in mir ist, seinen heiligen Namen!
Lobe den Herrn, meine Seele, und vergiss nicht, was er dir Gutes getan!
Der dir all deine Schuld vergibt und alle deine Gebrechen heilt,
der dein Leben vom Verderben erlöst, der dich krönt mit Gnade und Barmherzigkeit,
der mit Gutem dein Verlangen stillt, dass deine Jugend sich erneuert gleich dem Adler.
Taten des Heils vollbringt der Herr und schafft Recht allen Unterdrückten.«
(Psalm 103,1–6) (Zürcher Bibelübersetzung 1942)

Frühling. »Und allem Anfang wohnt ein Zauber inne« (Hermann Hesse) und Kraft, Lebenserneuerung – und dies nicht nur im privat-persönlichen, sondern im öffentlichen Leben und kosmisch: »… und schafft Recht allen Unterdrückten«. Hier wird ein weiter Lebensraum aufgetan, Entgrenzung und Befreiung durch Entschuldung und Frei-Spruch.

»Denn so hoch der Himmel über der Erde ist, so hoch ist seine Gnade über denen, die ihn fürchten.
So fern der Aufgang ist vom Niedergang, so fern tut er unsere Übertretungen von uns.«
(Psalm 103, 11f)

Hier ist der real-spirituelle Ort, an dem aus der Kehle Jubel ausbricht. Wenn unsere Arbeitsdefinition stimmt, ist das Jubilieren in der Tat ein wesentliches Geschehen im Feld zwischen den Menschen und dem Grund und Abgrund ihres Lebens. »›Jubilus‹ oder ›Jubilatio‹ im Lateinischen bezeichnet das Singen von Lauten, die keinen Begriffsinhalt haben, ähnlich dem

Jodler. Augustinus meint, dass gerade der Jubilus, der keinen Wortinhalt hat, der Erfahrung des unaussprechlichen Geheimnisses Gottes angemessen ist: ›Suche nicht nach Worten, als ob du erklären könntest, woran sich Gott erfreut. Singe jubelnd ... Was ist dieses Singen im Jubel? Nicht verstehen und nicht mit Worten ausdrücken können, was mit dem Herzen gesungen wird. Denn die bei der Ernte, im Weinberg oder bei einer anderen anstrengenden Arbeit sind, fangen zuerst an, mit Worten und Liedern ihre Freude auszudrücken. Doch wenn sie so voller Freude sind, dass sie diese mit Worten nicht mehr ausdrücken können, wenden sie sich von den Worten mit ihren Silben ab und gehen zum Jubilieren über. Der Jubilus ist ein Ton, der bedeutet: das Herz gebären lassen, was man nicht mehr sagen kann. Unaussprechlich ist, was man in Worten nicht ausdrücken kann.‹«[39] (Was Augustin hier altkirchlich »Herz« nennt, könnte genauso gut oder besser »Seele« sein.)

Wir haben in einem Workshop nach der Praxis des Jubilierens, nach möglichen Gründen/Anlässen gefragt. Die Schreibübung hatte die Überschrift: Drei bis fünf Gründe für die Seele, zu jubilieren. Hier eine kleine Auswahl: Schulfrei – Schnee – Vom 3-Meter-Brett springen – Freiheit auf dem Berggipfel – Im See schwimmen – Im Chor mitsingen – Körperlich gefordert sein und Erfolg haben – Die Fußballweltmeisterschaft gemeinsam erleben – Dass ich atme – Dass ich lebendig bin – Dass ich sterblich bin – Dass ich lebe – Wenn meine Familie um die Ecke kommt, um mich zu besuchen – Dass ich in einer Gegend am See wohne – Die Freiheit im Alter – Eine Malerin: Dieser Moment am Meer – Ein Sonnenaufgang – »Lobe den Herrn« singen – Auf der Straße ein fremder Mensch – Blicke treffen sich – Ein Bild authentisch in die Welt setzen – Dass ich überlebt habe – Dass ich Hingabe lernen durfte – Dass ich Berufung und Kraft kennengelernt habe – Spiel und Spaß – Jubilieren bei der Entdeckung, wie viel ich jubiliere – An diesem Ort zu leben – In Übereinstimmung sein – Bergsteigen – Ich jubiliere eigentlich ständig – Der Herbstwind – Die Arbeit – Wenn ich Sprache finde – Ein Arzt: Wenn der Patient dankbar ist – Dass jeder Tag neu/anders ist – Dass ich trotz schweren Unfalls noch am Leben bin.

Sommer

Der Sommer hat einen anderen Zauber als der Frühling. Der Seelensommer ist genauso vital wie stabil. Die Felder zwischen Gott und Mensch sind bestellt. Zwischen Mensch und Mensch ist Weite und Wärme. Hier und da ein reinigendes Gewitter, ein Platzregen, ein Regenbogen. Paul Gerhardt singt: »Geh aus mein Herz und suche Freud in dieser schönen Sommerzeit…«[40] In der sehr orthodoxen protestantischen Dogmatik gab es einen Streit darüber, wann die Welt geschaffen worden sei: im Sommer oder im Winter?

Die poetischste Form und Formel zu diesem lebendigen Ruhemoment sommerlicher Zeit finde ich bei Gottfried Benn, mitten in seinem Herbstgedicht »Astern«:

… der Sommer stand und lehnte
und sah den Schwalben zu.[41]

Seelenherbst / Seelenwinter

Herbst: Wir sind mitten darin in unserer Zivilisation, in all unseren therapeutischen und spirituellen Professionen, in der Religion. Manche Ernte freilich ist schon mitten im Sommer, Getreide und frühe Äpfel. Aber ansonsten ist der Herbst für reife Früchte zuständig: für Nussernte und Weinernte, für Kartoffelfeuer, für Einlagerung, für Rückzug von außen nach innen, für Abschiede aller Art. Was könnte herbstlich geschehen im zweipoligen Kontaktbereich zwischen sterblichem Leben und der transzendenten Wirklichkeit? Wie, wenn wir der Vorstellung standhalten (müssten), dass nicht nur Gott und Mensch die Ernte einbringen, sondern auf ihre Weise sich voneinander verabschieden, zurücktreten in ihre je eigenen Räume, dass die Pole in einen solchen Abstand geraten, dass der Kontaktbereich bisweilen gegen Null geht, heißt: in Richtung Winter.

Im Rhythmus der Jahreszeiten der Seele scheint es mir sinnvoll und nötig, diese Perspektive zu eröffnen, statt sie solange wie möglich auszublenden. Die Idee und die Selbstinszenierung vom »ewigen Frühling« verleugnen den Rhythmus und versuchen jede Melancholie, auch die Melancholie der Erfüllung, auch die Melancholie des Abschiedes jubilierend zu überspringen. Aber auch der Jubel hat unvermeidlicherweise seinen Stimmbruch, seinen Herbst, seinen Winter.

Im klassischen psychoanalytischen Modell ist »Melancholie« ein herbstlich bis winterlich erstarrter Trauerprozess. Ein Mensch hat sich verabschieden müssen von den Objekten der Libido und keine Neubesetzung gefunden, manchmal nicht einmal gesucht. In der Lebensbewegung der Seele sind Trauer und Melancholie nicht von vornherein problematisch, sondern gehören zur Fülle und zur Ganzheit, prägen bisweilen den Charaktertyp und stehen keineswegs von vornherein unter Pathologieverdacht. (Bei Fritz Riemann ist es der »depressive« Typ, der gerade so liebesfähig und beziehungsfähig ist.)

Frage: Wohin zieht sich im Herbst (und ich beziehe jetzt auch schon den Winter mit ein) die Seele zurück? Franz Schuberts Winterreise gibt jedenfalls eine (leicht romantische) Antwort mit den unvergleichlichen und schwermütigen Gedichten von Wilhelm Müller über Erstarrung, gefrorene Tränen und Frühlingsträume, die in Kälte, in der Finsternis und mit Rabenschreien enden, aber auch mit einem Rest von »Mut« und Widerspruch.[42]

Hier deutet sich an, dass es auch gegenläufige Vorstellungen geben könnte: Die eine ist die Trennung der Pole (wobei die Frage für diesmal offen bleibt, wohin sich Gott zurückzieht ...), die andere zielt auf Polverschmelzung. Beides ist nicht identisch mit totalem Verlust und Tod. Beides ist aber sehr verschieden gestimmt. Religionsgeschichtlich weit und poetisch spirituell quer hat der alte Dada-nahe Poet Ernst Jandl in seinen »gedichten an die kindheit« formuliert:

»daß alle menschen etwa
eine einzige seele möchten sein,
die reicht, solang sie leben,
in ihre körper hinein
und schnappt, sobald sie sterben,
dann irgendwo zurück
in diesen einzigen großen seelenleib,
in dieses unvergängliche glück,
das wollte ich gern hoffen.«[43]

Ernst Jandl hat die Phantasie von dem »einzigen großen seelenleib«. Theologisch betrachtet könnte dies soweit ausge-
dehnt sein, dass der Ort, an dem die Seele dann wohnt, auch
der Ort Gottes und seiner Unvergänglichkeit ist. Dies jedenfalls entspricht eigentlich einem mystischen Seelenverständ-
nis. Pointiert z. B. bei dem Benediktiner Augustine Baker aus
dem 17. Jahrhundert: »Die Gottheit ist das angemessene,
weite Element, in dem die Seele Leben, und zwar unendliches
Leben, finden kann. Außerhalb dieses Elementes ist sie wie
ein Wal, der in einem Bach gestrandet ist: Das große Geschöpf
hat keinen Platz, zu schwimmen und zu tauchen.«[44]
    Sowohl in der Geschichte der Natur wie in der Geschichte
sterblichen Lebens und transzendenter Wirklichkeit ist der
Winter, soweit unsere Erfahrung und Hoffnung tragen, nicht
das Ende, sondern hat einen Drehpunkt zum Frühling hin.
Selbst in Schuberts Winterreise gibt es nicht nur Trotz und
Mut dem Winter entgegen, sondern Frühlingsträume und
Schmelzwasser. Franz Kafka wollte mit der Literatur »das
Packeis der Seele spalten«. Und Angelus Silesius (Johannes
Scheffler 1624–1677) dichtete: »Blüh auf, gefrorener Christ,
der Mai ist vor der Tür: Du bleibest ewig tot, blühst Du nicht
jetzt und hier.«

Die Metapher der Jahreszeiten und ihrer Rhythmen hat zum
Verständnis der Seele ungeheuer viel beizutragen. Aber eine
Metapher bleibt eine Metapher und darf nicht objektiviert und

auch nicht verabsolutiert werden. Im Themenbogen »Jahreszeiten der Seele« ist nicht alles zu versammeln, was über die Seele zu sagen ist. Jedenfalls reichen das Glück und das Schicksal des rhythmischen Wechsels von vier Jahreszeiten nicht aus. Schon in Wirklichkeit sind diese Jahreszeiten nicht in einer geordneten Reihenfolge, sondern verschränkt. Es gibt Wintereinbrüche, manchmal sogar im Sommer; und es gibt Frühlingsgefühle im Herbst. Ohnehin ist Gleichzeitigkeit in der Globalisierung und ihren Märkten eine Signatur der Zeit. Fruchtexporte gibt es über den Äquator hinweg, so dass es immer Herbst- und Frühlingsfrüchte gleichzeitig zu kaufen und zu verzehren gibt – von der Konservenzivilisation und den eingekochten Jahreszeiten aller Art ganz zu schweigen. Im UV-Studio brennt die Sommersonne 365 Tage im Jahr; und der Schnee kommt, wenn es sein muss, hochsommerlich aus der Kanone. Über die Gleichzeitigkeit der Jahreszeiten hinaus gibt es aber noch eine andere Grenze der Metapher »Jahreszeiten der Seele«. Die Seele wäre nicht die Seele, wenn sie nicht auch jenseits der Jahreszeiten und jenseits aller Zeiten lebte. Und vielleicht sind wir erst hier bei dem theologisch und spirituell überzeugendsten Vorstellungsbereich der Polverschmelzung zwischen Mensch und Gottheit angelangt. Meister Eckehart: »Es gibt ein oberstes Teil der Seele, das steht erhaben über die Zeit und weiß nichts von der Zeit noch vom Leibe. Alles, was je geschah vor tausend Jahren – der Tag, der vor tausend Jahren war, der ist in der Ewigkeit nicht entfernter als der Zeitpunkt, in dem ich jetzt eben stehe, oder (auch) der Tag, der nach tausend Jahren oder soweit du zählen kannst, kommen wird, der ist in Ewigkeit nicht entfernter als dieser Zeitpunkt, in dem ich eben jetzt stehe.« »Ewigkeit« ist die Zeit Gottes.[45]

Weil das Sich-Einschwingen in die Jahreszeiten der Seele weder therapeutisch noch spirituell alles ist, möchte ich mit der Thematisierung radikaler Krisen und ihrer Bearbeitung im Leben der Seele enden. Die Krise ist nicht der Winter und nicht einmal der etwas zu ewige Frühling, sondern religionsgeschichtlich genauso wie therapeutisch und spirituell die Situation, dass sich die Seele grundsätzlich verirrt, dass sie gestohlen wird oder verloren geht. Und das kann genauso im Glück des warmen Sommers wie in den Kältezonen des Winters geschehen. Darum zum Schluss zwei kurze Passagen zur kritischsten Rettung der Seele und zum Seelenverlust:

Die Seele als »Beute« davontragen

Sowohl therapeutisch wie seelsorgerlich gibt es ein Minimalkonzept, Krisen zu überleben und die Seele – jedenfalls und wenigstens die Seele – zu retten. Das ist bei dem Propheten Jeremia in der Metapher ausgedrückt »die Seele als Beute davontragen«. »Beute« ist der Anteil des feindlichen Besitzes, den ich auf der Flucht rette und der mir möglicherweise zum Überleben dient. Gott spricht zu Baruch, dem Schreiber des Propheten Jeremia: »Siehe, was ich gebaut, ich reiße es nieder, und was ich gepflanzt, ich reiße es aus! Und du begehrst Großes für dich? Begehre es nicht! Denn siehe, ich bringe Unheil über alles Fleisch, spricht der Herr; aber dir gebe ich dein Leben zur Beute allerorten, wohin du gehst.« (Jeremia 45,4f) Genau dieselbe Formulierung findet sich in Zusprüchen zum Volk Israel (Jeremia 21,9) und zu Ebed Melech (Jeremia 39,18). Bonhoeffer hat diese Formulierung des Jeremia von früh an beschäftigt, in der Weite der Metapher z.B. schon in seinen Vorlesungen in Barcelona 1928, dann aber durchgängig und immer wieder in den Briefen und Aufzeichnungen aus der Haft »Widerstand und Ergebung«. »Jeremia 45 lässt mich nicht mehr los.« (23.2.1944) – »Es wird nicht die Aufgabe unserer Generation sein, noch einmal ›große Dinge zu begehren‹, sondern unsere Seele aus dem Chaos zu retten und zu bewahren und in ihr das Einzige zu erkennen, das wir wie eine ›Beute‹ aus dem brennenden Hause tragen. ›Behüte Dein Herz mit allem Fleiß, denn daraus geht das Leben‹ (Sprüche 4, 23). Wir werden unser Leben mehr zu tragen als zu gestalten haben, wir werden mehr hoffen als planen, mehr ausharren als voranschreiten. Aber wir wollen Euch Jüngeren, der neugeborenen Generation, die Seele bewahren, aus deren Kraft Ihr ein neues und besseres Leben planen, aufbauen und gestalten sollt.«[46] (Mai 1944)

Das mag etwas depressiv und nach der Mentalität eines »letzten Gefechts« klingen. In einem Workshop haben wir an dieser Metapher bibliodramatisch[47] gearbeitet und mit ihr gespielt. »Die Seele als Beute davon tragen«: als Standbild, als Skulptur, die aus einer kleinen Bewegung in das Bild hinein geht oder mit einer kleinen Bewegung aus dem Standbild heraus ins Leben zurück. Dabei haben wir die Gattungsproben gemacht. Die Frage war: »Die Seele als Beute« – hat das Züge einer Komödie? »Die Seele als Beute« – wie viel Tragik ist darin? »Die Seele als Beute« – lässt sich das auch drastisch, krass und als absurdes Theater inszenieren? Manchmal rutschte die Seele dann doch bis auf den Boden und fast in den Boden hinein. Das Huckepack gelang nicht immer, die Seele wurde gezogen, getragen, geschleppt, ging fast verloren. Welche Rollenwechsel! Welche Erstarrungen, welche Frühlingspunkte. Der Sommer aber »stand und lehnte und (sieht) den Schwalben zu«.

Zur Dynamik des Seelenverlustes

Lukas 17,33: »Wer seine Seele (psyche) zu erhalten versucht, der wird sie verlieren, und wer sie verliert, der wird sie gewinnen.« Eine seriöse Paraphrase, grammatisch voll gedeckt, heißt: Wer sein Leben/seine Seele aus eigener Kraft zu erwerben versucht, wer es sich um jeden Preis verschaffen will, der wird es verderben/vernichten/einbüßen. Und wer es verliert (keineswegs nur passiv, sondern auch: verloren gibt, aufgibt), der wird es beleben, lebendig machen, erhalten.

Was könnte das heißen: sein Leben, seine Seele, sich verlieren? Zunächst vielleicht noch etwas harmlos, aber nicht unwichtig: etwas (von sich) fallen lassen: seine Maschen (»Friede seiner Masche«) oder seine Masken. Also nicht mehr seine »persona« festhalten und den Charakterpanzer verstärken, zwanghafte Kontrolle aufgeben.

Vielleicht gibt es darin sogar eine neue Identität. Leonhard Cohen schrieb 1966 »Schöne Verlierer« (Beautiful Losers). Und man kann auch ein Lied daraus machen – weltberühmt der Song von den Beatles: »I am a loser«. Die Weltgeschichte fängt mit einem Verlust an: »Paradise Lost«, »Jenseits von Eden« (1 Mose 3/John Milton/John Steinbeck).

Aber eine Stufe radikaler heißt es eben nicht mehr »I am a loser«, sondern »I got lost«. Ich habe mich aufgegeben, ich habe mich verloren gegeben, ich bin verloren gegangen. Und das muss keineswegs nur ein sadomasochistisches Komplott mit sich und anderen sein. Das mystische »Lassen« ist immer beides, aktiv und medial:

eher aktiv noch: let (it) be – und: medial/passiv: let go.

»Let go« heißt: Sich verlieren und sich im Fundbüro nicht wieder abholen können. Ein absurder Appell in dieser Richtung findet sich in einer ziemlich bekannten Geschichte von Franz Kafka:

»Gibs auf!
Es war sehr früh am Morgen, die Straßen rein und leer, ich ging zum Bahnhof. Als ich eine Turmuhr mit meiner Uhr verglich, sah ich, dass es schon viel später war, als ich geglaubt hatte, ich musste mich sehr beeilen, der Schrecken über diese Entdeckung ließ mich im Weg unsicher werden, ich kannte mich in dieser Stadt noch nicht sehr gut aus, glücklicherweise war ein Schutzmann in der Nähe, ich lief zu ihm und fragte atemlos nach dem Weg. Er lächelte und sagte: ›Von mir willst du den Weg erfahren?‹ ›Ja‹, sagte ich, ›da ich ihn selbst nicht finden kann.‹ ›Gibs auf, gibs auf‹, sagte er und wandte sich mit einem großen Schwunge ab, so wie die Leute, die mit ihrem Lachen allein sein wollen.«[48]

Jedenfalls gibt es einschlägige Erfahrungen in künstlerischen und in spirituellen Prozessen. Was ist »dran« an der Verheißung, das Leben zu gewinnen durch Verlust und Selbstverlust, durch die Zone Zero hindurch? Der einzige Satz zum

Mitschreiben: Wenn klar ist, dass ich (gänzlich) verloren habe, dann kann das Spiel beginnen. Das scheint mir auch die Intensivstufe kreativ autonomer Programme aus den 70er Jahren mit der Parole »Spiele ohne Sieger«[49] zu sein. Die ursprüngliche Idee war, dass es überhaupt kein Gegenüber mehr von Verlierern und Siegern geben sollte; und das kapitalismusfreundliche Konzept von win : win (gegen den Rest der Welt) war dabei bestimmt nicht im Blick. Die theologische Variante findet sich übrigens bei Kierkegaard. Er redet von dem Gewinn, der darin besteht, »vor Gott alle Zeit unrecht zu haben«. Das heißt doch: verloren zu sein. Bin ich an diesem Punkt angelangt, bin ich frei. Es könnte sein, dass an dieser Stelle Sisyphos grüßen lässt, so wie ihn Albert Camus 1942 existentialphilosophisch als Helden des Absurden neu entdeckt hat. Sisyphos hat nun wirklich verloren. Er ist dazu verurteilt, unablässig einen Felsblock einen Berg hinauf zu wälzen, von dessen Gipfel der Stein immer wieder von selbst hinunter rollt. Camus sagt, ihn interessiere Sisyphos in der Stunde, in der er diesem hinabrollenden Stein hinterher geht. Das sei die Stunde des »Aufatmens« und die Stunde »des Bewusstseins«.

»… die niederschmetternden Wahrheiten verlieren an Gewicht, sobald sie erkannt werden. … Darin besteht die ganze verschwiegene Freude des Sisyphos. Sein Schicksal gehört ihm. Sein Fels ist seine Sache. … Der Kampf gegen Gipfel vermag ein Menschenherz auszufüllen.« Und der letzte Satz französisch: »Il faut imaginer Sisyphe heureux.« (»Wir müssen uns Sisyphos als einen glücklichen Menschen vorstellen.«)[50]

Joachim Galuska

Beseelte Psychotherapie – die transpersonale Dimension[51]

Der Himmel senket sich,
er kommt und wird zur Erden;
Wann steigt die Erd' empor
und wird zum Himmel werden?
Angelus Silesius

Während die traditionellen spirituellen Wege eine innere Befreiung und Weiterentwicklung, vor allem durch eine Loslösung von allem Weltlichen, zu erreichen versuchen, um eine unmittelbare Schau des Absoluten, Göttlichen, Leeren und Unbekannten zu erreichen, plädiere ich für eine postmoderne westliche Spiritualität, die darauf ausgerichtet ist, das Weltliche zu durchdringen. Es geht mir darum, dass das Bewusstsein in seinen Entwicklungsschritten sich nicht von den Konzepten und vom Handeln in der Welt löst, sondern die Konzepte und die Auswirkungen des Handelns durchschaut und sie spirituell durchdringt. Der erwachte Geist durchdringt die Welt, Bewusstsein klärt die Welt auf, strahlt in die Welt hinein und durch die Welt hindurch. Und zwar geschieht dies nicht nur aus Mitgefühl, damit alle Wesen erlöst werden, sondern um die Evolution weiterzuentwickeln, um sie zu bereichern, um diese Spezies Mensch in seinem kollektiven Bewusstsein, in seinem Leben und Handeln weiterzuführen. Ich vertrete also ein evolutionäres Konzept der Spiritualität und der Erleuchtung.

Der Abstieg

Gehen wir einmal aus vom Unbekannten, Unmanifestierten, Absoluten und Göttlichen, vom Bewusstsein, das in der Freiheit, der Leere, der Aufgelöstheit ruht. Hier ist keine Struktur, keine Form, keine Energie, keine Bewegung, kein Konzept, sondern etwas, was all dies transzendiert, ein Schweben, ein Geschehen, in unmittelbarer Bewusstheit. Das Bewusstsein der Welt dagegen ist das Bewusstsein einer spezifischen Erscheinung der Welt, einer spezifischen Wirklichkeit, einer konkreten Form: ein individuelles Leben, ein individuelles Erleben, eine persönliche Wirklichkeit, eine konkrete Situation. Das Unbekannte und Absolute wandelt sich also in das individuelle und persönliche Leben. Leere wandelt sich in Form und Form wandelt sich wieder in Leere. Die Struktur dieses Wandlungsprozesses von Leere in Form und von Form in Leere nenne ich die Seele[52]. Die Seele ist die individuelle Art und Weise, wie das Absolute sich manifestiert und allem Erlebten seine Gestalt gibt. Sie ist es, die alles so erscheinen lässt wie es ist. Sie ist sozusagen der Wandlungsprozess des Absoluten und Unbekannten in das gegenwärtige individuelle Leben. Ihre Struktur, ihre Eigenart bewirkt die jeweilige Einzigartigkeit und Besonderheit jedes individuellen Lebewesens. Sie ist so etwas wie die Grundstruktur unseres Lebens und Erlebens. Wenn wir sie spüren und erkennen, spüren wir unsere Lebendigkeit und das Leben in uns, unsere Präsenz und unsere Gegenwärtigkeit, unsere Tiefe und unsere Oberfläche, unsere Transparenz für das Unbekannte und Göttliche und für das Persönliche und Weltliche, unsere innere Freiheit und unsere innere Weite, unsere Grundwerte und unsere wesentlichen Anliegen, unsere Offenheit und unser Verbundensein, unsere Kraft und unsere Verletzlichkeit, unser Licht und unseren Schatten, unser Strahlen und unser Verlöschen. Mit unserer Seele spüren wir unser Wesen, unsere Essenz, unseren innersten Kern, unser wahres Selbst, uns selbst. Unsere Seele ist wie ein weiter, wacher, innerer Raum, ein Bewusstseinsraum. In ihm erkennen wir die Aktivitäten unseres Denkens, Fühlens, Empfindens, Wollens und Tuns. Wir erkennen, wie sie in unserem Bewusstsein erscheinen und wir sie verstehen und interpretieren, wie wir Modelle und Konzepte bilden und diese anwenden und ausprobieren und die Ergebnisse erneut überprüfen. Wir erkennen uns selbst und die Welt, wie wir sind, welche Eigenschaften und Eigenarten wir besitzen, welche Rollen wir spielen und die anderen Menschen spielen, wie wir uns gegenseitig das Leben schwer machen können oder uns unterstützen und lieben können oder wie wir miteinander spielen oder etwas konstruieren und weiterentwickeln.

Auch dies ist ein spiritueller Weg, der Weg der Durchdringung von Spiritualität und Welt, der Durchdringung von Leere und Form, der Durchdringung von Absolutem und persönlichem Erleben. In Ken Wilbers Terminologie[53] wäre dies der Weg des Abstiegs, des Abstiegs Gottes in den manifestierten Kosmos, des Abstiegs des Geistes in das persönliche menschliche Bewusstsein, und in meiner Sprache geschieht dieser Abstieg durch unsere Seele. Unsere Seele moderiert diesen Abstieg, strukturiert ihn, verwirklicht ihn auf die jeweilige individuelle Weise.

Der Aufstieg

Traditionellerweise sind wir Psychotherapeuten ähnlich wie die spirituellen Wege auf den Aufstieg ausgerichtet, die Entwicklung des menschlichen Bewusstseins. Die Entwicklungspsychologie beschreibt, wie wir bereits aus pränatalen unbewussten Strukturen über verschiedene Schritte und Phasen zu unserem Erwachsenenbewusstsein reifen. Einer der wesentlichen Prozesse dabei ist, wie wir wissen, der Identifizierungsprozess. Die Identifizierung bewirkt letztlich die Ich-Identität, also ein stabiles zusammenhängendes Konzept von uns selbst, ein Selbstgefühl, ein Selbstverständnis: dass ich eine Vorstellung und ein Gefühl dafür habe, wie ich bin, welche Rollen ich spiele, wie ich in Beziehung zu anderen Menschen bin, wie ich mich verhalte, und wie andere auf mich wirken. Diese Ich-Identität, dieses Ich-Konzept ist Folge des Identifizierungsprozesses, und all dies ist ein Teil der Struktur unseres Erwachsenenbewusstseins. Diese Struktur können wir auch im Wilberschen Sinne als personale Struktur bezeichnen. Klassischerweise nennen wir sie Ich-Struktur oder Ich-Organisation. In der Weiterentwicklung unseres Bewusstseins zu einer höheren und komplexeren Struktur, im Aufstieg also zu einem umfassenderen Bewusstsein, wird dieser Identifizierungsprozess erkannt und durchschaut. Sogar gegenläufige Vorgänge, Desidentifizierungsprozesse sind möglich. Sind wir nicht mehr bestimmt durch die Konzepte von uns selbst und der Welt, aber zugleich dies alles beobachtend und wach, so erschließt sich uns ein neuer weiterer Raum der Bewusstheit, der mehr ist als unsere Gedanken, Gefühle und Empfindungen und der eine Tiefe besitzt, angesichts derer unsere Ich-Identität und die Rollen, mit denen wir uns identifizieren, nur wie eine Oberfläche erscheinen. Dieser Bewusstseinsraum ist weit und wach, er trägt in sich eine Stille und Seligkeit, ist offen, klar und transparent. Es ist eben die bewusst gewordene Erfahrung unserer Seele, das Spüren unseres Wesens und seiner Eigenschaften. Kern dieser Erfahrung ist die Präsenz, unser bewusstes Anwesendsein, die Vergegenwärtigung dessen, dass wir gerade da sind, anwesend sind, lebendig sind.

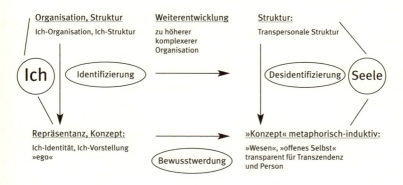

Es gibt verschiedene Zugänge zum Bewusstsein unserer Seele, zu unserem transpersonalen Bewusstsein: der gerade beschriebene ist der des bewussten Anwesendseins, der Vergegenwärtigung des Daseins. Ein weiterer Zugang besteht darin, unsere Aufmerksamkeit von den Inhalten des Erlebens

191

abzuwenden und zu unserem inneren Gewahrsein hinzulenken, vom Beobachtungsinhalt zum Beobachter. Eine kontinuierliche, fließende Achtsamkeit, das Kontinuum unserer Awareness kann ebenfalls dieses Bewusstsein herstellen. Das Herz ist ja nicht ohne Grund eine der wesentlichen Metaphern für unsere Seele, und so führt die Öffnung unseres Herzens für uns selbst, für andere Menschen und die Welt auch zu einer Berührung und Öffnung unserer Seele. Jede Meditationsmethode ist ja im Grunde darauf ausgerichtet, zunächst einmal Bewusstseinsqualitäten zu bewirken, wie Stille, Leere, Weite, Unendlichkeit, Zentriertheit, Klarheit, Freiheit, Losgelöstsein, Verbundensein usw., die ja eben als Kerneigenschaften unserer Seele oder unseres transpersonalen Bewusstseins beschrieben werden können. Man könnte sich auch unmittelbar auf eine solche Bewusstseinsqualität konzentrieren, in diese eintauchen oder sich von ihr ergreifen lassen und diese dann vertiefen.

Beseelte Psychotherapie

Eine Psychotherapie der Seele würde eigentlich bedeuten, den Menschen zu helfen, ihre Seele zu wecken, zu entfalten und zu entwickeln, und zwar in diesem umfassenden Sinne, sowohl die Identität der Persönlichkeit zu tragen als auch verankert zu sein in der Tiefe des eigenen Wesens und offen zu sein für das Unbekannte und Transzendente, zu dem hin die Seele strebt.

Eine beseelte Psychotherapie würde bedeuten, dass ein Psychotherapeut von seiner Seele her handelt und therapeutisch arbeitet, dass also ein Verhaltenstherapeut oder ein Psychoanalytiker mit seinem gesamten Wissen und seiner methodischen Kompetenz beseelt handelt. Dann begegnet er einem Menschen anders, als wenn er ihn nur als psychodynamisches, von miteinander in Konflikt stehenden Triebkräften gesteuertes Wesen sieht, oder als eine Person, die mit ihren Kognitionen bessere Wege gehen muss, oder als einen Menschen, der in familiensystemischen Zusammenhängen gefangen ist und dafür neue Lösungen finden muss. Beseelte Psychotherapie ist eigentlich keine Technik, keine Methode, sondern sie nutzt Techniken und Methoden und wendet diese beseelt an, handelt beseelt. Man könnte noch einiges aus einer transpersonalen Orientierung her dazu sagen, denn die Verankerung des Therapeuten in seiner Seele hat allerlei Auswirkungen auf sein therapeutisches Handeln.[54] Es führt beispielsweise dazu, dass er die Identifizierung mit seinen Theorien und Modellen immer wieder lösen kann und somit eine vielschichtige, mehrperspektivische Diagnostik betreiben kann, dass er also seinen Vorlieben, methoden- und schulenspezifischen Prägungen nicht so ausgeliefert ist, sondern dem Patienten selbst gerechter werden kann, ihn sehen kann als komplexes menschliches Wesen, eben auch als eine Seele, die sich verirrt oder verwirrt hat. Er ist in der Lage, einen Patienten tiefer und weiter zu verstehen, auch seine religiös-spirituelle Suche zu betrachten und ungewöhnliche Phänomene, die eher subtile Erfahrungen darstellen, mit einzubeziehen. Er ist fähig, auch die seelische, vielleicht auch eine subtile Dimension körperlicher Erkrankungen zu erkennen und ein ganzheitlicheres Heilungsverständnis zu entwickeln. Er besitzt also eine innere Freiheit im Diagnostizieren, die Störung und die Ressourcen zu sehen, die verschiedenen Dimensionen und Lebensbereiche zu betrachten, Vergangenheit, gegenwärtige Situation und Zukunftpotential einzubeziehen. Da er in der Lage ist, seine Gefühle zu betrachten und auch die, die in ihm durch den Patienten ausgelöst werden, befindet er sich in einer inneren Position jenseits von Übertragung und Gegenübertragung, sodass ihm eine solche Verankerung auch ermöglicht mit schwierigen Patienten umzugehen, ohne sich mit ihnen zu verwickeln oder sie sich vom Leibe halten zu müssen. Ein beseelter Psychotherapeut arbeitet und wirkt aus seiner Seele, und dies geschieht intuitiv. Denn Intuition schöpft aus der Fülle dessen, was uns bewusst ist, unbewusst ist und noch unbekannt ist. Intuition nutzt unseren Verstand und unsere Modelle und entscheidet, welche brauchbar sind und welche nicht, oder ob wir vielleicht sogar ein neues Modell entwickeln müssen. Intuitiv entscheidet ein beseelter Therapeut, welche seiner inneren Resonanzen auf den Patienten aus seinem Fachwissen, seiner klinischen Erfahrung, seinen gegenwärtigen persönlichen Reaktionen oder den Tiefen seiner Seele er als Antwort zum Patienten hin ausdrückt. Jede Antwort kann ein neuer kreativer Moment sein, der diesen Menschen berühren, trösten, heilen, weiterbringen möchte. Erst hier kann man wieder von einer Heilkunst sprechen, die unserer technischen Medizin einen ihr angemessenen Ort zuweist.

Das Wesen einer beseelten Psychotherapie besteht darin, dass die Problematik, die Störung, die Krankheit des Patienten in der Seele von uns Menschen aufgehoben wird. Eine beseelte Psychotherapie ist eine wirklich menschliche Psychotherapie. Sie bedeutet zunächst in unserer Seele offen zu sein für das ganze Sein unserer Patienten, für ihren Schmerz, ihr Leid, ihr Schicksal, aber auch für ihre Hoffnungen, ihre Stärke, ihre Größe und ihr Potential. Dieses Offensein bedeutet, sich in unserem Inneren von unseren Patienten berühren zu lassen, sie auszuhalten, sie zu ertragen, sie in uns zu tragen, sie in uns wirken zu lassen und dann aus der Tiefe unserer Seele, unserer Stille, unserer Weite, unserer Herzensverbindung, unserer Unberührtheit, unserer Ehrfurcht oder unserer Erschütterung heraus Antworten entstehen zu lassen. Dies sind dann Antworten unserer Seele, die die Seele unserer Patienten ansprechen, ihren eigenen Seelengrund wecken. Die Ausstrahlung der Seele des Therapeuten kann die Seele des Patienten wecken, zum Strahlen und Leuchten bringen und damit ein Gefäß schaffen, einen Kontext für seine Störung, für seine Erkrankung, für sein Schicksal. Wenn die Seele des Patienten sich öffnet, in Schwingung gerät und wach wird, bringt er eine zusätzliche Dimension in seine Therapie und in sein Leben.

Die Seele von uns Menschen ist offen für die anderen Seelen, vor allem für die anderen menschlichen Seelen. Die erwachte Seele spürt, wie wach eine andere Seele ist, wie sie sich anfühlt, welche Besonderheit sie besitzt, wie heil sie ist, wie verletzt sie ist. Und in der Seelenverbindung, der Berührung zweier oder mehrerer menschlicher Seelen können Risse wieder zusammenwachsen, Störungen sich auflösen, Erschöpfungen sich regenerieren. Die Selbstheilungskraft unserer Seele ist enorm, denn da sie im Herzen des Lebens sitzt, schöpft sie aus den heilenden Strukturen und Tendenzen der Evolution. Die Seelenverbindung innerhalb einer beseelten Psychotherapie kann Heilung und Selbstheilungsprozesse in Gang setzen, die eben aus einer größeren Tiefe und Weite stammen als die unserer Einsichten und Techniken. Wahrscheinlich ist es die Berührung der Ganzheit, Tiefe und Weite unserer Seele mit unseren Verletzungen und Störungen, was das Heilsame ausmacht. Wenn das seelische Überpersönliche und Transpersonale also das gestörte Persönliche berührt, kann Heilung geschehen. Eine beseelte Psychotherapie hält diesen Kontext für essenziell und nutzt Methoden und Fachwissen nur in diesem Sinne.

Das Bewusstsein des Unbekannten

Und wenn unsere Seele auch an ihre Grenze stößt und keine Antwort auf die Störung des Patienten findet, so kann sie sich für das Unbekannte öffnen und loslassen in das Mysterium hinein, in dem auch unser Bewusstsein aufgehoben ist. Unsere Seele spürt also, dass sie aufgehoben ist im Absoluten und Unbekannten und von ihm gewirkt wird. Sie spürt somit ihr Gewirktsein, ihr Geschaffensein, als ein Grenzwesen zwischen der manifesten Welt des Individuellen, Persönlichen und dem Ungeschaffenen, Unmanifestierten, Ungewirkten, Absoluten und Unbekannten. Die Seele ist also primär kreiert, geschaffen, gewirkt, und erst sekundär konzeptualisiert sie sich als Seele, spürt sie sich und versteht sie sich selbst. Im nondualen Bewusstsein erkennt sie sich selbst in ihrer Art und

Weise. Sie wird vergegenwärtigt als eben so, als die, die sie eben ist. Und zugleich wird sie in der Nondualität von sich selbst erlöst, geht auf im Unbekannten, in seinem Geheimnis.

Wenden wir dies noch einmal auf die Psychotherapie an: An dieser Stelle vergegenwärtigt sich unser Bewusstsein, dass es selbst Ausdruck von etwas Unbekanntem ist, dass es ausfließt aus diesem Absoluten, Göttlichen, wie alles Leben. Ein solches Bewusstsein sucht für eine Lösung im Unbekannten nicht mehr im Fachwissen, in der Lebenserfahrung oder im Raum der Seele, sondern es ist bereit, etwas völlig Neues zu betrachten.[55] Ein so verankertes Bewusstsein eines Therapeuten kann mit dem Patienten zusammen warten und nicht wissen, ob eine Lösung entsteht, und es auch annehmen, wenn keine Lösung entsteht. Denn dies ist manchmal Schicksal, das wir auch annehmen können. »Aus dem Ewigen gibt es keinen Ausweg«, sagt Rilke. Im Unbekannten ist alles geborgen, hier löst sich alles auf, auch die Psychose, auch das absolute Grauen. Hier kann das Leiden über das Persönliche hinweg erkannt werden als Dukkha, wie der Buddhismus sagt, als Leiden eines Einzelnen, das nicht nur seine persönliche Biographie ist, sondern erfahrenes Leid, das eben Menschen besitzen. Dann kann eine ganz andere Art von Mitgefühl bei uns als Ärzten und Therapeuten entstehen, einem Menschen gegenüber zu treten und seine Geschichte und sein Leiden als menschliches Leiden zu respektieren, als menschliche Verirrung, als menschliche Verletzung und Traumatisierung, als menschliches Schicksal. Dann können wir ihm helfen zu lernen, es nicht nur persönlich, sondern es auch allgemein menschlich zu sehen. Und dies kann dazu beitragen, sich selbst überhaupt einmal annehmen und aushalten zu können. Dies ist das Entscheidende, eine innere Offenheit herzustellen, die zunächst einmal in der Lage ist, wahrzunehmen und auszuhalten. Und das Unbekannte in seiner Unergründlichkeit trägt und birgt auch all unser Grauen, unsere Verletzungen und unsere Schicksale, aber eben auch unsere Hoffnungen, unsere Größe und Schönheit. Denn manchmal hilft es nicht weiter, einen Sinn in schwere schicksalhafte Entwicklungen und Erfahrungen hinein zu konstruieren. Dann geht es darum, die Wirklichkeit zu nehmen, wie sie ist, und auch diesen Teil unserer menschlichen Erfahrung aufzuheben und zu bergen, nicht mehr und nicht weniger.

Eine beseelte Psychotherapie ist also vor allem eine menschliche Psychotherapie, eine Psychotherapie von Menschen für Menschen, eine Psychotherapie, die aus unserem Herzen kommt und das Leben liebt und annimmt. Sie ist eine Psychotherapie, die das menschliche Leid aufnimmt, birgt, innerlich und äußerlich berührt, sich mit ihm verbindet und Antworten unseres Wesens entstehen lässt. Sie ist eine Psychotherapie, die Raum schafft für das Wunder der Heilung und der Selbstheilung. Sie ist eine Psychotherapie der Vergegenwärtigung unseres Daseins, unseres Anwesendseins, unserer Lebendigkeit, eine Psychotherapie des Erwachens, des Bezeugens, des Aufmerksamkeit- und Achtsamkeit-Schenkens. Sie ist eine Psychotherapie der Vergegenwärtigung unseres Lebens, unseres Seins, unserer Größe und der Einheit von Leere und Form. Eine beseelte Psychotherapie spürt und erfährt sich selbst als Ausstrahlung des Unbekannten und Geheimnisvollen, das in uns und durch uns lebt als Teil dieses großen Geschehens der Evolution. »Denn«, wie Juliane von Norwich sagt: »Unsere Seele sitzt in Gott in wahrer Ruhe, und unsere Seele steht in Gott in sicherer Kraft, und unsere Seele ist in Gott gewurzelt in endloser Liebe.«[56]

Rüdiger Dahlke

Krankheit als Sprache der Seele[57]

Die Schulmedizin betrachtet Krankheit weder als Sprache noch als Weg, noch überhaupt als etwas Sinnvolles. Sie wird nicht einmal als etwas Grundsätzliches erkannt, sondern als eine Fülle widerwärtiger, mehr oder minder zufälliger Einbrüche ins Leben gesehen. Deshalb finden wir es auch normal, von Krankheiten in der Mehrzahl zu sprechen. Das macht an sich nicht mehr Sinn als von Gesundheiten zu sprechen. Für die meisten großen Religionen und spirituellen Traditionen ist Krankheit dagegen von jeher etwas Grundsätzliches. Aus diesen ganz unterschiedlichen Haltungen Krankheit gegenüber ergeben sich auch völlig konträre Umgangsformen. Aus der Antihaltung der Schulmedizin folgt konsequent ein kämpferischer Ansatz, bei dem sich der Arzt mit dem Patienten gegen das Symptom verbündet und versucht, dieses so schnell wie möglich aus der Welt zu schaffen. Diese kämpferische Antihaltung der Schulmedizin ergibt sich schon aus den Bezeichnungen ihres Waffenarsenals, mit dem sie die Krankheitsbilder besiegen will: Antihypertonika und Antikonvulsiva, Antikoagulantien und Antibiotika, Antipyretica und Antihistaminika. Was nicht Anti ist, erweist sich als Blocker (Säure- und Betablocker) oder wenigstens Hemmer (ACE-Hemmer).

Aus dem Ansatz von »Krankheit als Symbol« folgt das Gegenteil: Der Arzt verbündet sich mit dem Symptom und schaut, was dem Patienten fehlt, dass dieses Symptom notwendig wurde. Dem Krankheitsbild wird Bedeutung zugemessen, indem es gedeutet wird. Letztlich wird hier homöopathisch gearbeitet: nicht gegen, sondern mit dem Symptom.

Tatsächlich gibt es in dieser ganzen Schöpfung nichts mit Form und Gestalt, was keine Bedeutung, keinen Sinn und Inhalt hat. Wenn die Schulmedizin einem sich kraterförmig in die Magenwand fressenden Geschwür oder einem blumenkohlartig wuchernden Tumor weder Sinn, Inhalt noch Bedeutung zuerkennt, steht sie damit völlig allein da.

Die Suche nach Inhalt und Bedeutung ist kein ungewöhnlicher Schritt und im normalen Leben anerkannt und weit verbreitet. Wir sind gewohnt, alles Mögliche zu deuten, und sind sogar verstimmt, falls es einmal unterbleibt. Nehmen wir an, jemand antwortet auf die Frage nach dem neuesten Theaterstück: die Bühne hatte die Maße 4 mal 6 Meter und war 2 Meter hoch, es waren 8 Schauspieler beteiligt, davon zwei Männer und sechs Frauen, ihre Kostüme bestanden aus x Meter Seidenstoff und y Meter Leinen, die Bühne wurde mit so und so viel Lux beleuchtet usw. Wir wären ziemlich erstaunt, denn natürlich hatten wir eine inhaltliche Deutung erwartet und nicht eine Beschreibung der formalen Äußerlichkeiten, auf die sich die Schulmedizin in aller Regel beschränkt.

Was uns beim Theater so selbstverständlich erscheint, ist es in der Medizin plötzlich nicht mehr. Wenn sich ein Patient drei Tage nach der Erstuntersuchung wieder beim Internisten einfindet, bekommt er zu hören, seine Blutuntersuchungen hätten diese, die Urinprobe jene Werte ergeben, sein Blutdruck habe den Wert x und die Temperatur den Wert y. Nun ist der Patient erstaunlicherweise nicht ungehalten, sondern zollt einem wissenschaftlich arbeitenden Mediziner Respekt, obwohl auch jetzt nur von der Form und nie vom Inhalt die Rede ist. Erst wenn der Internist all seine Befunde deutet und die erlösenden Worte spricht: ›Das Ganze nennt man Lungenentzündung‹, kommt mit dieser Deutung auch wieder Sinn ins Geschehen. Die Frage ist allerdings, warum man ausgerechnet an diesem Punkt, wo es für den Patienten erstmals interessant wird, aufhören soll.

Natürlich ließe sich nach der Bedeutung der Lunge und jener der Entzündung weiterforschen. Das Thema der Lunge ist ganz offenbar Kontakt und Kommunikation, ist sie doch für den Gasaustausch und unsere Sprache verantwortlich, die auf der Modulation des Ausatemstromes beruht. Mit der Entzündung ist das Thema Konflikt angesprochen. Erreger kämpfen gegen Antikörper und ihre Mittel sind eindeutig kriegerisch. Es wird belagert und gestorben, angegriffen, blockiert und getötet. Die Makrophagen, wörtlich Großfresser, geben auf Seiten des Körpers genauso wenig Pardon wie die Antikörper, die sich in Kamikazemanier auf die Erreger stürzen, um mit ihnen zugrunde zu gehen. Insofern haben wir es bei der Lungenentzündung mit einem Konflikt im Kommunikationsbereich zu tun. Die häufigen Lungenentzündungen auf Intensivstationen sind dafür Beleg. An den Erregern kann es wohl nicht primär liegen, denn kaum irgendwo werden sie so bekämpft wie hier. Wenn aber die ganze verbliebene Kommunikation mit der Welt über ein paar Plastikschläuche, Kanülen und Elektrodendrähte läuft, bekommen viele Menschen ein Kommunikationsproblem, und das kann sich bei Mangel an anderen Ausdrucksformen in einer Lungenentzündung verkörpern.

Die Integrale Medizin von »Krankheit als Symbol« geht davon aus, dass alles körperliche Geschehen Ausdruck eines dahinterliegenden seelischen Inhalts ist. Wenn wir nur das körperliche Geschehen zudecken, verstärken wir folglich die seelische Problematik. Mit dem Beseitigen von Symptomen landen diese, wie das Wort so ehrlich sagt, auf der Seite bzw. im Unbewussten oder im Schatten. Diese Art von Symptomverschiebung würde uns in anderen Bereichen, wie etwa der Technik, nicht im Traum einfallen. Wenn an einer Maschine das Alarmlicht aufleuchtet, würden wir nicht daran denken, das Birnchen zu lockern, um unsere Ruhe zu haben. Bei Kopf- und anderen Schmerzen finden viele dagegen nichts dabei, wenn Schulmediziner durch Schmerzmittel einfach das Warnsignal blockieren. Böse formuliert werden nach diesem System Symptome von Organ zu Organ und Patienten von Spezialist zu Spezialist verschoben. Aus der Physik wissen wir längst, dass die Erhaltungssätze gelten und sich grundsätzlich nichts aus der Welt schaffen, sondern höchstens umwandeln lässt. Insofern hat natürlich auch der Ansatz von »Krankheit als Sprache der Seele« nur Symptomverschiebung zu bieten. Allerdings hat eine Verschiebung in der Senkrechten, also zwischen körperlicher und geistig-seelischer Ebene, durchaus Heilungschancen im Gegensatz zu jener Symptomverschiebung, die sich auf die körperliche Ebene beschränkt.

Bei der Entstehung von Krankheitsbildern sinken inhaltliche Themen, deren bewusste Bearbeitung die Betroffenen verweigern, in den Körper. Sie somatisieren sich. Will man das Problem lösen, hat es wenig Sinn, seine Verkörperung mit chemischer (z.B. Kortison) oder gedanklicher (z.B. Affirmationen, Verhaltenstherapie) Hilfe zu unterdrücken. Es wäre im Gegenteil notwendig, sich den Inhalt hinter der körperlichen Symptomatik wieder bewusst zu machen. Ist das Thema ins Bewusstsein zurückgeholt, besteht zumindest die Chance, es hier zu lösen. Damit aber wäre der Körper von seiner Darstellungsarbeit entlastet. Tatsächlich stellt der Körper lediglich eine Ausweichbühne für das Bewusstsein dar. Stücke, deren bewusste Aufführung abgelehnt wurde, verkörpern sich auf der Körperbühne. Das macht deutlich, wie sehr Krankheit ein Weg ist, um zu lernen.

Wesentlich eleganter und zielführender ist der Weg, direkt über das Bewusstsein zu lernen, ohne vorher auf die Körperbühne auszuweichen. Hier eröffnet sich die Chance echter Vorbeugung. Die Schulmedizin spricht von Krebsprophylaxe, wenn sie eigentlich Früherkennung meint. Früherkennung ist natürlich weit besser als Späterkennung, hat aber mit Vorbeugung gar nichts tun. Ein Krankheitsbild durch Bewusstseinsarbeit überflüssig zu machen, weil man das betreffende Thema freiwillig auf geistig-seelischer Ebene bearbeitet, ist dagegen echte Prophylaxe.

Wer Krankheit als Sprache der Seele versteht, erlebt am eigenen Leib, dass Form und Inhalt immer zusammengehören, oder wie es Goethe formuliert: »Alles Vergängliche ist ein Gleichnis«. Krankheit ist der formale Aspekt eines geistig-seelischen Inhalts oder anders ausgedrückt: Symptome sind Verkörperungen seelischer Themen. Bereits Alexander Mitscherlich wies in »Krankheit als Konflikt« darauf hin, dass sobald Bewusstsein von einem Organ abgezogen wird, dieses erkrankt.

Die Symptomsprache ist ein Sonderfall der Körpersprache, der mit Sicherheit am weitesten verbreiteten Sprache auf dieser Erde. Obwohl sie die universellste Sprache ist, wird sie allerdings nur von wenigen Menschen unserer Kultur bewusst verstanden. Dabei wäre es gar nicht so schwer, sie wieder zu erlernen. Denn unser Körper spricht nicht nur, unsere Sprache ist auch körperlich. Ob wir etwas begreifen oder verstehen, bestimmte Dinge uns an die Nieren gehen oder andere zu Kopf steigen, ob wir uns etwas zu Herzen nehmen oder es uns auf den Magen schlägt, ob Läuse über unsere Leber laufen oder der Atem vor Schreck stockt, immer ist die Sprache psychosomatisch und zeigt uns eine Verbindung zwischen Körper und Seele, die unsere Kultur erst langsam wiederentdeckt.

Neben der Körpersprache, die sich in der einfachen Beschreibung der Symptomatik ausdrückt und durch umgangssprachliche Wendungen, Sprichworte und Sprachbilder wirksam ergänzt wird, stehen auch die von der Medizin erhobenen Befunde für die Deutung zur Verfügung. Denn tatsächlich ist die formale Beschreibung von Krankheitsgeschehen weder falsch noch überflüssig, nur eben nicht ausreichend. Ohne Bühne könnte man kein Theaterstück verfolgen, ohne Beleuchtung bliebe alles im Dunkeln und ohne Kostüme wäre es eher peinlich. Insofern richtet sich dieser deutende Ansatz nicht gegen die etablierte Medizin, sondern ergänzt sie. So erübrigt es sich, Front gegen die Schulmedizin zu machen. Sie beschäftigt sich nun einmal ausschließlich mit der körperlichen Ebene. Reparaturen in diesem Bereich beherrscht sie immer besser. Wer ihr Vorwürfe macht, sie kümmere sich nicht um den ganzen Menschen, gleicht dem Besucher eines städtischen Schwimmbades, der sich über mangelnden Meeresblick beklagt. Dieser war ihm gar nicht versprochen worden, und es steht ihm frei, ans Meer zu fahren. Wer Heilung wünscht, muss sich um eine ganzheitliche Medizin bemühen, die – ohne die Schulmedizin zu entwerten – doch weit über diese hinaus geht.

Die am eigenen Leibe erlebten Symptome und die erhobenen Befunde können gleichermaßen gedeutet werden und Mosaikstein für Mosaikstein zum umfassenden Muster des Krankheitsbildes zusammengesetzt werden. Die betroffene Region bzw. das Organ gibt dabei jeweils die Ebene an, auf der das Problem abläuft, im Fall der Lungenentzündung also den Kontakt- und Kommunikationsbereich. Das spezielle Geschehen beleuchtet die Art des Problems, in diesem Fall das Thema Entzündung und Konflikt. Hilfreich zur Deutung haben sich die Fragen erwiesen: Warum geschieht gerade mir, gerade das, gerade jetzt? Woran hindert mich die Symptomatik? Wozu zwingt sie mich? Welchen Sinn erfüllt sie gerade jetzt in meinem Leben?

Natürlich ist jedes Krankheitsbild vollkommen individuell und nur in der persönlichen Situation ganz stimmig zu deuten. Wenn so umfassende Krankheitsbilder wie Krebs oder Aids gedeutet werden, ist das besonders zu bedenken. Wirklich erschöpfend werden Deutungen erst, wenn sowohl die persönlichen Umstände mit in Betracht gezogen werden wie natürlich auch die betroffenen Organebenen.

Der Krankheitsbilder-Deutung liegt das spirituelle Weltbild zugrunde, wie es sich in »Die Schicksalsgesetze – Spielregeln fürs Leben«, »Das Schattenprinzip« und »Lebensprinzipien« ausdrückt. Krankheitsbilder sind immer Ausdruck eines Verstoßes gegen die Schicksalsgesetze und Ausdruck davon, dass eine Thematik in den Schatten gesunken ist. Mit Hilfe der »Lebensprinzipien« ist es möglich aus der Frage »was fehlt ihnen«, so wie die Patienten mit dem, was sie haben, ihren Beschwerden, antworten, die urprinzipielle Thematik zu erkennen. Wird nun statt der unerlösten Krankheitsebene bewusst eine erlöste Einlösung dieses Themas gewählt, kann Heilung geschehen. Auf dieselbe Weise wird auch echte Vorbeugung möglich, bei der ich mich beuge, bevor das Schicksal es tut. So sind auch Vorsätze, die urprinzipiell stimmig gewählt werden, sicher zum Funktionieren zu bringen.

Literatur
Dahlke, Rüdiger: Krankheit als Symbol. Ein Handbuch der Psychosomatik. Symptome, Bedeutung und Einlösung. Bertelsmann, München 2002.

Klaus Dörner

Beziehung – in dieser Welt[58]

Wenn man mit Aristoteles die Seele als die Lebendigkeit des Körpers ansieht, die sich insbesondere in den sozialen Beziehungen zwischen Menschen ausdrückt, leuchtet es ein, dass im Seelenhaushalt jedes Einzelnen helfende Beziehungen eine besondere Rolle spielen: Sei es, wenn man das griechische therapeuein mit dienen, pflegen, begleiten, achtsam anwesend sein übersetzt, oder sei es im obersten biblischen Gebot, der nach keiner Seite auflösbaren absoluten Einheit von Gottes- und Menschendienst. Wonach immer der, der Gottesdienst betreibt, damit automatisch auch Menschendienst macht, oder umgekehrt, wer Menschendienst macht, automatisch auch Gottesdienst betreibt. Im Alten Testament wird das noch drastischer ausgedrückt als im Neuen, aber es ist in beiden Testamenten zu finden, deswegen ist es aus meiner Sicht das oberste biblische Gebot.

Da es früher ja keine helfenden Berufe gab, hatten es die Seelen der Menschen auf diese Weise Jahrtausende lang ganz gut. Zu ihrer Beziehung gehörte ein wechselseitiges Helfen, also der Ausgleich zwischen jeweils Stärkeren und Schwächeren, Gesünderen und Kränkeren, Reicheren und Ärmeren, Älteren und Jüngeren. Das ging so lange ganz gut, bis im 19. Jahrhundert die marktförmig organisierte Industrialisierung die möglichst strikte Trennung zwischen Starken und Schwachen, Reichen und Armen, Gesunden und Kranken, Jungen und Alten, zur wichtigsten Bedingung einer störungsfreien Produktivitätsmaximierung erklärte. Je besser Starke und Schwache voneinander getrennt sind und die eine Seite die andere Seite nicht stört, desto erfolgreicher wirkt sich die Produktivitätsmaximierung der Industriegesellschaft aus. Daher wurden die Lästigen, Zeitraubenden, Hilfsbedürftigen, aber überhaupt auch Sterben und Tod immer systematischer in soziale Institutionen ausgegrenzt. Die in diesen sozialen Institutionen im 19. Jahrhundert menschheitsgeschichtlich erstmals entstehenden helfenden Berufe wurden jedoch gerade nicht für die Integration, für die Mischung von Starken und Schwachen, sondern für die Aufrechterhaltung der Trennung von Starken und Schwachen, gewissermaßen als Grenzschutzpolizei bezahlt. Während die übrigen Bürger ihren Seelenhaushalt von den lästigen Lasten des Helfens entlasten und sich nun auf die gesund-egoistische Steigerung ihrer Leistungsfähigkeit konzentrieren konnten, ahnten sie kaum, dass dieser so erfreuliche Fortfall von Dienstleistungspflichten gegenüber anderen fremden Hilfsbedürftigen von einem bestimmten Grad an auch zu einer durchaus leidvollen seelischen Verarmung führen kann.

Der Anthropologe Helmuth Plessner würde möglicherweise dazu gesagt haben: Die Menschen bestehen sozusagen aus zwei Hälften: Zu 50 % leben die Menschen wie das Tier zentrisch. Aus einem individuellen Zentrum heraus bemühen sie sich, die Umwelt um sie herum sich dienstbar zu machen. Und zu den anderen 50 % leben die Menschen exzentrisch von einem außer ihnen befindlichen fremden Anderen her. Nicht als selbstbestimmtes Individuum zentrisch, sondern aus Beziehungen heraus. Nicht griechisch, weil nach der griechischen Philosophie immer das Ich das Zentrum ist, das sich die Welt untertan macht, sondern von der biblischen Hälfte des abendländischen Denkerbes her: Nicht aus sich heraus, sondern aus dem Anderen heraus, in Beziehung.

Mit diesem eben beschriebenen neuen Hilfesystem der industriellen Moderne, dem Trennen von Starken und Schwachen, also der Institutionalisierung des Helfens und der Professionalisierung des Helfens, gab sich die große Mehrheit der Bürger zufrieden, die hilfsbedürftige Minderheit weniger. Aber diese Situation trug nur gerade mal 100 Jahre, nämlich von der Bismarckschen Sozialgesetzgebung 1880 bis etwa 1980. Dieser leicht zu merkende Zeitraum von hundert Jahren hat inhaltliche Gründe. Denn ab etwa 1980 wurde die Gesellschaft nach der Atombombe, nach der Umwelt- und Klimakatastrophe mit einer dritten, ähnlich bedrohlichen Explosion konfrontiert, nämlich der demographischen Explosion. Sie begründet die Tatsache, dass wir in eine Gesellschaft mit dem mit Abstand größten Hilfebedarf der Menschheitsgeschichte hineinwachsen: So groß und so unbekannt ist die Explosion der Alterspflegebedürftigen und Dementen, dass man sich nicht vorstellen kann, wie man da miteinander leben könnte.

Diese Situation entsteht dadurch, dass drei neue Bevölkerungsgruppen im Entstehen sind, die es früher so in dieser Größe nicht gab und die alle drei hilfe- und kostenintensiv sind. Sie verändern die Bevölkerungs- und damit die Gesellschaftsstruktur komplett. Diese drei Bevölkerungsgruppen sind die folgenden: Die eine ist die der Alterspflegebedürftigen und der Dementen. Die allein wäre schon atemberaubend. Aber es kommen noch zwei andere hinzu. Das sind einmal die körperlich chronisch Kranken. Die gab es früher nur selten, weil man ordnungsgemäß an Akutkrankheiten entweder gesund geworden oder gestorben ist. Heute sterben aufgrund des medizinischen Fortschritts viel weniger an einer Akutkrankheit, aber viele überleben die Akutkrankheit nur um den Preis, den Rest ihres Lebens als chronisch Kranke weiterzuleben. Deswegen gibt es heute in der Medizin schon mehr chronisch Kranke als akut Kranke. Man müsste die Lehrbücher dahingehend umschreiben, dass man von den chronisch Kranken als Regelfall ausgeht und der Akutfall die Ausnahme ist – so weit ist die Medizin aber noch nicht. Und dann kommt – zu meiner Schande als Psychiater – noch eine dritte, auch menschheitsgeschichtlich neue Gruppe hinzu, die man die neopsychisch Kranken nennen kann. Das sind nicht die klassischen psychisch Kranken, also die Schizophrenen und die Manisch-Depressiven. Die können sich kaum vermehren, sind im Wesentlichen umweltstabil, ein oder zwei Prozent der Bevölkerung, mehr nicht. Mit den neopsychisch Kranken ist unser aller Tendenz der letzten Jahrzehnte gemeint, um es an einem Symptom fest zu machen, mit der immer besser werdenden Schmerztherapie in scheinbar paradoxer Weise immer geringere Intensitätsgrade von Schmerzen schon als unerträglich zu empfinden. Und das gilt nicht nur für Schmerzen. Es gilt auch für die Neigung, Deprimiertheiten als Depression »aufzublasen«, Ängstlichkeit in Angstkrankheiten umzuwandeln, ganz zu schweigen von den täglich neuen Diagnosen, die auf den Markt kommen, von Borderline über Burnout zum Mobbing, die alle sofort eine hohe Akzeptanz finden, auch bei den Krankenkassen, und als therapiepflichtige Krankheiten anerkannt werden.

In der Folge davon steigt die Neigung, immer geringere Intensitätsgrade an Unwohlsein, an Befindlichkeitsstörung, nicht etwa als Zeichen einer Krise aufzufassen, die es zu durchleiden und daran zu reifen gilt, und bei der wir nur dann, wenn wir absolut scheitern, zum Experten gehen. Stattdessen wird sich von vornherein den Psychoexperten anvertraut, weil die inzwischen ja so gut geworden sind, dass sie das alles »wegkriegen«. Und je geringer die Ausprägung meines Leidens ist, also je gesünder ich bin, umso sicherer ist der Erfolg. Was dazu beitrug, dass sich in den letzten zwei Jahrzehnten die Zahl der Psychotherapieanbieter verachtfacht hat – und bei jeder Vermehrfachung die Warteschlangen länger werden. Weil sich die Akzeptanz dafür, dass wir mit den Gegebenheiten der Moderne völlig überfordert sind und deswegen ohne Expertenhilfe gar nicht bestehen können, durchgesetzt hat, haben die Krankenkassen voller Sorge unlängst gemeldet, dass bei der Häufigkeit der Krankenhaustage die bisher unangefochtenen Herzkreislaufkranken inzwischen von den psychisch Kranken überholt wurden. Die Kosten dafür dürften die Kosten für die explosionsartig zunehmenden Alterspflegebedürftigen schon erreicht haben.

Die drei neuen Bevölkerungsgruppen verschieben das Gleichgewicht zwischen Starken und Schwachen, Hilfsbedürftigen und Helfern. Das Einzige, was man dazu sicher sagen kann, ist, dass man mit der einfachen Fortschreibung der weiteren Professionalisierung des Helfens diesem dramatisch wachsenden Hilfebedarf nicht gerecht werden wird. Weder wird man hinreichend viele Menschen dazu bringen, soziale, medizinische oder therapeutische Berufe zu ergreifen, noch wird das bezahlbar sein. Beim Blick auf die Alterskranken, der zahlenmäßigen Hauptgruppe, zeigt sich ein merkwürdiges Phänomen: Je besser die Altenpflegeheime in den letzten Jahrzehnten geworden sind, desto weniger werden sie gewählt. Nach Umfragen würden heute bis zu 90 % nicht mehr von sich aus das Altenpflegeheim wählen, was noch vor 40 Jahren ganz anders war. Wenn der Wunsch, in den eigenen vier Wänden die letzte Zeit des Lebens leben und dort sterben zu wollen, von inzwischen fast allen geteilt wird, wird eine Gesellschaft oder auch ein Staat diesen letzten und vornehmen Wunsch und damit die Würde eine Zeitlang ignorieren können – dafür gibt es eine bewährte Tradition – aber nicht auf Dauer. Und es gibt viele Anzeichen, dass ein Umdenken in der Mentalität der Einzelnen wie in der Gesellschaft begonnen hat. Wenn die Betreuung eines dementen Singles in seiner Wohnung zunächst für völlig utopisch gehalten wird, weil sie weder organisiert noch bezahlt werden könne, so resultiert dies aus einem Denken nach dem alten Industrie-System. Aber dieser letzte und vornehmste Wunsch heißt ja: Wir wollen nicht mehr das für die Industriegesellschaft geltende und da sicherlich auch höchst segensreiche Hilfesystem, das auf der Trennung von Kranken und Gesunden und Starken und Schwachen beruht, sondern wir wollen eine verstärkte Mischung, anders ausgedrückt, Integration der Alten und der Jungen, der Starken und der Schwachen, der Gesunden und der Kranken. Es ist, als ob wir erkannt hätten, dass die Industrie- als Trennungsgesellschaft zwar für den Leistungsbereich extrem effizient war, aber für den zwischenmenschlichen Bereich eher destruktiv, wofür der Wunsch nach mehr Mischung und nach häuslichem Sterben ein starker Indikator ist.

Wie geht man damit um? Die Ebenen der moralischen Appelle oder auch der theoretischen Konstruktion sind hilfreich, aber nicht ausreichend. Dass eine Lösung allein mit der Professionalisierung des Helfens gefunden wird, ist ausgeschlossen, zumal ja die Professionalisierung selbst auch integrationsverhindernd ist. Profis, helfende Berufe mit ihrer Körper-, Psycho- und Sozialtechnik können eines nicht: Sie können nicht selber integrieren. Sie können Integration vorbereiten, bisweilen sie auch verhindern, wenn dies gegen Geschäftsinteressen verstößt. Aber solange man von Profis umzingelt ist, ist man nicht integriert. Integriert ist man erst, wenn man unter anderen Bürgern lebt. Nur Bürger können andere Bürger integrieren, weil sie das mitbringen, was Profis nicht haben: hinreichend lange nachbarschaftliche Beziehungszeit. Das ist ein merkwürdiger Befund: Da sind die Profis, die unglaublich viel können, aber auf der anderen Seite sind sie auch für das eigentliche Ziel allein nicht fähig, sondern bedürfen anderer Bürger, um einen Integrationswunsch auch zu verwirklichen.

Wenn die Zahl der Hilfsbedürftigen auch noch permanent zunimmt, werden die Bürger sich zunehmend ihrer vormodernen Nachbarseite entsinnen müssen; ein Drittes gibt es hier nicht. Dies hat einerseits sicher Plausibilität, wird aber andererseits von vielen für rettungslos romantischen Unsinn gehalten, da wir alle doch ellbogenbewehrte Egomonster seien, die täglich genau die Eigenschaften weiter ausbilden, die der Markt erzwingt. Das Bild, das sich mir auf meinen ca. 1000 Feldforschungsreisen in 12 Jahren vermittelt, wo ich die Situation in Städten und Dörfern beobachten konnte, ist jedoch ein ganz anderes und gibt Anlass zum Staunen. Im Kontrast zur medial vermittelten Wirklichkeit hat sich in der Gesellschaft ein Reichtum an bürgerschaftlichem Engagement entwickelt, der an ein Wunder grenzt. Sämtliche Messinstrumente weisen nach, dass die Bürger in der Breite, ungefähr seit 1980, jetzt nicht mehr nur die 1-2 % engelsgleichen Ehrenamtlichen, die immer schon altruistisch für andere da waren, anfangen, sich zum ersten Mal seit 150 Jahren Industriegesellschaft wieder mehr für den Hilfebedarf, für die Nöte anderer, fremder Menschen zu öffnen. Gegen jeden Zeitungseindruck nimmt die Zahl freiwilliger Helfer in vielen Bereichen zu. Dazu nur eine kleine Auswahl: Seit 1980 gibt es immer mehr Nachbarschaftsvereine. Seit 1980 hat sich das Selbsthilfegruppenwesen systematisiert. Seit 1980 gibt es die Hospizbewegung mit immerhin 80 000 Menschen, die ihre freie Zeit mit Sterben und Tod verbringen. Seit 1980 gibt es die außerordentlich lehrreiche neue Hilfekultur der AIDS-Hilfe, wo man lernen kann, wie man eine noch so qualvolle Pflege- und Sterbebegleitung auch in den eigenen vier Wänden organisieren kann. Seit 1980 werden täglich neue Bürgerstiftungen gegründet, eine Institution, die es zuletzt im größeren Umfang im Mittelalter gab. Dann war viele Jahrhunderte Pause. Seit 1980 gibt es die neue Bewegung des generationsübergreifenden Siedelns (ca. 2000 Projekte). Dann gibt es die neue Bewegung der Gast- und Pflegefamilien, die gerade im ländlichen Bereich an ältere Traditionen anknüpft. Eine neue Bewegung ist schließlich die der ambulanten Wohnpflegegruppen für Demente und Pflegebedürftige (ca. 1000 Projekte) – beschränkt auf ihren jeweiligen Sozialraum wie Wohnviertel oder Dorfgemeinschaft.

Zuletzt noch eine Zahl: Auch wiederum seit 1980 ist es offenbar unmodern geworden, sich als Problemlösung umzubringen, die Zahl der Suizide hat sich bis 2005 halbiert, nachdem sie zuvor 200 Jahre lang regelmäßig gestiegen war. Die Zunahme der Psychotherapieanbieter reicht als Erklärung dafür nicht aus, weil die Wirksamkeit der Suizidprävention empirisch nie sehr groß war. Offenkundig gibt es etwa seit 1980 eine innere Umstellung der Bürger, die vermehrt dafür ansprechbar sind, sich für die Nöte anderer Menschen einzusetzen. Diese individuelle innere Neuorientierung ist insofern Teil eines kulturellen Wandels der Gesellschaft.

Der letzte Teil soll ein paar Perspektiven vor dem Hintergrund meiner persönlichen Motivbefragungen der neuen Bürgerhelfer skizzieren. Zwar sind die Bürger auch heute noch an ihrem egoistischen Eigeninteresse orientiert, aber es scheint so, als ob ihnen das nicht mehr reicht und sie sich gewissermaßen zum Ausgleich auch noch die eine oder andere Zeiteinheit gönnen, wo sie sich für andere Menschen engagieren. Wenn man sie fragt, sagen sie oft etwa: »Ich brauche das, um mich gesund (= ausgelastet) zu fühlen.« Man lese immer von dem tollen Grundbedürfnis nach Selbstbestimmung, Selbsterfahrung, Selbstverwirklichung, alle diese Begriffe mit dem schönen Wörtchen Selbst. Aber wenig lese man vom anderen, genauso wichtigen Grundbedürfnis: dem »Beziehungsbedürfnis«, obwohl man doch beide brauche. Denn man kann nicht zu hundert Prozent Selbstbestimmungs- und Selbstverwirklichungszeit leben. Wenn man zu wenig davon hat, kämpft man um jede Stunde mehr, die man an selbstbestimmter Zeit hat. Aber das lässt sich nur bis zu einem Optimum steigern, nicht zu einem Maximum. Wenn es mehr als bis zum Optimum steigt, schlägt der Genuss in ein Leiden an zu viel freier Zeit um, ein ganz merkwürdiger Befund, den die Psychiater, die Psychotherapeuten noch kaum entdeckt haben, als ob sie noch in der einseitig technik-orientierten Industriegesellschaft lebten!

Meine eigene Erfahrung war der Wechsel in den Ruhestand, wo man am anderen Morgen nach der Abschiedsfeier wach wird und die Welt ist eine andere. Es ist nichts mehr so, wie es war. Niemand will etwas von einem. Alles liegt in meiner wunderbaren Entscheidungsfreiheit, die man aus vollen Zügen genießt – und zwar noch tiefergehend als Befreiung von Verantwortung für Andere. Doch nach kurzer Zeit merkt man, dass alleine Selbstbestimmung nicht zum Leben reicht, sondern dass man auch einen gesunden Schuss Fremdbestimmung braucht, um sinnvoll leben zu können (nicht zu viel, aber auch nicht zu wenig). Das ist eine ganz merkwürdige Erfahrung. Und in der Breite der Gesellschaft ist dies der Wandel, nicht immer mehr nur dem Trend nach gesund-egoistischer Individuumszentriertheit zu leben, sondern auch der anderen Seite in uns, wenn man so will nicht nur der griechischen, sondern auch der biblischen Seite Raum zu geben, die nicht nur aus der Individualität heraus, sondern auch aus der Beziehung heraus zu leben sucht.

Ein Indiz für diese Entwicklung ist die sogenannte Heimquote. Der Prozentsatz der alterspflegebedürftigen Menschen über 80 Jahre, die sich in ein Altenpflegeheim aufnehmen lassen, hat sich (wiederum seit 1980) nicht erhöht, sondern ist von 26 auf 20 % gesunken. Zwar wächst die Zahl der Pflegeheimplätze, nur die Zahl der pflegebedürftigen Menschen wächst schneller. Und so kommt die Diskrepanz von 26 zu 20 % zustande. Das heißt, die Zahl der Menschen, die entweder allein oder mit Hilfe anderer Menschen leben oder alternative dritte Wege finden, nimmt massiv zu: Die Entwicklung geht am Heim vorbei, während die Politik dieser neuen Wirklichkeit noch lange nicht gerecht wird.

Ein zweites Indiz ist die Wiederentdeckung der sozialen Zeit. Diese dritte Zeit, die zwischen der arbeitsgebundenen Zeit und der freien Zeit liegt und die es, notwendig zum Überleben, in allen Kulturen der Menschheitsgeschichte gab, schien über die letzten 150 Jahre weitgehend vom Fortschritt überholt. Die Arbeitszeit war in diesen Jahren zugunsten der Freizeit um die Hälfte vermindert worden. Und das war zunächst nichts anderes als wirklicher Genuss: Solange man zu sehr arbeitszeitgebunden ist, ist jede Stunde freie Zeit ein Genuss, aber eben nicht bis zu einem Maximum, sondern nur bis zu einem Optimum. Und wenn es das Optimum überschreitet, dann schlägt das Genießen in Leiden um. Was man in Wirklichkeit braucht, ist ein gewisses Maß an sozialer Erdung, ein gewisses Maß an Fremdbestimmung. Es gilt im aristotelischen Sinn ein Mittelmaß zu finden. Und immer mehr Menschen machen sich daran, zwischen der arbeitsgebunde-

nen und der freien Zeit noch eine dritte Zeitsparte für gemein-
schaftsdienliche Tätigkeiten einzuschieben. Jeder Mensch hat
das Grundbedürfnis nach Selbstbestimmung und Individualität, aber es gibt eben nicht nur die griechische, sondern auch
die biblische Denktradition des Abendlandes, nach der der
Mensch aus den Beziehungen heraus lebt, indem er sich in den
Dienst eines anderen Menschen stellt, sich so selbst vom anderen Menschen her denken lernt, wie wir von dem Rabbileh-
rer Emmanuel Lévinas lernen können, aber auch von der
Friedenspreis-Rede Jürgen Habermas'.

Das dritte Indiz ist neben der Zeit die Wiederentdeckung
des sozialen Raumes durch die neue Bürgerhilfebewegung.
Dieser (zwischen öffentlichem und privatem Raum) ist der als
dritter Raum für das Gemeinwohl zur Verfügung stehende
Sozialraum. Er hat seine Bedeutung nicht nur, was die Hilfs-
bedürftigkeit angeht, sondern beispielweise auch für Integra-
tionsprozesse der Migranten. Dafür ist der Privatraum zu
klein und der öffentliche Raum zu groß. Im dritten, sozialen
Raum können die Menschen »wir« zueinander sagen. Es ist
der Raum, mit dem man sich menschlich identifizieren kann,
Stadtteil, Stadtviertel, Dorfgemeinschaft, in einer Größenord-
nung von wenigen tausend Einwohnern. Das Wirkgeheimnis
dieses dritten Sozialraums ist Nähe, Überschaubarkeit und
Bekanntheit. Fast nur hier gibt es bürgerschaftliches Engagement, hier wird Hilfe beispielsweise für Behinderte oder psychisch Kranke oder Demente nicht als Fass ohne Boden verstanden, weil man engagiert sich eben nur für *unsere* Dementen. Das hat eine unglaubliche Wirksamkeit, was das Bezie-
hungsleben angeht. Der die Gesellschaft zusammenhaltende
Kitt entsteht hauptsächlich hier.

Symptomatisch für diesen Weg sind Kommunen, wo man
offiziell sagt, Investoreninteresse hin oder her, wir, unsere
Stadt, ist auf dem Weg, eine heimfreie Stadt zu werden, z. B.
Kassel. Und wir nehmen das jetzt nicht mehr nur als eine de-
fensive Formulierung, sondern wir bewerben uns geradezu
um die Altershilfsbedürftigen, weil wir für sie ein zukunftsfä-

higes Hilfemixsystem zwischen Profis und Bürgern machen, das dem sozialen Leben insgesamt zugute kommt. Und es werden damit im Dienstleistungsbereich Arbeitsplätze geschaffen. Das wiederum ist eine gute Basis, um damit auch in der sonstigen Realwirtschaft, also jetzt mehr in der Güter produzierenden Wirtschaft, darauf aufzubauen. Es gibt eine Reihe von Dörfern und Städten, die möglichst viele von diesen scheinbar so lästigen, belastenden alten Menschen aufnehmen, weil bei einem zukunftsfähigen Hilfesystem die Leute sagen: »Da brauche ich mir keine Sorgen mehr um mein Alter zu machen, weder sozial noch finanziell, hier gibt es so viel an Möglichkeiten, auch mit der größten Pflegebedürftigkeit in der Vertrautheit meines Viertels weiter leben und sterben zu können« – in diese Richtung geht die Zukunft. Die Zeichen der Zeit weisen in der Tat in die Richtung einer Gesellschaft mit weniger Institution und damit mit weniger Trennung von Starken und Schwachen, Armen und Reichen, Jungen und Alten. Zumindest kann man sagen, es gibt jetzt zwei Richtungen und jeder von uns kann gewissermaßen wählen, in welche Richtung er auch als Psychotherapeut gehen will. Man kann entweder die traditionelle individualitätsbezogene Linie wählen oder die Linie, bei der man mehr aus der Beziehung heraus lebt, weshalb man vielleicht zukunftsfähiger ist, wenn man künftig von »Sozialpsychotherapeut« spricht.[59]

Hunter Beaumont

Sinn und Sinnlichkeit: Über Leib und Seele[60]

Jeder, der in die Versuchung kommt, über Seele zu sprechen, wird mit einer Grundproblematik der Sprache konfrontiert, eine Grundproblematik, die auch den Begriff »menschliches Potential« betrifft. Da »Seele« nicht wissenschaftlich erfasst und gemessen werden kann, sind wir gezwungen, entweder metaphorisch zu sprechen, oder unseren Diskurs auf das Messbare einzuschränken. Der Wahrheitsgehalt von Metaphern ist nicht unbedingt geringer als der von wissenschaftlichen Aussagen, nur anders, und subjektive Erfahrung ist nicht weniger wichtig für Menschen als das Messbare. Und genau das ist das Thema der folgenden Überlegungen: Wie können wir »Seele in der Welt« verstehen? Was ist die Beziehung zwischen der Welt der Materie und der Welt der subjektiven Erfahrungen – zwischen Leib und Seele?

Dementsprechend versuche ich, sowohl für den Verstand zu sprechen, als auch für das Herz oder für die Seele. Wenn es gut geht, werden Verstand, Herz und Leib an etwas Bekanntes und Vertrautes erinnert, denn es gehört sicherlich zum menschlichen Potential, dass wir lernen, die zwei unterschiedlichen Weisen, die Welt zu erleben, in einer Einheit zu integrieren.

Potential und Wirklichkeit aus der Perspektive der Evolution

Was ist das menschliche Potential? Was ist die Beziehung zwischen Potential und Wirklichkeit? Lassen sie uns mit drei Gedanken aus der Naturwissenschaft beginnen. Wenn wir an die Evolution des Menschen denken, betrachten wir aus naturwissenschaftlicher Sicht einen riesigen, unvorstellbar komplexen Prozess, der über viele Millionen Jahre seinen Weg gegangen ist. Salopp gesagt, unsere Vorfahren waren einmal Würmer oder so etwas Ähnliches, und schau, was daraus geworden ist. Wir Menschen sind in diesem Sinn ein Potential der Würmer, so wie alle anderen Lebewesen, die sich aus ihnen entwickelt haben. Und, wenn es uns gelingt, noch ein paar Millionen Jahre zu leben – was zunehmend fraglich ist –, was kann aus uns noch werden? Wer hätte gedacht, dass aus Würmern Menschen werden könnten? In diesem rein biologischen Denkkontext scheint das menschliche Potential unvorstellbar zu sein.

Ein zweiter relevanter Gedanke bezüglich der Wirklichkeit der Evolution ist, dass diese in einer dynamischen Interaktion zwischen Organismen und Umfeld passiert: Die Organismen, die an ein bestimmtes Umfeld besser angepasst sind, haben bessere Chancen sich zu vermehren. Das Umfeld hat eine bestimmende Wirkung auf die Richtung, die die Evolution nimmt. Die Kräfte des Umfeldes, die auf unseren menschlichen evolutionären Selektionsprozess jetzt wirken, sind hauptsächlich soziale Kräfte, die durch Menschen in unseren sozialen, wirtschaftlichen, religiösen Strukturen etabliert worden sind. Wir Menschen haben selbst das Umfeld, in dem wir weiter evolvieren, ins Leben gerufen. Das heißt, wir haben – direkt oder indirekt, bewusst oder unbewusst – eine prägende Wirkung auf unsere eigene Evolution. Das Potential ist da, unser eigenes Werden bewusst zu steuern. Die Wirklichkeit ist, dass unsere Mitbestimmung der eigenen Evolution meistens unbewusst und unüberlegt stattfindet. Ob wir es wissen, es wollen, es wissen wollen oder nicht, wir steuern unsere eigene Evolution, indem wir das Umfeld, in dem selektiert wird, selbst kreieren.

Daraus ergibt sich die Frage, ob diese unreflektierte, unbewusste Gestaltung des Umfeldes, in dem wir uns evolvieren, eher eine gute oder eine schlechte Wirkung auf die Entfaltung des menschlichen Potentials hat? Wenn wir mit unseren jetzigen Kenntnissen versuchen würden festzulegen, wohin wir uns evolvieren sollen, dann könnten wir uns nur eine Zukunft vorstellen, die wir schon kennen. Und das reicht wahrscheinlich überhaupt nicht aus. So stehen wir alle in einem ganz tiefen seelischen Dilemma. Wir nehmen unausweichlich großen Einfluss auf das »Wohin« der Entfaltung des menschlichen Potentials und wir können nicht wissen, was wir dazu unternehmen sollen.

Es gibt einen dritten relevanten Gedanken aus dem biologischen Kontext: Unsere frühesten menschenartigen Vorfahren waren kleine Wesen ohne große Krallen, ohne große Zähne. Und sie waren einer Welt ausgesetzt, in der die anderen Fleischfresser vergleichsweise riesig waren, manche viel größer als heute. Wie haben diese kleinen Menschlein überlebt? Wahrscheinlich durch Zusammenhalt. Sie haben deswegen überlebt, weil sie es besser verstanden haben zusammenzuarbeiten als die anderen Tiere der damaligen Zeit. Und dieser genetisch bedingte Imperativ, die Zugehörigkeit zu schützen, wirkt und gilt bis heute noch immer. Wir sind bindungsfähig und haben ein sehr tiefes Bedürfnis, uns an andere zu binden. Aber Bindung hat eine zweischneidige Wirkung. Auf der einen Seite ist sie eine Voraussetzung für das Menschwerden, auf der anderen Seite schränkt jede Bindung unsere Potentiale ein. Deutsch als Muttersprache zu haben, bedeutet, dass wir keine andere Muttersprache haben werden.

Ohne Bindung überlebt kein Kind. Ohne Kultur, ohne Sprache, ohne Erziehung wird kein Baby ein erwachsener Mensch. Als Erwachsene können wir die Wichtigkeit der Bindungen daran merken, dass es uns immer noch wichtig ist, nicht aus der Gruppe herauszufallen und als Außenseiter gesehen zu werden. Das haben die Nazis sehr gut verstanden. Begriffe wie »Untermensch« und »Unmensch« sprachen manchen Menschen die Zugehörigkeit ab, mit tödlicher Konsequenz. Die Angst vor der Beschämung ist im Grunde eine Angst, die unsere Zugehörigkeit schützt. Auf der anderen Seite wirkt eine unbegrenzte Zugehörigkeit gegen alle Individualität, alle Einzigartigkeit. Und so stehen wir wieder vor einer scheinbar unlösbaren Paradoxie: Wir müssen die Zugehörigkeit schützen und gleichzeitig die Einzigartigkeit, die Individualität entfalten. Paradigmatisch müssen wir eine Balance finden zwischen dem Ich und dem Wir. Wie aber soll diese Balance aussehen?

Die gegenwärtige Wirtschaftskrise bestätigt die Relevanz und die fehlende Lösung dieses »Ich/Wir«-Paradoxons. Manche Manager der Hedgefonds in den USA haben das Prinzip des Eigeninteresses so weit getrieben, dass sie die eigenen Kunden und die eigenen Firmen beschädigt und sogar die Wirtschaft der Welt in Gefahr gebracht haben. Dieses Prinzip von »Ich« ist auch charakteristisch für die Krankheit Krebs, wo die Zellen nur an sich denken und keine Rücksicht auf die Ganzheit des Organismus nehmen.

Es gibt aber auch ebenso viele Beispiele dafür, wie eine Übergewichtung von »Wir« negative Konsequenzen haben kann. Auch hier können wir von den Nazis lernen, aber jeder Mob, jeder Kult und sogar viele »normale« soziale Gruppierungen verlangen von uns als Preis der Zugehörigkeit einen Verzicht auf Autonomie. Auf eine ähnliche Weise »verlangen« Eltern von ihren Kindern, dass sie dieselbe Sprache sprechen wie sie. Jede Kultur verlangt von ihren Mitgliedern, dass sie alle die Werte und Umgehensweisen lernen, die zu der Kultur passen. Kultur entfaltet menschliches Potential und schränkt es ein.

Diese drei Erkenntnisse der Biologie – wenn auch hier ziemlich oberflächlich und vereinfacht dargestellt – machen manches zum Thema *Potential und Wirklichkeit* deutlich. Rein biologisch betrachtet ist das menschliche Potential schier unvorstellbar: von Wurm zum Menschen, vom Menschen zu – was? Wir prägen die eigene Evolution, ohne zu wissen *wohin* und ohne wissen zu können *wohin*. Unser Potential wird durch unseren kulturellen und familiären Kontext sowohl ermöglicht als auch eingeschränkt. Zusammengefasst bedeutet das, dass es die Wirklichkeit unseres Potentials ist, auf der einen Seite praktisch unvorstellbar uneingeschränkt zu sein, und gleichzeitig wird es geprägt und bedingt von dem Umfeld, in dem es sich verwirklicht, ein Umfeld, das wir weitgehend selbst hergestellt haben.

Wenn das unsere Wirklichkeit ist, was sind die Implikationen für unser Handeln? Ist es völlig egal, was wir tun? Sind die Dimensionen der universalen Wirklichkeiten so unendlich groß, dass das, was wir Menschen tun, eigentlich irrelevant ist? Oder gehört es zu der Entfaltung des menschlichen Potentials, dass wir eine Verantwortung für unser eigenes Tun bewusst übernehmen? Es scheint sowohl notwendig als auch unmöglich zu sein, dass wir unseren Einfluss auf die eigene Evolution zum Guten bewusst ausüben. Manche Menschen finden Trost in der Überzeugung, dass die Evolution nach einem reinen Zufallsprinzip funktioniert und dass unser Einfluss darauf deswegen irrelevant sei. Andere finden Trost in der Vorstellung, dass es erkennbare Ordnungen gibt und dass wir verpflichtet sind, unser Tun damit in Einklang zu bringen. Mir scheint die Frage letztendlich nicht beantwortbar zu sein. Es scheint aber mindestens auch eine potentielle Möglichkeit zu sein, dass wir die Kompetenz entwickeln können, die eigene Evolution in Einklang mit dem, was Bert Hellinger einst als das »Große Ganze« bezeichnet hat, zu bringen. Aber nach welchen Werten? Gibt es Werte, die nicht kulturbedingt sind? Gibt es Werte oder Richtungen, die eine Chance haben, die größeren Werte des Universums zu reflektieren? Ich sehe die Möglichkeit, dass es solche Werte gibt, dass sie erkennbar sind und dass wir die Wahrnehmung dafür schulen können. Das wollte ich mit dem Titel des Vortrags andeuten: Sinn und Sinnlichkeit: Über Leib und Seele.

Sinn und Sinnlichkeit

Die Begriffe »Lebenssinn« und »Sinnlichkeit« haben gemeinsam das Grundwort »Sinn« und mindestens auf einer Sprachebene gibt es deswegen einen deutlichen Zusammenhang. Aber hängen Lebenssinn und Sinnlichkeit in der Alltagserfahrung wirklich zusammen? In der Literatur, im Fernsehen, im Alltag und auch in der Psychotherapie begegnen wir Menschen, die »Sinnlichkeit« oberflächlich verstehen, als gäbe ein egoistischer Hedonismus dem Leben seinen Sinn. Demnach üben sie eine Art Sexualität, die nur nach Befriedigung strebt, eine Art den Körper zu betrachten, als ob sein Genuss das Allerwichtigste sei. Werte wie Verantwortung, Bindung, Liebe haben für diese Menschen weniger Gewicht als Befriedigung. Im Gegensatz dazu gibt es auch Menschen, die »Sinnlichkeit« umgekehrt verstehen, Mitglieder von manchen Sekten oder religiösen Gruppen, die meinen, jede Sinnlichkeit sei Teufelszeug, gefährlich und der Seele schadend. Demnach versuchen sie die Triebe des Körpers zu unterbinden und die Begierde als »schmutzig« oder »unrein« zu betrachten. Beide Einstellungen schränken die Erfahrung von »Sinnlichkeit« und Körper sehr ein und beide haben erkennbar negative Auswirkungen.

In der Psychotherapie hat man häufig mit ganz tief sitzenden, generationsübergreifenden negativen Wirkungen der Übertreibungen beider Einstellungen zu tun. Viele Mütter und Großmütter, viele Väter und Großväter kamen mit der eigenen Leiblichkeit, mit der eigenen Sinnlichkeit überhaupt nicht zurecht. Sie haben – sozusagen – nicht in dem eigenen Körper gelebt. Eine solche Einschränkung der Körperempfindung ist Not-wendig, wenn sie in der Kindheit oder im Lauf des Lebens traumatischen Umständen ausgesetzt worden sind: Hungersnot, Krieg, Vergewaltigung, körperlichem Schmerz durch Krankheit. In solchen Umständen ist die Einschränkung der Körperempfindung eine lebensrettende Möglichkeit oder ein Potential, das wir Menschen haben, uns dem eigenen Leib zu entfernen, und ihn von außen zu betrachten. Wenn aber die Notmaßnahmen zu Alltagsgewohnheiten geworden sind, wird das Leben des Lebens beeinträchtigt, und ohne diese gut wirkende Sinnlichkeit verliert das Leben an Sinn.

Leib als beseelter Körper: Einige Beispiele

Zur Sinnlichkeit – und dadurch zum Lebenssinn – gehören die Sinne, das Sehen, das Hören, das Schmecken, das Spüren. Jeder dieser Sinne ist eine Art der Berührung. Mit den Sinnen berühren wir die Welt und wir erkennen durch die Sinne, dass auch die Welt uns berührt. Wir dürfen Seele als das verstehen, was eine mechanische Berührung in ein lebendiges Erlebnis umwandelt. Seele macht die materielle Welt zur subjektiven Erlebniswelt. So gesehen ist der Leib ein beseelter Körper. Leib und Seele bilden zusammen eine Ganzheit, die das Leben aus chemischen und physikalischen Prozessen des Universums hervorruft. Einige Beispiele mögen dies verdeutlichen. Nehmen wir zuerst die Berührungen. Auf der materiellen Ebene ist Berührung ein einfaches Wort, und jeder versteht, was es bedeutet, auch wenn die neuro-physiologischen Vorgänge äußerst kompliziert sind. Wenn wir die subjektive Erfahrung der Berührung betrachten, wird das Wort um Einiges komplizierter. Der Schlag eines Kampfes ist eine andere Berührung als das Streicheln der Liebe, obwohl beide einfache mechanische Reibungen sind. Die Berührung des Frauenarztes kann fachgerecht sein oder sie kann eine leicht persönliche Qualität bekommen. Es ist schon bemerkenswert, wie präzise wir Unterschiede in der körperlichen Berührung differenzieren können.

Es gibt auch Berührungen, die nicht körperlich sind. Zum Beispiel: Manche Berührungen sind mental. Wir werden von interessanten Ideen oder Einsichten berührt, von politischen oder religiösen Überzeugungen. Aber dann gibt es noch andere Berührungen, die im Bereich der Seele stattfinden, Berührungen, die das Herz treffen. Der liebende Blick eines Kindes, eine schöne Musik, ein Gedicht, eine tröstende Hand auf dem Rücken können alle die Seele berühren. Eine vertraute Freundschaft, eine erfüllende Liebschaft, ein Erfolg, ein Scheitern – alle berühren die Seele. Die berührende Hand ist wichtig, aber sie ist nicht die Berührung. Diese Berührung ist eine Sache der Seele. Sie ist erlebt, erfahren, gespürt. Die Fähigkeit der Seele, solche Berührungen zu empfangen, zu erkennen und zu erleben, gibt dem Leben seinen Sinn. Ein Leben ohne eine Fülle von solch seelischen Berührungen ist armselig: ohne Sinnlichkeit und Sinn. Und noch etwas Wichtiges: In der Erfahrung der Berührung werden Leib und Seele eine Einheit, eine Ganzheit. Wie oben erwähnt, gibt es viele Menschen, die durch Trauma, Beziehungsprobleme, systemische Verstrickungen, Krankheit oder andere Faktoren die seelische Berührung wenig spüren. Bisweilen ist es für das Überleben ein Vorteil, wenn die Seele betäubt bleibt, weil die Umstände des Alltags so katastrophal sind, dass es zu einer ständigen Überflutung führen würde, wenn die Menschen in der Seele alles miterleben würden. Professor Mühleisen hat vorgetragen, dass Politiker als Voraussetzung für den beruflichen Erfolg lernen müssen, sich nicht berühren zu lassen, eine dicke Haut haben müssen. Was da gebildet wird, ist eine Fähigkeit, nur das wahrzunehmen, was man wahrnehmen will. Neulich hat *Der Stern* den CEO (Chief executive officer) einer großen Bank zitiert. Nachdem er die Firma in die Pleite geführt hat, die ganze Rentenvorsorge Tausender normaler Familien verspielt hat, hat er eine Abfindung von 168 Millionen Dollar zugebilligt bekommen. Er hat sinngemäß gesagt, dass er keine Achtung für die dummen Menschen habe, die ihr Vertrauen in ihn gesetzt und ihm erlaubt haben, so mit ihrem Geld umzugehen. Seine Aussage demonstriert die Verschlossenheit seiner Seele. Aber, was würde er erleben, wenn er sich von dem Leid der Tausenden von Familien, dem Leid, das er selbst verursacht hat, berühren lassen würde? Wie könnte seine Seele mit einem offenen Herz, mit offenen Augen, mit offenen Ohren sich von den Konsequenzen seines Handelns berühren lassen? Es ist verständlich, dass er gelernt hat, seine Gefühle abzuschirmen, auch wenn das Verstehen ihn nicht entschuldigt. Es würde große Konsequenzen für die Entfaltung des menschlichen Potentials haben, wenn alle es so wie er machen würden.

Wir kennen diesen Mensch nicht. Ich kann mich nicht einmal an seinem Namen erinnern. Trotzdem können wir spekulieren, wie er zu dieser Teilnahmslosigkeit gekommen ist. Ich halte es für unwahrscheinlich, dass er bei seiner Entbindung so verschlossen war. Ich gehe eher davon aus, dass er es im Laufe seines Lebens gelernt hat. Wenn meine Überzeugung stimmt, dann bedeutet sie, dass die Seele lernfähig ist, dass sie auf Erziehung reagiert. Das bedeutet wiederum, dass die Seele Bildung braucht. Im traditionellen christlichen Kontext denken wir an die Seele als etwas Ewiges, etwas Unveränderbares, etwas, das über unser persönliches Leben hinaus noch weiter existiert. Das ist möglich, aber in unserer psychotherapeutischen Erforschung des Themas können wir nichts darüber aussagen. Nur, wir wissen, dass Leute, die sich mit der Seele befassen, während sie noch leben, mit wichtigen Lebenserfahrungen ganz anders umgehen als Leute, denen es nicht möglich gewesen ist oder notwendig schien, die Seele auszubilden.

Noch ein Beispiel: Eine ganz wichtige Lebenserfahrung ist natürlich die Geburt. Wie bei dem Begriff »Berührung« können wir Geburt entweder konkret verstehen oder metaphorisch. Als Kinder haben wir die eigene Geburt ganz konkret erlebt, obwohl wir meistens keine bewussten Erinnerungen daran haben. Frauen können eine Geburt leiblich erleben, wenn sie die eigenen Kinder entbinden. Für manche ist das Genuss pur, für andere ist das eine ziemlich schmerzhafte Angelegenheit. Auch Männer erleben die Entbindung ihrer eigenen Kinder unterschiedlich. Männer, die bei der Entbindung dabei sein durften, erleben die Geburt als teilhabende Beobachter und sie berichten über ganz unterschiedliche Erfahrungen: Freude, Staunen, Euphorie vielleicht, oder Schreck, Schock, Entsetzen, dass die Frauen so etwas über sich ergehen lassen, damit es uns gibt; Unverständnis, Mitgefühl, Hilflosigkeit, Impotenz, irgendetwas tun zu können, Frustration, dass die Frauen nicht das machen, was im Vorbereitungskurs gelehrt wurde.

Wenn wir uns die Geburt vorstellen, wird sie zur Metapher. Das macht jede, die darüber fantasiert: »Ich möchte unbedingt ein Kind bekommen«, oder: »Ich freue mich, dass ich kein Kind habe«. Man hat Vorstellungen, wie das sein würde, aber die Vorstellungen sind anders als die Erfahrung. Es ist entscheidend für uns alle, dass unsere Mütter nicht nur über unsere Geburt fantasiert, sondern auch die leibliche Erfahrung gemacht haben.

Die Geburt kann auch eine seelische Erfahrung sein. Im seelischen Kontext deutet Geburt auf einen Änderungsprozess, der bewirkt, dass wir uns danach anders erleben als am Anfang. Zum Beispiel: Wenn Eltern auf ihr Kind mit einer offenen Seele schauen, auf ein Kind, das aus ihrem Zusammensein entstanden ist, das ein neues Lebewesen ist, das sie in ihrer Liebe zueinander ins Leben gerufen haben, dann ist die Berührung und die Bindung an das Kind unmittelbar. Und diese Erfahrung, mit der Seele auf das Kind zu schauen, ändert das ganze Leben der Eltern. Nachdem sie einmal mit der Seele auf das Kind wirklich geschaut haben, werden sie nie wieder frei sein, in eigenem Selbstinteresse zu handeln. Die Bindung an das Kind verändert die Eltern. Sie können versuchen, die Bindung zu verleugnen, sie können versuchen, sie zu vergessen, und trotzdem bleibt die Wirkung im seelischen Kontext. Es ist nicht so sehr die körperliche Entbindung, die sie zu Eltern macht, sondern viel mehr das »Mit-der-Seele-Schauen«. In der Erfahrung des »Mit-der-Seele-Schauens« werden sie als Eltern geboren. Und auch hier ist das Erleben entscheidend.

Ein weiteres Beispiel: Wenn ein Mensch, den wir lieben, krank wird, in eine Krise kommt oder stirbt, arbeitet die Seele mit. Eine Mutter erzählte neulich, ihr Sohn sei lebensgefährlich krank geworden. Er war schon erwachsen, trotzdem hat ihre Seele mitgelitten. Sie ist in eine seelische Not geraten, als ob auch sie in Lebensgefahr gekommen wäre. Sie hat einige Möglichkeiten ausprobiert, mit ihrem Schmerz umzugehen. Sie hat versucht, sich zu betäuben und so zu tun, als ob nichts wäre. Sie wäre in der Lage gewesen, das zu tun, aber der Preis einer inneren Gleichgültigkeit wäre der Liebe ihrem Sohn gegenüber nicht gerecht gewesen. Sie hat auch gedacht, sie hätte ganz hysterisch reagieren können, als ob seine Krankheit das Ende ihres Lebens sei. Da merkte sie, sie hätte sich damit wichtiger gemacht als ihr Sohn und ihm dabei Unrecht getan. Am Ende hat sie sich dafür entschieden, den Schmerz des Risses in der Seele zuzulassen. Sie hat beschrieben, wie eine ganz tiefe Erinnerung an die körperliche Entbindung in ihr hochgekommen ist, und wie sie den Prozess nicht mehr mit Willen steuern konnte, und im Vertrauen auf ihren Körper diesem die Steuerung überlassen hat. Sie hat sich der seelischen Bewegung anvertraut, die viele Frauen gefunden haben, nicht gegen den Schmerz zu kämpfen, sich nicht anzuspannen, sondern sich im Dienst an etwas Größerem zu öffnen. Jetzt, als ihr Sohn im Sterben lag, konnte sie merken, was sie schon gelernt hat, und obwohl der Schmerz dieses Mal seelisch war, konnte sie so wie bei der Entbindung loslassen und sich von etwas Größerem tragen lassen.

Der Tod eines Kindes gehört sicherlich zu den schlimmsten Erfahrungen und für diese Frau war er auch sehr schlimm. Wenn ein geliebter Lebensgefährte stirbt, stirbt etwas in der Seele mit. Der Tod wird als Riss in der Seele erlebt, als Verlust; es entsteht ein Loch, beschrieben als ein Abgrund. Aber beim Sterben, wie bei anderen Erfahrungen, wenn eine adäquate Bildung der Seele im Vorfeld schon geschehen ist, kann man mit der Erfahrung völlig anders umgehen. Es gibt Menschen, die schwer sterben. Es gibt Menschen, die leicht sterben oder gut sterben. Wenn man das Privileg gehabt hat, einen »gut sterbenden Menschen« in den Tod zu begleiten, merkt man, dass die Begleitung wie ein Segen wirken kann. Man merkt, dass der Tod, vorausgesetzt dass die seelische Bildung schon stattgefunden hat, schön sein kann. Gewiss ist die Begleitung in den Tod eines älteren, lebenssatten Menschen leichter als die Begleitung eines jungen Kindes. Aber wie das Beispiel der Frau gerade gezeigt hat, auch eine solche Begleitung wird durch die seelische Vorbereitung leichter – nicht *leicht* wohlgemerkt, sondern leichter. Manchmal macht diese Fähigkeit, einen Tod mit vollem seelischem Beistand zu begleiten, den Unterschied aus zwischen einem sinnlosen Tod und einem »sinnvollen« Tod.

Die Seelenbildung bedeutet, dass wir lernen, die Sinnlichkeit der Seele wahrzunehmen und wahr zu haben. Und während wir die seelische Sinnlichkeit üben und uns ihr widmen,

225

merken wir, sie trägt zum Sinn des Lebens viel bei. Die Sinnlichkeit der Seele, wenn man sie gefunden und geübt und stabilisiert hat, verbindet Geist und Leib in einer Ganzheit.

Seele in der Welt

In unserer Gesellschaft ist es so, dass die meisten von uns das
Wort »ich« anwenden, um den Geist zu benennen, das, was
mental passiert. »Ich will, ich mag, ich denke, ich fühle, ich
tue.« Es ist schon ein Fortschritt, wenn man häufig die Erfahrung macht, dass man etwas wirklich spürt. Was ist der Unterschied zwischen »ich denke« und »ich spüre«? Phänomenolo-
gisch betrachtet verlässt man bei »ich spüre« den Bereich der
Gedanken, der Vorstellungen und geht einen Schritt in den
Bereich der unmittelbaren Sinneserfahrungen. Wir kennen
schon den Unterschied zwischen einer rein körperlichen Sinneserfahrung und einer seelischen Sinneserfahrung, zwischen
dem Schmerz einer Schnittwunde und dem Schmerz einer un-
erfüllten Sehnsucht. Es sind die seelischen Erfahrungen, die
seelische Sinnlichkeit, die den Sinn des Lebens tragen. Das ist
die Bewegung der Seele in die Welt.

Luise Reddemann

Würde und Psychotherapie[61]

»Die Würde des Menschen ist unantastbar«, heißt es in unserem Grundgesetz. Die Gründungsväter und -mütter unserer
Verfassung haben um diesen Satz gerungen. Dass er in diesem
Land notwendig in die Verfassung eingehen musste, versteht
sich aus unserer Geschichte. Viele Länder, die später ihre Ver-
fassungen – neu – schrieben, haben auf das deutsche Modell
zurückgegriffen.

Mir selbst wurde die Frage nach der Menschenwürde bewusst, als mein Mann und ich uns Ende der 60er-Jahre mit

den unvorstellbar grausamen Verhältnissen in Kinderheimen beschäftigten und uns mit anderen dafür engagierten, Kinder und Jugendliche aus den Heimen herauszuholen. Die Würde der Kinder wurde damals in der Heimerziehung fast überall systematisch mit Füßen getreten, inzwischen wissen wir darüber noch viel mehr, es ging um Vernachlässigung, Gewalt und sexualisierte Gewalt.

Vor einigen Jahren wurde mir dann bewusst, dass in der Psychotherapie sehr wenig Würdeorientierung explizit zu gelten scheint und ich machte mir Gedanken, wie man das ändern könnte. Daraus entstand ein Buch.

Implizit bemühen sich natürlich viele Psychotherapeutinnen und -therapeuten um Würdeorientierung, aber auch nicht alle. In einem Lehrbuch der Ethik der Psychotherapie wird Würde nur beiläufig erwähnt. Würde ist ein Begriff aus der Philosophie, man muss ihn daher in die Psychotherapie holen. Dann gilt es, die Theorie anwendbar zu machen. Ich bemerkte, dass die philosophischen Gedanken sich manchmal kompliziert anhören, es im Grunde aber doch um sehr einfache Dinge geht, wenn man nach der Würde fragt. Ich halte die Grundannahme, dass Menschen als Menschen immer schon Würde besitzen und ein Recht auf Anerkennung ihrer Würde haben, wie ein Recht auf die Erfüllung anderer Grundbedürfnisse, für basal notwendig: Auf diese Grundannahme sollten wir unter keinen Umständen verzichten. Dieses Recht bezieht sich sowohl auf den Umgang mit uns selbst wie auf den Umgang mit anderen. Versucht man, dem Würdebegriff auf den Grund zu gehen, wird er spröde und schwer fassbar. So ist es jedenfalls mir ergangen, denn die Definitionen sind z.T. widersprüchlich.

Brauchbar finde ich eine Definition in Meyers Lexikon: »Würde = die einem Menschen kraft seines inneren Wertes zukommende Bedeutung; auch Bezeichnung für die dieser Bedeutung entsprechende achtungsfördernde Haltung (Menschenwürde).« Ich bin davon überzeugt, dass wir überall gewinnen, wenn wir Würde mehr als Grundlage unserer Überlegungen und unseres Handelns verwenden. Ich meine einen bewussteren Umgang mit Würde, und das heißt einen ausdrücklichen. Denn entscheidend für unser Handeln sind in hohem Maß die Begriffe, in denen wir denken und sprechen.[62] Das heißt z.B. für Psychotherapeutinnen und Psychotherapeuten, dass sie sich fragen, ob sie die Würde der Menschen Ihrer Umgebung, also auch ihrer Patientinnen und Patienten, achten. Aber wohl noch weitergehend, wie sie diese Würdeanerkennung im Alltag miteinander leben.

Wenn wir uns mit dem Begriff Würde näher befassen, fallen uns meist zunächst Dinge ein, die mit der Verletzung der Würde zu tun haben. Jede und jeder kann Würdeverletzungen ausgesetzt sein, nicht nur durch andere, sondern auch durch Lebensereignisse, die wir als entwürdigend empfinden und die uns aufrufen, uns unserer Würde bewusster zu werden und sie gerade in Zeiten der Entwürdigung und – vermeintlicher – Würdelosigkeit zu verteidigen, auch und gerade vor uns selbst. Im Grunde genommen ist es einfach, denn was die Würde angeht, geht es immer auch um die sogenannte goldene Regel: Tue einem anderen nichts an, von dem du möchtest, dass es dir nicht angetan wird.

Ich möchte Sie, die Leserinnen und Leser, einladen, einen Moment innezuhalten und Ihre Einfälle zur Würde für ein paar Momente unter die Lupe zu nehmen. Was fällt Ihnen bei diesem Begriff als Erstes ein? Achten Sie auf Ihre Würde? Und wie machen Sie das? Haben Sie das, was Sie tun und Ihre Konzepte über sich selbst, die anderen und das Leben unter diesen Gesichtspunkten schon einmal untersucht? Woran würden Sie am sichersten merken, dass Ihre Würde geachtet wird? »Hirntechnisch« gesehen brauchen wir wechselseitige Anerkennung, um uns wohlfühlen zu können, das lässt sich auf Grund der Forschungslage überhaupt nicht mehr bestreiten. Das heißt, wir schaden uns, wenn wir das Bedürfnis nach Anerkennung bei uns selbst und anderen nicht anerkennen.

Ich nenne einige Bereiche, in denen wir noch mehr auf die

Würdethematik unserer Patientinnen und Patienten achten sollten (aber auch auf unsere eigene!):

1. Geht es um Respekt vor ihrer Autonomie
2. Gilt es ihre Würde der Verletzlichkeit und des Scheiterns anzuerkennen
3. Geht es um Respekt vor ihren Wünschen nach Verbundenheit
4. Geht es um ihre Individualität und Verschiedenheit
5. Gibt es eine Würde ihrer Intimität

Alle diese Bereiche hängen eng zusammen, machen wir uns einen bewusst, kommen wir zwangsläufig auch zu den anderen.

Ich möchte einige Hypothesen vorschlagen, die dazu beitragen können, Würde noch bewusster »zu achten und zu fördern«, wie es in der Schweizer Verfassung heißt. Sie sind im Sinne von Anregungen gedacht, vollständig sind sie sicher nicht. Ich beziehe mich dabei vor allem auf philosophische Konzepte, die ich alltagstauglich zu übersetzen versuche.

1. Hypothese: Würde setzt Achtung vor allem Leben und allem Lebendigen voraus.

Dazu erinnere ich an Albert Schweitzer. Es wird erzählt, dass er anlässlich einer Bootsfahrt auf dem Fluss Ogowe auf den berühmten Satz kam: »Ich bin Leben, das leben will, inmitten von Leben, das leben will«, und ihm der Ausdruck »Ehrfurcht vor dem Leben« zufiel. Im zweiten Teil seines Werkes »Kultur und Ethik« ist er den Problemen seiner Zeit, das war nach dem 1. Weltkrieg, auf den Grund gegangen. Ich sehe viele Gemeinsamkeiten zwischen seiner »Ehrfurcht vor dem Leben« und dem, was ich unter Würde verstehe. So wie er den Begriff »Ehrfurcht vor dem Leben« erklärt, halte ich es für gerechtfertigt, ihn mit »Würde« gleichzusetzen. Ich stelle mir Schweitzer im Boot auf dem Fluss vor, das ihn auf den Gedanken bringt, von der Hingabe »des menschlichen Lebens an alles lebendige Sein, zu dem es in Beziehung treten kann«

zu sprechen.[63] Und das ist nichts Theoretisches, weil wir alle ja ständig mit Lebewesen zu tun haben. Und von all dem Lebendigen, also Tiere und Pflanzen, an das Albert Schweitzer auch noch denkt, ganz zu schweigen. Schweitzer fordert uns auf, dass wir andere Menschen lebendig sein lassen, ihnen nichts in den Weg stellen, was ihre Lebendigkeit untergräbt. Was bedeutet das im Kontext der Psychotherapie? Z.B. Ideen von Patientinnen und Patienten anerkennen und es nicht besser wissen, Gefühle gelten lassen, aber auch respektieren, dass manche viel Zeit brauchen, bis sie sich an ihre Gefühle wagen.

2. Hypothese: Würde braucht Unrechtsbewusstsein.

Das Ideal der Menschlichkeit gründe sich in unseren Tagen auf die Erfahrung der Unmenschlichkeit, meint der Philosoph Franz-Josef Wetz.[64] »Das Übermaß an Leid und Ungerechtigkeit auch in der heutigen Welt lässt einen Verzicht auf die Idee menschlicher Würde sogar als verantwortungslos erscheinen und ruft nicht nur zu deren Achtung in der alltäglichen Praxis auf, sondern auch zu deren Bewahrung in der philosophischen Theorie«,[65] schreibt er.

Es taucht die Frage auf, ob wir ohne Kenntnisnahme gesellschaftlich bedingter Würdeverletzungen gut leben können. Vielleicht begnügen sich in den letzten Jahrzehnten viele etwas zu sehr mit Innerlichkeit, geben Würde verletzenden Verhältnissen keinen Raum in ihren Gedanken und hoffen, dass alles wie von selbst besser wird? Ich meine, wir müssen gesellschaftlichen Würdeverletzungen nachgehen und sie benennen, um uns anschließend um ihre Veränderung zu mühen. Ja, zu mühen, denn das ist nicht leicht, aber nur so behalten wir unsere Würde. Stéphane Hessel, der alte Mann und Überlebender von KZs, beschreibt das sehr schön in seinem Buch »Empört Euch!«:

»Auch dass Menschen ihre eigenen Bedürfnisse nicht mehr bemerken und anerkennen ist eine Art Würdeverletzung. Und dass es so ist, ist zu einem Teil auch gesellschaftlich bedingt. Wir gestalten unsere Gesellschaft aber mit, d.h. jede und jeder von uns ist auch mit dafür zuständig, wie es in unserer Gesellschaft zugeht.«

Der Mönch Bartolomé de las Casas hat schon zu Zeiten der Renaissance, 1550, die Gleichheit der »Menschenkinder« verteidigt. Frauen, Männer, Kinder – alle haben einen Anspruch, dass ihre Würde geachtet wird. Das war zu jener Zeit, wo eigentlich nur die Würde eines »freien Mannes« etwas galt, sehr fortschrittlich.

3. Hypothese: Würde gelingt nur, wenn wir uns selbst Würde zusprechen.

Die Überlegung, dass ein Mensch sich auch selbst Würde zubilligt, halte ich für zentral. Schiller hat diesen Gedanken als erster in der Geschichte des Abendlandes in seinem Drama ›Don Carlos‹ ausgesprochen. Zuerst hat er allerdings den Schutz der Menschenwürde als Staatsaufgabe gefordert. Das passt auch zu unserer Verfassung. So lässt Schiller Marquis Posa zu König Philipp sagen: »Ich höre, Sire, wie klein, wie niedrig Sie von Menschenwürde denken ...«, und später fordert er: »Stellen Sie der Menschheit verlorenen Adel wieder her ...« Schiller scheint als einer der wenigen seiner Zeit begriffen zu haben, dass man entweder alle Menschen in das Menschenrecht der Würde einschließt oder damit in eine Falle gerät. Sein Marquis Posa bietet dem König allerdings etwas an, was mir wie eine Ausrede vorkommt: Die Menschen hätten sich »freiwillig ihres Adels begeben und sich freiwillig auf diese niedere Stufe gestellt«. Sie würden erschrocken vor dem Gespenst ihrer inneren Größe fliehen, sich in ihrer Armut gefallen und ihre Ketten mit feiger Weisheit ausschmücken. Ob sich Menschen wirklich »freiwillig« ihres Adels begeben, weiß ich nicht. Man sollte aber darüber nachdenken, denn etwas Ähnliches hat Nelson Mandela gesagt, der davon spricht, dass wir Angst vor unserer Größe haben. Ist es manchmal bequem, sich kleinzumachen? Und wie wäre es, wenn wir uns mehr um unsere innere Schönheit, wie manche das auch nennen, kümmern würden, sowohl bei uns selbst – damit sollte man immer anfangen – und bei den anderen?

Ich weiß, dass es in der Psychotherapie häufig eine der wichtigsten Aufgaben ist, dass Patientinnen und Patienten sich selbst ihre Würde zurückgeben und sich damit ihres Selbstwertes bewusst und bereit werden, ihn zu verteidigen. Es geht oft darum, dass Patienten sich vom Hass derer, die ihnen geschadet haben, befreien – das heißt, dass sie sich dadurch auch von ihrem Selbsthass befreien. Manchmal ist es um der eigenen Würde willen wichtig, dass man sich von denen, die einem schaden bzw. geschadet haben, fernhält.

Heutzutage wird immer wieder argumentiert, dass ein Mensch nur dann Würde besitze, wenn er sie sich verdiene und verdienen könne, sie sich quasi erarbeite. Dieser Auffassung treten Philosophen und auch unser Rechtssystem dadurch entgegen, dass davon ausgegangen wird, dass Menschenwürde kein Gut darstellt, das man erwerben kann oder sollte. Vielmehr wird ein Anspruch darauf gesehen, nicht entwürdigt oder erniedrigt zu werden.[66] Dieser Anspruch wird gesetzt, ähnlich wie man sagen kann, dass Menschen, um zu leben, Nahrung brauchen, d. h. für mich »Würde als geistig-seelische Nahrung«, die wir alle dringend benötigen.

4. Hypothese: Die eigene Würde ist untrennbar mit der Achtung der Würde anderer verbunden, wenn wir andere entwürdigen, rauben wir uns auch selbst unsere Würde.

Dazu möchte ich vom Philosophen Emmanuel Lévinas erzählen. In seiner Unbedingtheit weist sein Denken Verwandtschaft mit Albert Schweitzers Denken auf.

Seine Philosophie ist tief geprägt von den katastrophalen Erfahrungen der Shoa. Lévinas ging es vor allem um Verantwortung dem Anderen gegenüber. Über Lévinas heißt es: »Den heutigen Leser macht es fassungslos, dass für Emmanuel Lévinas selbst der Schlächter und Massenmörder vor jeder moralischen Aburteilung eben dies ist: Der andere Mensch, der Nächste. In seinen Werken spricht Lévinas von der fundamentalen menschlichen Existenzweise: Der ethischen Verfasstheit des Lebens, das grundlegend durch den Bezug zum anderen geprägt ist.«[67] Oft unbezogen auf den Mitmenschen gehen nicht nur Philosophen mit Menschen um, sondern die Unbezogenheit ist heutzutage beinahe die Regel.

Lévinas aber schreibt: »Die Sorge für den Anderen siegt über die Sorge um sich selbst. Genau das ist es, was ich ›Heiligkeit‹ nenne. Unsere Menschlichkeit besteht darin, dass wir den Vorrang des Anderen anerkennen können. Die Sprache wendet sich immer dem Anderen zu, so als ob man gar nicht denken könnte, ohne sich bereits um den anderen zu sorgen.«[68] Bei Lévinas geht es um ein völlig neues Verständnis von Ethik und Humanismus, das sich aus seinen Erfahrungen als ein Internierter und Exilierter herleiten lässt.[69]

Nach Beginn des 2. Weltkriegs war er nämlich von deutschen Soldaten festgenommen und deportiert worden. Er wurde fünf Jahre lang im Lager Fallingbostel festgehalten. Die Genfer Konvention schützte ihn, der eine französische Uniform trug, davor, nicht das Schicksal der Zivilisten zu erleiden, sprich im KZ zu landen und umgebracht zu werden, was aber Diskriminierung nicht ausschloss. Nach dem Krieg musste er erfahren, dass seine Eltern und Geschwister von den Nazis ermordet worden waren. Er beschloss, niemals mehr deutschen Boden zu betreten.

Mit Emmanuel Lévinas »starb ein Mensch, ein Philosoph, der das alltägliche ›bitte nach Ihnen‹ bis zu den höchsten Höhen philosophischer Abstraktion steigerte, um es dem alltäglichen Menschen als Liebesweisheit (was die Philosophie jedenfalls ihrem Namen nach ist) zurückzugeben.«[70] Was hat »Liebesweisheit« mit der Psychotherapie im Alltag zu tun? Ich glaube, dass wir u. a. weniger Burnout und Helfermüdigkeit hätten, wenn in Institutionen Liebesweisheit ernst genommen würde. Denn es geht hier um so einfache Dinge wie Rücksichtnahme, Freundlichkeit, vielleicht auch Humor im Umgang mit menschlichen Schwächen. Ich verstehe Lévinas so, dass, wenn wir uns auf andere einlassen, wir die Erfahrung machen, dass der Andere – und auch das Andere – ganz und gar anders ist, dass ich ihn/sie niemals ganz erfassen und mir einverleiben kann und darf. Und das fordert meinen Respekt. Es geht um die Lehre vom »kleinen Guten«, der Güte, mit welcher man auch »unter einem leeren Himmel noch eine vernünftige und gute Welt« suchen kann, ohne der Tyrannei des »großen Guten zu verfallen.«[71] Das Große, das man nie erreichen kann und das einen in die Resignation und Müdigkeit führt, ist gefährlich für unser Miteinander.

Bei Lévinas geht es auch um ein radikales Fragen nach jeder Art von Gewalt, z.B. in Fragen der Identität, in unseren Vorstellungen und in unserem Handeln, also um subtile Formen von Gewalt. Subtile Formen der Gewalt finden in der Psychotherapie mehr denn je alltäglich statt. Z.B. wenn propagiert wird, dass eine Krankheit in einer bestimmten Zeit zu behandeln ist, so als wären alle Menschen gleich, bräuchten alle gleich viel Zeit, um sich zu entwickeln. Ähnliches gilt auch in der Pädagogik.

In unserer westlichen Kultur ist bei vielen Menschen ein tief in der Persönlichkeit verankerter Selbstwertverlust feststellbar. Das hat auch viel mit der Art zu tun, wie Kinder in unserer Kultur aufwachsen. Das Eigene von Kindern wird weder geachtet, wenn man Kindern offen gewalttätig begegnet, noch, wenn man ihnen subtil gewalttätig begegnet, indem man immer schon zu wissen glaubt, was für ein Kind gut sei. Die Unterdrückung des Eigenen löst Hass und auch Aggressionen aus, die sich aber häufig nicht gegen den Unterdrücker richten dürfen, – das Kind würde sonst hören und erleben, dass es »böse« ist und einen noch größeren Zuwendungsverlust erleiden – sondern werden an andere Opfer weitergegeben. »Opfer« ist heutzutage sogar ein Schimpfwort unter Jugendlichen. Gib ja nicht zu, dass es dir schlecht geht, sei cool, zeig keine Schwäche. Was wir bräuchten wäre eine Kultur, die sowohl Stärken wie Schwächen akzeptiert. Dagegen haben wir eine Gesellschaft, die das Schwache am liebsten gar nicht mehr will. Demnächst wird es keine Kinder mehr mit Trisomie geben, man kann sie alle noch im Mutterleib beseitigen; wer ein solches Kind austrägt, wird sozial ausgegrenzt, das gilt schon heute.

Eine etwas andere, aber ergänzende Sicht hat der amerikanische Philosoph Richard Rorty. Er empfiehlt eine Schule des Mitgefühls, ähnlich wie das heute z. B. der Dalai Lama sagt. Mitgefühl ist auch aus meiner Sicht etwas, was helfen kann, andere Menschen in ihrer Würde zu achten, aber auch uns selbst, denn wir brauchen auch Mitgefühl mit uns selbst. Auch Rorty fordert, dass wir offen sein sollten für das Andere im Andern. Er hofft, dass Menschen unterschiedlicher Art einander gut genug kennenlernen, um nicht mehr so leicht in Versuchung zu geraten, diejenigen, die sich von ihnen selbst unterscheiden, für bloße Quasimenschen zu halten, und daraus dann das Recht abzuleiten, sie wie Untermenschen zu behandeln.[72] Damit bezieht er sich natürlich auf die großen Unterdrückungen wie z. B. den Umgang mit Menschen als Sklaven, aber man kann das durchaus auch auf das eigene kleine Leben beziehen. Wenn es uns widerfährt, dass wir einen Patienten verachten, dann nehmen wir ihm in diesem Moment seine Würde. Es ist wichtig, dass wir uns diese Empfindung bewusst eingestehen, uns bewusst machen, womit sie zusammenhängt, um mit ihr nicht agierend umzugehen.

Rorty vertritt, dass es um Bindungsfähigkeit, die auf emotionaler Resonanz gründet, also Empathiefähigkeit, geht. Diese ist für das Recht auf Würde zentral. Wenn wir uns in andere Menschen einfühlen und mit ihnen fühlen, erkennen wir, dass wir alle aus dem gleichen Stoff sind, dass wir alle leiden und dass es uns wohler tut, wenn wir uns darum bemühen, miteinander freundlich umzugehen. Man sieht, es ist eigentlich alles »ganz einfach«.

5. Hypothese: Würde steht in einem Zusammenhang mit unserem Umgang mit Tod, Endlichkeit und Verletzlichkeit.

Unsere Arbeit hat weniger mit Endlichkeit zu tun, als das sonst in der Heilkunde der Fall ist. Aber immer mehr Psychotherapeutinnen und Psychotherapeuten arbeiten ja in Arbeitsfeldern wie Palliativmedizin oder Psychoonkologie. Ich denke, dass eine Lebenseinstellung, die in allem auch unser aller Endlichkeit mitbedenkt, dazu beitragen kann, dass wir mit uns selbst und anderen mit Würde umgehen. Viele Menschen tun so, als seien wir nicht nur unsterblich, sondern auch noch unverletzlich. Warum tun sie das? Weil die Frage nach der Endlichkeit ängstigt. Und dann tut man so, als gäbe es weder Verletzlichkeit noch Endlichkeit. Es gibt ja genug andere Themen. So zu denken ist genau genommen schon eine Verletzung der Menschenwürde. Matthias Claudius gab seinem Sohn den Rat, jeden Tag so zu leben, als sei es sein letzter. Ist das unbrauchbar, weil schon vor ein paar hundert Jahren gedacht? Ich denke, dass dies immer noch gelten sollte. Wir können uns immer fragen, würde ich so mit XX, also einem Menschen oder einem Problem, umgehen, wenn ich morgen tot wäre? Der sein Leiden und Sterben akzeptierende Mensch ist für mich ein Vorbild an Würde, Würde auch angesichts scheinbarer Würdelosigkeit.

Erst einmal geht es darum, dass wir anerkennen, dass wir nicht alles bestimmen und beeinflussen können, denn wir sterben, wann Gott will, oder der Tod, nicht wann wir wollen. Schon im 90. Psalm heißt es: »Ach Herr, lehre uns bedenken, dass wir sterben müssen, auf dass wir klug werden.« Ich mag solche alten Sätze, weil sie mir zeigen, dass Menschen schon immer mit ähnlichen Themen beschäftigt waren. Wenn wir klug werden, bestehen wir unser Leben in Würde. Der Tod kann uns Würde geben. Die Dinge des Lebens und Sterbens zu akzeptieren bedeutet, klug zu sein. Pauline Boss (2008) beklagt in ihrem Buch »Verlust, Trauma und Resilienz«[73], dass Psychotherapeutinnen und Psychotherapeuten im Allgemeinen von der Vorstellung ausgehen, dass man alles meistern kann. Diese Vorstellung sei falsch. Wir müssten lernen, mit Unlösbarem, Uneindeutigem zu leben.

Im Grimm'schen Märchen »Der Gevatter Tod« entscheidet sich ein Mann gegen Gott und gegen den Teufel als Gevatter, also Paten, für seinen 13. Sohn und er wählt den Tod, weil der allein alle gleich macht, auch dies ein Würdegedanke, die Gleichheit aller Menschen. Aus diesem 13. Sohn wird im Märchen ein großer Arzt, eben weil er den Tod als Begleiter hat. Das heisst, weil er sich der Vergänglichkeit und Sterblichkeit bewusst ist. Wir entgehen dem Tod nicht, aber wohl schon immer haben Menschen versucht, dem Schmerz, den unsere Endlichkeit und Begrenztheit verursacht, auf mancherlei Weise auszuweichen. Eine davon ist, den Menschen in seiner Körperlichkeit nicht wahrzunehmen, wie es bis vor Kurzem in nicht wenigen Therapieschulen üblich war.

Im Märchen wird der Arzt zu einem großen Arzt, weil er den Tod als Begleiter akzeptiert. Der Gevatter sagt ihm, wann er helfen kann – und gibt ihm das entsprechende Kraut dafür – und wann nicht mehr. Der Arzt kann erkennen, was ein Patient braucht, weil er seine Vergänglichkeit achtet. Durch seine Fähigkeit, die Präsenz des Todes zu erkennen und wen er mitnehmen will, wird der Arzt im Märchen groß und reich.

Wenn der Patient aber dem Tod gehört und es Zeit wird zu sterben, muss der Arzt aufhören, etwas gegen den Tod zu unternehmen. Ich übersetze das so, dass wir uns darin üben sollten zu akzeptieren, dass nicht immer alles im Leben geht, dass es bei uns selbst, bei anderen und im gesellschaftlichen Leben Grenzen gibt, und wenn wir die nicht akzeptieren und respektieren, geht es uns schlecht. Denn im Märchen gerät der Arzt in Versuchung und ignoriert die Forderung des Todes. Für viele ist es eine andauernde Kränkung, nicht Herr über Tod und Leben zu sein. Übrigens sagt uns das Märchen, dass der Tod nur der Herr des Sterbens ist. Was Leben ist und wer dessen Meisterin oder Meister, bleibt Geheimnis.

Es sei daran erinnert, dass in vorpatriarchalen Kulturen

ganzheitliche Vorstellungen von Leben und Tod, wonach die beiden eins sind und lediglich zwei Seiten des Lebens, vorherrschten. Für mein Empfinden mindert das die Angst vor dem Tod mehr als die Vorstellung des Kampfes gegen den Tod, zumal man ihn ohnehin nicht »gewinnen« kann. Es könnte uns helfen, würdevoll angesichts von Tod und Krankheit, von Begrenzungen und Schwächen zu bleiben, wenn wir Leben und Tod als ein Ganzes sehen könnten. Werden und Vergehen könnten als ein sich ständiges Ausbreiten und Verklingen eines Gesangs verstanden werden. Dann würden wir auch bemerken, wie sinnlos es ist, immer nur dem Erfolg nachzujagen. Erfolgsorientierung begegnet uns in der Psychotherapie u. a. in einer exzessiven Auslegung der Idee der Evidenzbasierung, so als gelte es, sich nicht am Patienten, sondern an bestimmten Methoden zu orientieren.

Mir sagt das Märchen etwas über einen würdevollen Umgang nicht nur mit unserer Sterblichkeit, sondern dem Machbaren, bzw. nicht Machbaren. Zu viel wollen, die eigenen Grenzen nicht anerkennen, brennt uns aus, auch das Licht unserer Heilkraft erlischt. Im Märchen »Der Gevatter Tod« klingt an, worin das Problem bestehen könnte:

In der Angst vor jeglicher Art von Schwäche. Wenn unser innerer Arzt, unsere innere Ärztin, aus Angst vor Ungenügen immer mehr der Suche nach Macht, Einfluss, Ruhm und Geld geopfert werden, verlieren wir uns und unsere Würde und verletzen die anderer. So gilt es in der Psychotherapie anzuerkennen, dass man nicht alles durch Machen verändern kann, dass es auch ums Stillwerden und ums Dasein gehen sollte. In meiner Arbeit geht es auch um die Spannung zwischen Helfenwollen und Respekt vor der Würde von Leidenden. Ich hörte den Wunsch eines Flüchtlings, der um Verstehen bat, nicht um Hilfe, Hilfe würde ihn klein machen. Verstehen, das heißt, seine Würde achten. Mit dem Begriff von Würde haben wir eine Orientierung eigentlich überall im Leben.

238

6. Hypothese: Es gibt eine Verbindung zwischen dem patriarchalen Denken und der Nichtachtung der Würde. Denn das patriarchale Denken impliziert immer ein oben und unten und keine Gleichrangigkeit.

Patriarchale Strukturen, in denen wir alle mehr oder weniger verwurzelt sind, kranken vor allem daran, dass Natur, Frau, Schwäche gleichgesetzt werden, während Stärke, Kontrolle über die Natur, die Frau sowie die Schwäche, und nicht zuletzt Rationalität dem Mann zugeschrieben wurden. Weder für Frauen noch für Männer ist dieses auf den Beginn des sogenannten wissenschaftlichen Zeitalters zurückgehende Denken ein glückliches Erbe. Die Überschätzung des Rationalen zuungunsten des Intuitiven, Kreativen lässt sich in vielen Bereichen zeigen, wenngleich es immer mehr Wissenschaftlerinnen und Wissenschaftler gibt, die diesen einseitigen Weg verlassen.

Der Braunschweiger Philosoph Bernhard Taureck weist ausdrücklich auf den Widerspruch hin, der in der Aussage »Freiheit, Gleichheit, Brüderlichkeit« steckt.[74] In Kulturen, die die Hälfte der Menschheit – ob offen oder subtil scheint mir weniger erheblich – verachten bzw. ausblenden, kann Würde nicht in vollem Maß gedeihen. In diesem Sinn könnte man auch einmal den Streit betrachten, der derzeit um die Frauenquote geführt wird. Wie viel subtile Entwertung von Frauen spielt da eine Rolle? Die neuere feministische Philosophie legt im Übrigen Wert darauf, alle benachteiligten Gruppen in Würdediskussionen miteinzubeziehen, also nicht nur die Frauen. Das Benachteiligen von Gruppen sehe ich durchaus auch als Konsequenz des Patriarchats.

Sowohl politische, aber auch psychologische Theorien unserer Zeit vernachlässigen diese Probleme – der Benachteiligung von bestimmten Gruppen – weiterhin und ignorieren gerne die Wandlungen der »Privatsphäre« im Zuge massiver Veränderungen im Leben von Frauen und Männern.[75] »Es geht um eine Sensibilität für und ein Wissen um Unterschiede«, sagt die Philosophin Seyla Benhabib. Und das ist eine Herausforderung an unsere Klarheit und Eindeutigkeit im Umgang mit dem Würdethema. Es ist notwendig, sehr genau hinzusehen. Benhabib kritisiert überwiegend aus dem Blickwinkel moderner Diskursethik die Blindheit für die Belange benachteiligter Gruppen in modernen, sich liberal gebenden Konzepten. Diskursethik bedeutet schlicht, dass man in jedem Gespräch auf die Gleichheit der Beteiligten achtet.

Seyla Benhabib wurde am 9. September 1950 im damals multikulturellen Istanbul geboren. Damals war Istanbul ein großes kosmopolitisches Zentrum; ihre Vorfahren, sephardische Juden, waren im späten 15. Jahrhundert in die Türkei geflohen, wo ihnen Asyl gewährt wurde. Benhabib spricht die Sprache ihrer Vorfahren, das Ladino, sowie Türkisch, Französisch, Englisch und Italienisch. Ihr politisches Denken sei ein Resultat der Entfremdung, die sie als Kind verspürt habe im Spagat zwischen einer »westlichen« und einer »orientalischen« Welt, dem Gefühl, in der Türkei zu sein, ohne sich im ethnischen oder nationalen Sinn als »türkisch« zu empfinden. Seyla Benhabib stellt sich und uns viele Fragen, auch die großen und unbeantwortbaren. Es geht ihr aber darum, ganz praktisch von der Abstraktion des philosophischen Denkens zum politischen und alltäglichen Geschehen zurückzukehren. Und das tut jede und jeder, wenn sie/er sich mit Würde als einem philosophischen Thema in Bezug auf eigene Kontexte beschäftigt.

Ähnlich wie für Lévinas ist es für Benhabib ein wichtiger Untersuchungsgegenstand, Teilinteressen zu identifizieren, die sich als allgemeine ausgeben. Was meint sie damit? »In jeder Gesellschaft unterliegt der öffentliche Diskurs gewissen impliziten Zwängen und Einschränkungen ...«[76], schreibt sie. Man erinnere sich an den Begriff »alternativlos« in politischen Auseinandersetzungen. So stopft man Gegnern den Mund. »Es geht also in einer kritischen Theorie darum, diejenigen gegenwärtigen gesellschaftlichen Beziehungsgefüge, Machtstrukturen und soziokulturelle Raster der Interpretation und Kommunikation aufzudecken und zu benennen, die die Identität der Dialogparteien beeinträchtigen, die festlegen, was in die institutionelle Debatte aufgenommen wird, die die Sprache der einen – zuungunsten anderer – als ›Sprache der Öffentlichkeit‹ absegnen.«[77] Also konkret geht es um die Frage, ob in einem Gespräch wirklich alle verschiedenen Ansichten und Meinungen zu Wort kommen und gehört werden. Es lohnt sich, darauf zu achten, denn wenn so nicht gehandelt wird, erzeugt das Unmut. Kommt es immer wieder zu Unmut, entstehen Wut und Resignation. Was können die diskursethischen Überlegungen für die psychotherapeutische Arbeit bedeuten?

Psychotherapeutinnen und Psychotherapeuten halten sich oft für fortschrittlicher und offener, als sie es im Konkreten sind. Das hat vor allem mit Schulenorientierung zu tun: einer Treue zur Schule statt einer Treue zur Patientin. Ein wachsender Drang zur schnellen Besserung, der vor allem auch gesellschaftlich bedingt gewollt und der Ökonomisierung geschuldet ist. Ein anderes Problem sind oft nicht bewusst gemachte Menschenbilder. Viele Therapieschulen sehen in Patienten nur deren Defizite und nicht deren Potential. Daraus resultiert häufig eine Von-oben-herab-Haltung, die entwürdigend sein kann.

Betrachtet man die sehr unterschiedlichen Sichtweisen von vier klugen, ja vielleicht weisen Menschen, Schweitzer, Lévinas, Rorty und Benhabib, so kann man schon daraus erkennen, dass es die eine, ewig wahre Sicht nicht gibt. Benhabib bemüht sich nach meinem Eindruck am meisten herauszuarbeiten, dass es Unterdrückung »im Kleinen« gibt, nicht nur im Großen. Die Interessen von Frauen, aber auch von Asylsuchenden, von von kulturellen Konflikten Betroffenen beschäftigen sie und fordern ihr Engagement. »Meine Nervenenden reagieren empfindlich auf diese Dinge«[78], sagt sie. Derzeit verfolge ich mit Kummer, wie u. a. kulturelle Bedürfnisse immer mehr unter Gesichtspunkten von Kommerz angegangen werden und andere Meinungen immer weniger interessieren. Man nennt so etwas »Sachzwänge«. Aber wer bestimmt, was Sachzwänge sind? Man nennt es in unserer medizinisch-psychotherapeutischen Kultur Evidenzbasierung. Hier gilt der einzelne Mensch nichts mehr. Des Weiteren gilt kaum mehr eine Tiefenhermeneutik, die ebenfalls den gängigen universitären Vorstellungen nicht entspricht. In Deutschland lernen Studierende heute nichts mehr von Tiefenpsychologie.

Das Projekt der Moderne als »eine Lebensform, die nach wie vor viele Frauen, Nichtchristen und Menschen anderer Hautfarbe in moralischer wie politischer Hinsicht als Menschen oder Völker zweiter Klasse einstuft und die Grundlagen solidarischer Koexistenz im Namen von Profit und Konkurrenz untergräbt«[79], durchleuchtet Benhabib in ihrem Buch »Selbst im Kontext« mit erfrischender Klarheit und Schonungslosigkeit. Benhabib geht es gerade nicht immer gleich um Konsens, sondern darum, dass »Entscheidungen nicht die Stimmen jener ersticken, deren Interessen vielleicht nicht in das Korsett der offiziellen Sprachregelungen passen ...«[80] Auch in eher alltäglichen Auseinandersetzungen, behaupten die einen und dann wieder die anderen schnell, was die jeweils anderen vorzutragen hätten, sei irrelevant. Würdeorientierung aber fordert dazu heraus, jeder und jedem Raum zu geben. Ich weiß, dass das überhaupt nicht leicht ist.

Für Benhabib liegt die Lösung in der kommunikativen Ethik, denn sie könne unseren Geist »mit der richtigen Dosis Phantasie versorgen, die wir brauchen, um über die alten Gegensätze zwischen Utopie und Realismus, Rückzug oder Konflikt hinauszudenken.«[81] Kommunikative Ethik heißt auch Würdeorientierung im Umgang miteinander. Im Gespräch bleiben, neugierig auf die Sichtweisen anderer zu bleiben. Benhabib mutet einer allzu raschen Rechtfertigung paternalistischer Verhaltensweisen unter der Überschrift von »Fürsorge« einige Fragen zu. Sie bildet für mich eine Brücke zwischen allgemeinen philosophischen Fragen und der Frage nach der Berücksichtigung der Würde von Benachteiligten, denn es geht ihr darum, Unterschiede gerade nicht zu verwischen.[82] Zur Würde gehört immer eine Genauigkeit des Hinsehens und Unterscheidens in kleinen Dingen ebenso wie in den großen. Benhabib weiß auch, dass Bürokratien häufig die Schwächeren »entmachten« und selbst festlegen, was öffentlich diskutiert wird, wofür »man« sich öffentlich engagiert.[83] Das Diskursmodell ist ihrer Überzeugung nach »ein äußerst wirksames Instrument zur Entschleierung von Herrschaftsdiskursen und ihren impliziten Zielsetzungen ...«[84] Daraus ergibt sich für mich, dass wir gut daran täten, praktisch jeden Begriff, den wir in einem wie auch immer gearteten Bereich – z. B. also der Psychotherapie – verwenden, darauf zu untersuchen, ob wir wirklich die Würde aller achten.

Benhabib meint, dass die Diskurstheorie »ein ... kritisches Kriterium zur Beurteilung bestehender institutionalisierter Einrichtungen entwickeln kann, sofern diese ein ›verallgemeinerungsfähiges Interesse‹ unterdrücken«[85]. Man kann dieses Kriterium als kritischen Maßstab für die Unterrepräsentation, die Ausgrenzung, das Verschweigen bestimmter Arten von Interessen heranziehen. Anders ausgedrückt, »es geht nicht so sehr um die Identifikation des ›allgemeinen Interesses‹ als vielmehr um die Aufdeckung jener Teilinteressen, die sich als allgemeine ausgeben.«[86] Das ist für mich im Zusammenhang mit Diskussionen allgemein und mit Würdediskussionen im Besonderen ein wichtiger Satz: Es soll deutlich gemacht werden, welche Teilinteressen sich durchsetzen. Ein infames Mittel ist es, wenn diese Teilinteressen mit der Behauptung durchgesetzt werden, es gehe hier ums Allgemeinwohl. In unserer Kultur kann das dann »Wissenschaft« heißen. Wobei die Frage offen bleibt, um welche Wissenschaft es geht.

Was z. B. Burnout angeht, empfiehlt eine der bedeutendsten Forscherinnen auf dem Gebiet, Christina Maslach, ausdrücklich, dass sich Menschen in Organisationen zusammenschließen und nach Lösungen für das Burnoutproblem gemeinsam suchen sollten.[87] Da sind dann die diskursethischen Grundsätze besonders wichtig. Wird nicht jede Meinung ernst genommen, legt das immer wieder einen neuen Keim der Unzufriedenheit und der Frustration. Christoph

Bartmann spricht von der »sanften Gewalt der neuen Herr-schaftsverhältnisse«.[88] Er bezieht das auf die moderne Welt des Büros, man kann seine Gedanken aber leicht auch auf das Gebiet der Psychotherapie übertragen.

Ein anderer wichtiger Gedanke wird von Richard Rorty geäußert. Er spricht vom »Wunsch nach Reinheit«, das hält er für so etwas wie ein Grundübel, das Menschen dazu bringen kann, andere, die als weniger »rein« – wir können den Begriff ersetzen durch vernünftig, unemotional, reich, etc. – angesehen werden, zu verachten und ihnen damit die Würde ab-zusprechen. Der Mann und Philosoph Richard Rorty weist darauf hin, dass das Empfindsame und sogenannte Weibische ja verachtet, womöglich aus dem Bewusstsein ferngehalten wird. Rorty meint, dass »die Vorstellung, wonach die Ver-nunft ›stärker‹ ist als das Empfinden und wonach nur das Be-harren auf der Unbedingtheit der moralischen Pflicht die Menschen zu bessern vermag«, überaus hartnäckig sei, und er bedauert den Versuch vieler Philosophen, Erkenntnis als die Hauptpflicht des Menschen zu erklären. Erkenntnis versus Erfahrung und Gefühl könnte man auch sagen. Nach seiner Meinung hat aber die Schriftstellerin Harriet Beecher-Stowe mit ihrem Buch »Onkel Toms Hütte« mehr für die Men-schenrechte erreicht als so manche moralphilosophische Überlegungen von Platon bis Kant; er bezieht also klar Stel-lung für sogenannte weibliche Werte.

Für mich geht es daher neben allgemeinen Fragen immer auch um die Frage des Zusammenlebens. Die Achtung vor der Würde eines jeden/einer jeden anderen hat u. a. zu tun mit einer Haltung der Partnerschaftlichkeit, Geschwisterlichkeit und Gleichberechtigung.

Abschließend einige Grundprinzipien eines würdeorien-tierten Miteinander:

1. Wie täten wir gut daran, uns unser Menschenbild bewusst zu machen. Es ist nicht möglich, ohne ein Menschenbild zu leben und zu arbeiten, ob einem das bewusst ist oder nicht.

Menschenbilder wirken sich auf unsere Tätigkeit aus. Die Vorstellung, man könne quasi neutral und objektiv tätig sein, ist mehrfach widerlegt. Das Menschenbild, mit dem wir uns selbst und anderen begegnen, führt zu sehr unterschiedlichen Handlungen und Haltungen. Hält man die Patientin für schwach und unfähig, das Richtige zu erkennen, führt dies zu einem anderen Umgang, als wenn man mit der Prämisse arbeitet, dass jeder Mensch in sich eine tiefe, möglicherweise auch verborgene Weisheit habe, die ihr oder ihm helfe, das für sie oder ihn Richtige herauszufinden. Ein Menschenbild, das dazu führt, dass man mit innerer Schönheit und Weisheit rechnet, führt eher zu einer an Ressourcen des anderen Menschen interessierten Haltung.

Das Erkennen unserer Verletzlichkeit ist zweifellos eine gute Voraussetzung, die eigene Würde und die anderer zu achten. Jedoch erscheint mir das nicht genug. Ich möchte an Schweitzers Ehrfurcht vor dem Leben erinnern, das jede Art von Lebendigkeit miteinschließt. Ein ausschließlich oder überwiegend an Defiziten orientiertes Menschenbild nimmt Menschen den Raum, sich mit ihrem/seinem Potential zu entfalten.

Es gibt so vieles, das wir in der Begegnung mit anderen erfahren können, wenn wir sie nach dem fragen, was in ihrem Leben gelungen ist und gelingt, was in der Arbeit Freude macht.

Daraus resultiert:

2. Wir sollten immer den ganzen Menschen sehen. Ein Mensch ist mehr als seine Probleme. Vor allem verfügt er über Potentiale.

3. Das Bedürfnis, in positiver Weise wertgeschätzt zu werden, ist uns allen wichtig.

Positive Wertschätzung bedeutet übrigens immer auch Wertschätzung als Frau oder als Mann.

4. Das Erleben des anderen Menschen und seine Wahrnehmungen sollten vorbehaltlos respektiert werden, nur so scheint mir Gleichberechtigung und Gleichrangigkeit möglich. Wenn wir meinen, wir wüssten besser als die andere, was los ist, sind wir nicht vorbehaltlos.

5. Es sei an Ernst Bloch erinnert: »Es gibt so wenig menschliche Würde ohne Ende der Not, wie menschengemäßes Glück ohne Ende alter oder neuer Untertänigkeit.«

Es gibt noch viel zu tun, damit wir Ansätze erkennen, die doch den »untertänigen« Menschen wollen und uns dagegen auflehnen. Häufig geschieht das sogar ähnlich wie in der Kindererziehung mit der Behauptung, es geschehe doch alles zum Besten des Anderen. Das, was wir Kindern nicht wünschen, kann für Erwachsene auch nicht gelten. Wer mag schon Bevormundung? Wir sollten Anstrengungen unternehmen, diese zu erkennen, um letztlich leichter und befreiter zu arbeiten. Dies fördert das Würdeempfinden für uns selbst wie für die, mit denen wir zusammen sind.

6. Eine Möglichkeit, sich dem Würdethema anzunähern, sehe ich in einer Praxis in Achtsamkeit. Nehmen wir uns selbst und andere achtsam wahr, erkennen wir unser Bedürfnis nach Würde immer genauer; wir erkennen, wie sehr es uns verletzt, wenn wir unsere eigene Würde nicht achten oder wenn sie von anderen missachtet wird. Vor allem dann ist es wichtig, dass wir uns bewusst werden, dass uns niemand, wirklich niemand und nichts unsere Würde nehmen kann. Nicht weil wir Heldinnen oder Helden sind, etwas Besonderes sind, sondern weil wir lebende Wesen sind.

Angela Klopstech

Vielfalt und Fokus

Unterschiedliche Konzeptualisierungen von Körper
im Therapieprozess[89]

Nach Jahrzehnten der Nichtbeachtung, Marginalisierung und
Entwertung hat die moderne Psychotherapie den Körper für
sich entdeckt. ›Erfahrung über den Körper‹ und ›Kommunikation mit dem Körper‹ werden als wesentliche Bestandteile von
Theorie und klinischer Praxis akzeptiert, wenn zwar nicht
immer aus vollem Herzen, so doch zumindest als Lippen-
bekenntnis. Allerdings gibt es kein einheitliches Verständnis
vom »Körper«, sondern eher eine verwirrende Vielfalt dessen, was gemeint ist, wenn vom Körper gesprochen, über ihn
geschrieben und wenn er in die Behandlung mit einbezogen
wird. Unterschiedliche Therapierichtungen meinen durchaus
nicht dasselbe, wenn sie vom »Körper in der Therapie« sprechen.

Dieser Artikel stellt unterschiedliche Konzeptualisierungen des Körpers in der Psychotherapie vor und zeigt auf, wie
sich die jeweiligen Auffassungen in der klinischen Praxis
widerspiegeln. In diesem Zusammenhang geht der Artikel
auch der Frage nach, ob ein einheitliches Körperkonzept
möglich, notwendig oder überhaupt wünschenswert ist. Bedeuten viele »Körper« zerfasernde Verwirrung oder kreative
Vielfalt?

Öffnung, Austausch, Konvergenz

Wir befinden uns in der Psychotherapie in einer Zeit der Kon-
vergenz: Viele Therapierichtungen sind dabei, über den ideo-
logischen Tellerrand ihrer eigenen Disziplin hinauszuschauen
und sich mit Schlüsselkonzepten ihrer professionellen Nachbarn vertraut zu machen. Sie befinden sich in dem Prozess, wesentliches Ideengut, das vormals fremd in ihrem Theoriegebäude und ihrem therapeutischen Setting gewesen wäre, in

den eigenen Kontext zu »übersetzen«, zu absorbieren und zu integrieren.

Der Körper, was darunter verstanden und wie er konzeptualisiert wird, spielt eine wichtige Rolle in diesem Öffnungs- und Austauschprozess, und dementsprechend hat sich der Stellenwert des Körpers in der verbalen Psychotherapie gewandelt. Er führt offensichtlich kein Schattendasein mehr, sondern gewinnt zunehmend an Bedeutung. Für körperorientierte Psychotherapien stand der Körper immer im Zentrum der Aufmerksamkeit, so z. B. der ›energetische Körper‹ und der ›Charakterstrukturkörper‹[90], der ›formative Körper‹[91], der ›Energieflusskörper‹[92] und der ›Gestenkörper‹ in der Gestalttherapie. Derzeit jedoch, und das ist im Wesentlichen eine Entwicklung der letzten zwanzig Jahre, taucht der Körper immer mehr in der traditionellen Psychotherapie auf, wobei Kontext und Bedeutungszusammenhang durchaus variieren. Jedoch haben nur wenige Therapierichtungen dem Körper in ihrem Theoriegebäude oder in ihren Behandlungsräumen einen wohldurchdachten Platz eingeräumt.

Der Platz des Körpers in der Psychotherapie

Am Anfang der Psychotherapie war die Psychoanalyse, geboren durch Freuds Genie. Im Verlauf seines Lebens hat Freud die Psychoanalyse immer wieder umgestaltet, er hat insbesondere den Schwerpunkt verlagert von psychischer Energie, deren Ursprung er in biologischen Trieben, Sexualität und Aggression sah, hin zu einer Strukturtheorie des Unbewussten. In diesem Zusammenhang veränderten sich auch seine Behandlungsmethoden, von mehr körperbetonten Methoden wie Hypnose und Katharsis zu freier Assoziation und Traumdeutung.[93] In der Zeit nach Freud etabliert sich die Psychoanalyse als vorherrschende Therapiemethode. Parallel dazu entwickelt sich Psychotherapie mit ihren unterschiedlichen Richtungen und Schulen – hierzu gehören auch Körperpsychotherapien – zu einer eigenständigen Disziplin. Viele dieser

Richtungen haben ihre Wurzeln in Variationen von Freuds Theorien und Behandlungsmethoden. Sie greifen jeweils einige Teilaspekte auf und entwickeln sie weiter, während andere nicht berücksichtigt oder verworfen werden. Psychoanalyse und Psychotherapie fächern sich in ein weites Feld auf.

Klassische Körperpsychotherapie wurde im Wesentlichen von Wilhelm Reich[94] entwickelt. Sie hat ihre Wurzeln ebenfalls in Freuds Theorien, in seinen frühen, mehr körperorientierten Ansätzen. Reich führt das Konzept der Körperabwehr, das energetische Analogon zur psychischen Abwehr, ein und legt damit den Grundstein für das Verständnis von der sowie ein Modell für die Verbindung von Körper und Geist/Seele. Reichs Denkmodelle und Behandlungsmethoden bilden die Grundlage für eine breite Anzahl von Körperpsychotherapieschulen, z. B. Radix[95], Formative Psychologie[96], Biosynthese[97], Core Energetics[98] und vor allem für die von Alexander Lowen[99] weiterentwickelte Bioenergetische Analyse. Wenn sich die körperorientierten Psychotherapien auch durchaus in wesentlichen Details unterscheiden, so sind sie sich doch darin einig, dass der Körper und nicht das gesprochene Wort zentral ist. Kernstück von Theorie und Praxis ist der ›energetische Körper‹ mit seinen Zellen, seinen Muskeln, seiner Atmung und seiner Bewegung; es geht um den sichtbaren und berührbaren Körper, der in der Gegenwart erlebt und fühlt, und der die Spuren der Vergangenheit buchstäblich ›verkörpert‹.

Mit Ausnahme der körperorientierten und humanistischen Psychotherapien geben fast alle Therapierichtungen, die sich im Anschluss an Freud entwickelten, dem Körper wenig Raum in Theorie und klinischer Praxis. Verbalisierung und Symbolisierung werden zum Goldstandard erhoben, und ›Körper‹, wenn überhaupt, existiert nur als versprachlichter Körper, d. h. der Körper, über den gesprochen wird. Körperpsychotherapien sind nach kurzer Blütezeit marginalisiert.

Das verändert sich erst mit der Entstehung neuer Paradigmen, die im späten 20. Jahrhundert die therapeutische Welt entscheidend verändern. Aus der Verwebung neuer psychoanalytischer Grundideen geht ein neues Paradigma hervor, das die Wesentlichkeit der Beziehung zwischen Patientin und Therapeutin betont. Schlüsselkonzepte sind Subjektivität und Intersubjektivität, d. h. die Wahrnehmung und Berücksichtigung subjektiver Seinszustände in sich selbst wie auch im anderen, und Gegenseitigkeit, d. h. die Anerkennung gegenseitiger (nicht einseitiger) Beeinflussung innerhalb der therapeutischen Dyade.

Das andere Paradigma, affektive oder interpersonelle Neurowissenschaft, entsteht aus einem neu erwachten Interesse an Emotionen und Affekten. In der Theoriebildung geht es jetzt um »Körper und Gefühl in der Entschlüsselung des Bewusstseins«[100] und »Emotion, Gefühl und Bewusstsein sind auf Repräsentationen des Organismus angewiesen. Ihr gemeinsames Wesen ist der Körper.«[101] Dieser Kontext rückt den Körper – als Verarbeiter und Vermittler von Emotion – in den Mittelpunkt.

Derzeit verschränken und verweben sich alte und neue Paradigmen in einem interdisziplinären Unterfangen. Verbindungen zwischen Therapie und Neurowissenschaft, zwischen Gehirn, Körper und therapeutischem Prozess werden deutlich. In diesem Austausch- und Verflechtungsprozess nimmt der Körper, der tatsächliche physische Körper, sowie der Körper in seiner vielfältigen sprachlichen, sozialen und kulturellen Bedeutung einen prominenten Platz ein. So haben Psychoanalyse und traditionelle Psychotherapie den Körper, das »körperlich verwurzelte Selbst«[102] entdeckt. Subjektivität und Intersubjektivität basieren auf Gefühlen, und subjektive bzw. intersubjektive Erfahrung ist deshalb notwendigerweise auch immer Körpererfahrung. In diesem Sinne entspricht der subjektive Körper in der beziehungsorientierten Psychoanalyse dem Erfahrungskörper der Körperpsychotherapie. Bei Intersubjektivität geht es dementsprechend nicht nur um zwei in Beziehung tretende »Wortträger«, sondern auch um zwei aufeinander reagierende Körper.

Körperpsychotherapie hingegen hat die Beziehung entdeckt. Die Auswirkungen von Beziehungstheorien auf die Körperpsychotherapie beheben ein langes Unbehagen mit dem ausschließlich energetischen und charakterologischen Körper und einem potenziell mechanistischen und objektivierenden Körperverständnis. Die Beziehungsperspektive hat Raum für intersubjektive Erfahrung in der therapeutischen Begegnung geschaffen. Zusätzlich zum traditionellen Fokus auf den lebensgeschichtlichen, den blockierten und Abwehr bedingten Charakterkörper liegt der Fokus jetzt in gleichem Maß auf der unmittelbaren körperlichen Erfahrung und der Interaktion zwischen Therapeut und Klient, dem Körper in Aktion innerhalb von Interaktion.

Um welchen Körper geht es denn?

Körper – Patientenkörper und Therapeutenkörper – haben sich im Bewusstsein und in der Theorie traditioneller Psychotherapien Eintritt verschafft und ihr Existenzrecht gesichert. Aber was bedeutet das konkret für den und in dem Therapieprozess? Nicht-körperorientierte Psychotherapien wissen jetzt um die Wichtigkeit körperlicher Phänomene. Sie lenken auch ihre therapeutische Aufmerksamkeit auf einige davon, hauptsächlich auf Körperwahrnehmung und Körpererfahrung im Hier und Jetzt und auf nicht-sprachliche Kommunikation. Nonverbale Kommunikation (Stimme, Gesichtsausdruck, Gesten- und Gebärdensprache, somatische Gegenübertragung etc.) als ein Aspekt von »Körper« hat neben der Kommunikation mit Worten einen Platz, manchmal sogar einen gleichberechtigten Platz in der therapeutischen Beziehung bekommen. Aber Körperwahrnehmung und körperliche Kommunikation machen nur einen begrenzten Teil vom »Körperprozess« aus. Für den realen physischen Körper mit seiner Vielfalt an Bedeutungen, an Äußerungs- und Erlebnisformen gibt es jedoch noch wenig Raum. Und über allem schwebt die unausgesprochene, manchmal unbequeme und häufig abgewehrte Frage, was denn nun, wenn überhaupt, mit dem anwesenden Körper

»zu machen« sei, außer ihn wahrzunehmen und diese Wahrnehmung in Worte zu fassen?

Psychotherapie ist nicht Körperpsychotherapie, und ein Mangel an Wissen, was man mit dem Körper »machen« kann, d.h. wie er möglichst umfassend und aktiv in den Therapieprozess miteinbezogen werden kann, ist verständlich. Aber es gibt auch Vorurteile, zumindest Unbehagen, mit dem »machenden«, d.h. handelnden Körper selbst, dem sichtbaren, lautstarken, sich bewegenden, berührenden und berührbaren Körper. Unbehagen, gepaart mit Interesse, erzeugt inneren Konflikt, einen Konflikt, der, weil keine eindeutige Lösung möglich ist, nach einem Kompromiss sucht. Das mehr oder weniger bewusste Unbehagen lenkt dann das Interesse an körperlichen Phänomenen und körperorientierten Behandlungsmethoden doch wieder in die vorhersehbaren und vertrauten Bahnen von Symbolisierung und Versprachlichung. Der Kompromiss ist ein »versprachlichter Körper«, d.h. der Körper, über den gesprochen wird. Draußen vor der Tür der Behandlungszimmer bleiben der Körper aus Fleisch und Blut und ein breitgefächertes Interesse an Körperphänomenen: am Körperausdruck und an der Gestik in ihrer weitesten Bedeutung, vor allem am funktionellen Charakter von Gestik (z.B. Wegschieben mit Händen und Armen als ein Versuch, Abstand zu schaffen und Unterschiedlichkeit zu verdeutlichen); am Körper in Bewegung (sodass Sitzen auf dem Stuhl oder Liegen auf der Couch vorgegebenermaßen zur einzigen Seinsform wird); an der Stimme über die Sprechstimme hinaus (Lautstärke als Gefühlspiegel); am Körper in seinen vitalen Ausdrucksformen unterhalb von Gesicht und Kopf; am Körper in Interaktion (z.B. Berührung oder Regelung von Nähe und Distanz) mit dem anderen Körper. Moderne Psychotherapie hat in der therapeutischen Dyade noch keinen angemessenen Rahmen für Körpersprache, für Aktion und für Interaktion gefunden.[103] Leider besteht immer noch eine Tendenz, Inter-Agieren und Agieren als »Ausagieren« zu verstehen. Und Ausdruck, der mehr ist als nur Gesichtsausdruck, der Bewegung und Berührung beinhaltet, wird häufig genug als primitiv und regressiv gedeutet[104].

Welche Vorstellung vom Körper haben wir dann im Sinn, jede von uns, wenn wir ihm unsere Aufmerksamkeit widmen? Und mit welchem Körper (welchen Körpern) befassen wir uns (sprechen wir zu, reden über, fantasieren über, betrachten, riechen, atmen mit, reagieren auf, wenden uns zu oder ab, berühren etc.) in unserer Praxis? Ist es ein tatsächlicher Körper, und wenn das so ist, was ist das dann konkret: der triebhafte Körper, der energetische Körper, der sexuelle Körper, der atmende Körper, der sich bewegende Körper, der medizinische Körper, der wissenschaftliche Körper? Und dann, ist es der gegenwärtig erlebende Körper, oder der Körper als Ort und Gefäß von Lebensgeschichte; oder ist es der metaphorische Körper, der in Sprache symbolisiert wird? Und was ist mit dem Körper, der sich bezieht, dem subjektiven und dem intersubjektiven Körper? Hat der Körper nur ein Gesicht, oder auch einen Rumpf, Arme, Beine, Haut? Berühren sich Körper, bewegen sie sich zusammen, beeinflussen und gestalten sie sich gegenseitig?

Insgesamt stellt sich die übergeordnete Frage, welche Verknüpfungen, Überlappungen, Gemeinsamkeiten, Korrespondenzen sowie Unverträglichkeiten und Gegensätzlichkeiten es zwischen unterschiedlichen Perspektiven und Behandlungsmethoden gibt? Um welchen Körper geht es: Welchen Körper behandeln wir und welchen Körper bringen wir selbst in die Therapiestunde? Wie beeinflusst unser theoretisches Verständnis den Behandlungsansatz?

Vielfalt, Auswahl, Fokus

Anfangs wurde dem Körper nicht genügend Aufmerksamkeit geschenkt, mittlerweile gibt es ›zu viele Körper‹, die Aufmerksamkeit brauchen. Diese neu gefundene, prinzipiell wünschenswerte Vielfalt kann verwirrend und desorientierend sein. Sie braucht Auswahlkriterien und Fokus.

Bei »Vielfalt« geht es um Inklusivität und Miteinbeziehung. Idealerweise bezieht moderne Psychotherapie den tatsächlichen emotionalen, lebensgeschichtlichen und energetischen Körper in den Therapieprozess ein. Gleichberechtigt daneben gestellt gehört der subjektive und intersubjektive Körper mit seinem Anliegen von Selbstwahrnehmung und gegenseitiger Wahrnehmung, Kommunikation und Handlungsdialog. Und der interaktionelle Körper, der etwas »macht« und »mit dem anderen Körper etwas macht«, gehört genauso dazu. Alle diese Körper sind im Therapieraum anwesend, sobald Therapeut und Patient die Tür hinter sich geschlossen haben; auch dann, wenn ihnen bewusst kein Einlass gewährt wurde.

Während ich meine, dass es für jeden Therapeuten notwendig ist, ein breit gefächertes Verständnis von »Körper« zu haben, so reicht das allein für gute Therapie nicht aus. Vielfalt braucht hier Auswahl, die Komplexität verlangt Reduktion. Die breite Fächerung braucht Fokus, damit aus kreativer und produktiver Vielfalt nicht kopflose und beliebige Vervielfältigung wird. Ich vermute, dass jede Therapeutin, was die Aufmerksamkeit für Körper betrifft, Präferenzen und Vorlieben hat, die von Ausbildung, Lebensphilosophie, Fachliteratur, beruflicher Identifikation und nicht zuletzt vom eigenen Körper und seinen Themen abhängen. Welcher Körper (oder welche Körper) nun im Vordergrund sind – zu jedem gegebenen Zeitpunkt der Therapie, in einer bestimmten Therapiestunde oder sogar für eine längere Therapiephase, hängt von den Präferenzen (die ich für eher bewusst halte) und Vorlieben (die ich für eher nicht vollkommen dem Bewusstsein zugänglich halte) beider Teilnehmer in der therapeutischen Dyade ab. Diese Präferenzen und Vorlieben sind dafür verantwortlich, welche Körperkonzepte uns ansprechen und welche das nicht tun, und welche körperorientierten Explorationen und Inter-

ventionen Teil des Therapiegeschehens werden. Einige Körper werden zu Hauptakteuren, andere zu Mitspielern, Rand-
figuren, Mauerblümchen, und manche werden auch »vergessen«.

Anwendung in der Praxis: eine Körpermetapher

Im Anschluss an die vorangegangenen theoretischen Überlegungen möchte ich ein Beispiel dafür vorstellen, wie ich als
Bioenergetische Analytikerin versuche, mit verschiedenen
Körpersichtweisen zu jonglieren. Ich verstehe mich als moderne Vertreterin dieser Körperpsychotherapierichtung, d. h.
ich bin klassisch bioenergetisch ausgebildet, aber in meiner
klinischen Praxis auch weitgehend von den beziehungstheo-
retischen Ansätzen in der Psychoanalyse sowie neurowissen-
schaftlichen Denkansätzen beeinflusst.

Das Therapiebeispiel stellt keine übliche Fallbesprechung
oder Vignette dar. Stattdessen wird ein kurzer Auszug aus einer Therapiesitzung geschildert, der eine Körpermetapher
zum Inhalt hat. Mit dem Fokus auf, ›was man jetzt mit dem
Körper machen kann, außer nur darüber zu reden‹, werden
anschließend Segmente aus unterschiedlichen Therapiestun-
den, in denen es um diese Metapher geht, beschrieben und erklärt. Ich nenne die Segmente »klinische Momente«. Jeder
dieser Momente hat eine andere Perspektive auf den Körper.

Die klinischen Momente haben als Ausgangspunkt eine Körpermetapher meiner Patientin Susanne. In einer kürzlich
stattgefundenen Therapiestunde bezeichnet meine Patientin
Susanne ihren Körper als »ein Haus, mein Haus, und mit vielen Fenstern«. Währenddessen deutet sie immer wieder mit
der Hand auf ihre Brustmitte, wie um nachdrücklich zu betonen, dass sie tatsächlich die Eigentümerin ist. Als sofortige
Assoziation taucht ein Bild von Susanne vor meinem inneren
Auge auf, wie sie meine Praxis vor zwei Jahren betreten hat.
Damals war eine Frau mit mir im Raum, die verloren und
»unbehaust« wirkte, eine blasse Erscheinung, die ein Vakuum

um sich herum zu haben schien, ein Vakuum, das mich ›draußen vor‹ ließ. Sie begrüßte mich mit einem kaum wahrnehmbaren Druck ihrer Hand und saß dann eingesunken vor mir, mit halb geschlossenen Augen und flatternden Lidern, nicht so sehr abwesend, sondern eher unbeteiligt. Das war eine ganz andere Frau als diejenige, die jetzt mit glänzenden Augen und direktem Blick vor mir sitzt, aufgeregt von ihrer Entdeckung mitteilt und offensichtlich auf meine Reaktion gespannt ist.

Die Hausmetapher ist reich an Bedeutung, mit recht unterschiedlichen Komponenten. Da ist zunächst das »Haus« mit seiner Bedeutung von Besitz, Besitztum und Besitzerrecht, Schutz, Zugehörigkeit, Festigkeit, Struktur und Grenzen; im weitesten Sinne ist das Haus das »Seelengehäuse«, das Selbst. Und da sind Fenster, viele Fenster, mit ihrer Bedeutung von Öffnung, Offenheit, Augen, Sicht und Aussicht von drinnen nach draußen und von draußen nach drinnen, Mittler zwischen Außen- und Innenwelt. Das gemeinsame Auftreten von Haus und Fenstern vermittelt ein Empfinden von Stabilität bei gleichzeitiger Offenheit, die vielen Fenster vielleicht sogar Verletzlichkeit, zuviel Öffnung. Die Hand, die – wie auf ein Recht – immer wieder auf die Brustmitte pocht, legt in ihrer Gestik deutlichen Akzent auf Urheberschaft, auf ein Ich, das (zumindest im westlichen Kulturkreis) seinen körperlichen Sitz in der Mitte der Brust hat. Es ist offensichtlich, dass die Metapher ›Körper/Haus/Fenster‹ viele Körper im Therapieraum ansiedelt. Sie repräsentiert potenziell unterschiedliche Körpererfahrungen und mehrfache Perspektiven mit ganz unterschiedlichen Wahlmöglichkeiten für Exploration, Intervention und Interaktion.

Erster klinischer Moment

Zuallererst fühlt sich die beziehungsorientierte Bioenergetikerin in mir angesprochen. Ich freue mich, zeige das auch in meinem Gesicht und sage: »Das klingt sehr einladend. Hat Ihr

Haus denn auch eine Tür?« »Natürlich, Angela«, antwortet meine Patientin und macht dabei eine einladende Geste mit Armen und Händen (ohne dass sie sich derer bewusst ist, wie sie mir später mitteilt). Ich nehme die vermutete verbale und körperliche Einladung an, strecke meine Hand zu ihr hin. Sie greift ohne Zögern zu. Diesmal ist es kein schwacher Händedruck, sondern ein deutlicher Willkommensgruß, der Raum um sie herum ist kein Vakuum sondern Eigenraum.

Erklärung: Ich entscheide mich blitzartig, mein eigenes subjektives Empfinden, das Empfinden von Freude, als therapeutischen Wirkfaktor zu nutzen. In der momentanen Interaktion zwischen uns greife ich mit Worten und mit meinem Gesichtsausdruck den Beziehungsgehalt der vielen Fenster auf. Das führt zu einer spontanen körperlichen Begegnung, die unsere Beziehungskörper, Gestenkörper und Berührungskörper in den Vordergrund rückt. Im weiteren Verlauf der Sitzung gesellt sich der Charakterkörper bzw. der lebensgeschichtliche Körper dazu, als wir uns damit beschäftigen, wie schwer es bisher für Susanne aufgrund ihrer Familienkonstellation gewesen ist, zu vertrauen, sich zuzuwenden, die Arme auszustrecken. Als Alternative kann unsere physische Interaktion als limbische Resonanz verstanden werden, d. h. als implizites Verstehen, das weitgehend unter der Oberfläche abläuft und sich dann explizit im Ergreifen unserer Hände äußert.[105] In dieser Perspektive sind unsere neuropsychologischen Körper im Vordergrund. Und selbstverständlich sind im Gespräch unsere Sprachkörper anwesend. Dieser Therapieverlauf ist ein typisches Beispiel für moderne Bioenergetische Analyse. Beziehungskörper, energetische Körper und neuropsychologische Körper teilen sich die therapeutische Bühne, ohne dass einer speziellen Perspektive ideologisch Vorrang gegeben wird.

Zweiter klinischer Moment während der nächsten Therapiestunde

Ich erzähle Susanne von meiner Assoziation, dem Kontrastbild, das vor meinem inneren Auge entstand, als sie in der vorigen Stunde erstmalig von ihrem Haus sprach. Und ich sage ihr, dass ich mehr über ihre Fenster wissen möchte, dass ich wissen will, wie sie aussehen. Sie lacht und sagt mir, dass ihre Fenster selbstverständlich sehr sauber sind, so wie es sich für jemanden gehört, der aus einer deutsch-irischen Familie stammt. Aber, fügt sie dann hinzu, dies seien schließlich die Fenster in ihrem eigenen Haus – sie klopft wieder auf ihr Brustbein – und nicht im Haus ihrer Familie. Und ihre eigenen Fenster putze sie gern, weil sie das so wolle. Das sei ganz anders als früher, als sie putzen musste, von der Trillerpfeife ihres Vaters an die Arbeit gerufen. Und sie schaudert bei der Erinnerung daran.

Erklärung: Indem ich mein Erinnerungsbild vom Therapiebeginn anspreche, hole ich Susannes lebensgeschichtlichen Körper in den Raum, sowohl den Vergangenheitskörper wie den gegenwärtigen Körper. Mein emotionaler Körper ist beeindruckt von dem Kontrast und neugierig auf ihren metaphorischen Körper; ich frage nach einem konkreten Bildaspekt, nach den Fenstern. Susannes Vergleich ihrer eigenen, heutigen Fenster mit denen ihrer Kindheit bringt uns in ihre frühe Biographie, den frühen Vergangenheitskörper, den Kinderköper, in Sprache gefasst und mit Schaudern gefühlt. Diese Vorgehensweise, den Körper in Worte zu fassen, d.h. dem metaphorischen Körper einen narrativen Körper beizugesellen, ist eher typisch für nicht-körperorientierte Psychotherapie. Dem Körper wird Aufmerksamkeit gezollt, aber in verbaler Form.

Dritter klinischer Moment, einige Therapiestunden danach

Das dritte Therapiesegment entspricht am ehesten der Vorgehensweise von klassischer Bioenergetischer Analyse. Ich schlage meiner Patientin eine spezifische Intervention vor, indem ich sie einlade, ihr Haus zu erkunden, vor allem die Aussicht aus ihren Fenstern. Wie sie das machen wolle, bliebe ihr überlassen. Ohne lange zu überlegen, begibt sie sich auf den Boden, bewegt sich auf allen vieren durch den Raum und sieht dann durch ihre »Kellerfenster«. Dann setzt sie sich bequem auf den Boden, stützt die Hände auf und beugt sich vor, um durch die Fenster im Erdgeschoss zu sehen. Sie sucht sich einen Stuhl für die Aussicht aus dem ersten Stockwerk und steht dann lustvoll und lange auf ihren Beinen, die Hände in die Hüften gestemmt, um aus dem zweiten Stock die Aussicht zu genießen. Zuletzt stellt sie sich auf die Zehenspitzen, etwas wacklig aber glücklich, um aus dem Dachfenster zu schauen. Sie genießt das Schauen, nimmt sich Zeit, die passende Körperposition zu finden. Sie nutzt ihre Beine, ihren Rumpf, ihre Arme, um sich zu fühlen und sich Halt zu geben, sie nutzt ihre Augen zum Schauen. Auf diese Weise macht sie ihr Haus Stockwerk für Stockwerk bewohnbar. Sie schafft sich ein Zuhause.

Erklärung: In dieser Exploration baut meine Patientin auf vielen Stunden unserer therapeutischen Arbeit mit dem Erdungsprinzip auf. Sie beginnt am Boden, baut ihr Haus von Grund aus auf, schafft ein sicheres Fundament und kann dann im Anschluss daran das aktive Sehen in die Welt ohne Angst genießen. Es ist noch ein Wagnis für sie, andere »draußen in der Welt« bewusst anzusehen. Wir haben dafür den Ausdruck »aktives Sehen« geprägt und viele vorherige Therapiesitzungen mit Variationen von »aktivem Sehen« verbracht. Diese Arbeit, bei der die Patientin mit dem energetischen Körper, dem Haltungskörper und dem Bewegungskörper experimentiert und wir dabei klassische Prinzipien wie Erdung und Arbeit an energetischen Blockierungen benutzen, in diesem Fall an einem Augenblock, ist althergebrachte, solide Bioenergetische Analyse. Gestalttherapie oder Psychodrama, oder jede Therapieform, die einem sich bewegenden Körper Raum gibt, könnte einem ähnlichen Explorationsweg gefolgt sein, allerdings ohne den energetischen Körper explizit zu berücksichtigen. Die bewusste Nutzung des sich immer wieder erdenden Körpers, der Stabilität vermittelt, damit die Augen sich auf die Außenwelt richten können, gehört ins Repertoire der Bioenergetischen Analyse.

Körpermetapher im Therapieprozess

Ich habe bewusst ein Fallbeispiel ausgewählt, das eine Körpermetapher zum Angelpunkt hat, denn Körpermetaphern sind besonders gute Beispiele dafür, wie der Körper in der Sprache, in unserer Alltagssprache, verankert ist. Sie sind unmittelbare Beispiele für den versprachlichten und für den subjektiv erlebten Körper. Gleichzeitig bieten sie einen leichten Zugang zu anderen Körpern, in den vorher geschilderten klinischen Momenten zum energetischen, biographischen, entwicklungspsychologischen, neuropsychologischen Körper, zum Beziehungs-, Bewegungs- und Berührungskörper.

Körpermetaphern bringen mit ihrer Bildhaftigkeit, ihrem Wissen um Körper, der Lebensweisheit, die in ihnen enthalten ist, und dem empathischen Potential, das sie zu erzeugen vermögen, wichtige Aspekte in das therapeutische Zusammenspiel. Körpermetaphern sind nicht notwendig erklärungsbedürftig, weisen jedoch zu Wegen, die tief in die Biographie und weit in die Assoziation führen. Das gilt für individuell geschaffene Metaphern, wie z.B. für die »Hausmetapher« meiner Patientin Susanne, es gilt aber umso mehr für universelle, allgemeingültige Körpermetaphern. Das sind Ausdrücke, Sätze und Satzfragmente, die eine bestimmte Bedeutung des Körpers zu seinem wesentlichen Kern kristallisiert und komprimiert haben. Dabei geht es entweder um den Körper in seiner alltäglichen Erscheinung und Handlung wie Gehen, Stehen, Sehen etc., oder in einer emotional hoch geladenen Situation, begleitet z.B. von Angst oder Freude. Durch diesen Kristallisationsprozess sind die Metaphern Bestandteil der Alltagsprache, des Volksmundes (Körpermetapher!) und für jedermann verständlich geworden, z.B. seinen Kopf verlieren, die Füße auf dem Boden behalten, einen Standpunkt haben, dünnhäutig sein, sein Herz verlieren, das Herz flattert vor Angst oder zerspringt in der Brust vor Freude, etc.

Körpermetaphern, universelle wie individuelle, sind wirkungsvolle Träger von Körpererfahrung, Kommunikationsmittel und Instrumente limbischer Resonanz. Es ist offensichtlich, dass sie eine Bandbreite von Körpern mit in den Therapieprozess bringen. Deshalb eröffnen sie mühelos Behandlungsansätze aus verbaler, beziehungstheoretischer und körperpsychotherapeutischer Perspektive. In diesem Sinne befinden sich Körpermetaphern an der Kontaktgrenze zwischen Körperpsychotherapie und »nicht-primär-körperorientierter Psychotherapie«, und sie verwischen die Grenze zwischen beiden auf glückliche Weise.

Abschlussbemerkungen und Fazit für die Praxis

Körpermetaphern sind eine gute Arena, um sich im Umgang mit vielen Sichtweisen von ›Körper‹ zu üben. Aber die Berücksichtigung von Körpermetaphern im therapeutischen Prozess ist nur ein Beispiel für die Wirkkraft der Einbeziehung des Körpers aus unterschiedlichen Perspektiven. Im Rahmen der meisten Themen, die meine Patienten in die Therapiestunde bringen, sind mehrere Körper anwesend; diverse Körper, die um Beachtung ersuchen, diese häufig einfordern, und manchmal auch bekommen.

Mein Fazit für die klinische Praxis möchte ich in Minimalvoraussetzungen und Wunschvorstellungen aufteilen: Ein breitgefächertes Interesse am »Körper« innerhalb der therapeutischen Beziehung erscheint mir in dieser Zeit als Mindestvoraussetzung für jede Psychotherapeutin. Ein vertieftes Wissen um die vielfältigen und unterschiedlichen Dimensionen von »Körper« und ihre Rolle im therapeutischen Prozess erachte ich als eine wünschenswerte und bereichernde Zugabe. Es geht darum, immer wieder Raum für den Körper in seinen vielen Erscheinungsformen zu lassen und zu schaffen, sowohl in den Theoriegebäuden wie auch in den Behandlungszimmern.

Stavros Mentzos

Familienaufstellungen – Versuch einer Kritik, aber auch einer Würdigung vom psychoanalytischen Gesichtspunkt aus[106]

Obwohl ich davon ausgehe, dass jeder zumindest vom Hörensagen weiß, was Familienaufstellungen nach Bert Hellinger sind, beginne ich mit einer kurzen Definition dieses therapeutischen Verfahrens zwecks einer Einführung in die Thematik und einer ersten Orientierung. Eine vollständige, geschweige eine auf allgemeine Zustimmung basierende Definition kann man ohnehin nicht zustande bringen im Hinblick auf die inzwischen sich entwickelnden Variationen des Verfahrens und angesichts der unterschiedlichen Schwerpunkte bei den einzelnen Leitern von Familienaufstellungen.

Gunthard Weber und Diana Drexler, die zu den am meisten akzeptierten heutigen Vertretern der Familienaufstellung gehören, gaben 2002 in der Zeitschrift Psychotherapie im Dialog folgenden kurzen geschichtlichen Überblick: Das Familienstellen wurde von Bert Hellinger seit den 80er Jahren entwickelt und breitete sich im deutschsprachigen Raum und in den letzten Jahren auch international schnell aus. Seine Wurzeln habe es im Psychodrama Morenos und im Mehrgenerationenansatz der Familientherapie. Nachdem Bert Hellinger in den USA mit Vertretern der Familientherapie und in Deutschland mit der Skulpturarbeit in Kontakt kam, habe er Einsichten mit Vorgehensweisen aus der Skriptanalyse und der Aufstellungsarbeit zu einer leiter-orientierten Gruppenkurztherapie verdichtet.

Es geht um Gruppenveranstaltungen mit 12 bis 24 Teilnehmern und circa 10 teilnehmenden Beobachtern. Einer der Teilnehmer, meistens der therapeutisch hilfesuchende Patient, stellt eines der für ihn wichtigen Systeme (in der Sprache der systemischen Therapie also vorwiegend die Ursprungsfamilie oder die gegenwärtige Familie oder aber auch berufliche Systeme) auf in der Art, dass für jedes der Mitglieder der aufzustellenden Familie ein Vertreter aus den anwesenden Seminarteilnehmern bestimmt wird.

Im Gegensatz zum Psychodrama, wo diese Vertreter direkt oder indirekt aufgefordert werden, in die jeweilige Rolle hineinzuschlüpfen, wird hier erwartet und verlangt, dass der Stellvertreter einfach die Position (in gewisser Hinsicht wortwörtlich die häusliche Position auf der Bühne) der zu repräsentierenden Person (Vater, Mutter, und so weiter des Patienten) übernimmt und dann die aufgrund dieser seiner Positionierung oder aufgrund der durch den Patienten oder den Leiter veranlassten Positionsveränderungen entstehenden guten oder schlechten Gefühle und Körpersensationen auf Befragen angibt, also ob er (der Stellvertreter) sich dabei wohl oder unwohl fühlt. Er, der Stellvertreter, weiß ja auch kaum etwas über die Anamnese des Patienten, bis auf die minimalen, am Anfang der Veranstaltung vom Leiter erfragten wichtigen Ereignisse wie Tod, Abort, Verlust, Scheidung von wichtigen Angehörigen des Patienten. Das Überraschende für den Analytiker, der zum ersten Mal so etwas mitmacht oder ein solches Video sich ansieht, ist, dass hier weder vom Patienten, noch vom Leiter, noch von den Stellvertretern anamnestische Daten genauer nachgefragt und noch weniger diskutiert werden. Man sucht nicht nach psychogenetischen oder psychodynamischen Zusammenhängen. Allerdings sucht man intensiv doch nach Schuld oder Schmerz erzeugenden Ereignissen, die meistens unbewusst verdeckt bleiben und dadurch die bei dem Verfahren der Familienaufstellung berühmten Familiengeheimnisse ausmachen. Täter und Opfer sind zunächst unsichtbar.

Die Hinweise, dass hier doch etwas vorliegt, dass ein Geheimnis noch nicht gelüftet wurde, erhält man jedoch nicht so sehr über sprachliche Äußerungen, sondern durch die Befindlich-

keit, durch die Spannungen und affektiven Körpermanifesta-
tionen der Stellvertreter, welche durch die räumlichen Beziehungen, Nähe und Distanz zwischen den Positionsinhabern
und insbesondere durch die im Laufe der Aufstellung stattfin-
denden oder notwendig werdenden Bewegungen ausgelöst
werden.

Diese Bewegungen, diese Änderungen der räumlichen Relation zu den anderen beteiligten Personen oder das Entstehen
von Grüppchen, die sich zueinander bewegen oder sich voneinander abwenden und so weiter, werden aufgrund des Be-
findens der Betreffenden (erfragt vom Leiter) in Gang gesetzt.
Oder häufiger, diese Bewegungen werden einfach vom Leiter
veranlasst, der den einen dahin schiebt und den anderen in die
andere Richtung zieht und so weiter. Dieses Verändern und
das Geschiebe erscheinen den Nichteingeweihten (und dazu
gehörte ich auch bis vor kurzem) oft als eine willkürliche
Polypragmasie oder ein Aktionismus ohne Sinn. Dem sei
aber, so Hellinger und die Familienaufsteller überhaupt, nicht
so. Es gehe um ein Experimentieren. Der Leiter versucht die
Positionierungen herauszufinden, in denen die Betreffenden
sich wohler fühlen, in denen ein Affektausbruch zustande
kommt, in denen Spannung oder Entspannung durch diese
eben neue Positionierung hervorgerufen werden und so weiter. Es ist so, wie wenn man ein Puzzle zu lösen beziehungsweise zusammenzustellen versucht. Die kurzen Bemerkungen
des Leiters bei diesen Veränderungen des Gesamtbildes erscheinen dem Nichteingeweihten suggestiv, aber oft kommen
auch spontane Äußerungen der Stellvertreter, dass sie sich
wohl oder schlecht oder entleert oder ärgerlich und so weiter
fühlen, die echt wirken.

Die Tatsache, dass diese spontanen Erlebnisse und Äußerungen der Stellvertreter oft, wie sich später herausstellt, der geschichtlichen oder gegenwärtigen Realität der repräsentierten
Personen (die ja dem Stellvertreter unbekannt sind) entspre-

chen, hat zur Entstehung dieses esoterischen Nimbus der Methode und der in der Öffentlichkeit teilweise noch bestehenden Idealisierung ihres Erfinders Bert Hellinger beigetragen. Diese nicht nur von streng empirisch orientierten Psychologen und Soziologen, sondern auch von vielen anderen psychotherapeutischen Schulen nicht akzeptierte Mythenbildung ist der eine Grund für die zunehmende Kritik an dem Verfahren. Der andere bezieht sich auf die Person von Bert Hellinger selbst beziehungsweise die Art der Präsentation und die verdächtige Vermarktung.

Der Soziologe Oliver König beschreibt die kritischen wie apologetischen Reaktionen auf Hellinger beziehungsweise die Reaktionen auf diese Reaktionen, also Verteidigungsreden, Richtigstellungen und persönliche Offenbarungen, zum Beispiel in Form von Danksagungen, Bezug nehmend auf Leserbriefe zu einem kritischen Artikel in Psychologie Heute 1998. Dort findet man in Bezug auf die Person von Bert Hellinger eine Mischung von kritischen (autoritär, entmündigend, feindseliger Therapiestil, Verkünder letzter Wahrheiten, dogmatisch) und apologetischen Charakterisierungen (Annehmen, ein tief religiöser Mensch, ein Mensch mit großem und weitem Herzen), die die Spannungsbreite der Reaktionen nochmals verdeutlichen. Dogmatisch wirkt Hellinger auch bei der Verkündung der von ihm behaupteten Ordnungen des Lebens und der Liebe – obwohl sonst seine Annahmen über die starken familiären Bindungen in vielen der modernen Bindungstheorien enthalten sind.

Einen Höhepunkt erreichte die negative, kritische Welle gegen die Person von Bert Hellinger in einem langen Artikel in der ZEIT 2003 (von Martin Buchholz), ein Artikel, der mit einer Auswahl von Bildaufnahmen des Großmeisters in Aktion gespickt ist, die ihn tatsächlich in einem recht ungünstigen Licht präsentieren. Hellinger sei – so der Haupttenor dieser Reportage – in seiner Haltung nicht nur arrogant, überheb-

lich, pastoral und in seinen Interventionen nicht nur dogmatisch, suggestiv, willkürlich, uneinfühlsam, sondern letztlich
auch gefährlich – so habe zum Beispiel eine Patientin aufgrund der sie vernichtenden Deutung von Hellinger, die sie
aber akzeptierte, Selbstmord begangen.

Weniger dramatisierend und emotionalisierend, aber trotzdem
eindeutig scharf kritisch, fällt auch das Urteil der Fachkollegen
Bert Hellingers von der Deutschen Gesellschaft für Systemische Therapie und Forschung aus, die im Februar 2006 eine
Stellungnahme zum Thema Familienaufstellungen ins Internet
setzten, die heute noch jedem zugänglich ist: Die Familienaufstellung nach Bert Hellinger, heißt es dort, stamme zwar aus
wichtigen Bestandteilen der systemischen Therapie (Familien-
rekonstruktionsarbeit und Familienstrukturen), ihre heutige
Praxis gebe aber dem Vorstand der Gesellschaft Anlass zu
deutlicher Kritik und zu Befürchtungen bezüglich einer möglichen Gefährdung von Klientinnen und Klienten. Diese Stellungnahme erschien der Fachgesellschaft offensichtlich unter
anderem deswegen erforderlich, weil die Familienaufstellung
sich als eine systemische Therapie präsentiert.

Bert Hellinger, heißt es weiter in der Stellungnahme, postuliere
die Existenz vorgegebener Grundordnungen und Hierarchien
und vertrete seine Konzepte, Interpretationen und Interventionen immer wieder mit einer Absolutheit, die die Autonomie
der Klientinnen und Klienten enorm einschränke. Gleichzeitig
entziehe er sich einer ernsthaften und kritischen Diskussion
seiner Vorgehensweisen und scheine sich lieber von einer gläu-
bigen Anhängerschaft bewundern zu lassen. Viele systemische
Grundprinzipien werden vernachlässigt, so etwa die Neutra-
lität und Allparteilichkeit gegenüber Personen und Ideen.
Darüber hinaus seien Familienaufstellungen in Großgruppen
mit dem Ziel des Publikumseffektes ohnehin unethisch und
abzulehnen. Nicht Bert Hellinger als Norm setzender Guru,
sondern ein breiter wissenschaftlicher Diskurs von Fachleuten

innerhalb der Systemischen Therapie und Beratung sollte die Methodik der Familienaufstellung definieren.

Dennoch, weder solche sonst so effektive mediale Kritik, wie die von Martin Buchholz in der ZEIT, noch wissenschaftliche Stellungnahmen scheinen den Publikumserfolg von Bert Hellinger zu beeinträchtigen. Das ist aber nicht der Grund, warum ich mich entschlossen habe, mich mit dieser Thematik und mit dem Phänomen Bert Hellinger zu beschäftigen – solche Moden sind in der Postmoderne nicht selten und werden von Soziologen in kompetenterer Weise, als ich es kann, untersucht und analysiert. Was mich vielmehr motiviert hat, ist die Tatsache, dass viele mir persönlich bekannte und gut ausgebildete Psychotherapeuten, die sogar psychotische Patienten in Behandlung haben, neben ihrer sonstigen Tätigkeit auch Familienaufstellungen bieten und teilweise von den Möglichkeiten der Methode sehr angetan sind. Besonders überrascht wurde ich darüber hinaus, als vor circa drei Jahren eine Gruppe von solchen Kollegen und einigen hinzugekommenen Sozialwissenschaftlern mich aufsuchte und fragte, ob ich Interesse hätte, als Außenstehender ihre Arbeit in Familienaufstellungen mit ihnen zusammen zu beobachten und zu diskutieren. Sie wären interessiert zu hören, was ich vom psychoanalytischen Standpunkt aus denke, wie ich womöglich dieses Verfahren psychoanalytisch verstehe. Einige Sitzungen, die dann stattgefunden haben, waren für mich sehr interessant und informationsreich.

Wir konnten das beabsichtigte Ziel nicht weiterverfolgen, aber nicht etwa, weil die Psychoanalyse nichts dazu zu sagen hätte, sondern aus dem einfachen Grund, dass die Betreffenden selbst sich sehr uneinig in ihren Ansichten über die Familientherapie waren. Ich habe aber den Kontakt aufrechterhalten und mir auch Gedanken über die positiv zu beurteilenden Anteile dieser Methode gemacht. Hinzu kam auch die Tatsache, dass mehrere Patienten von mir, zum Teil etwas verschämt, mir nachträglich anvertrauten, dass sie eine Familienaufstellung bei sich machen ließen. Dies lässt übrigens die Angabe von Martin Buchholz, dass zurzeit in Deutschland wahrscheinlich 2000 Familienaufsteller am Werke sind, doch glaubhaft erscheinen, zumal auch andere psychoanalytische Kollegen mir von Familienaufstellungen bei ihren Patienten berichteten.

Es gibt Menschen, bei denen das Familienaufstellen zum wöchentlichen Programm gehört, um einen interessanten Abend zu verbringen, der unter günstigen Bedingungen nur fünfzehn Euro Teilnahmegebühr kostet! Auf der anderen Seite gab es Kollegen, die mir berichteten, sie haben Patienten gesehen, die nach einer Familienaufstellung psychotisch wurden. Da bin ich aber vorsichtig. Es gibt Patienten von mir, die ein Stück Therapie bei mir hatten und trotzdem einen psychotischen Rückfall erlitten. Böswillige Beobachter könnten hier auf eine Kausalität zwischen Therapie und Psychose schließen!

Jetzt zu der Hauptfrage:
Wie ist die Familienaufstellung zu verstehen und einzuschätzen?
Anstatt meine Hypothesen in Bezug auf das, was ich in Videos gesehen habe, in systematischer Weise vorzuführen, möchte ich Ihnen einige meiner spontanen Assoziationen und Bilder verraten, welche ja indirekt auf solche potentiellen Hypothesen hinweisen. Übrigens distanzieren sich viele der mir bekannten Familienaufsteller in der letzten Zeit, wenigstens inoffiziell, von Bert Hellinger, was die Art seines Auftretens betrifft, sie glauben jedoch weiterhin an die großen Möglichkeiten der Methode, gerade auch bei Psychose-Patienten.

Assoziationen: 1. Wo ist der Pope?
Als ich vieles gesehen und gehört hatte über das Suchen nach dem noch nicht aufgedeckten Geheimnis, dessen Aufdeckung die sofortige Lösung bringen und den Patienten befreien

würde, hatte ich zunächst Assoziationen mit Krimiserien, Erwecken der Neugierde bei der Suche nach XY und der entsprechenden Erhöhung der Einschaltquoten. Noch bösartiger war aber meine folgende Assoziation. Die bezog sich auf ein mindestestens 60 Jahre altes Bild auf dem großen Markt im Athen der 40er-Jahre. Es wurde dort auf dem Markt ein Spiel angeboten (was, wie ich jetzt erfuhr, dem in Deutschland bekannten und von der Polizei verbotenen Spiel mit den Hütchen entspricht), bei dem man angeblich ganz schön Geld verdienen könne. Der Meister sitzt vor einem Tablett und lässt eine Münze, einen Knopf, einen Würfel, den sogenannten Popen mit undurchsichtigen kleinen Kappen abwechselnd zudecken. Diese vier oder fünf Kappen wurden mit großer Geschwindigkeit unter seinen sehr geschickten Fingern getauscht. Der Spieler (wie sich herausstellte, das Opfer), der einen bestimmten Betrag zur Teilnahme am Spiel hinterlegen musste, sollte, wenn die Hände des Meisters ruhig blieben, sagen, wo denn der Pope sei. Wo ist der Pope, hier, dort oder doch wieder zurück? Das Interessante ist, dass neben diesem Meister und in der Gruppe von Neugierigen, die sich dann ansammelte, drei oder vier Komparsen als angeblich fremde, unbeteiligte Beobachter standen, die das Opfer durch kurze Nebenbemerkungen in eine bestimmte Richtung beeinflussten. Das Ganze war aber so geschickt arrangiert, dass der Betreffende, also das zukünftige Opfer, zunächst Erfolg hatte und dadurch motiviert war, noch einmal, jetzt mit einem größeren Betrag, ins Spiel einzusteigen, um dann selbstverständlich zu verlieren und zwar wieder unter dem Einfluss der Nebenpersonen, die ihn in die falsche Richtung beeinflussten.

Nun wird in der Familienaufstellung nicht der Pope, sondern das Geheimnis in der Familie gesucht. Und der Grund, warum ich auf diese zugegebenerweise bösartige Assoziation aus der Kindheit kam, war, dass mir bei verschiedenen Aufstellungen das endliche Auffinden des Geheimnisses gelegentlich als ein suggestiv unter Zuhilfenahme der Anwesenden herbeigezauberter Erfolg erschien. Nachdem ich aber mehrere Aufsteller kennengelernt und bei allen die Überzeugung gewonnen habe, dass sie keine Betrüger sind – ich glaube dies auch in Bezug auf Bert Hellinger, der trotz aller seiner schwierigen Ecken einen ehrlichen, authentischen Eindruck macht – habe ich die mit dieser Erinnerung zusammenhängende Hypothese der Geldmacherei fallen gelassen.

2. Die hysterische Inszenierung

Als ich einmal bei einer der Großveranstaltungen (im Video) die zahlreichen Teilnehmer gesehen habe, die gebannt auf die Worte und Haltung des großen Meisters auf der Bühne starrten, assoziierte ich damit den großen Pariser Neurologen Charcot aus dem ausgehenden 19. Jahrhundert, und zwar wieder in einem Bild. Dazu muss ich folgendes berichten: Vor 23 Jahren erhielt ich in einem Brief zwei Theaterkarten, die ich nicht bestellt hatte, für das TAT, ein damals avantgardistisches Theater in Frankfurt. Im begleitenden Brief bat man mich um Entschuldigung, dass man mich erst nachträglich darüber informieren wollte, dass im Programm eines jetzt laufenden Theaterstückes mit dem Titel Hysterie große Teile aus meinem eben erschienenen Buch über Hysterie übernommen und zitiert wurden. Als Entlohnung erhielt ich die Theaterkarten. Es ging um die Inszenierung eines Stückes einer südamerikanischen Gruppe, das so gut war, dass es bei der Biennale in Venedig den ersten Preis erhielt. Die Bühne wurde während der Gesamtvorführung in zwei Teile geteilt, rechts wurde die Salpêtrière, und zwar eine Intensivstation des berühmten Psychiatrischen Krankenhauses in Paris dargestellt, auf der linken Seite war die Villa vom großen Chef Charcot zu sehen, wo abends öfters berühmte Opernsängerinnen für ein erlesenes Publikum weibliche Opernarien sangen. Morgens bei der Chefvisite boten die hysterischen Patientinnen alles, was sie nur konnten, sie dehnten ihren Körper zu einem hysterischen Bogen oder sie lagen auf dem Boden und schrien oder sie umarmten den Professor und so weiter. Links wurden die Stimmen der Opernsängerinnen immer schriller und schriller, sodass man zum Schluss nicht links von rechts richtig unterscheiden konnte.

Das Beste war aber der große Professor: unberührt und erhaben, in beiden Fällen majestätisch, langsam sich bewegend, befahl er das Aufhören der Symptomatik bei der einen Patientin oder beschäftigte sich mit der Handlung bei den Sängerinnen auf der linken Seite. Er war selbst sozusagen die höchste Form einer hysterischen Inszenierung eines großartigen Neurologen, der sogar offenbar auch Sigmund Freud für sechs Monate fasziniert hatte, als er, also Charcot, mit Hypnose reihenweise, wie in einem Familienaufstellungsseminar, hysterische Patientinnen heilte. Ein großes Publikum von Studenten, aber auch sonst von der Pariser Gesellschaft war dabei. Nun, ich bin ein großer Bewunderer des hysterischen Modus der Konfliktverarbeitung, sodass dies alles keineswegs nur negativ oder ironisch zu verstehen wäre.

Dennoch, auch diese Assoziation, die ja die Deutung der gesamten Familienaufstellung und des gesamten Brimboriums bei den Riesenveranstaltungen als eine hysterische Inszenierung und anschließende hysterische Epidemie nahelegt, war mir ebenfalls nach langem Überlegen nicht so überzeugend. Außerdem, auch wenn ein großer Teil dessen, was wir dabei beobachten können, tatsächlich induzierte hysterische Inszenierungen sein sollten, *so what*? Ich halte viel von Hysterie und von der hysterischen Begabung und von der Fähigkeit des potentiell hysterischen Patienten (modernerweise heißt es histrionisch), halbbewusste oder unbewusste Zusammenhänge intuitiv zu erfassen und sie in Szene zu setzen. Dahinter steht aber immer eine sehr ernstzunehmende Angelegenheit, eine schmerzliche Realität.

Kurze zusätzliche Information: Vor einigen Jahren ist in einer Volksschule in der Nähe von Washington bei einer Abschlussfeier der Schüler aus der letzten Klasse und der Abschiednahme Folgendes passiert: Während der Vorführung des Stückes fiel aus Versehen einer der Schüler auf den Boden, sodass er auf die Nase schlug und blutete. Man hat ihn aufgerichtet und irgendwie konnte das Spiel weiterlaufen, aber nach drei oder vier Minuten fingen mehrere Schüler an, im gefüllten Saal umzufallen, sie wurden halb bewusstlos, man vermutete irgendwelche giftigen Gase. Es gab großen Alarm, die Polizei kam. 35 Kinder mussten ins Krankenhaus eingeliefert und nach ein paar Stunden entlassen werden. Es handelte sich also um eine moderne hysterische Epidemie. Das wichtigste kommt aber jetzt erst. Zwei gewiefte Assistenten haben die Gelegenheit sofort beim Schopf ergriffen und haben daraus eine Doktorarbeit gemacht. Sie haben die 35 Kinder gründlich untersucht und eine gleich große Gruppe von Kindern, die nicht umgefallen sind, ebenfalls in Bezug auf Anamnese und mit einigen Tests untersucht. Der Vergleich der zwei Gruppen ergab, dass die Kinder, die umgefallen sind, signifikant häufiger Trennungen, Verluste und andere schwerwiegende Ereignisse in ihrer Familie erlebt hatten! Also, auch wenn ein Teil der Vorkommnisse auf der Bert-Hellinger-Bühne hysterische Phänomene sein sollten, sie stehen doch in Zusammenhang mit tatsächlich stattgefundenen Traumatisierungen und Ereignissen in der Familie.

3. Griechische Tragödie

Meine dritte Assoziation führte weit zurück bis zur Antike, bis zum griechischen Theater, das bekanntlich eine der wichtigsten Wurzeln solcher therapeutischen Verfahren wie die Familienaufstellung darstellt. In beiden Fällen geht es nicht nur um die sprachliche, sondern auch um die räumliche, szenische Darstellung verwickelter Beziehungen von Familiendramen, wobei oft auch ein oder mehrere Geheimnisse im Hintergrund eine große Rolle spielen und wo die Darsteller (die Schauspieler oder die Stellvertreter) nach Möglichkeit nicht ihre eigenen Probleme in den interaktionellen Prozess mit hineinbringen sollen – vergleiche die entsprechende Aufforderung von Hellinger an die Stellvertreter und die andere Seite im antiken

Theater: die Tatsache, dass die Schauspieler Masken getragen haben.

Schließlich – und dies erscheint mir besonders bemerkenswert – hat auch im antiken Theater die Positionierung der Akteure und ihre Bewegung im Raum eine Rolle gespielt, die ja in der Familienaufstellung eines der Hauptprinzipien darstellt: Die Positionen der Stellvertreter und insbesondere die räumliche Relation der Positionen und das im Laufe der Aufstellung sich verändernde Muster der einzelnen Positionen ist die Hauptbedingung, um sozusagen experimentell das Affekte auslösende und Spannung erhöhende, aber dann auch andererseits das Entlastende und – um mit Bert Hellinger zu sprechen – die richtige Ordnung zu finden. Übrigens: über die Ordnungen der Liebe und des Lebens im Metaphysischen oder Theologischen, wie sie Hellinger versteht, will ich mich hier nicht ausbreiten. Sie sind für mich als subjektive und mehr oder weniger dogmatisch behauptete Glaubenssätze zwar zu respektieren, aber sie können ohne weiterführende, auf Erfahrung begründete Untermauerung nicht allgemeinfähige Akzeptanz beanspruchen. Von Respekt spreche ich trotzdem, weil wir alle unsere direkten und indirekten, bewussten oder unbewussten Annahmen in Bezug auf gewisse als gut, gelungen, gesund zu bezeichnende Situationen, Entwicklungen, Regelungen haben, so zum Beispiel ich selbst, wenn ich in meinem Bipolaritätsmodell diejenigen Lösungen als gelungen, dialektisch und gesund betrachte, die zu einer Integration und zu einer Befriedigung sowohl von selbstbezogenen, als auch objektbezogenen Tendenzen führen.

4. Forcierte Symbolisierung auf dem psychosozialen Feld und die Suche nach dem Geheimnis

Wenn ich engagierte, tüchtige Leiter bei Familienaufstellungen beobachte, so fallen mir Ähnlichkeiten mit der Arbeit eines Bildhauers, eines Musikers, eines Malers, überhaupt eines Künstlers auf. Zwar wirkt manchmal die Emsigkeit, mit der temperamentvolle Leiter (und nicht kühle Naturen wie Hellinger) die Stellvertreterpositionen immer wieder ändern und mal dies und mal jenes ausprobieren, wie ein übertriebener oder künstlich dramatisierender Aktionismus; insgesamt gewinnt man aber wenigstens bei den ernstzunehmenden Vertretern den Eindruck, dass es dabei um echte authentische Bemühungen, um die Suche nach optimalen Lösungen geht, um die Herstellung einer befriedigenden Gestalt in einem für das Leben der Betreffenden wichtigen Puzzle. Gerade dieses gleichzeitig ernste und spielerische Herumprobieren zusammen mit der intensiven Suche nach dem Geheimnis in der Eltern- und Großelterngeneration erzeugt auch die Spannung bei den Zuschauern, die mit der Spannung bei einem Krimi vor der Aufdeckung des Täters erinnert, wobei in beiden Fällen eine Süchtigkeit, ein Immer-mehr-von-demselben-haben-Wollen, sich einstellen kann.

Dies alles, zusammen mit den zum Teil realistischen, zum Teil desinformierenden Berichten über Bert Hellinger, könnte den falschen Eindruck entstehen lassen, er sei eigentlich nicht an dem Patienten als solchen interessiert, ihm ginge es nicht an erster Stelle um das Wohl des Patienten, sondern um die Bestätigung der etwas esoterisch anmutenden Ordnungen der Liebe oder, wie es bei ihm in den letzten Jahren zu hören ist, um die Bewegungen der Seele. Dies entspricht nicht meinem Eindruck: Im Gegenteil, insbesondere auch beim psychotischen Patienten erlebe ich Hellinger als sehr umsichtig, einfühlsam und sehr darauf bedacht, den Patienten zum Beispiel mit kurzen Bemerkungen narzisstisch zu stärken.

Ich zitiere kurz aus einem Transkript: Der Hellinger sagt zu dem jungen schizophrenen Patienten ganz am Anfang: Du bist ganz schön mutig, dich dem hier so zu stellen. Oder in einem anderen ähnlichen Fall, ebenfalls einem jungen Patienten, halb ernst, halb scherzhaft: Du scheinst hier der Schlaueste zu sein, ein Schlauberger (dabei indirekt andeutend, sie beide, der junge Patient und Hellinger selbst seien die Schlauberger hier, also eine Art symbiotische Omnipotenz à la Kahn). Auch wenn kurz danach Sätze kommen, die den Patienten etwas abrupt wieder auf den Boden der Realität bringen, so hat man das Gefühl, dass auch dies gutwillig geschieht und sozusagen als eine erste Vorübung zu dem programmatisch mehr oder weniger dann erfolgenden Schaukeln zwischen den Bindungen zu anderen Personen oder aber zu sich selbst, zu der eigenen Selbsteinschätzung – Schaukeln innerhalb des Gegensatzes Selbst- und Fremdidealisierung versus Selbst- und Fremdablehnung. Also das oft vermittelte Bild eines überheblichen, eigensinnigen, indirekt sadistischen, rücksichtslosen Hellingers, der die Patienten mit seiner Autorität und seinen Bemerkungen zur Verzweiflung oder sogar zum Selbstmord bringen kann, entspricht nach meinen Erfahrungen und Informationen nicht der Realität, obwohl manchmal, selten, einiges in die Richtung Verdächtiges nicht von der Hand zu weisen ist.

Hat die Familienaufstellung eine relevante therapeutische Wirkung? Und wenn ja, auf welche Weise kommt diese therapeutische Wirkung zustande?

Die oben aufgezählten spontanen Assoziationen von mir zur Thematik der Familienaufstellung entsprechen direkt oder indirekt vier Hypothesen zur Erklärung des Phänomens Familienaufstellung: Die erste Hypothese, es ginge um Betrug, Geldmacherei, Scharlatanerie, medienwirksame Selbstdarstellung etc., habe ich schon vorhin, wenigstens in Bezug auf die ernstzunehmenden Leiter und Teilnehmer verworfen. Die zweite Hypothese, die Familienaufstellung biete in exzellenter Weise geeignete Bedingungen zur Herstellung von hysterischen (histrionischen) Inszenierungen, innerhalb derer zwar eine gewisse Entladung von aufgestauten Affekten und eine Quasiaufdeckung stattfindet, wobei aber das Eigentliche, also der intrapsychische Gegensatz, der Konflikt oder das Dilemma weiterhin verdrängt bleibt und somit kein entscheidender Fortschritt erreicht wird – diese meine Kritik ist nur beschränkt richtig. Die mit Geheimnislüftung, aber auch ohne sie indirekt stattfindende Einsicht in die ungeheure Macht der

Familienbindungen (zum Guten und zum Schlechten) ist meines Erachtens nicht zu leugnen und macht den gewichtigsten therapeutischen Faktor aus. Die Ausdrucksgebung des Familiendramas, gerade auch in den vorangehenden Generationen und gerade ohne viele Worte, sondern nur durch die Positionierung und die Bewegung, ermöglicht in ähnlicher Weise wie in der antiken Tragödie eine sonst nicht ohne Weiteres zu erreichende Partizipation und Katharsis und unter Umständen auch bleibende Einsicht.

Die Ernsthaftigkeit und das authentische, echte Engagement des Leiters, aber auch die tragende, sorgende, teilnehmende Gruppe, ermöglichen dem Patienten eine neue Beziehungserfahrung, die gerade durch die Direktheit der vorwiegend räumlichen Nähe und Distanz die Verfälschungen, Desinformationen und Heucheleien der Sprache vermeidet und ihm in ähnlicher Weise wie bei der uns bekannten Psychosenbehandlung mithilfe des Handlungsdialogs eine Lockerung des psychotischen Dilemmas ermöglicht. Der Patient macht also die Erfahrung, dass er an einer intensiven Beziehung teilnehmen kann (mithilfe der Vertretung und der Stütze des Leiters im Rücken), ohne deswegen seine Autonomie und seine Selbstidentität zu verlieren. Diese letzte Hypothese und Position ist selbstverständlich meine eigene, sicher überoptimistische Sichtweise auf der Grundlage des eigenen Psychose- und Psychosentherapiekonzeptes. Sie vernachlässigt viele wichtige Annahmen und Handlungsweisen der Familienaufsteller, die durch diese Hypothese nicht gedeckt werden. Gemeint sind hier insbesondere drei Sachverhalte:

In der Familienaufstellung suchen alle, man könnte fast sagen, manchmal wie besessen, nach dem Geheimnis. Ich dagegen versuche vielmehr den Konflikt, das Dilemma und eine geeignete Formulierung, die es in seiner spezifischen Form bei dem Patienten erfasst, zu finden. Man könnte zwar behaupten, das Geheimnis und seine Aufdeckung enthalten implizit den Konflikt beziehungsweise das Dilemma. Ich hielte es aber für sinnvoller und effektiver, wenn Schuldgefühle, daraus resultierender Hass und Selbsthass, und insbesondere die Ambivalenz eindeutiger zur Sprache kämen.

Gegen Ende jeder Familienaufstellung und sobald der Leiter glaubt, die sogenannte Lösung gefunden zu haben, formuliert er bestimmte Sätze, die einige der Stellvertreter und dann die fast regelmäßig auf die Bühne geholten Patienten selbst aussprechen müssen. Es sind eindeutig suggestive Sätze, etwa im Stil: Du bist meine Mutter, ich ehre und liebe dich, aber mein Leben gehört mir und ich habe mein Leben für mich zu leben. Deine Probleme habe ich nicht zu tragen. Dabei handelt es sich zwar immer um solche Sätze, die gerade die oben angedeutete Problematik und das Dilemma (Selbstbezogenheit, Objektbezogenheit) berühren, sodass man mir sagen könnte, ich sollte mich damit zufrieden geben. Dem Beobachter – und mir – erscheint es aber höchst unwahrscheinlich, dass solche tiefer gehenden Probleme mit zwei, drei suggestiven Sätzen ein für alle Mal zu erledigen wären.

Es ist kaum vorstellbar, dass eine einmalige Familienaufstellung, auch wenn sie im idealen Fall die geschilderte Ausdrucksgebung und die Einsicht in das Problem (mit und ohne Geheimnis) ermöglicht, in der Lage ist, das Auftreten psychotischer Lösungen entbehrlich zu machen. Eine parallel laufende Behandlung erscheint mir unbedingt erforderlich. Zu diskutieren ist nur die Frage, ob eine oder mehrere Familienaufstellungen des Patienten in dieser Behandlung förderlich sein können. Übrigens haben Psychosetherapeuten, die gleichzeitig Familienaufstellungen machen, den Eindruck geäußert, dass die psychotischen Patienten vorwiegend als Vertreter in solchen Familienaufstellungen profitieren können. Dass sie selbst ihre Familie aufstellen, kommt selten vor, ist schwierig und kann auch zu Komplikationen führen. Das sind aber offenbar zunächst Erfahrungen von einzelnen Therapeuten.

Insgesamt erscheint es mir trotz der oben ausführlich geschilderten negativen Aspekte und Gefahren nicht berechtigt, Familienaufstellungen schon a priori als indiskutabel abzulehnen; im Gegenteil erscheint es mir ziemlich wahrscheinlich, dass sowohl allgemein als auch bei Psychosen die Förderung des symbolischen Erfassens des bis dahin nicht anschaulich Fassbaren gefördert werden kann. In meiner Prognose in Bezug auf die Methode würde ich eher dazu tendieren, zu sagen: Auch wenn die Mode der dramatischen großen Veranstaltungen oder der gewohnheitsmäßigen Familienaufstellung im Stil des Happenings in absehbarer Zeit vielleicht abnimmt und dann verschwindet, so wird, hoffe ich, ein positiver Einfluss dauerhaft zurückbleiben, und zwar nicht nur im Sinne eines in der breiten Öffentlichkeit geweckten Interesses für Familiendynamik und transgenerationelle Zusammenhänge, sondern auch für die Fachleute, also für uns Psychotherapeuten und Psychoanalytiker, als Anreiz zur Ausnutzung und weiteren Entwicklung von Techniken, die die anschauliche Symbolisierung intrapsychischer und interpersoneller Vorgänge fördern, was ja, wie wir wissen, gerade für unsere psychotischen Patienten von großem Nutzen sein kann.

Gerald Hüther

Stärkung von Selbstheilungskräften aus neurobiologischer Sicht[107]

Woran erkennt man eigentlich einen seelisch gesunden Menschen? Woran erkennt man einen, dem es richtig gut geht? Die Antwort ist ganz einfach: Der hat all das noch, was er als Kind schon mit auf die Welt gebracht hat. Es ist ihm irgendwie gelungen, dass da nicht so viel verloren gegangen ist – von dieser großartigen ursprünglichen Entdeckerfreude und unglaublichen Gestaltungslust, die jeder einmal hatte, von dieser Offenheit, von dieser Beziehungsfähigkeit, von diesem unendlichen Vertrauen, mit dem man sich als kleines Kind in diese Welt hineinwagt. Von dieser Zuversicht, dass es einfach gehen wird, dass man das, was man braucht, auch finden wird und nicht zuletzt all diese Lebensfreude und diese Begeisterung über sich selbst. Wer all das noch hat, dem geht es seelisch richtig gut. Der ist noch im Einklang, in Kohärenz mit sich selbst, ist in der Lage, mit anderen mitzuschwingen, sich in andere hineinzuversetzen, zu fühlen, was diese anderen bewegt und auch zu erkennen, was diese anderen gerne erleben, erfahren und woran sie sich erfreuen möchten. Und er ist auch in Einklang mit der Natur und mit der Welt, in der er sich bewegt. Es gibt eine Menge Erwachsene, die diese Doppelbelastung aushalten, aber sie kriegen es hin, und es gibt auch eine ganze Menge ältere und sehr alt gewordene Menschen in unserer Gesellschaft, die sich bis ins hohe Alter diese Fähigkeit bewahren: diese Offenheit, diese Freude am Leben, die man an so einem Leuchten in den Augen erkennen kann. Wir können den anderen anschauen und können in seinen Augen sehen, wie es ihm geht.

Und dann muss man die zweite Frage stellen: Was ist es denn eigentlich, was manchen Menschen diese Lebensfreude, diese anfängliche Begeisterung, mit der sie sich alle auf den Weg gemacht haben, raubt? Wer klaut uns die Zuversicht? Weshalb ist dann das Lachen irgendwann weg und der Glanz in den Augen verschwunden? Und da heißt die frohe Botschaft der Hirnforscher: Es liegt nicht am Gehirn. Es liegt nicht an unseren Verschaltungen im Gehirn und es liegt auch nicht an irgendwelchen genetischen Programmen, die uns diese Verschaltungen angeblich ins Hirn bauen. Es muss an etwas anderem liegen, und woran es liegen könnte, das will ich herauszufinden versuchen.

Die Wirklichkeit sieht so aus, dass wir alle mit einem riesigen Schatz, mit einem riesigen Überangebot an Möglichkeiten auf die Welt kommen. Die genetischen Programme können doch gar nicht festlegen, wie unser Hirn verschaltet sein muss und wie es sich zu verschalten hat. Die genetischen Programme können doch gar nicht wissen, ob wir als kleiner Chinese in Mittelchina oder als Inuit am Polarkreis oder als Amazonasindianer im Amazonasgebiet zur Welt kommen. Die müssen uns ja gewissermaßen auf alles vorbereiten. Und eben deshalb haben wir genetische Programme, mit denen ein Hirn aufgebaut wird, das zu viel mitbringt, zu viele Nervenzellen. Ein Drittel mehr, als wir am Ende überhaupt brauchen werden, wird bereits vor der Geburt bereitgestellt. Die genetischen Programme hatten sozusagen mehr erwartet. Genauso geht es mit den Vernetzungen im Hirn. Die genetischen Programme führen lediglich dazu, dass erst mal Vernetzungen aufgebaut werden, dass in den verschiedenen Regionen im Hirn, von hinten unten beginnend bis vorne oben, bis ins hohe Lebensalter immer wieder Vernetzungsangebote bereitgestellt werden, überschüssige Vernetzungen, viel zu viel an Vernetzungsoptionen, und dann wird eben einfach geguckt, was davon gebraucht wird und das bleibt bestehen. Und was man nicht braucht, das schrumpelt wieder ein. Deshalb ist es nicht so ganz egal, wie und wofür man heutzutage sein Hirn benutzt.

Am Anfang des Lebens, wenn wir noch im Mutterleib heranwachsen, finden schon die ersten Strukturierungsprozesse in diesem Hirn statt. Es kommt keiner als sozusagen unbeschriebenes Blatt zur Welt. Die ersten Vernetzungen im Hirn sind entstanden, als die ersten Signalmuster im Hirn angekommen sind. Und woher kamen damals die ersten Signalmuster? Nicht von draußen aus der Welt, sondern die kamen erst einmal aus dem eigenen Körper. Primär strukturiert sich das menschliche Hirn während dieser ganz frühen Entwicklungsphasen anhand der Inputs, anhand der Signalmuster, die aus dem eigenen Körper ins Gehirn kommen. Wenn dann der Arm anfängt zu zucken, wenn die Eingeweide oder die inneren Organe anfangen, ihre Funktion aufzunehmen, wenn die Drüsen und alles andere, was wir in unserem Körper haben, plötzlich über Nervenbahnen mit dem Hirn verbunden wird, lernt das Hirn gewissermaßen allmählich seinen eigenen Körper nicht nur kennen, sondern eben auch, und das ist ja die

Aufgabe, wofür wir überhaupt so ein Hirn haben, diesen Körper auch zu steuern, dafür zu sorgen, dass es darin gut zugeht. So kommen wir mit einem Hirn zur Welt, das sich so herausgeformt hat, dass es zu unserem Körper passt. Und weil jeder einen anderen Körper hat, der eine hat längere Arme, der andere kürzere, der eine hat eine größere Leber, der andere eine kleinere, kommen wir auch alle mit unterschiedlichen Gehirnen zur Welt.

Es gibt bei der Geburt keine zwei gleichen Körper und deshalb gibt es auch keine zwei gleichartigen Gehirne. Und dann gehen wir hinaus in die Welt und lassen uns auf andere Menschen ein. Und dann sind es eben nicht mehr die Beziehungen zu unserem eigenen Körper, die das Hirn weiter strukturieren, sondern dann sind es die Beziehungen, die wir draußen in der Welt mit den für uns wichtigen Bezugspersonen erleben, zum Teil auch gestalten, manchmal auch erdulden müssen. In der nächsten Stufe versuchen wir, uns in Beziehung zu setzen, und jetzt kommt erst das, worum wir uns im Augenblick so intensiv bei den Kindern kümmern: sich in Beziehung zu setzen mit den Phänomenen dieser Welt. Das kommt erst zum Schluss. Und jedes Mal, wenn wir wieder irgendetwas gefunden haben, wenn wir als kleines Kind gemerkt haben, dass der Arm zu bewegen ist und dass man den benutzen kann, um irgendwas zu greifen, oder später, dass wir unser Denken benutzen können, um irgendetwas zu erkennen, oder später, wenn wir merken, dass wir Beziehungen gestalten können, dass wir andere Menschen mit unserem Lächeln dazu bringen können, dass die auch mal lächeln, wenn wir merken, wie schön es ist in dieser Welt im Frühling, wenn die Blumen wieder rauskommen, spazieren zu gehen, dann begeistern wir uns an dem, was es in dieser Welt zu entdecken und zu gestalten gibt. Und jedes Mal dann, wenn wir uns begeistern, wird in unserem Hirn etwas aktiviert, das die Neurobiologen die emotionalen Zentren nennen. Die sind dann im lymphischen System. Ich sage, es ist die emotionale Gießkanne, die im Hirn angeht, wenn man sich für irgendwas begeistert. Und in dieser

Gießkanne ist eine Düngerlösung, eine Nährlösung fürs Hirn. Und immer dann, wenn man sich für irgendwas begeistert, geht diese Gießkanne der Begeisterung an und es kommt der Dünger raus und der heißt »neuroplastische Botenstoffe«, in dieser wunderbaren Hirnforschersprache. Neuroplastische Botenstoffe sind besondere Botenstoffe, die beim Auswendiglernen von Telefonbüchern eben nicht rauskommen. Die kommen nur dann, wenn es einem unter die Haut geht, wenn einem wirklich was wichtig ist, wenn man irgendetwas entdecken, gestalten, sich in dieser Welt begeistert bewegen kann. Und immer dann, wenn das passiert, geht die Gießkanne im Hirn an, die neuroplastischen Botenstoffe kommen raus und dann wird eine rezeptorvermittelte Signaltransduktionskaskade in Gang gesetzt, die am Ende bis in den Zellkern reicht und im Zellkern dazu führt, dass dieser Zellkern oder dass in diesem Zellkern angefangen wird, neue Gene, neue Gensequenzen abzuschreiben und dann fangen diese Nervenzellen plötzlich an, nochmals Eiweiße herzustellen, die sie schon lange nicht mehr hergestellt haben. Eiweiße, die man braucht, um Fortsetzungen neu zu bilden, um neue Kontakte zu knüpfen, um neue Verbindungen zwischen Nervenzellen herzustellen. So entstehen neue Vernetzungen. Und nun machen wir die wichtigsten Lernprozesse durch. Nicht indem wir uns von irgendjemand erzählen lassen, wie es ist. Die eigentlich wichtigen Lernprozesse erleben wir, wenn wir eine neue Erfahrung machen. Erfahrung ist was ganz besonderes. Eigentlich ist unser ganzes Leben gekennzeichnet nicht durch Lernprozesse, sondern durch Erfahrungen, die wir irgendwie machen.

Zur Erläutertung: Das, was unsere Entscheidung trägt, was unsere Bewertungen bestimmt, was unsere Handlungen lenkt und unser Denken, Fühlen und Handeln steuert, das ist nicht das Wissen, mit dem wir rumlaufen, sondern das sind die im Laufe unseres Lebens gemachten Erfahrungen. Und die aus diesen Erfahrungen im Hirn, im Frontalhirn entwickelten und entstandenen und verfestigten und verankerten Netzwerke, die wir dann nicht sehen können, aber die wir Haltungen und innere Einstellungen und innere Überzeugung nennen. Diese haben wir von wichtigen Bezugspersonen übernommen. Wenn der Papa auch schon immer Fleisch gegessen hat, dann finden wir das notwendig, dass man Fleisch isst, weil der Papa uns wichtig war. Und diese Überzeugungen, die zeichnen sich, weil sie aus Erfahrungen entstanden sind, dadurch aus, dass sie einen kognitiven Anteil haben und einen emotionalen. Und die beiden, kognitiv und emotional, sind in dieser Erfahrungs-situation aneinander gekoppelt worden. Das heißt, das ist ein gekoppeltes Netzwerk. Und jetzt können Sie doch nicht je-manden, der sozusagen, weil der Papa immer gerne Fleisch isst, auch gerne Fleisch isst, dem können Sie doch jetzt nicht kommen und sagen: Du, aber Fleisch ist ungesund. Oder jetzt nehme ich lieber ein anderes Beispiel. Mich. Ich rauche immer so gerne Pfeife. Bis Pfingsten letzten Jahres habe ich immer Pfeife geraucht. Da sind immer Leute gekommen und haben gesagt: Das ist aber ungesund. Damit musst du jetzt aufhören. Und auf meine Tabaksdose haben sie geschrieben: Rauchen gefährdet Ihre Gesundheit. Da guckt sich mein kognitives Netzwerk im Frontalhirn diesen Satz an und sagt: Ja, da ha-ben sie aber recht. Und dann sagt mein emotionales Netz-werk: Jetzt habe ich aber Lust, mal wieder eine zu rauchen. Das geht nicht. Sie können keine Haltung verändern, indem Sie an die Kognition appellieren. Und Sie können es auch nicht, jetzt wird es noch spannender, auch nicht, indem Sie an die Gefühle appellieren. Komme ich nach Hause, da kommt meine Frau und sagt: Och, Gerald hör doch mit dem Rauchen auf. Und küsst mich und umarmt mich. Und nach einer hal-ben Stunde denke ich: Jetzt müsstest eigentlich mal wieder eine rauchen. Das heißt: Da funktionieren unsere Strategien nicht mehr, die wir aus dem vorigen Jahrhundert als Dressur-strategien mitgemacht haben. Die ganze Aufklärung funktio-niert nicht. Sie können niemandem mit diesen Ratschlägen und diesem ganzen Zeug, mit Ihrem klugen Wissen kommen.

Der ändert sein Verhalten nicht, weil Sie nicht an die emotionalen Strukturen rankommen. Und das einzige was geht – halt, ich habe noch dieses schöne Beispiel. Das ist ähnlich, als wollten Sie einen störrischen Esel vor sich hertreiben, der nicht laufen will. Der will jetzt nicht Ihr gesundes Gemüse essen. Und in dem alten Denken kommen Sie jetzt an mit Ihren Möhren und hängen die da immer hin. Und hinten, wenn er dann doch nicht will, die Peitsche. Und so arbeiten Sie sich ab. Die ganzen Veränderer hier: Hinten immer die Peitsche und vorn immer die Möhren. Und der einzige, dem es dabei gutgeht, das ist der Esel. Weil, der macht eine gute Erfahrung nach der anderen. Der kriegt mit dem Hintern immer besser die Kurve, bevor Sie da draufhauen, und der schnappt vorne immer schneller die Möhren, ohne dass Sie überhaupt eine Chance haben, den von der Stelle zu bewegen. Und das habe ich kürzlich auch mal in einem Forum vorgetragen, wo dann ein türkischer Unternehmer dabei war. Weil, das ist ja auch eine Führungskunst, wie man seinen Esel in Bewegung kriegt. Und dann sagte der: Ah, ich weiß, was Sie meinen. Wir haben ein türkisches Sprichwort. Das heißt: Wenn du den Esel treibst, musst du seinen Pfurz ertragen. Wahnsinn, he? Wenn wir aber das jetzt gehört haben, wie es funktionieren müsste, dann wissen wir auch, wie es geht. Sie können diesen Esel nicht dazu bringen, mit Schlägen nicht, und auch nicht mit ihren ganzen Aufklärungen, dass er sich bewegt. Aber was Sie machen können, ist, Sie können ihn einladen, Sie können ihn ermutigen, Sie können ihn inspirieren, noch mal eine neue Erfahrung zu machen. Wie es zum Beispiel ist, wenn er mal noch einen Schritt vorwärts geht. Und wenn er das dann macht, dann merkt er, he, ist gar nicht so blöd. Komme ich überhaupt viel näher an den heran. Und dann geht er noch einen. Und indem er dann Schritt für Schritt in diese neue Erfahrung hineingeht, das kann ja zum Beispiel die Erfahrung sein, dass diese Ernährung von mediterraner Kost dazu führt, dass man sich viel wohler fühlt. Dass man morgens viel wacher aufsteht. Dass es nicht so brummt. Dass man nicht so diese ganzen an-

deren Beschwerden hat. Und dann merkt man plötzlich, das tut einem gut. Obwohl man es gar nicht wollte. Ich habe ja jetzt mit dem Rauchen auch aufgehört. Das ist doch viel besser. Hätte ich vorher nicht für möglich gehalten. Aber es hat mich jemand eingeladen, ermutigt und inspiriert, eine neue Erfahrung zu machen. Und wissen Sie, wie der heißt? Ich kann wieder riechen. Ich liebe Rosenduft. Ich habe den ganzen Sommer lang an Rosen gerochen, weil ich die schon seit zehn Jahren, solange ich diese Pfeife da rauchte, nicht mehr riechen konnte. Weil die ganzen Duftschleimhäute da oben versengt sind. Da habe ich mich wie so ein Esel Schritt für Schritt bewegt. Und dann roch die Rose und jene Rose. Und jetzt bringt mich keiner mehr dazu, dass ich rauche. So, das ist es. Das ist das Kunststück.

Noch eine Ermutigung. Das ist eine, über die ich selbst sehr glücklich bin. Weil ich mich natürlich auch gefragt habe: Da kommt ein Kind auf die Welt. Und im ersten Lebensjahr ist vielleicht noch alles o.k. Es macht die Erfahrung, dass es dazugehört. Es macht die Erfahrung, dass für es gut gesorgt wird. Es macht die Erfahrung, dass es wachsen kann, dass es angenommen wird. Und dann purzelt alles drunter und drüber. Und das geht zum Teil unglaublich schnell. Es gibt Studien, da wundert man sich schon. Es gibt eine Untersuchung, die zeigt einem, wie schnell man Kinder auf eine bestimmte Bahn bringt und wie schnell in diesen Kindern eine Haltung entsteht, die für das ganze Leben ungünstig ist. Das ist eine Untersuchung, die ich da meine, da hat man sechs Monate alte Kinder vor einen Computerbildschirm gesetzt. Und auf diesem Bildschirm war ein Berg abgebildet. Und dann kam ein kleines gelbes Männlein unten angekrochen und wollte den Berg hoch. Und dann hat es so geschnauft und ist den Berg hoch. Und dann ist es immer wieder runtergerutscht. Und dann ist es irgendwie hochgekommen. Das war die erste Sequenz dieses Trickfilms. Dann kam die zweite Sequenz, wieder der Berg, wieder das kleine gelbe Männlein. Das sechs Monate alte Baby hat wieder zugeschaut. Und dann, wie es so *hochwollte und nicht hochkam, kam ein kleines blaues, nein ein kleines grünes von hinten und hat so geschoben und dann sind die beiden zusammen hochgekommen. Das sechs Monate alte Baby hat sich das angeguckt. Und dann kam die dritte Sequenz. Wieder das kleine gelbe Männlein und dann wie es da hoch wollte, und dann immer nicht hochgekommen ist, kam oben ein blaues und hat es runtergeschoben. So. Überall auf der Welt, das war das Ergebnis dieser Studie, wenn man den Kindern anschließend vor ihrem Platz das kleine grüne und das kleine blaue Männlein aufstellt, dann nehmen sie alle grün. Das heißt, die Grunderfahrung am Anfang des Lebens überall auf der Welt, von jedem Kind ist, dass es unterstützt worden ist. Und deshalb identifiziert es sich mit dem Unterstützer. Und nimmt den grünen, der mit hochschiebt. Das ist das Angeborene. Es kommt kein Kind böse zur Welt. Und jetzt nimmt man dieselben Kinder, als sie ein Jahr alt geworden sind. Dann sind 10 bis 20 % dieser Kinder dabei, die nehmen den blauen. Das heißt, die sind in einer Familie groß geworden, wo sie die Erfahrung machen konnten, dass irgendeiner in dieser Familie sich auf Kosten der anderen sehr erfolgreich durchsetzt. Wer das ist, ist jetzt egal. Häufig sind das Geschwister. Und dann identifiziert sich dieses kleine einjährige Kind, auch ganz richtig und logisch, mit dem Gewinner. Es wäre ja furchtbar, wenn es sich mit den Losern identifizieren würde. Und dann übernimmt es diese innere Einstellung: Es kommt darauf an, dass man die anderen wegschubst. Und wenn jetzt nicht irgendetwas passiert, wenn dieses Kind anschließend nicht in einen Kindergarten kommt oder in eine Schule, wo es plötzlich merkt, wie schön es ist, wenn es nicht andere wegschubst, sondern mit anderen gemeinsam etwas entdecken und gestalten kann, dann bleibt das als Haltung das ganze Leben lang. Und das kriegen Sie kaum noch verändert. Der zweite Punkt heißt aber: Da aber jedes Kind am Anfang diese, nennen wir das mal, günstigen Erfahrungen gemacht hat und jeder am Anfang seines Lebens mal dazugehört hat und auch mal verbunden war und auch mal gemerkt hat,*

wie er wachsen kann und über sich hinauswachsen kann, ist
das am Anfang die grundlegende Vorschaltung. Die brauchen
Sie als Referenz immer wieder, wenn Sie zum Beispiel aus ei-
ner Gemeinschaft ausgeschlossen werden. Immer dann, wenn
das Kind aus der Gemeinschaft rausgeworfen wird, nicht da-
zugehören darf und es ihm so wehtut, kann es eben nur weh-
tun, indem es ja im Kopf, sozusagen im Hirn, vergleicht mit
dem, wie es sein sollte. Und weil das nicht so ist, wie es sein
sollte, tut es weh. Und deshalb wird durch jede negative Er-
fahrung auch das Positive in uns selbst jedes Mal als inneres
Bild wieder wachgerufen. Und deshalb geht diese Erfahrung,
wie es sein sollte, dass man eigentlich in einer Welt leben sollte,
in der man dazugehört, in der man Aufgaben findet, an denen
man wachsen kann, die geht nie wieder verloren. Die ist in je-
dem Menschen unten drunter immer noch da. Und deshalb
können Sie auch jeden Menschen, und sei er auch noch so
furchtbar, einladen, ermutigen und inspirieren, eine Erfah-
rung zu machen, nämlich dieselbe, die er schon früher gemacht
hat: die da unten drunter liegt, nämlich ihn einfach einladen,
ermutigen, inspirieren, dass er Gelegenheit findet, die Erfah-
rung zu machen, dass er doch dazugehören darf. Und dass er
doch jemand ist, der, wie behindert er auch immer sein mag,
das kann. Und häufig ist es ja so, dass diejenigen, die wir für
die Behinderten erklären, dass die uns eigentlich zeigen, zu
welcher Größe Menschen überhaupt wachsen können.

Und bei den Erfahrungen ist es eben etwas ganz Spezielles,
dass sie alle deshalb Erfahrung heißen, weil sie unter die Haut
gehen. Was mich nichts angeht, was mich nicht berührt, was
mir nicht unter die Haut geht, was mich nicht emotional aktiviert, was diese emotionalen Zentren und damit auch diese
Gießkanne in meinem Hirn nicht in Bewegung bringt, ist
keine Erfahrung. Das vergesse ich auch alles wieder. Die
wichtigsten Erfahrungen machen wir schon ganz am Anfang
unseres Lebens. Und das sind vor allem zwei Erfahrungen,
die uns später durch das ganze Leben begleiten werden, die

wir auch nie wieder loswerden. Und aus diesen beiden Grunderfahrungen werden später ja eigentlich Sehnsüchte, die beiden Grundsehnsüchte, die wir alle mit uns herumtragen. Die eine große Sehnsucht entsteht aus der Erfahrung, die wir ja alle am Anfang des Lebens gemacht haben, intrauterin; selbst diejenigen, die dann gleich nach der Geburt von der Mutter getrennt worden sind, haben diese Erfahrung vorgeburtlich, in der Mutter gemacht, nämlich, dass sie aufs Engste, aufs Allerengste mit einem anderen Menschen verbunden gewesen sind. Und diese Verbundenheitserfahrung wird dann zu einer Erwartungshaltung. Die ist im Hirn verankert und, was man erfahren hat, das hat man sich gemerkt und dann ist es so, dass man das jetzt auch erwartet, dass das so weitergeht. So sind demnach alle mit dieser Sehnsucht, mit dieser Erwartungshaltung auf die Welt gekommen, dass da draußen einer ist, der Ihnen die Möglichkeit gibt, dazuzugehören, sich verbunden zu fühlen, geborgen zu sein.

Das ist aber nur die eine Erfahrung. Es gibt noch eine zweite, die haben auch alle gemacht, auch schon vorgeburtlich: Wir sind gewachsen. Wir sind jeden Tag ein kleines Stückchen über uns hinausgewachsen, erst körperlich und dann auch in Bezug auf die Kompetenzen, auf die Fähigkeiten und Fertigkeiten, die sich alle angeeignet haben. Wir sind eigentlich tagtäglich ein Stück autonomer geworden und freier. So haben wir eben diese zweite Erwartungshaltung auch mit auf die Welt gebracht: die, dass wir da draußen Aufgaben finden, an denen wir zeigen können, dass wir etwas können, dass wir uns da draußen frei und autonom in dieser Welt zurechtfinden. Und nun hätten wir natürlich gerne, dass beides gleichzeitig geht: dass man gleichzeitig frei sein kann und verbunden. Und darüber muss noch nachgedacht werden, wie das funktionieren soll. Man ahnt schon, was dann passiert. Man erlebt Enttäuschung, es geht nicht: Entweder das eine oder das andere, beides gleichzeitig ist extrem schwer in unserer heutigen Zeit. Gleichzeitig haben wir am Anfang unseres Lebens diese anderen Erfahrungen gemacht, dass es ja irgendwie doch immer wieder verstehbar war, was passiert ist. Wir konnten auch als kleines Kind das eine oder andere schon mal gestalten. Und wir waren – hoffentlich – auch eingebettet in einen größeren Zusammenhang, das heißt gehalten in einer Familie oder in einer Welt. Und auch das sind Grunderfahrungen, die dann sehr leicht enttäuscht werden können. Und dann muss man als Forscher fragen, was passiert denn eigentlich im Hirn, wenn ein Mensch enttäuscht, wenn er verletzt oder gekränkt wird. Dann tut das weh. Und genauso tut das weh, wenn man in einer Welt leben muss, in der man das Gefühl hat, dass man überhaupt nicht mehr versteht, was hier los ist, in der man überhaupt nicht mehr das Gefühl hat, dass man zu irgendetwas beitragen kann oder auf irgendeine Art und Weise in dieses Räderwerk eingreifen kann. Und in der man auch kaum noch weiß, wozu das überhaupt alles gut sein soll, was man hier erlebt. Wenn also diese Erwartungen, die man als kleines Kind schon mit auf die Welt bringt und die man auch nie wieder verlieren kann, wenn die plötzlich auf eine Wirklichkeit stoßen, die nicht so ist, wie sie eigentlich sein sollte. Dann kommt es im Hirn zu einem Zustand, der im Frontalhirn sich ausbreitet. Den nennt man Irritation, Verunsicherung. Sie können sich das so vorstellen, als ob man irgendwas erwartet hat und dann ist es nicht so, wie es ist, und dann kommt alles durcheinander. Und das nennen die Neurobiologen Hyperaktivität oder allgemeines Durcheinander, Übererregung. So, und diese Übererregung, die da im Frontalhirn und in den oberen Bereichen des Hirns einsetzt, führt dazu, dass man keinen klaren Gedanken mehr fassen kann. Was da an Netzwerken gebildet ist und was an handlungsleitenden, unser Denken und Fühlen führenden und steuernden Netzwerken in diesen höheren Bereichen liegt, das kann man einfach nicht mehr aktivieren. Das kriegt man nicht mehr raus. Und was dann passiert, ist, dass man in einen Zustand kommt, wo man merkt, jetzt wird es bedrohlich. Jetzt kommt diese Erregung auch in die tieferen Bereiche, die doch eigentlich zuständig sind für die Regulation der Körperfunktionen, also das mittlere Hirn und der Hirnstamm, dann kommt das ganze vegetative System durcheinander. Und dann kommt all das, was man Angst nennt und was man an vegetativen Symptomen, an sogenannten somatischen Markern erlebt, wenn man in diesen Zustand von Ohnmacht und Angst gerät. Dann stehen einem die Haare zu Berge, dann bekommt man einen Schweißausbruch, dann rast das Herz, dann hat man dieses furchtbare Gefühl im Bauch, die Knie werden weich, die Atmung wird eng. Und wenn man Pech hat, muss man auch noch aufs Klo.[108]

Das ist alles Hirnstamm, der durcheinander gekommen ist, der das, was er eigentlich tun sollte, nicht mehr kann, weil oben sozusagen das Chaos herrscht. Aber das Chaos ist deshalb ausgebrochen, weil die Erwartungen, was man sich erhofft und sich wünscht, nicht zu dem passt, was in der Welt geschieht, in der wir leben. Dabei kommt es zwangsläufig zur Störung all dieser großen integrativen Regelkreise, die vom Hirn stammen und vom Mittelhirn, vom Hypothalamus aus gesteuert werden und die zuständig sind für die kardiovaskuläre Regulation, die zuständig sind für die neuroendokrine Regulation. Die zuständig sind für die neuroimmunologische Regulation und was es da noch alles an großen Regelkreisen geben könnte. Man kann also davon ausgehen, was jetzt auf alle Fälle nicht mehr funktioniert, ist, dass das Hirn auf den Körper in der Weise aufpassen kann und dafür sorgen kann, dass alles so läuft, wie es eigentlich sein sollte. Jetzt brechen die eigenen Selbstheilungskräfte zusammen. Und etwa im Winter kann man das immer wieder erleben. Natürlich gibt es Grippeviren und Bakterien. Aber erst, wenn die Selbstkräfte, die Immunkräfte und die Abwehrkräfte zusammengebrochen sind, weil man z. B. im Stress ist, wird man plötzlich anfällig für all das, was es an solchen äußeren Störungen gibt. Und im Hirn kommt es dann, wenn man in diese schwierigen Situationen gerät und die oberen Bereiche nicht mehr funktionieren, zu robusteren, einfacheren Lösungen. Und dann fängt man an, mit Türen zu schlagen und jemanden anzubrüllen und was da noch so alles an Kindheitsmustern wachgerufen wird. Und wenn die auch nicht gehen und die Angst immer größer wird, wenn das immer noch nicht funktioniert, dass man das, was man eigentlich erwartet, in dieser Welt auch vorfindet, dann kommt es bei manchen Leuten sogar so weit, dass sie auf die sogenannten Notfallprogramme zurückfallen. Das ist sozusagen der letzte Bereich im Hirn, der auch noch dann funktioniert, wenn alles andere nicht mehr geht, der Hirnstamm. Und da liegen diese archaischen Notfallprogramme, die der Reihe nach aktiviert werden. Gelegentlich findet man Zeitgenossen, bei denen diese Notfallprogramme sozusagen voll aktiviert sind und wo man besichtigen kann, was mit einem Menschen wird, den nur noch der Hirnstamm treibt. Der geht entweder zum Angriff oder, wenn Angriff nicht geht, zur Flucht über. Und wenn beides nicht geht, zur ohnmächtigen Erstarrung. Das ist alles nicht so sehr gesund. Das ist nicht lange auszuhalten. Es gibt eine ganze Reihe von Studien, die zeigen, dass, wenn man das mit Tieren macht und sie über längere Zeit in solche unkontrollierbaren Belastungssituationen bringt, aus denen sie nicht mehr heraus können, sie einfach sterben. Das ist nicht zu überleben. Aber wir Menschen haben eben so eine Art Notlösungen immer irgendwie parat, wir finden schon irgendeinen Weg. Zum Beispiel können wir uns vorstellen, dass das gar nicht wir sind, der da im Augenblick so leidet. Wir können das dissoziieren, wir können das abspalten, wir können uns in fremde Welten hineinträumen. Wir können, wenn es gar nicht mehr anders geht, auch einfach zu dem Schluss kommen, wenn man lange genug abgewertet worden ist, wenn einem lange genug gesagt worden ist, dass man zu blöd ist für Mathe oder Deutsch oder zum Lernen oder für diese oder jene Tätigkeit, wenn einem das immer wieder erzählt wird, dann kann man auch irgendwann eine Lösung dafür finden. Und diese Lösung finden die meisten auch, oftmals schon als Kinder. Darum heißt die Lösung eben, wenn die alle erzählen, dass ich zu blöd bin, und mir das jedes Mal so wehtut, dann könnte es so sein, dass ich mir einfach sage, dass ich wirklich so blöd bin. Und dann sagt man sich, ok, dann bist du jetzt zu blöd. Und du bist nicht schön genug, du darfst nicht dazugehören, du bist nicht nett genug, du kannst nichts, Mathe begreifst du sowieso nicht. Und wenn man wieder jemandem begegnet, der einem sagt, du bist zu blöd, dann sagt das Hirn, ha, das wusste ich doch. Das hatte ich doch schon vorhergesagt. Da stimmen ja die Erwartungshaltung und die Realität voll überein. Daraufhin geht im Hirn die Gießkanne der Begeisterung ein, und der ganze Scheiß, den man sich da ins Hirn geredet hat, wird auch noch reingebrannt.

Und schauen wir uns diejenigen an, die keine Möglichkeit sehen, ihre beiden Bedürfnisse nach Verbundenheit und nach Autonomie und Freiheit gleichzeitig zu stillen. Die mit dieser ständigen Sehnsucht herumlaufen, sie wollen dazugehören und sie dürfen nicht. Und sie wollen zeigen, dass sie etwas können, aber es geht nicht. Keiner lässt sie. Da zeigen uns die Hirnforscher mit ihren wunderbaren Kernspintomographen, dass in einem solchen Zustand, in den man da gerät, wo man dazugehören will und nicht darf, im Hirn die gleichen neuronalen Netzwerke aktiviert sind, die auch dann aktiviert werden, wenn man körperliche Schmerzen zugefügt bekommt. Das heißt, das Gehirn wird benutzt, um zu signalisieren, dass die Beziehung zu anderen Menschen gestört ist – mit den gleichen Netzwerken, die das Hirn auch benutzt, um uns zu signalisieren, dass die Beziehung von unseren Organen oder innerhalb unseres Körpers gestört ist. Das ist unglaublich clever. Und deshalb ist es eben auch so, dass wir, und das wissen wir ja auch, sagen: Das tut so weh, wenn man ausgeschlossen wird. Wenn man nicht gemocht wird. Wenn man nicht dazugehören darf. Und deshalb ist es auch so, dass Menschen, wenn sie auch nur einigermaßen Kraft haben, auf so etwas so reagieren, als wären sie eben von den anderen geprügelt worden. Da braucht man sich nicht zu wundern, wenn die zurückschlagen. Und genauso schlimm ist es, wenn Menschen schon als Kinder möglicherweise immer wieder die Erfahrung machen müssen, dass sie etwas bauen, dass sie etwas entdecken wollen, dass sie etwas gestalten wollen, zeigen wollen, dass sie was können, und es geht nicht. Das tut genauso weh. Und die einzige Lösung, die man am Ende hat, besteht darin, dass man aufhört, was bauen, was entdecken, etwas gestalten zu wollen. Und weil man das, was man eigentlich braucht, nämlich diese Verbundenheit, diese Möglichkeit, sich als ein Mensch zu fühlen, der von anderen gemocht wird, der mit anderen gemeinsam eine Gemeinschaft darstellt, der aufgehoben und geborgen ist in einer menschlichen Gesellschaft, nicht bekommt und man auf der anderen Seite dann möglicherweise eben diese Chancen nicht findet, zu zeigen, dass man etwas kann, man nicht die Möglichkeiten bekommt, sich autonom und frei zu entfalten, seine Potentiale zu entfalten, leidet man. Und weil solche Menschen das, was sie nicht bekommen, vermissen, nehmen sie sich das, was sie kriegen können. Einkaufen, Fernsehgucken, Alkohol, Drogen, Weltreisen, dicke Autos, Häuser. Was immer es ist. Es gibt so viele Ersatzbefriedigungen, dass wir uns gar nicht vorstellen können, dass möglicherweise eine ganze Wirtschaft, dass unser gesamtes wirtschaftliches System zusammenbrechen würde, wenn alle Menschen um uns herum glücklich wären. Da bräuchten sie nicht mehr so viel. Da könnte es sein, dass hier mancher überhaupt nichts mehr verkaufen kann, von diesem ganzen Schrott, der nur hergestellt wird, weil Leute meinen, wenn sie sich das alles an den Körper hängen, oder wenn sie damit herumlaufen, dann ginge es ihnen besser. Und weil man eben mit einer Ersatzbefriedigung nicht wirklich glücklich wird, weil man das ja nur ersatzweise hat, weil man das, was man wirklich braucht, nicht bekommt, und daher das nehmen muss, was man kriegen kann, wird man davon leider eben auch nicht satt. Und aus dieser Erfahrung, dass es immer nie reicht, dass es immer zu wenig ist, entsteht dann im Frontalhirn eine Haltung, eine innere Überzeugung, so eine Art innere Einstellung. Und die heißt dann: Ich bin zu kurz gekommen. Und: Wo gibt es noch

293

was zu holen? Wo kann ich noch ein Schnäppchen machen? Wo gibt es noch ein Sonderangebot? Wen kann ich noch austricksen? Wem kann ich noch was wegnehmen? Man ahnt, dass es nicht nur für diejenigen, die so unterwegs sind, ein Problem ist, sondern dass es vor allen Dingen auch eine große Störung der Kohärenz innerhalb unseres sozialen Beziehungssystems bedeutet. Und wie sehr man in diese, nennen wir es einmal Abwärtsbewegungen gerät, hängt nicht von den objektiven Zuständen ab. Das ist auch eine sonderbare Erkenntnis der Neurobiologen. Es ist nicht so, dass alle Menschen angesichts des gleichen Elends gleichermaßen schnell abstürzen. Es gibt welche, die haben mehr Halt, die bleiben länger stehen. Die finden auch noch in schwierigen Situationen Mut und Zuversicht und können unter Umständen auch in Situationen, wo alle anderen schon aufgeben, noch aufrecht stehen und nach einem Ausweg suchen. Und da müssen wir einen Augenblick hinschauen, müssen fragen: Was ist denn das? Woher ziehen denn diese Menschen die besondere Kraft, die wir Resilienz nennen, die dazu führt, dass man trotz widrigster Umstände gesund bleibt? Die Antwort der Neurobiologen ist ganz einfach: Das sind Menschen, die im Laufe ihres bisherigen Lebens die Erfahrung machen durften, dass es ihnen immer wieder mal gelungen ist, Freunde zu finden, mit denen es geht, gelungen ist, was hinzubringen und zu zeigen, dass sie was können. Dass es ihnen immer wieder mal gelungen ist, was auf den ersten Blick völlig unverständlich scheint, zu verstehen. Dass es möglich ist, innerhalb dieses ganzen Gewirrs von auf uns einwirkenden Faktoren doch seine Gestaltungskraft zu behalten und mal das eine oder das andere hinzukriegen. Und dass es sogar möglich ist, innerhalb dieser ganzen Sinnlosigkeit unserer gegenwärtigen Welt etwas zu finden, was Sinn macht. Was einem bedeutsam ist, was einem zeigt, dass man nicht umsonst auf dieser Welt umherirrt.

Und damit sind wir schon bei der nächsten Frage, nämlich wodurch lassen sich eben solche Enttäuschungen, solche krankmachenden Kränkungen und solche die Seele verletzenden Verletzungen vermeiden? Ja, wir bräuchten Menschen, die im Laufe ihres Lebens günstigere Erfahrungen gemacht haben, damit nicht so viele ungünstige Verschaltungen im Hirn aufgebaut wurden; Menschen, die weniger in solche Notlösungen, in solche negativen Selbstzuschreibungen und solche Ersatzbefriedigungsstrategien hineingestürzt sind, die die Chance hatten, immer wieder unterstützende Beziehungen aufzubauen. Und dazu bräuchten wir eine andere Art von Umgang miteinander. Das, woran wir leiden, ist nicht unser Hirn; das, woran wir leiden, ist die Tatsache, dass wir in einer Welt leben, in der wir eigentlich wissen, wie es sein sollte. Und dass uns das so unendlich schwer fällt, das, was wir wissen, auch in unseren lebendigen Beziehungen mit anderen Menschen umzusetzen. Wir bräuchten eine andere Beziehungskultur. Wir müssten schauen, wie wir es eigentlich schaffen können, dass diese beiden Sehnsüchte auch tatsächlich gleichzeitig gestillt werden können. Wie wir zum Beispiel gleichzeitig frei und verbunden sein können. Und manch einer weiß, dass es geht. Manche haben es ja erfahren. Spätestens dann, wenn Sie einmal in ihrem Leben einen anderen Menschen wirklich geliebt haben oder geliebt worden sind, wissen Sie, dass das die Beziehungsform ist, in der man gleichzeitig frei und verbunden sein darf, weil das eigentlich das Kennzeichen von Liebe ist, dass man alles tut, damit der andere seine Potentiale entfalten kann. Dass der über sich hinauswachsen kann und sich gleichzeitig aufs Engste mit einem verbunden fühlen darf. Und alles andere ist eben keine Liebe. Sodass die Liebe die Beziehungsform ist, in der wir tatsächlich unsere beiden tiefen Grundbedürfnisse stillen könnten. Nämlich gleichzeitig dazuzugehören, verbunden zu sein und frei und autonom zu sein. Es ist schwer, dass man so liebt und deshalb ist es schön, dass es für uns Menschen eine zweite Möglichkeit gibt, in der wir uns gleichzeitig verbunden und frei fühlen können. Nur, die müssen wir auch einsetzen.

Das ist das, was passiert, wenn man sich mit einem anderen Menschen gemeinsam auf einen Weg macht. Wenn man gemeinsam mit jemandem etwas anfängt, es entdecken will. Wenn man sich gemeinsam mit jemandem auf den Weg macht, um etwas zu gestalten oder gar sich gemeinsam mit anderen um etwas zu kümmern. Dann ist man in einem Zustand, in dem man mit dem anderen im gemeinsamen Tun oder im gemeinsamen Schauen, im gemeinsamen Betrachten, im Augenblick des gemeinsamen Zuhörens zueinander findet und sich in diesem gemeinsamen Tun verbunden weiß. Und gleichzeitig ist jeder frei, keiner muss länger dabeibleiben, als er Lust hat. Im Englischen nennt man das Shared Attention, das ist dieses wunderbare Gefühl, dass man mit anderen verbunden sein kann, aber eben nicht über eine Art von Klammeraffenbeziehung, bei der man so dran klebt und dann am Ende sich kaum noch bewegen kann, sondern über die Art von Erfahrung, wie schön es sein kann, wenn man gemeinsam mit anderen etwas in Angriff nimmt. Das größte Problem steckt darin, dass wir uns eine komische Welt gebaut haben, in der es uns so unendlich schwer fällt, als erstes einander liebevoll zu begegnen. Aber das will ich auch gar nicht verlangen. Wenn es doch wenigstens möglich wäre, dass wir uns gemeinsam um was kümmern. Das wäre auch schon gut. Und früher, hier will ich nicht das Früher herbeireden als eine besonders tolle Welt, aber es gab einmal Zeiten, wo es gar nicht gegangen ist, dass jeder sich nur selbst und um sich selbst kümmert. Es gab einmal Zeiten, die habe ich als kleines Kind noch erlebt, wenn man da nicht als gesamte Familie gemeinsam im Herbst Holz gesucht hat, haben alle gemeinsam im Winter an den Hintern gefroren. Das ist Shared Attention. Gemeinsames Erleben. Und wenn man sich nicht gemeinsam um den Garten kümmerte, gab es nichts zu Essen. Und wenn man nicht gemeinsam die Schweine gefüttert hat und die Kuh gemolken hat, so gab es eben nichts. Das heißt, es gab einmal eine Zeit, in der Menschen aufgewachsen sind in einer Welt, wo es selbstverständlich war, dass man gemeinsam mit anderen sich um was kümmert. Und wir sind die ersten ein, zwei Generationen, die es fertiggebracht haben, eine Welt zu bauen, in der man das nicht mehr braucht. Wenn ich heute Kinder sehe, die wissen genau, dass man nur einen Stecker in die Steckdose stecken muss, dann kommt der Strom. Dreht man an der Heizung, dann wird es warm. Wenn sie Hunger haben, gehen sie in den Kaufladen und holen sich was. Hier muss überhaupt keiner mehr gemeinsam mit anderen irgendwas tun. Das Ergebnis ist, dass man hirntechnisch eine wunderbare Region im Hirn nicht entwickelt, das sogenannte Frontalhirn. Und in diesem Frontalhirn stecken die sogenannten Metakompetenzen. Das sind Netzwerke, die die etwas komplexeren Leistungen des menschlichen Hirns steuern, nämlich die Leistungen, die notwendig sind, damit man gelegentlich auch einmal einen Impuls kontrollieren kann, damit man sich auch in andere Menschen hineinversetzen kann. Dass man Handlungen planen kann. Dass man Folgen von Handlungen abschätzen kann. Die sogenannten exekutiven Frontalhirnfunktionen kann kein Mensch entwickeln, wenn man versucht, sie in der Schule zu unterrichten. Das kann man nicht unterrichten, sondern damit man das entwickelt, bräuchte man Gelegenheiten, um den Nutzen von Disziplin zu erklären. Sodass man den Vorteil erkennt, den es hat, wenn man nicht jedem blöden Impuls gleich nachgeht. Sodass man plötzlich erkennt, dass es toll ist, wenn man vorher etwas nachdenkt und etwas plant, bevor man eine Handlung ausführt. Das geht wohl alles nur, wenn man gemeinsam mit anderen irgendetwas machen kann, etwas machen will. Wenn man als Junge gemeinsam mit fünf anderen Jungen ein Baumhaus bauen will, geht das nicht, wenn jeder seinen individuellen Impulsen nachgeht. Aber dadurch, dass alle es gemeinsam wollen, stellen sie sozusagen ihr Frontalhirn ein und kontrollieren ihre Impulse, Selbstkontrolle, Selbstdisziplin. All das erlernt man erst durch gemeinsame Erfahrungen.

Was wir im Augenblick erleben, ist eine Welt, in der man nicht versucht, schon als Kind und später als Erwachsener und erst recht nicht als älterer Mensch sich zusammenzutun, um generationenübergreifend zu versuchen, die Probleme zu lösen, die wir gemeinsam haben. Sondern was wir augenblicklich erleben, ist, dass einer versucht, sich auf Kosten von anderen irgendwie zu behaupten. Wir sind eine Wettbewerbsgesellschaft. Wir haben uns die Prinzipien dieser Wettbewerbsgesellschaft so sehr zu eigen gemacht, dass wir im Grunde genommen ständig versuchen, uns selbst in unserer Eigenbedürftigkeit auf Kosten von anderen zu stärken. Wodurch lassen sich Enttäuschungen vermeiden? Nicht indem man sich noch mehr auf Kosten von anderen zu stärken versucht. Sondern indem man versucht oder angeregt wird oder ermutigt wird, andere Menschen nicht abzuwerten, sondern zu schauen, was in diesen anderen unter Umständen an wunderbaren Schätzen verborgen ist. Nicht immer gleich mit seinem Urteil da zu sein und zu sagen: der ist blöd, der ist Ausländer und der ist behindert und der ist sowieso bekloppt. Oder der hat diese oder jene Diagnose, sondern zu schauen, was in diesem anderen Menschen an verborgenen Schätzen steckt, ihn einzuladen, ihn zu ermutigen, ihn zu inspirieren, noch einmal in seinem Leben eine andere, eine bessere Erfahrung zu machen, als all diese vielen Erfahrungen, die er bisher gemacht hat. Und was hindert uns daran, uns gegenseitig in dieser Weise zu stärken, einander in dieser Weise zu vertrauen? Es sind die negativen Erfahrungen, die wir bisher im Umgang miteinander gemacht haben. Und wenn man eben Erfahrungen macht, gehen die unter die Haut. Und am Ende kann man immer ziemlich genau erklären, was einem da passiert ist und auch was das für ein furchtbares Gefühl ist. Beides wird im Frontalhirn aneinandergekoppelt. Dann entstehen sozusagen kognitiv emotional gekoppelte Netzwerke, die bekommt man nicht so schnell wieder raus. Erfahrungen, die man in ähnlichen Kontexten mit bestimmten anderen Menschen oder in bestimmten Situationen immer wieder in einer ähnlichen Weise macht, verdichten sich wie ein Bündel von Netzwerken in diesem Frontalhirn zu etwas Dichtem und das nennt man im Deutschen eine Haltung, eine innere Überzeugung oder eine Einstellung. Die entsteht im Hirn aufgrund der Erfahrungen, die man alle im Laufe seines Lebens gemacht hat. Und wir haben alle diese bescheuerten Erfahrungen gemacht, machen müssen. Und daraus sind diese fragwürdigen Haltungen und inneren Einstellungen entstanden, die dann immer so heißen: Es lohnt sich sowieso nicht. Oder diese Glaubenssätze, die wir alle vor uns herbeten. Jeder ist sich selbst der Nächste, sagen wir. Und: nach mir die Sintflut. Oder: Augen zu und durch. Das sind alles Ausdrucksformen innerer Haltungen, innerer Einstellungen, innerer Überzeugung. Und im vorigen Jahrhundert, als die Hirnforscher noch nicht so weit waren, hat man geglaubt, dass solche inneren Einstellungen, Haltungen und Überzeugungen sozusagen aus der Persönlichkeit heraus kommen. Dass die sozusagen angeboren sind. Dass man eben einer ist, der immer nörgelt oder der immer zwanghaft ist oder der immer auf irgendeine Art und Weise unterwegs ist, ängstlich, zerstreut, chaotisch, wie auch immer. Man hat gesagt, das ist die Persönlichkeit, die kann man sowieso nicht ändern. Das ist jedoch nicht die Persönlichkeit, sondern die Haltung, die man sich aufgrund von Erfahrungen oftmals schon sehr früh in seinem Leben angeeignet hat und die dann so fest in einem sitzt, dass man sie scheinbar kaum noch ändern kann. Und es geht auch tatsächlich mit den üblichen Methoden, mit denen wir unterwegs sind, nicht. Wie kann ich denn jemanden, der die Haltung hat, dass es sich sowieso nicht lohnt, wie kann ich denn den jetzt dazu bringen, dass er plötzlich will? Etwa, indem man sagt: »Machen Sie das doch mal. Das muss man doch machen! Die anderen können es auch alle!« Sicher ist, dass das nichts hilft. Wir haben in unserer Kultur die einzigen und optimalen Strategien entwickelt, um anderen Menschen sozusagen mit Hilfe von Dressurmethoden anderes Verhalten beizubringen. Aber eine andere Haltung, wie man die erzeugt, wie man die auslöst, wie man die hervorbringt, das wissen wir nicht. Wir wissen sehr genau, wie wir mit Belohnungen und mit Bestrafungen subtilster Art und Weise irgendetwas zustande bringen. Wie wir einen Menschen dazu bringen, sich anders als bisher zu verhalten. Dann tut der tatsächlich so, als sei er so. Was wir aber nicht berücksichtigen ist, dass das Verhalten von Menschen durch die Haltung bestimmt wird, die dahinter liegt. Diese Haltungen sind durch Erfahrungen entstanden, und die ändert man nicht dadurch, dass man jemanden mit Hilfe von Belohnungen oder Bestrafungen dazu bringen will, dass er es anders macht als bisher. Um diese Haltungen zu ändern, müssten diese Menschen eingeladen, vielleicht auch ermutigt, vielleicht sogar inspiriert werden, eine neue Erfahrung machen zu wollen, eine neue Erfahrung mit sich selbst und eine neue Erfahrung in der Beziehung zu anderen Menschen. Eine neue Erfahrung in ihrer Fähigkeit, sich in dieser Welt zurechtzufinden, und was dort passiert zu verstehen, es gestalten zu können und es als sinnhaft erleben zu dürfen.

Es wäre schön, wenn man es hinkriegte, anderen Menschen zu helfen, eine neue innere Einstellung zu entwickeln. Aber das ist unendlich schwer und es ist noch schwerer bei all jenen, die wir natürlich nicht vergessen dürfen, die schon krank geworden sind an den vielen Kränkungen, an den vielen Verletzungen, die sie in Beziehungen erleben mussten, an den ganzen Enttäuschungen dieser Erwartungen, mit denen sie als kleines Kind in die Welt hinausgegangen sind, und die eben das entwickelt haben, was man mit diesen tollen Sätzen und Worten und diagnostischen Kriterien beschreiben kann als Angsterkrankung, als Depression, als Suchterkrankung, als selbstverletzendes Verhalten, als Essstörungen, als Zwangsstörungen, als Störung des Sozialverhaltens, als Impulskontrollstörung, als emotionale Störungen und wie das alles so heißt. Es bleiben Worte. Es nützt nichts, dass man es benennt. Man müsste es verändern können.

Und wie machen wir es in unserer augenblicklichen Welt? Wir geben den betreffenden Personen eine ordentliche Diagnose und sind damit das Problem los, dass wir uns noch lange mit der Frage beschäftigen müssen, wo es denn eigentlich herkommt. Wir schicken sie dann in medizinische Dienste, wie immer die heißen, und sind damit das Problem los, dass wir uns selber fragen müssten, ob wir dem nicht vielleicht viel näher stehen, als diese medizinischen Dienste, viel besser helfen können als diese fremden anderen Menschen. Und wenn alles sozusagen noch schwieriger wird, dann hat man ja auch noch die Psychopharmaka. Und dann gibt man den Menschen diese Medikamente. Bisweilen ist es auch ein Segen, dass man jemanden, der psychotisch durchdreht, der depressiv im Keller sitzt und sich kaum noch bewegen kann, der sich auf andere Art und Weise selbst und andere gefährdet, nicht festschrauben und in Zwangsjacken stecken muss, sondern dass man dann wenigstens irgendein Medikament hat, mit dem man einen Zustand erzeugt, der es erst überhaupt möglich macht, dass man wieder mit ihm reden kann. Aber dann müssen sie auch etwas mit ihm reden. Dann müssen sie ihm eine Chance geben. Dann müssen sie ihm auch die Möglichkeit geben, eine neue Erfahrung zu machen.

Im Augenblick sagt uns die WHO mit ihren Prognosen eine Zunahme, eine dramatische Zunahme von angstbedingten Störungen mit depressiven Störungsbildern voraus. Das ist die Statistik. Und wenn wir nichts tun, wird es auch so kommen. Wenn wir etwas tun, würden die Prognosen der WHO nicht zutreffen. Deshalb zum Schluss eben die Frage: Ginge es denn auch anders, als so, wie wir es bisher machen? Und die Antwort als frohe Botschaft heißt: Das Gehirn wird nicht so, wie man es benutzt. Es ist veränderbar. Zeitlebens, aber eben nicht, indem man sich anstrengt, eben nicht, indem man andere Leute zwingt, sich auf irgendeine Art und Weise zu verhalten. Nicht indem man sie für bestimmtes Verhalten belohnt und für anderes Verhalten bestraft, sondern indem man in diesem anderen Menschen das weckt, was ich vorhin als Gießkanne der Begeisterung bezeichnet habe. Nämlich die Freude und die Lust und die Begeisterung, noch einmal was Neues zu entdecken. Sich selbst noch einmal neu zu entdecken, Beziehungen zu anderen neu zu erfahren, sich neu in dieser Welt einzuleben und einzurichten. Die Schönheit dieser Welt zu erfahren und sie auch zu genießen. Neue günstige Erfahrungen zu machen. Erfahrungen zu machen, die, wie ich es eben beschrieben habe, eben etwas liebevoller sind als die, die man bisher gemacht hat.

Wir können alle andere Menschen einladen und ihnen das Gefühl geben, dass wir sie mögen, dass wir sie schätzen, dass wir davon überzeugt sind, dass in ihnen irgendetwas verborgen ist, was uns wertvoll und wichtig ist. Und dann fühlen sich diese Menschen angenommen, dann fühlen sie sich gesehen. Und dann wird in ihnen dieses Bedürfnis, diese Sehnsucht gestillt, dass sie dazugehören dürfen und dass ihnen auch zugetraut wird, dass sie etwas leisten können, dass sie autonom werden. Und damit auch frei werden können. Wir können natürlich immer wieder dafür sorgen, dass Menschen von Kindesbeinen an bis ins hohe Alter immer wieder Gelegenheit finden, sich gemeinsam um etwas zu kümmern. Gemeinsam etwas zu entdecken, gemeinsam etwas zu gestalten. Und dann könnten sie das Gefühl haben, dass es doch möglich ist, gleichzeitig verbunden zu sein und gleichzeitig frei zu sein. Eine wunderbare Möglichkeit, wie das geht, ist gemeinsam zu singen. Was da herauskommt, kann keiner allein. Die Erfahrung machen zu dürfen, wie schön es ist, wenn man mit anderen gemeinsam etwas bewirkt, was weit über das hinausgeht, was man alleine jemals könnte, gehört zu den beglückendsten Erfahrungen, die Menschen überhaupt machen können. Aber, auch wenn wir wissen, worauf es eigentlich ankäme, dass wir eigentlich andere Menschen, und seien sie auch noch so enttäuscht und verletzt und gekränkt, dass wir sie einladen, ermutigen und inspirieren müssten, eine andere, eben jetzt eine bessere Erfahrung zu machen, wenn wir das alles wissen, dann müssen wir uns aber auch fragen: Sind wir es denn? Können wir das? Können wir einen anderen Menschen eigentlich einladen, noch einmal eine neuere, eine bessere, eine schönere Erfahrung mit sich selbst, mit der Welt machen zu können, machen zu wollen? Und dann merkt man schnell, bei manchen geht es, bei manchen geht es nicht und die Grundlage dafür, ob es geht, ist ganz banal: Sie können einfach nur jemanden einladen, wenn Sie ihn mögen. Als Dienstleister, als Konkurrenten, oder als einen, der dem anderen gleichgültig gegenübersitzt, kann man keinen Menschen einladen. Das heißt, wir müssten eine Kultur entwickeln, in der wir in der Lage sind, andere Menschen zu mögen. Dann könnten wir sie auch einladen.

Das Geheimnis ist, wie es geht, weil es da natürlich tausend Gründe gibt, irgendjemanden nicht zu mögen. Der guckt so komisch, der ist zu dick, der stinkt. Das Geheimnis, wie man an jedem Menschen etwas findet, was man mögen kann, besteht darin, dass man diesen Menschen genauer anschaut, dass man mit ihm ein Wort redet, ihn vielleicht auch berührt, dass man versucht herauszufinden, wofür er unterwegs ist und was er eigentlich will. Und was merkt man dann, egal, wo der andere Mensch herkommt, weil das bei allen Menschen auf dieser Erde gleich ist? Man merkt, dass dieser andere Mensch mit den gleichen Sehnsüchten, mit den gleichen Hoffnungen, mit den gleichen Wünschen und mit den gleichen Erwartungen unterwegs ist, wie man selbst. Der will auch dazugehören. Der möchte auch frei sein. Der möchte auch in einer Welt leben, in der er versteht, was um ihn herum passiert. Der möchte auch einer sein, der ab und zu mal was gestalten kann. Und der möchte auch, dass das Leben, das er führt, in irgendeiner Art und Weise eine gewisse Sinnhaftigkeit besitzt.

Das heißt also, wir brauchen, wenn wir unsere Seelen gesund halten wollen und wenn wir unsere Selbstheilungskräfte stärken wollen, kein anderes Gehirn. Wir brauchen auch kein neues genetisches Programm. Wir brauchen auch keinen, der uns unsere Programme oder unsere Hirne repariert, sondern wir bräuchten die Bereitschaft, anders miteinander umzugehen, liebevoller, gemeinschaftlicher. Wir müssten versuchen, uns nicht auf Kosten anderer stärken zu wollen. Wir müssten versuchen, aufzupassen, dass wir dazu beitragen, dass andere Menschen, mit denen wir zusammen sind, nicht das verlieren, oder dass ihnen nicht das geraubt wird, was die und was wir alle eben schon an diesen großartigen Schätzen mit auf die

Welt gebracht haben: diese ganze Entdeckerfreude, diese Gestaltungslust, diese Offenheit, diese Beziehungsfähigkeit, dieses Vertrauen und diese wunderbare Zuversicht, dass es schon gehen wird. Und nicht zuletzt diese unglaubliche Lebensfreude und Begeisterung, mit der man sich als kleines Kind auf den Weg gemacht hat. Es lohnt zu überlegen, wie oft man sich als kleines Kind mit drei Jahren begeistern konnte, 50, 100 mal am Tag, normalerweise. Wenn man nicht die Kinder in die Frühförderanlagen schickt. 50 bis 100 Mal begeistert sich jedes Kind im freien Spiel, wenn nicht einer ständig dahintersteht, der ihm sagt, was es machen soll. Und 50 bis 100 Mal am Tag geht im Hirn eines dreijährigen Kindes diese wunderbare Gießkanne der Begeisterung an. Und deshalb lernen sie alle so viel. Und dann schicken wir sie in die Schule. Sind wir verrückt? Wo ist denn auf einmal das alles hin?

Wie kann man in einer modernen, zukunftsfähigen Gesellschaft, in einer globalisierten Welt, den Kindern innerhalb der ersten drei Jahre ihre Begeisterung am Lernen, am Entdecken und Gestalten austreiben? Da ist doch irgendwas vollkommen daneben. Und dann werden die erwachsen und kommen in diese Leistungsträgerschicht, wo sie gleichzeitig auf die Kinder aufpassen müssen und noch für ihre älter werdenden eigenen Eltern sorgen müssen. Hier werden sie sozusagen erdrückt von all diesen Dingen. Und dann werden sie älter und älter und dann kommen sie so langsam in mein Alter. Und dann geht die Gießkanne im Hirn, ich frage ja immer rum, eben nur noch selten an. Bei manchen nur noch zu Ostern und zu Weihnachten. Und bei manchen überhaupt nicht mehr. Und da kann auch nichts mehr werden im Hirn. Aber, und das ist die frohe Botschaft, es könnte nochmals gehen. Ein 80/85-jähriger Herr kann natürlich Chinesisch lernen, aber natürlich nicht in der Volkshochschule. Den müsste es nochmals so reizen wie einen Dreijährigen. Das heißt, er müsste nochmals diese Begeisterungsgießkanne derartig in Schwung kriegen, das heißt, er müsste sich in eine junge hübsche 65-jährige Chinesin hoffnungslos verlieben. Und wenn die dann sagen würde: Ich finde dich auch toll. Aber ich will zurück nach Mittelchina in das kleine Dorf Chingfum. Wenn er es dann fertigbringen würde, dass er sich in seiner ganzen Begeisterung darauf einlässt und mit dieser jungen Dame nach Chingfum in Mittelchina zieht, dann würde dieser 85-jährige Herr, der hier nie und nimmer Chinesisch gelernt hätte, in einem halben Jahr chinesisch können. Das heißt, wir haben kein hirntechnisches Problem, wenn einer mit 85 nichts mehr lernen kann, das liegt nicht am Hirn, sondern es liegt daran, dass wir die Freude, die Lust verloren haben, uns gegenseitig zu begeistern. Zu begeistern an all dem, was es nicht nur im Leben und in der Welt, sondern vor allen Dingen in den Menschen, mit denen wir zusammen sind, in unseren nächsten, in unseren liebsten, alles zu entdecken und so zu bewundern, zu schätzen gibt.

Und nicht nur in diesen Nächsten: Den interessantesten Schatz, den es überhaupt gibt, den finden wir in uns selbst. Wir haben uns noch gar nicht entdeckt. Wir rennen derartig in dieser äußeren Welt umher und hoffen ständig, dass von außen die Rettung kommt, weil wir noch gar nicht bei uns selbst angekommen sind. Weil wir das, was wir als Kinder mit auf die Welt gebracht haben und was uns dann ausgetrieben worden ist, oder was wir aus anderen Gründen verloren haben, noch gar nicht wiedergefunden haben. Es könnte eine wahnsinnige Schatzsuche und Entdeckungsreise werden, wenn wir noch einmal alle gemeinsam anfangen würden, in uns selbst nach dem zu suchen, was uns da im Laufe unseres Älterwerdens leider abhanden gekommen ist, all unsere Lust an uns selbst, all unsere Begeisterung über jede Kleinigkeit, die es auf dieser Welt gibt, all unsere Freude an dieser Schönheit, die diese Welt bietet, und all unsere Kraft, mit der wir uns auf den Weg gemacht haben, und unsere Zuversicht, mit der wir daran geglaubt haben, dass es besser wird. Wenn wir das wiederfinden könnten, und ich sage es Ihnen so ernst, wie ich es nur sagen kann: Es ist nicht weg. Es ist in unserem Hirn noch da, man muss es nur wieder ausgraben. Wenn wir das wiederfinden könnten, könnten wir so stark sein, dass uns nichts und niemand auf dieser Welt mehr daran hindern kann, jeden anderen Menschen, den wir treffen, dem wir begegnen, einzuladen, zu ermutigen und zu inspirieren. Eben selbst auch noch mal genau diese Erfahrung zu machen, wie schön es ist, wieder bei sich selbst anzukommen, sich selbst zu entdecken und gemeinsam das, was es in dieser Welt zu entdecken und zu gestalten gibt, auch tatsächlich zu gestalten. Dann wären wir zuhause in dieser Welt. Und dann wäre diese Welt auch unsere Welt.

Davon könnte eine Kraft ausgehen, die einen Impuls gibt für eine andere Kultur, eine andere Art des Umgangs miteinander. Wir versuchen, Räume zu schaffen, Erfahrungsräume herzustellen, in denen Menschen die Erfahrung machen können, wie schön es ist, wenn man gemeinsam über sich hinauswachsen kann.

Josef Schönberger[109]

Humanistische Psychologie als gesellschaftliche Aufgabe

Psychologie und Gesellschaft

Was ist Psychologie? Das beantworten für unseren »westlichen« Kulturkreis im Wesentlichen die drei gegenwärtigen akademischen Psychologien: »Tiefenpsychologie«, »Verhaltenspsychologie« und »Humanistische Psychologie«. Jede umfasst eine Seelenlehre und Behandlungswerkzeuge (Therapie). Aus kulturübergreifender Sicht verstehe ich Psychologie als eine Hilfe für Menschen, ihr Leben zu meistern.

Viele Fragen und Probleme, die einen Menschen dabei bewegen, sind nicht allein seine, sondern die der Gesellschaft, in der er lebt. Psychologie ist also an die Gesellschaft gebunden. Ihre Themen ändern sich im Laufe der Zeit und sind von Kultur zu Kultur verschieden. Daher entwickelt jede Kultur in jeder Epoche eine andere, zeitgemäße Seelenlehre. Es gibt keine Psychologie, auch keine Psychotherapie, die für alle Zeiten und alle Menschen gilt. Selbst der Begriff Psychologie ist an eine Kultur gebunden.

Eine Psychologie, die den Menschen hilft, kann also immer nur für eine Gesellschaft oder für einige zu diesem Zeitpunkt sehr ähnliche Gesellschaften formuliert werden, in denen ähnliche Weltbilder und Werte gelten. Ein Psychologe kann nur dann in einer Gesellschaft wirklich hilfreich sein, wenn er Mitglied dieser Gesellschaft ist und sich in deren Psyche auskennt. Kulturen mit anderen seelischen Wurzeln sollten respektiert und nicht ungefragt belehrt werden, wie dies bisweilen in der Politik, Wirtschaft und Religion geschieht.

Psychologie ist ein Kind der Gesellschaft und Gesellschaft braucht dringend Psychologie. Denn wer ist näher an den Menschen und ihren Problemen als die Psychologen? Kein anderer Berufsstand hat sich mehr mit den persönlichen und gesellschaftlichen Umständen zu beschäftigen, welche die Menschen gesund oder krank machen und leiden lassen. Dies drängt geradezu, unsere Erkenntnisse für die Optimierung dieser Verhältnisse einzusetzen. Es gibt in den Heilberufen leider nur wenige, die sich dieser gesellschaftlichen Verantwortung stellen, wie der große politische Medizinprofessor Rudolf Virchow oder die politischen Psychologen Erich Fromm und Horst-Eberhard Richter. Von ihnen lernen wir auch: Wenn die Psychologie für die Gesellschaft tätig ist, muss sie sich der Gesellschaft verständlich machen und die Sprache des Volkes sprechen.

Gegen diese gesellschaftliche Sichtweise wird eingewendet: Die Psychologie sei keine Politik und keine Ethik, sie habe auf der gesellschaftlichen Bühne nichts zu suchen. Sie beschäftige sich mit dem einzelnen Menschen. Wenn der daran wächst und sich entfaltet, bringe er sich mit diesem Potential sowieso in die Gesellschaft ein. Wenn viele Einzelne das tun, habe die Psychologie indirekt auf die Gesellschaft eingewirkt, denn die Gesellschaft bestehe aus den Einzelnen.

Nein, die Gesellschaft besteht nicht aus den Einzelnen. Sie besteht aus viel mehr: aus den Einzelnen plus den Beziehungen und Interaktionen zwischen ihnen (Kommunikationen, Kooperationen, Emotionen, Konflikten und sonstigen Bewegungen). Diese erzeugen unter den Menschen eine nicht vorhersehbare, nicht planbare Dynamik. Die Menge plus die Dynamik in ihr macht eine Gesellschaft zu einem lebendigen System. Gesellschaft ist ein Prozess, in dem jeder Einzelne seine Rollen spielt. Daraus folgt: Nicht alles, was einer für seine menschliche Entwicklung tut (»an sich arbeitet«), kommt automatisch dem Gemeinwesen zugute. Das tut es nur, wenn er an diesem Gemeinwesen aktiv teilnimmt, also Teil von dessen Dynamik wird. Bei allen selbsterfahrenen und psychotherapierten Erwachsenen, die nicht nach ihren Möglichkeiten in irgendeiner Form an der humanen Entwicklung ihres Gemeinwesens aktiv mitwirken, stellt sich die Frage: Ist der Kerngedanke der Demokratie bei ihnen angekommen? Ist Demokratie nur eine Einladung oder ist sie eine Verpflichtung zur Mitwirkung? Lebe ich schon demokratisch, wenn ich meine persönlichen Ansprüche durchsetze und mein Recht nutze, gegen etwas zu sein? Oder lebe ich als Demokrat erst, wenn ich mich zusammen mit anderen aktiv für die Entwicklung einer humanen Gesellschaft einsetze? Genau diesen Schritt vom heilen (ganzen) und selbstverantwortlichen Individuum zum gesellschaftlich verantwortlichen Bürger, vom Ich zum Wir, hat die Humanistische Psychologie im Sinn. Das ist nicht der Weg der Psychoanalyse, auch nicht der Verhaltenspsychologie.

Was ist »Humanistische Psychologie«?

Zunächst ein unglücklicher Begriff. Das Wort »humanistisch« ist hier irreführend. In unserem Sprachgebrauch verbindet man ihn mit der Zeit um 1500, mit einem neuen Blick auf den Menschen, einem neuen Denken und einer darauf beruhenden Bildung. Damit hat diese Psychologie nichts zu tun. Stimmiger erscheint auf den ersten Blick der neuere Begriff »Potentialorientierte Psychologie«, denn sie beschäftigt sich mit dem Verwirklichen dessen, was in uns als Potential angelegt ist. Doch hinter diesem unschuldigen Ausdruck verbirgt sich ein Riesenproblem. Es gibt nämlich neben den Potentialen des Guten, Schönen, Wahren, Menschenfreundlichen und Edlen, mit denen sich diese Psychologie beschäftigt, im Menschen auch lebensfeindliche und destruktive Potentiale, also »das Böse«, und damit weiß diese Psychologie nicht recht umzugehen.

Wir sehen, dass es für die hier beschriebene Psychologie bisher keine wirklich stimmige Bezeichnung gibt. Also bleiben wir erst einmal gewohnheitsmäßig bei »Humanistische Psychologie«. (Ähnlich ergeht es einer anderen Psychologie mit ihren seltsamen Wortschöpfungen »Tiefenpsychologie« und »Psychoanalyse«).

Die Humanistische Psychologie entwickelte sich nach dem Zweiten Weltkrieg in Amerika – auch als Jugendbewegung gegen Krieg, Materialismus und überholte Werte. Sie sieht jeden Menschen von Anfang an als einzigartiges Individuum, das mit einem vielfältigen menschlichen Potential ausgestattet ist. Dieses will sie erkunden, aufdecken, entfalten und im Leben verwirklichen; daher »Potentialorientierte Psychologie«. Verwirklicht wird ein Potential, indem es sich bewegt. Die Bewegung des menschlichen Potentials (englisch: Human Potential Movement) ist das Kernanliegen der Humanistischen Psychologie, auch ihrer Therapie.

Es gibt Blockaden, welche die Bewegung des menschlichen Potentials behindern. Dann sind der authentische Ausdruck und die Verwirklichung des Menschen gestört. Die Humanistische Psychologie kann solche Hindernisse in der Regel auflösen. Sie sieht die Möglichkeiten der Entfaltung menschlicher Potentiale optimistisch, weil der Mensch lebenslang entwicklungsfähig ist. Das bestätigt die Hirnforschung. Wenn ein sonst gesunder Mensch sich nicht entwickelt, liegt es also nicht am Alter oder am Hirn, sondern an seiner Entscheidung oder an fehlender Hilfe.

Eine wichtige Voraussetzung für diesen Prozess der Selbstentfaltung ist die Fähigkeit, wahrzunehmen, was jetzt ist (Achtsamkeit). Diese wird von der Humanistischen Psychologie geschult. Weitere wesentliche Bestandteile der Selbstverwirklichung sind Spiritualität, Mitgefühl und die Bereitschaft zum Dienst an der Gemeinschaft. Sie gehören zu der menschlichen Natur wie Essen, Trinken, Kontakt. Die Entfaltung des menschlichen Potentials ist niemals ein Inselgeschehen, das diesen Menschen allein betrifft. Sie findet in einer ständigen Wechselwirkung zwischen persönlicher Entfaltung und sozialem Tun statt. Letzteres mündet schließlich in einem gesellschaftlich verantwortlichen Handeln. Das erfordert die Fähigkeit, in Beziehungen zu leben, sinnvoll zu kommunizieren, konstruktiv mit Konflikten umzugehen und Gewalt zu vermeiden. Dabei spielt der Umgang mit Aggressionen eine besondere Rolle. Für die Humanistische Psychologie ist Aggression nicht die Neigung zum Zerstören, sondern eine das Leben unterstützende Kraft, die uns wie alle Lebewesen befähigt, auf Nützliches zu- und gegen Schädliches vorzugehen. Feindseligkeit ist da nicht vonnöten, Gewalt nur im Ausnahmefall.[110]

Zusammengefasst: Die Humanistische Psychologie forscht nicht (oder nur ausnahmsweise) nach den Fehlern der Vergangenheit. Sie theoretisiert nicht über Geist und Hirn. Sie trainiert nicht neue Verhaltensweisen an. Sie zeigt dem Menschen, was für ihn persönlich natürlich ist. Dann deckt sie seine persönlichen Anlagen auf, die ihm helfen, das für ihn Natürliche zu leben. Sie hilft ihm, seine Potentiale zu entfalten und schließlich in gesellschaftlicher Verantwortung zu leben. Wo es nötig ist, ermutigt sie ihn zusätzlich zu den ersten Schritten auf diesem Weg und unterstützt ihn dabei.

Indem die Humanistische Psychologie menschliches Potential entfaltet, will sie das Mögliche verwirklichen. Einer ihrer Begründer, Abraham Maslow, wird mit den Worten zitiert: »Der Mensch hat die Aufgabe, alles zu werden, was er sein kann.« Das klingt verlockend und bedrohlich. Vermutlich meint er damit nur das »Positive«. Das müsste er jedoch deutlich sagen. Das wäre dann ein sehr einseitiges, romantisches Menschenbild. Denn wenn die Humanistischen Psychologen den Menschen zeigen, wie man Potentiale verwirklicht, was machen sie dann mit den »negativen« Potentialen, dem sogenannten »Bösen«? Wird das auch entfaltet, oder drohen sie dem mit dem moralischen Zeigefinger, oder empfehlen sie gar dessen Unterdrückung, d.h. Nichtentfaltung, womit sie wieder am Anfang wären?

Das Mögliche verwirklichen ist ein großes Risiko. Wenn wir das Wort »menschliches Potential« nicht einseitig und edel auf das Gute beschränken, sondern auf alles anwenden, was dem Menschen möglich ist, dann schwindet die romantische Seite der Selbstverwirklichung dahin, und die bange Frage kommt auf: Wie gehe ich mit meinen destruktiven Potentialen und denen meiner Klienten um? Es gibt in Veranstaltungen von ungenügend ausgebildeten »Humanistischen Psychologen« fehlgeleitete Prozesse und »therapeutische Unfälle«. Meines Wissens wurde das bisher nicht offen und umfassend bearbeitet. Humanistische bzw. Potentialorientierte Psychologie muss auch Stellung beziehen zum »Bösen« im Menschen und zum verantwortlichen Umgang damit in ihren Konzepten und Arbeitsmethoden. Das wird ihre Tauglichkeit als gesellschaftliches Werkzeug noch wesentlich erhöhen. Und es hat erhebliche Konsequenzen für die Ausbildung zum Humanistischen Psychologen oder gar Therapeuten.

Die besondere Rolle der Humanistischen Psychologie in der Gesellschaft

Demokratische Gesellschaften funktionieren, wenn möglichst jeder Einzelne im Rahmen seiner Möglichkeiten an ihrer Gestaltung mitwirkt. Das kann er, wenn er seine Potentiale des klaren Wahrnehmens und Denkens, der Meinungsbildung und Meinungsäußerung, der Kommunikations- und Konfliktfähigkeit, der persönlichen und sozialen Verantwortung entfaltet hat. Das ist die besondere Domäne und damit gesellschaftliche

Aufgabe der Humanistischen Psychologie. Sie kann in der einzelnen menschlichen Seele Demokratiefähigkeit vorbereiten. Natürlich muss das im Großen die Bildung leisten. Aber die Humanistische Psychologie kann dazu gemäße Inhalte und bewährte Werkzeuge liefern, wie die folgenden Beispiele nachdrücklich zeigen. Von den vielen großen Themen, bei denen die Humanistische Psychologie spezifische Beiträge zur Fortentwicklung der Gesellschaft leisten kann, wie z. B. Gesundheitswesen, Bildung, Demokratie, seien zwei exemplarisch genannt:

Menschen achten

So wie das Achtsamsein die tragende Säule des individuellen Lebens ist, gilt die Achtung der Menschen als tragende Säule des gesamten sozialen Lebens. Achtung meint hier nicht die Achtung für die Rolle, die einer spielt, wie Vater oder Mutter, Chef oder König, auch nicht die Achtung für eine Leistung, etwa eines berühmten Künstlers, Weltmeisters oder Friedensstifters. Es geht hier um eine Achtung, die man sich nicht verdienen muss: um die Achtung für das Menschsein. Das gilt auch für Gruppen, Staaten, Kulturen. Menschen zu achten setzt voraus, dass man sich selbst achtet.

Achtsam sein, Selbstachtung und Menschen achten sind Säulen, auf denen das gesellschaftliche Leben ruht. Diese menschlichen Grundfähigkeiten sollten im Mittelpunkt jeder Bildung und Erziehung stehen, Vorrang vor allem anderen haben. Leider werden sie in den meisten Schulen und Elternhäusern nicht oder ungenügend geübt. Die Psychologie wird in der Regel erst dann tätig, wenn die an diesem Mangel zerbrochenen Menschen zur Therapie kommen. Das ist zu spät. Wir können mehr als therapieren und sollten mehr prophylaktisch arbeiten! Wir sollten mit unserer Arbeit nicht hinten sondern vorne anfangen. Dazu gehört die Schulung des Umgangs miteinander, der das soziale Leben der Einzelnen und in der Gesellschaft regelt. Er beruht auf Achtsamkeit sich selbst und anderen Menschen gegenüber. Eine besondere Rolle spielen dabei Konflikte und Aggressionen als natürliche Bestandteile des Lebens. Ihre freundliche Bejahung und ihren friedlichen, also gewaltfreien Ausdruck sollte man von klein auf üben. Wichtigste Trainingsmethoden sind auch hier Achtsamkeit und Respekt. Solche Einübung von Friedfertigkeit erweist sich als wirksame Friedenserziehung.

Globalisierung und die Integration von Kulturen

Diese Phänomene sind offenbar ein Schritt der Evolution und werden sich weiter ausbreiten. Die meisten Menschen sind durch Erziehung, Bildung und Lebenserfahrung nicht darauf vorbereitet. Das erschwert das Zusammenleben. Wir brauchen spezielle Trainings, in denen wir alte Muster der Abwehr und des Misstrauens ablösen durch aufeinander zugehen und Respekt. Die Erfahrung zeigt, dass für interkulturelle Psychotherapie mit Patientinnen und Patienten aus verschiedenen Kulturen die sprachliche Kompetenz zur therapeutischen Kommunikation nicht ausreicht. Notwendig ist ein fundiertes Verständnis für die Lebens- und Gefühlswelt der Herkunftsländer. Angesichts fortdauernder Migrationsbewegungen fordert das sowohl in der jetzt praktizierten Psychotherapie als auch in der zukünftigen Ausbildung von Psychotherapeuten zum Umdenken auf. Das Verständnis von Psychologie und Menschsein muss sich durch Wanderungsbewegungen und Globalisierung von Grund auf verändern. Eine potential- und kulturenorientierte Psychologie bietet die Chance, den Verständnishorizont für die Seelen, Seelenbilder, Seelenlehren und Gesundheitsvorstellungen anderer Kulturen weit zu öffnen. Das kommt den Menschen zugute, die als Fremde nach Europa kommen. Zugleich kann es uns innerhalb der eigenen Kultur zu tieferen Quellen führen, bis hin zu teils religiösen, teils magischen Wurzeln, zu denen wir im Laufe der Entwicklung der modernen Welt die Verbindung verloren haben. Freilich werden bei der therapeutischen Arbeit etwa mit einem traditionellen Nigerianer oder einer anatolischen Muslima die Möglichkeiten eines tieferen Verstehens dennoch begrenzt bleiben. Denn in den tiefen Quellen der Seele ist jeder ein Kind seiner

Kultur und ihrer uralten Prägungen. Eine wichtige Erfahrung zeigt jedoch, dass immer dort, wo das Verstehen aufhört, der Respekt weiterhilft. Freundliche Achtung ist stets eine Brücke zueinander.

Integration ist im psychologischen Sinn ein äußerst missverständliches Allerweltswort geworden. Das geschieht vermutlich unbewusst. In den Medien, der Politik, in Alltagsgesprächen – fast alle meinen Integration so, dass »die Anderen« sich »uns« anpassen und »wir« das zulassen oder gar unterstützen – oder abwehren. Integrieren bedeutet jedoch etwas anderes: ein gegenseitiges Anpassen, also »die an uns« und »wir an die«, sodass es schließlich nicht mehr »die« und »uns« gibt, sondern ein vereintes Miteinander. Das wäre Integration. Das erstere ist Vereinnahmung. Bei der Integration entsteht durch eine gemeinsame Schöpfung etwas Neues, ein größeres Ganzes, eine neue, andere Gesellschaft. Durch Vereinnahmung entsteht im besten Fall eine friedliche Koexistenz: Man lebt gewaltfrei nebeneinander her mit eventuellen Beziehungen. Wo Integration nicht gelingt, entstehen oft die viel besprochenen Ausländerghettos und Parallelgesellschaften. Ein integriertes Volk kennt das nicht. Da leben alle gleichrangig auf Augenhöhe zusammen. Allerdings gelingt das nur, wenn alle es wollen und aktiv daran mitwirken.

Politiker gehen von Anfang an einen anderen Weg: Sie werben für die Zuwanderung von Ausländern nicht aus menschlichem Interesse oder Neugier auf die andere Kultur, sondern wegen des Bedarfs an Arbeitskräften. Im Vordergrund steht also nicht der Mensch, sondern seine Leistung für den Wohlstand; nicht sein Wesen, sondern seine Funktion. Aus psychologischer Sicht funktioniert Integration anders. Jeder gesunde Mensch hat ein Grundbedürfnis nach Beachtung, Achtung, Miteinander und Respekt unabhängig von seiner gesellschaftlichen Position und Leistung. Wenn Menschen verschiedener Kulturen sich so begegnen, ist das der erste Schritt zu einer Integration. Das lässt sich nicht politisch und behördlich verordnen. Es findet im emotionalen Bereich statt. Die Integration

von Kulturen ist keine Aktion und keine politische Maßnahme, sondern ein Lebensstil. Sie geschieht in den Herzen
der Menschen – oder gar nicht. Humanistische Psychologie
kann, zusammen mit Erziehung und Bildung die Potentiale
der Achtung und Toleranz, des Respekts und Gemeinsinns in
den Menschen erwecken und in der Gesellschaft lebendig werden lassen. Indem sie so Integration ermöglicht, trägt sie zur
Humanisierung der Gesellschaft bei.

Appell

Ich appelliere an alle Psychologinnen und Psychologen:

Lasst uns eine neue Ära unseres Wirkens beginnen und uns
aktiv am gesellschaftlichen Gestalten beteiligen!

Wir haben kostbare Erkenntnisse zu bieten, die das Zusammenleben menschlicher machen können.

Wir haben wirksame Methoden, um dieses Ziel zu erreichen.

Wir haben das Recht, die Pflicht und die Kompetenz, uns
einzumischen. Nicht für alle, doch für viele Angelegenheiten
der Gesellschaft wissen wir innere Lösungen und Vorbeuge-
strategien.

Wir sind Teil dieser Gesellschaft und wollen dazu beitragen,
dass diese ein menschliches Gesicht bekommt und behält.
Lasst uns gemeinsam anfangen!

Friedbert Erbacher

Humanistische Psychologie als Konzept einer Schule für lebendiges Lernen: die Freie Aktive Gollach-Schule

Der Anfang

Die Freie Aktive Gollach-Schule war eine Grundschule, die im Herbst 2005 in Bad Windsheim, einer Kleinstadt in Mittelfranken, ihre Arbeit aufnahm. Gründer war der Autor mit einer Gruppe interessierter Eltern und zwei Mitarbeiterinnen für den Aufbau der Schule. Die Gollach-Schule gehörte zum Verband der Freien Alternativschulen e.V. (BFAS), zu dem noch ca. 90 weitere Schulen in Deutschland mit unterschiedlichstem pädagogischem Konzept zählen.[111] Den Namen erhielt die Schule nach der Gollach. Sie ist ein Bach dieser Gegend. So wie der Bach von der Quelle aus sich mit dem Schub des Wassers sein Bett in Auseinandersetzung mit der Umgebung sucht, so wurde das Lernen des Kindes als ein aktiver und selbst bestimmter Vorgang verstanden. Aus langjähriger psychotherapeutischen Erfahrung mit Erwachsenen entstand der Gedanke, dass eigentlich schon für Kinder schulisches Lernen so möglich sein sollte, dass in einer ganzheitlichen Weise persönliches Wachstum und intellektuelles Lernen vereinigt wird, um einem Entfremdungsprozess frühzeitig entgegenzuwirken.

Die Orientierung

In der Literatur von Rebeca Wild, den Seminaren mit ihrem Ehemann Mauricio und ihrem »Pesta« in Ecuador formte sich eindrucksvoll die Realisierung der humanistischen Psychologie in der Pädagogik: »Eine Freie Schule lässt dem Kind seine natürliche Lebensfreude, seine Neugierde, seine Selbstsicherheit, seine Individualität und das Gefühl des eigenen Wertes und des Wertes der anderen. Sie lässt dem Kind den freien Fluss seines Gefühls und lässt sein Leben ganz, sodass es nicht später einmal die Stücke seines Selbst mühsam zusammentragen muss, um ›sich wieder zu finden‹.« »In der Freien Schule verpflichtet sich der Erwachsene, unaufhörlich die authentischen Bedürfnisse der Kinder wahrnehmen zu lernen und alle seine Kräfte dafür einzusetzen, diese Bedürfnisse soweit wie möglich zu erfüllen. Dies führt zu einer Mobilmachung von Kräften in Erwachsenen und Kindern, durch die beide – wie auch ihre Umwelt – verwandelt werden. In diesem Prozess wird die Gegenwart so bedeutungsvoll, dass wir nicht mehr auf das Ertönen der Schulglocke oder den Beginn der Ferien warten müssen, um uns frei und lebendig zu fühlen.«[112] Ein Besuch ihrer Schule in Ecuador zeigte, dass die Umsetzung dieser Ideen grundsätzlich möglich sein kann. Diese Schule war eine Weiterentwicklung der üblicherweise bekannten Montessori Schulen als »Freie aktive Schule«.

Das Ziel

Das Konzept geht von der Überzeugung aus, dass nur eine Pädagogik, welche die individuelle Entwicklung und die eigenen Erfahrungen von Kindern in den Mittelpunkt stellt, es ihnen möglich macht, folgende »Schlüsselqualifikationen« zu erwerben:

- als Mensch authentisch zu sein, indem man Emotionen ausdrückt, ernst nimmt und annimmt, sowohl im Hinblick auf sich selbst als auch auf andere.
- im Umgang mit sich selbst und anderen umsichtig, achtsam, empathisch, sensibel und ehrlich zu sein.
- dem Leben und der Welt offen, vertrauensvoll, bejahend und wagemutig gegenüberzutreten, aber vor allem mit Unbefangenheit.
- den Menschen mit Humor, Optimismus, Annahme und Mitmenschlichkeit zu begegnen. Soziale, physische und psychische Grenzen zu erkennen, zu setzen und zu achten sowie in diesem Zusammenhang Klarheit, Transparenz, Verlässlichkeit und Entschlossenheit zu zeigen.

- Problemen und Konflikten konstruktiv und lösungsbereit entgegenzutreten.

Die Quellen

Wie kann eine Schule aussehen, die einerseits eine respektvolle Haltung zur Grundlage macht und andererseits Kindern einen angemessenen Lern- und Lebensort bietet, der ihren individuellen Lebens- und Entwicklungsprozessen entspricht? Bei der Beantwortung dieser Frage wurde auf Ansätze und (bis zu 20 Jahre) Erfahrung anderer Einrichtungen im In- und Ausland zurückgegriffen. Dabei waren in Deutschland vor allem Orientierung die Freien Aktiven Schulen in Frankfurt, Karlsruhe, Kempten und Konstanz und in Ecuador der »Pesta«. Das hieraus resultierende pädagogische Konzept soll nachfolgend mit seinen Schwerpunkten vorgestellt werden.

Kinder sind anders

In jedem Kind ist das Potential heranzuwachsen vorhanden. Dies bezieht sich nicht nur auf seine körperliche Entwicklung, sondern auch auf die seelische und geistige Reifung, auf das Potential zu einem erwachsenen, mündigen, unabhängigen, selbstbewussten Menschen. Dabei gibt es »sensible Phasen« (Montessori), die den Lernprozess prägen. »Der Mensch soll lernen, nur die Ochsen büffeln.«[113] Lernen ist ein aktiver, von innen gesteuerter, strukturierender Prozess, der in vielfältiger Interaktion mit der Umwelt geschieht. Wenn Kinder bereits ca. 5000 Wörter ihrer Muttersprache ohne Lehrplan können (J. Holt), bevor sie in die Schule kommen, geschieht das mit dem intensiven Wunsch, dazuzugehören und wie die anderen zu sein. Kinder sind geborene Lerner.

Kinder lernen demnach durch Ausprobieren und Experimentieren, durch Versuch und Irrtum. Sie zeigen ein entdeckendes, erforschendes Verhalten und ein hohes Maß an Kreativität beim Weiterentwickeln ihrer Ideen und beim Durchspielen verschiedener Problemlösungen. Dabei entwickelt Lernen sich nicht, wie früher angenommen, linear fortlaufend, in kleinen Schritten von Stufe zu Stufe, d. h. nicht im Sinne eines sukzessiven, additiven Zuwachses. Lernen folgt vielmehr anderen Gesetzmäßigkeiten, denn Lernen ist lebendig: »Es geht Umwege, es springt, es organisiert Erfahrenes um, es integriert Neues, es ist mehr ein platzender Knoten als eine gleichmäßig ansteigende Linie ...«[114]

Zu dieser Lernvorstellung passt nicht der passive Nachvollzug von Vorgedachtem. Es geht um Lernmöglichkeiten, die ansprechen. So wird das Kind in keinem Fall sein erlangtes Wissen einzelnen Fachgebieten zuordnen, sondern sich ganzheitlich und überschauend seinem Interessensgebiet nähern. Daraus ergibt sich wiederum unmittelbar die Forderung nach Selbstverantwortung der Kinder für ihren Lernprozess. Demnach bekommt der sogenannte Fehler einen anderen Stellenwert und wird zu einem erweiterten und wertvollen Lernfeld. Diese Sicht im Umgang mit dem Fehler bietet grundsätzlich eine wichtige Erfahrung für ein gelungenes Leben.

Bewegung

Bewegung ist sehr wesentlich für die Persönlichkeitsentwicklung des Kindes. Das Kind erfährt einerseits durch und in Bewegung sowohl seinen Leib als auch sich selbst und nimmt andererseits über Bewegung Kontakt zu seiner Umwelt auf. »Durch und in Bewegung erprobt das Kind seinen Leib; es lernt, mit ihm umzugehen, ihn einzuschätzen, seine Signale zu beachten. Aus Raum-, Zeit- und Bewegungserfahrungen baut es sich ein schematisches Bild vom eigenen Leib auf. Einen Leib zu haben und zugleich sein Leib zu sein, stellt eine wichtige Erfahrung auch für die Entwicklung der kindlichen Identität dar. Der Aufbau des »Selbst«, des Vertrauens in die eigene Person und das Bild, das man sich über sich selber macht, ist beim Kind im Wesentlichen geprägt von den Leiberfahrungen, die es in den ersten Lebensjahren macht.«[115] Folgerichtig ist entscheidend, dass Kinder ihre Bewegungserfahrungen selbsttätig machen.

In diesem Sinne arbeitete die Gymnastiklehrerin Elfriede

Hengstenberg. Sie schuf mit einfachen Geräten, wie z. B. Leitern und Stangen oder Brettern mit aufgeklebten Leisten, sogenannte Bewegungslandschaften, die vielfältige Anregungen für die Eigenaktivität der Kinder enthielten. Dabei konnten die Kinder Umsicht und Geschicklichkeit entwickeln sowie ihr äußeres – und auch inneres – Gleichgewicht finden. »Wir alle kennen diese ursprünglichen Regungen der Kinder, die immer wieder darauf hinauslaufen, allein probieren zu wollen. Wir sollten nur noch mehr darum wissen, dass diese unermüdliche Überwindung von Widerständen aus eigener Initiative dem Kind jene Spannkraft verleiht, die wir ihm zu erhalten wünschen, und dass die Freude an der Auseinandersetzung mit Schwierigkeiten darauf beruht, dass es selbständig beobachten, forschen, probieren und überwinden durfte.«[116]

Die »vorbereitete Umgebung«

Die »vorbereitete Umgebung«, das sind die Innen- und Außenräume der Schule. Die Innenbereiche halten in einer geschützten und entspannten Atmosphäre eine Vielzahl von Lern-, Spiel-, Experimentier- und Erfahrungsangeboten für die Kinder bereit, die übersichtlich in Regalen und Nischen angeordnet sind. Dort finden die Kinder eine reichhaltige Fülle von sowohl »strukturierten« als auch »unstrukturierten« Materialien mit hohem Aufforderungscharakter, die zu Tätigkeiten aller Art – alleine oder miteinander – verlocken. »Strukturierte« Materialien sind didaktische, also Lernmaterialien, die dem Erwerb einer bestimmten Fähigkeit dienen bzw. einen gezielten Umgang implizieren (z. B. Rechen- und Schreibmaterialien, Materialien zu Sinneswahrnehmungen). Ein wesentlicher Aspekt dieser Materialien sollte sein, dass sie eine Selbstkontrolle enthalten, das Kind also in der Überprüfung seiner Tätigkeit unabhängig vom Erwachsenen ist. Mit »unstrukturierten« Materialien sind solche gemeint, die auf vielfältige Art und Weise Verwendung finden können, je nach Ideenlust und Experimentierfreude der Kinder (z. B. leere Schachteln, Schnüre, Stoffe, Farben, Sand, Wasser, Holz, Verkleidungen).

Um dem Bedürfnis nach freier Bewegungsentfaltung Rechnung zu tragen, gibt es innerhalb der vorbereiteten Umgebung auch einen speziellen Bewegungsraum. Hier stehen den Kindern neben kleineren Sportgeräten wie Bällen, Seilen und Matten auch die Hengstenberg-Geräte zur Verfügung, um vielfältige Erfahrungen im Klettern, Schaukeln, Balancieren, Springen, Fortbewegen aller Art machen zu können. Auch im Außenbereich der Gollach-Schule wurde dem Bewegungsbedürfnis der Kinder durch Angebote beispielsweise zum Klettern, Balancieren, Toben und Ballspielen Rechnung getragen. Andererseits war der Kontakt zur Natur ein wichtiger Lernaspekt in der Gollach-Schule, sodass auch Gartenarbeit und evtl. die Haltung von Kleintieren im Außengelände vorgesehen waren.

Die Auswahl dieser gesamten Materialien ist nun keinesfalls willkürlich, sondern bedarf einer sorgfältigen Vorbereitung. In der Interaktion mit der »vorbereiteten Umgebung« bekommen die Kinder die Möglichkeit, all die Dinge zu lernen, die sie zum Leben in ihrer Lebenswelt, in ihrer Kultur brauchen. Dabei muss gewährleistet sein, dass jedes Kind sowohl in seinen individuellen Bedürfnissen, als auch in seinen sensiblen Phasen und Entwicklungsstufen Beachtung findet, um es optimal in der Entfaltung seines »inneren Bauplans« zu unterstützen. Dies bedeutet, dass die »vorbereitete Umgebung« – einmal eingerichtet – nicht fertig ist, sondern immer wieder Wandlungen unterworfen sein wird, die aus der Beobachtung der Kinder und dem Zusammenleben mit ihnen hervorgehen werden.

Der »erziehende Erwachsene«

Wenn Lernen selbstbestimmt und in einer »vorbereiteten Umgebung« stattfindet, wandelt sich die Rolle des »erziehenden Erwachsenen« grundlegend. Er ist nicht mehr derjenige, der Vorgaben macht und deren Durchführung kontrolliert, sondern er wird zum aufmerksamen und unterstützenden Begleiter des Kindes in seinen jeweiligen Prozessen sowie zum

Schöpfer der »vorbereiteten Umgebung«. »Dem Kind gehört der erste Platz, und der Lehrer folgt ihm und unterstützt es. Er muss auf seine eigene Aktivität zugunsten des Kindes verzichten. Er muss passiv werden, damit das Kind aktiv werden kann.«[117]

Statt also in das Tun des Kindes einzugreifen oder es zu lenken, nimmt der Erwachsene sich in seinen Handlungen zurück. Dies bedeutet jedoch keineswegs, dass er überflüssig wird bzw. die Kinder einfach nur sich selbst zu überlassen bräuchte – im Gegenteil, ihm kommt eine sehr große Verantwortung zu. »Zwischen den beiden Extremen ›ein Kind allein lassen‹ (es verlassen) und ›sein Problem lösen‹ liegt das Gebiet, in dem sich echte Entwicklungsprozesse ergeben. Leider wird es von ›erziehenden Erwachsenen‹ so selten betreten, dass wir es beinahe als Niemandsland bezeichnen können.«[118] Um dieses »Niemandsland« betreten zu können, ist es notwendig, eine Grundhaltung zu entwickeln, die sowohl geprägt ist durch Achtsamkeit und Respekt gegenüber den Kindern als auch durch das Vertrauen in ihre Wachstums- und Entwicklungsprozesse, also in die Fähigkeit der Kinder, sich gemäß ihres »inneren Bauplans« zu entfalten. »Einfach da zu sein«, meint in diesem Zusammenhang eine besondere Präsenz und Wachheit des Erwachsenen, die wir »Gegenwärtigsein« nennen.

Eine weitere Grundhaltung, die Lernbegleiter/innen neben dem »Gegenwärtigsein« und der »Nicht-Direktivität« entwickeln müssen, ist die Fähigkeit zur aufmerksamen Beobachtung. »So muss der Lehrer das Kind beobachten, nicht so sehr mit dem Gedanken, es zu erziehen, sondern um zu lernen, wie er es erziehen soll.«[119] Um all solchen Anforderungen gerecht zu werden, steht der Erwachsene selbst in einem Umerziehungsprozess. Er muss in der Lage sein, umzudenken und sich seines Verhaltens bewusst zu werden sowie sich selbst dabei immer wieder zu reflektieren und mit anderen diesbezüglich auszutauschen. Dabei fließen Rückschlüsse aus den gemachten Beobachtungen ein und werden umgesetzt. Um diesem Anspruch gerecht zu werden, gab es im Team wöchentliche Arbeitsbesprechungen.

Freiheit und Grenzen

»Eine für spontane Handlungen geeignete Umgebung ist aber keinesfalls eine ›unbegrenzte Umgebung‹. Vielmehr hat jede Lebenssituation sowohl natürliche Grenzen wie auch Grenzen des common sense. Ohne sie gäbe es weder gegenseitigen Respekt noch eine entspannte Umgebung, die beide für eine echte Entwicklung unerlässlich sind.«[120] Häufig gibt es jedoch Schwierigkeiten, diesen scheinbaren Widerspruch zwischen festen Grenzen und freier Entscheidung zu verstehen, da der Begriff »Freiheit« ein Bild von »Unbegrenztheit« auslöst. Doch jedes Zusammenleben benötigt klare Grenzen. »Diese eigenen, oft schmerzhaften Erfahrungen möchten Erwachsene den Kindern ersparen. Als Folge verzichten sie entweder weitgehend auf Grenzen, berauben die Kinder dadurch aber einer wichtigen Orientierungshilfe sowie der Möglichkeit zu lernen, sich gegenseitig zu achten oder auch Material wertzuschätzen.«[121]

Wenn wir Grenzen setzen, tun wir es daher klar, einfach und verantwortlich. Genau wie eine natürliche Grenze (z.B. die Schwerkraft) ist nämlich auch eine soziale Grenze (z.B. »Hier werfen wir Abfall in den Abfalleimer.«) oder eine persönliche Grenze (z.B. »Ich möchte nicht, dass du mit meinem Füller schreibst.«) einfach da. Sie wird in respektvollem, ruhigem Ton und in persönlicher Sprache gesetzt, wenn nötig auch mehrfach. »Die Erwachsenen müssen lernen, sich selbst gegenüber möglichst treu zu sein und sich so direkt und persönlich wie möglich auszudrücken. Das ist die einzig akzeptable Lösung. Es gibt Grenzen, die per definitionem für Kinder gesund sind.«[122] Dabei wird die Grenze mit keiner Erklärung verwässert, weder mit Belohnung noch mit Bestrafung bedacht. Löst diese Grenze beim Kind Schmerz aus, so sind wir bei ihm und begleiten es. Wir nehmen den Schmerz ernst, verschieben jedoch die Grenze nicht, lenken das Kind nicht ab, sondern lassen seinen Protest zu. Eine Grenze darf schmerzen.

Regeln des Zusammenlebens machen es jedoch zudem immer wieder notwendig, Konsequenzen bei Nichtbeachtung dieser Regeln zu formulieren. Diese Konsequenzen sollten dann in jedem Fall in einem nachvollziehbaren Zusammenhang zur Regel stehen und keinesfalls mit einer Strafe oder Drohung verwechselt werden. (z. B. »Du kannst auf dem Blatt Papier malen, aber nicht auf dem Tisch. Wenn du auf dem Tisch malst, kann ich dich nicht mit den Stiften spielen lassen.«)

In der Gollach-Schule gehörten Grenzen also selbstverständlich zum Alltag.

Freies Spiel

»Das freie symbolische Spiel ist die natürliche Tätigkeit des Kindes und Grundlage der späteren Fähigkeit, dem Leben auf schöpferische Weise zu begegnen.«[123] Freie Spiele erscheinen uns Erwachsenen oft unnötig und überflüssig, da sie angeblich keinen Bildungswert zu besitzen und nicht auf die Zukunft und das Leben vorzubereiten scheinen. Doch tatsächlich ist das Gegenteil der Fall. Denn das Spielen ist die Aneignungsform, die Kinder mit auf die Welt bringen, um sich eben diese zu eigen zu machen. »Unsere Hochachtung vor dem Spiel wächst zusehends, sobald wir anfangen, uns als aufmerksame Betrachter diesem Geschehen zu nähern und dabei zu entdecken, dass Spiel und Arbeit keineswegs getrennt erscheinen, sondern vielmehr als eine gemeinsame schöpferische Tätigkeit der Entwicklung dienen.«[124]

Neben diesem spielerischen Umgang mit ihrem Lebensbereich finden wir schon bei Kleinkindern das symbolische Spiel und das Rollenspiel. Indem Kinder beliebige Gegenstände in beispielsweise Flugzeuge oder Autos verwandeln, ihnen also neue Bedeutungen zuschreiben, schaffen sie sich Symbole – eine Fähigkeit, die uns Menschen auszeichnet und reiche Entwicklungsmöglichkeiten bereithält. Im Rollenspiel schlüpfen Kinder vorübergehend in eine andere Haut. »Kinder tun also nicht so, als ob sie spielen; sie entdecken und erlernen ihre Welt im Spiel – und das, mindestens (Zusatz vom Verfasser) bis sie erwachsen werden.«[125] Aus diesem Grund hatte das freie Spiel in der Gollach-Schule einen großen Stellenwert. Es dient nicht als Abwechslung vom Lernen und findet gelegentlich in Pausen statt, sondern wird als eigenständige Lernform anerkannt, welcher eine zentrale Bedeutung zugeschrieben und deshalb ein großer Raum gegeben wird.

Freies Arbeiten

Im Gegensatz zum freien Spiel ist das freie Arbeiten kein zweckfreies Handeln, das sich aus der Freude am Machen weiterentwickeln und neue Formen annehmen kann, sondern ein zielgerichtetes und ergebnisorientiertes Tun. Das bedeutet, eine Arbeit folgt einerseits einer bestimmten Endabsicht, die es zu erfüllen gilt, und ist andererseits irgendwann abgeschlossen; das Kind hat etwas fertig gestellt (z. B. ein Essen gekocht, einen Brief geschrieben, ein Flugzeug gebaut). In der freien Arbeit finden beispielsweise auch die vielen strukturierten Materialien, also die Lernmaterialien der vorbereiteten Umgebung (z. B. nach Montessori) ihre Verwendung. Als wesentlicher Aspekt dieser didaktischen Materialien sei an dieser Stelle nochmals die Möglichkeit der Selbstkontrolle betont, die Kinder unabhängig und damit »frei« vom Erwachsenen macht. Wie aber ist nun die Freiheit beim Arbeiten tatsächlich zu verstehen? Der Begriff »frei« bedeutet, dass sich ein Kind frei entscheiden kann, was, wann, wie, womit, wie lange und mit wem es etwas tun möchte, und zwar ohne dabei von außen bewertet zu werden.

»*Was ist Freiheit des Kindes?* Die Freiheit ist dann erlangt, wenn das Kind sich seinen inneren Gesetzen nach, den Bedürfnissen seiner Entwicklung entsprechend, entfalten kann. Das Kind ist frei, wenn es von der erdrückenden Energie des Erwachsenen unabhängig geworden ist. Dieses Freiwerden ist weder eine Idee noch eine Utopie, sondern eine oft erfahrene

Tatsache. Es ist eine Wirklichkeit, die wir dauernd erleben. Wir schließen damit nicht die Notwendigkeit der Kulturübermittlung noch die notwendige Disziplin und auch nicht die Notwendigkeit des Erziehens aus. Der Unterschied ist allein der, dass in dieser Freiheit die Kinder voll Freude arbeiten und sich die Kultur durch eigene Aktivität erwerben, dass die Disziplin aus dem Kind selbst entsteht.«[126] Das Lernen bekommt zudem noch eine soziale Bedeutung, da Kinder auch üben, gemeinsam zu arbeiten, sich gegenseitig zu helfen Probleme zu lösen, die Effektivität ihres Tuns im Dialog zu überprüfen, ihre Fähigkeiten selbst einzuschätzen und auch mit Kritik umzugehen, aufeinander Rücksicht zu nehmen und sorgfältig mit Materialien umzugehen.

Die pädagogische Realität

Den Weg zur Gründung begleitete die Erfahrung, dass Unmögliches möglich wurde, wenn die Einschüchterung von außen nicht gelang. Ein Beispiel: Ca. 5 Wochen vor Beginn des Unterrichts 2005 wurde von der Regierung von Mittelfranken auf sieben Seiten begründet, warum die Schule doch nicht genehmigt werden sollte. Zu dieser Zeit waren schon ein Mietvertrag für das Schulgebäude sowie Arbeitsverträge geschlossen und Umbaumaßnahmen von über 10 000 € getätigt. Zweieinhalb Wochen später lag mit Glück und Geschick die Genehmigung vor. Das Kultusministerium, weil Genehmigungsbehörde und in der Zuständigkeit für die staatlichen Schulen gleichzeitig Konkurrentin, suchte das Projekt bis zuletzt zu verhindern.

Einige Zeit nach der Gründung der Gollach-Schule beschloss das bayrische Kultusministerium, keine Schule mit einem non-direktiven Konzept mehr zu genehmigen. Das Schulamt sah die Gollach-Schule als »gut geführten Kindergarten«, die geforderten Lerninhalte hätten zu wenig Platz. Das intensive soziale Lernen der Kinder interessierte nicht sehr. Das bedeutete für die Gollach-Schule einen ständigen Balanceakt zwischen dem Beibehalten des grundlegenden Konzeptes und den Anforderungen des Schulamtes.

Das Ende

Die Gollach-Schule ging 2009 aus internen Konflikten heraus in die Insolvenz. Dies machte das Scheitern, mit dem man bei einem so ungewöhnlichen Unternehmen immer rechnen muss, freilich besonders bitter. Die Freiheit und die Wahrheit sind verletzbar, aber auf Dauer nicht zerstörbar, und wir alle lernen ein Leben lang.

Literatur

Böhm, Winfried (Hg.): Maria Montessori. Texte und Diskussion. Klinkhardt, Bad Heilbrunn 1971

Borchert, Manfred / Maas, Michael (Hg.): Freie Alternativschulen. Die Zukunft der Schule hat schon begonnen. Klinkhardt, Bad Heilbrunn 1998

Feldenkrais, Moshé: Bewusstheit durch Bewegung. Der aufrechte Gang. Insel, Frankfurt, 1968

ders.: Die Feldenkraismethode in Aktion. Eine ganzheitliche Bewegungslehre. Paderborn 1990

Gudjons, Herbert: Handlungsorientiert lehren und lernen. Schüleraktivierung – Selbsttätigkeit – Projektarbeit. Klinkhardt, Bad Heilbrunn 1997

ders.: Handlungsorientierter Unterricht. Begriffskürzel mit Theoriedefizit? in: Pädagogik, Heft 1/1997

Hengstenberg, Elfriede: Entfaltungen. Bilder und Schilderungen aus meiner Arbeit mit Kindern. Arbor-Verlag, Heidelberg 1993.

John, Holt: Wie kleine Kinder schlau werden. Beltz, Weinheim 1997

Jacoby, Heinrich: Jenseits von Begabt und Unbegabt. Heinrich Hans Christians Verlag, Hamburg 1994

Juul, Jesper: Das kompetente Kind. Auf dem Weg zu einer neuen Wertgrundlage für die ganze Familie. Rowohlt, Reinbek bei Hamburg 2000

ders.: Grenzen, Nähe, Respekt. Wie Eltern und Kinder sich finden. Rowohlt, Reinbek bei Hamburg 2000

Montessori, Maria: Das kreative Kind. Der absorbierende Geist. Herder, Freiburg 1972

dies.: Die Entdeckung des Kindes. Freiburg 1969

dies.: Kinder sind anders. München 1994

dies.: Grundlagen meiner Pädagogik und weitere Aufsätze zur Anthropologie und Didaktik. Heidelberg 1965

Oswald, Paul / Schulz-Benesch, Günter: Grundgedanken der Montessori-Pädagogik. Herder, Freiburg 1995

Piaget, Jean: Das Erwachen der Intelligenz. Klett, Stuttgart 1969

ders.: Das Recht auf Erziehung und die Zukunft unseres Bildungssystems. Piper, München 1975

Pikler, Emmi: Laßt mir Zeit. Die selbständige Bewegungsentwicklung des Kindes bis zum freien Gehen. (zusammengestellt und überarbeitet von Anna Tardos), Pflaum, München 1988

dies.: Miteinander vertraut werden. Arbor-Verlag, Freiamt 1994

Wallrabenstein, Wulf: Offene Schule – offener Unterricht. Ratgeber für Eltern und Lehrer. Rowohlt, Reinbek bei Hamburg 1994

Wild, Rebeca: Erziehung zum Sein. Erfahrungsbericht einer aktiven Schule. Arbor-Verlag, Heidelberg 199

dies.: Sein zum Erziehen. Mit Kindern leben lernen. Arbor-Verlag, Heidelberg 1991

dies.: Kinder im Pesta. Erfahrungen auf dem Weg zu einer vorbereiteten Umgebung für Kinder. Arbor-Verlag, Freiamt 1993

dies.: Freiheit und Grenzen – Liebe und Respekt. Was Kinder von uns brauchen. Arbor-Verglag, Freiamt 1998

dies.: Lebensqualität für Kinder und andere Menschen. Beltz, Weinheim und Basel 2001

dies.: Kinder wissen, was sie brauchen. Herder, Freiburg 1998

Zimmer, Renate: Kreative Bewegungsspiele. Psychomotorische Förderung im Kindergarten. Herder, Freiburg, 2009

dies./Hans Circus (Red.): Kinder brauchen Bewegung. Brauchen Kinder Sport? Meyer und Meyer Verlag, Aachen 1993

Max Schupbach

Ost- und Westdeutsche in Berlin
einige Jahre nach dem Mauerfall

Ossis und Wessis in einem Worldwork-Gruppenprozess

Einführung: Hintergrund und persönliche Geschichte

Im November 1989 gab ich ein öffentliches Prozessarbeits-Seminar in Berlin. Ich hatte mich aus vielen Gründen darauf gefreut. Zum einen hatte ich immer schon eine enge Beziehung zu Berlin. Ich bin nach dem Zweiten Weltkrieg geboren, am 17. Juni 1946. Ich erinnere mich, dass meine Eltern an meinem siebten Geburtstag aufgeregt waren, nachdem sie Radio gehört hatten, und sich kaum auf meinen Geburtstag konzentrieren konnten. Sie erzählten mir, es habe in Berlin einen Aufstand gegeben, und sie seien nervös wegen der Konsequenzen. (Am 17. Juni gab es einen gewaltsamen Aufstand in Ostdeutschland, den die Alliierten und politischen Beobachter nicht vorausgesehen hatten und der schließlich brutal niedergeschlagen wurde.) Da mein Vater sich schon immer sehr für Politik interessierte, gab es bei uns am Mittagstisch oft politische Gespräche. Dies war jedoch das erste Mal, dass ein politisches Ereignis direkt in mein persönliches Leben einbrach. Vielleicht entstanden schon damals in mir eine besondere Beziehung zu Berlin und ein seither andauerndes Interesse an europäischer Politik. Berlin galt schon zu jener Zeit als Brennpunkt nicht nur europäischer Politik, sondern der Weltpolitik überhaupt – zehn Jahre bevor John F. Kennedy den berühmt gewordenen Ausspruch tat: »Ich bin ein Berliner«, und 150 Jahre nachdem der deutsche Schriftsteller Jean Paul schrieb: »Berlin ist mehr ein Weltteil als eine Stadt«. Berlin war der Ort, wo der Eiserne Vorhang zu einer dünnen Aluminiumfolie geworden war, wo die Menschen auf beiden Seiten sich so nahe waren, dass sie einander beinahe berühren konnten – und explodieren.

In jenem November 1989, während ich mit einer Gruppe Menschen in Kreuzberg arbeitete, war ich nicht nur aufgeregt und begeistert, in Berlin zu sein, ich war auch besonders aufgeregt über die jüngsten Entwicklungen in Bezug auf Glasnost.[127] Was würde dies in der Beziehung zwischen Ost- und Westdeutschland für Veränderungen bringen? Würde die Berliner Mauer jemals fallen? Dann, am zweiten Tag des Seminars, dem 9. November, hörten wir, dass die Mauer gefallen war. Wir waren alle verrückt vor Freude! Dies war das wichtigste Ereignis der deutschen Geschichte seit dem Ende des Zweiten Weltkrieges.

Am fünften Seminartag jedoch begannen einige der SeminarteilnehmerInnen (alles Westdeutsche) noch andere Gefühle zu äußern. »Jetzt kommen die alle hier rüber – ich konnte in meinem Laden an der Ecke die und die Sachen nicht bekommen. Wie wird das noch alles enden?« Das war eine der aufgeworfenen Fragen. Viele benahmen sich zunächst, als freuten sie sich, die »armen Verwandten« zu sehen, die durch die Mauer von ihnen ferngehalten worden waren. Doch nachdem diese drei Tage zu Besuch gewesen waren, fragten sich die Gastgeber, wer wohl für all diese Veränderungen würde bezahlen müssen, wie sich ihr eigenes Leben dadurch verändern würde und wann die neuen »Gäste« wohl wieder dahin zurückkehren würden, woher sie gekommen waren. Es war der Gruppenprozess, der den Anfang einer langen kollektiven Reise zwischen Ost- und Westdeutschland markierte, einer Reise, die bis heute weitergeht. Obwohl Regierungen, Firmen, Sozialaktivisten und die nationale und internationale Politik bei dieser Reise eine große Rolle spielten, wurde der überwiegende Teil der Anstrengungen doch von den einzelnen Menschen und Familien auf beiden Seiten der ehemaligen Grenze geleistet.

In den Jahren, die auf den Mauerfall folgten, habe ich kontinuierlich in Deutschland gearbeitet (mindestens einmal im

Jahr, oft auch häufiger) – in Berlin, Frankfurt, Hamburg, München, Kassel und anderen Städten. Ich fühle mich in Deutschland zuhause, einige meiner besten Freunde leben dort. Meiner Meinung nach haben die Deutschen seit Kriegsende viele Schwierigkeiten durchlitten und den Hauptanteil dieser Schwierigkeiten dazu genutzt, ihr Bewusstsein in Bezug auf Diversitätsthemen, Machtverteilung und Demokratie zu stärken. Das Zusammenwachsen der beiden deutschen Städte, Ostberlin und Westberlin, war eine epische Reise, die ich das Glück und das Privileg hatte mitzuerleben, und zwar teilweise nicht nur als Tourist und politisch wie historisch interessierter Beobachter, sondern auch als Facilitator zahlloser Gruppen, in denen Deutsche als authentische Personen an der Wiedergutmachung und der Wiedervereinigung nach der Wende arbeiteten.

Worldwork-Gruppenprozess: Ossis und Wessis

Von den vielen Gruppenprozessen, die ich miterlebt habe, in denen Menschen zusammen geweint, gekämpft, gelacht, geliebt und gehasst haben, ist derjenige vom Herbst 2004, den ich im Folgenden beschreibe, für mich besonders bewegend. Vor dem Hintergrund des Irak-Krieges, der die Probleme mit Drohungen und Machtausübung, mit denen wir uns alle konfrontiert sehen, noch einmal verstärkt in den Blickpunkt rückte, fühlte ich mich inspiriert wie selten zuvor, das Schicksal des Menschen zu betrachten und herauszufinden, wie man sich mit diesen Themen auseinandersetzen und dabei immer noch einen gewissen Optimismus bewahren kann. Ich bin den großartigen Menschen und Teilnehmerinnen und Teilnehmern dankbar, die dies als Ergebnis des Prozesses in einer Gruppe von über 40 Menschen möglich gemacht haben. Der im Folgenden beschriebene Prozess fand statt in einem vom Milton Erickson-Institut Berlin organisierten Seminar mit dem Titel: »Tiefe Demokratie in Organisationen und im öffentlichen Raum.« Einige Personen kamen aus der Welt der Organisationsentwicklung und Bürger-Ermächtigung[128], andere hatten einen Hintergrund in Psychologie. Das Seminar dauerte drei Tage. Am zweiten Tag entschied die Gruppe, sich auf den Ost-West-Konflikt zu fokussieren.

Über das Thema verhandeln

Die Entscheidung, sich auf dieses Thema zu fokussieren, fiel der Gruppe nicht leicht. Im selben Moment, da das Thema vorgeschlagen wurde, stand ein Teilnehmer auf und sagte, er halte das Ost-West-Thema in Deutschland nicht mehr für präsent. Bei dem Ost-West-Thema, so argumentierte er, gehe es um gesellschaftliche Klassen und andere Themen. Die gleichen Themen seien auch in anderen Ländern präsent, doch die deutsche Geschichte verleihe eben einem ansonsten langweiligen Thema mehr Würze; sowohl die nationale als auch die internationale Presse könnte die Ost-West-Thematik groß aufbauschen. »Warum sollen wir daran arbeiten und diese Verschwörung auch noch unterstützen?«, fragte er herausfordernd. Eine weitere Teilnehmerin unterstützte ihn. »Das Problem mit uns Deutschen ist unsere nationale Identität«, behauptete sie. »Andere haben ein Land, auf das sie stolz sein können, wir dagegen schämen uns, Deutsche zu sein. Wenn man in die USA kommt, ist das vorherrschende Gefühl: ›Die USA sind großartig, kommt und seid Amerikaner mit uns, teilt mit uns diese wunderbare amerikanische Erfahrung.‹ Kommt man hingegen nach Deutschland, dann ist das Gefühl eher so etwas wie: ›Oh, tut uns leid, dass wir Deutsche sind. Wenn Sie darüber hinwegsehen können, könnten Sie sich hier durchaus ein wenig amüsieren.‹ Wir müssen daran arbeiten, stolzer auf unsere Identität zu sein.«[129] In der Gruppe gab es verschiedene Strömungen. Andere waren der Meinung, dieses Thema sei sehr aktuell, und man wolle sich auf dieses Thema fokussieren. Schließlich wurde beschlossen, zwischen dem Ost-West-Thema und der deutschen Identität eine Münze zu werfen. Der Wurf entschied zugunsten des Ost-West-Themas.

Die Eröffnung des Prozesses: Vergangene Leistungen loben

Gleich zu Beginn des Gruppenprozesses fingen einige an, das zu loben, was in Bezug auf dieses Thema bereits erreicht worden war. Eine Frau sagte, sie habe es genossen, am gestrigen Tag während der Mittagspause unter dem Brandenburger Tor durchzugehen. Die Frau sprach sehr authentisch über die Erleichterung, die sie beim Fall der Mauer darüber verspürte, dass sie nun die Freiheit hatte, durch das Tor zu gehen und zu gehen, wohin auch immer sie wollte. Sie sagte, dass sie es 15 Jahre danach immer noch liebe und die Erfahrung jedes Mal zu schätzen wisse, wenn sie die Möglichkeit habe, dort entlangzugehen. Sie fügte hinzu, sie höre zwar aus den Gesprächen mit Taxifahrern oder Taxifahrerinnen, dass es Spannungen und Groll zwischen Ost und West gebe, doch sie wolle besonders hervorheben, wie viel in dieser Richtung bereits erreicht worden sei.

Andere stimmten dem zu und äußerten ebenfalls ihre Gefühle darüber, wie wunderbar es sei, jetzt miteinander kommunizieren zu können. Ein Mann sprach darüber, wie es für ihn gewesen sei, an der ostdeutschen Grenze aufzuwachsen, und über das vorherrschende Gefühl während seiner gesamten Jugendzeit, dass es niemals möglich sein würde, die Grenze zu überschreiten oder die Verwandten auf der anderen Seite zu besuchen. Er war sehr bewegt davon, dass dies jetzt möglich ist. Eine andere Frau brachte dasselbe Gefühl zum Ausdruck; sie erkannte die Leistung und die Arbeit und Mühe an, die die Veränderung bewirkt hatten. Sie sagte, es gebe keinen Grund zur Klage. »Seht uns doch an. Wir sind hier an einem schönen Ort in diesem wunderbaren Hotel und erfreuen uns so vieler Privilegien – wir sollten dankbar sein und aufhören zu jammern.«

Ein Konflikt entsteht

Diese Feststellung schuf einen Gegensatz und katalysierte eine Reaktion von der anderen Seite. »Das ist nur deshalb so, weil du ein reicher Wessi bist«, warf jemand ein, »sonst könntest du es dir gar nicht leisten, an diesem Seminar teilzunehmen.« »Ja«, stimmte jemand anders ein, »ihr seid gekommen und habt uns benutzt. Ihr kommt in den Osten und gründet Firmen und kauft Land. Billiglohnkräfte und Jobs mit niedrigem Status, dafür sind wir gut genug, aber die besseren Jobs – die Manager- und Führungspositionen – gehen an Wessis, die ihr rüberholt. Wir hatten gehofft, wir könnten uns gemeinsam entwickeln, aber stattdessen werden wir ausgebeutet, und euch geht es sogar noch besser davon.«

»Uns geht es davon besser!«, schrie ein Westdeutscher auf der anderen Seite. »Uns geht es davon besser, ja? Wenn mein Nachbar in Westdeutschland sein Haus umbaut, beauftragt er ostdeutsche Baufirmen, die alle unsere Baufirmen gnadenlos unterbieten. Wir sind gezwungen, unsere eigenen Leute ohne Jobs zu sehen, während ihr eure Billigkräfte hereinbringt und auf unsere Kosten ein gutes Leben führt.« Von der Gegenseite erwiderte jemand anders erbost: »Offenbar hast du keine Ahnung, was wirklich los ist, sonst wüsstest du, dass wir in vielen Gegenden 80 % Arbeitslosigkeit haben. Ihr habt uns nicht nur die Jobs weggenommen, sondern auch unseren Stolz und unsere Identität.«

»Und die Heimat«, fügte wieder jemand anders hinzu. »Wo ich groß geworden bin, gab es einen Duft von Heimat. Inmitten aller Probleme hatten wir doch ein Zusammengehörigkeitsgefühl, und das ist jetzt verschwunden.« »O nein«, antwortete jemand von der anderen Seite. »Ihr habt uns gerufen, und wir sind gekommen. Am Anfang war ich offen und liberal und wollte eure Integration. Ich wohne in Berlin, und eure blöde ostdeutsche bürokratische Einstellung hat in meinem Bezirk die Schulen ruiniert. Es sind die Ossis mit ihren Einstellungen, die Deutschland wirtschaftlich in die jetzige Krise gebracht haben.«

In einem Ton wilden Sarkasmus' erwiderte jemand anders: »Ach ja, klar – das ist genau wie das Gerücht, dass die Juden die globalen Finanzmärkte übernehmen wollen. Ihr Typen seid ein Haufen Faschisten, weiter gar nichts.« »Ich war früher progressiver Sozialist«, ließ sich jemand anders vernehmen, »aber nach all dem, was jetzt passiert ist … stimmt schon, da stelle ich schon manchmal fest, dass ich den Faschisten zustimme, die die Ossis begrenzen wollen.« Bis dahin waren die Argumente hin und her geflogen. Jede/r versuchte, seine oder ihre Meinung zu Gehör zu bringen. Die Temperatur war beträchtlich gestiegen und einige Leute schienen inzwischen sehr erregt zu sein. Die gelöste, logische, lineare Atmosphäre, die bei der Frage »gibt es ein Thema, gibt es kein Thema« im Raum gewesen war, hatte das Fundament für eine dramatische Umkehr gelegt im Sinne von: »Okay, ihr wolltet ja darüber reden – dann erzähl ich euch jetzt mal, wie es wirklich ist.«

Ein Wendepunkt

Eine Frau trat jetzt vor. Obwohl sie scheinbar eine Rolle spielte, die sie im Feld spürte, brachte die Dringlichkeit, mit der sie sprach, das Hin und Her der Meinungen zum Stillstand. Sie sagte: »Wir haben uns solche Mühe gegeben. Wir haben alles getan, um die Vergangenheit zu verdrängen. Am Potsdamer Platz gab es früher nur die Mauer und den Stacheldraht. Jetzt gibt es dort eine Eislaufbahn und ein Kino. Wir haben uns solche Mühe gegeben, die Vergangenheit vergessen zu machen, alles hübsch herzurichten. Wenn diese Art von Gespräch aufkommt, dann will ich es ignorieren und wegdrängen. Ich war am Anfang bei denen, die gesagt haben: Lasst uns nicht über das Ost-West-Thema reden, es existiert nicht mehr wirklich – denn wenn wir uns darauf fokussieren, dann würdigen wir nicht all die Mühe, die es gekostet hat, das alles zu verdrängen. Aber da wir jetzt schon darüber reden, lasst uns langsamer und tiefer damit gehen.«

Viele von uns waren von der Art ihres Vortrags bewegt, und wir begannen den Fokus darauf zu richten, was die eine Seite zu sagen hatte: »Obwohl ich die Vergangenheit verdrängen möchte, stelle ich gleichzeitig auch fest, dass ich trotz all meiner Bemühungen auf seltsame Weise die Vergangenheit vermisse. Vorher hatten wir keinen Luxus, und wir waren unterdrückt, aber wir hatten alle einander. Ich hatte einen Universitätsabschluss, aber da es ein ostdeutscher Abschluss ist, ist er jetzt auf einmal nicht mehr soviel wert. Ich hatte vorher ein ziemlich ordentliches und vorhersagbares Leben und eine seltsame Art von Sicherheitsgefühl – das ist jetzt weg. Wir, die wir im Osten groß geworden sind, haben alles verloren und haben für euch da drüben immer und immer wieder bezahlt. Erst haben wir eure moralischen Schulden der Vergangenheit bezahlt, da wir jahrelang mit den Russen gelebt haben.[130] Jetzt kommt ihr an und sagt, ihr würdet dafür bezahlen, dass wir wieder integriert werden. Wir haben im Land Brandenburg über 300 000 Arbeitslose. Ihr redet über Facilitation und systemisches Denken. Wir wissen nur, dass wir schwere Zeiten durchmachen. Wir zahlen den Preis für eure Wiedervereinigung, und dann werden wir auch noch als doofe Ossis beschimpft.«

Auf der anderen Seite erwiderten einige Leute wütend: »Ihr habt das doch gewollt! Habt ihr schon vergessen, dass wir euch ja praktisch einsperren mussten, um zu verhindern, dass ihr alle hier rüberkommt? Ihr konntet es doch gar nicht erwarten, euer Paradies zu verlassen und zu uns rüberzukommen und Konsumgüter zu haben. Ihr habt keine Solidarität mit euren eigenen Leuten gezeigt, sondern habt euch sofort auf die ganzen Westprodukte gestürzt. Ihr habt uns gerufen, und wir sind gekommen, und jetzt beschwert ihr euch.«

Erste vorübergehende Auflösung: Nach Hause finden
Nun entstand inmitten der hitzigen Diskussion ein Moment des Schweigens. Die Gegenseite wurde ruhig. Der Facilitator bemerkte diese Veränderung im Ton und bat diese Seite, über

das Schweigen zu sprechen, anstatt gleich nach einer weiteren Erwiderung zu suchen. Aus diesem peinlichen Schweigen sprach einer der ostdeutschen Teilnehmer leise: »Ja, wir haben es gewollt, aber wir wussten nicht, welchen Preis wir dafür würden zahlen müssen. Wir haben alles aufgegeben, haben gespuckt auf das, was wir hatten. Erst als wir es verloren hatten, haben wir gemerkt, was gut daran gewesen war. Wir wussten nicht, wie schwer es sein würde, miteinander in Beziehung zu treten.«

Jetzt hatten auf der westdeutschen Seite einige Leute Tränen in den Augen. »Ich auch«, antwortete eine andere leise Stimme. »Ich hatte keine Ahnung, wie schwer es sein würde, und ich hoffte teilweise, dass ihr ein Gefühl von Zusammengehörigkeit und Nationalstolz mitbringen würdet. Wir hatten Luxus, aber wir waren zersplittert und hatten keine nationale Identität. Wir haben gehofft, wir könnten unsere gemeinsamen deutschen Wurzeln finden und damit eine Identität, auf die wir endlich stolz sein könnten. Doch dann passierte alles so schnell, dass wir es gar nicht mitbekamen. Wir hätten von euch lernen sollen, dass Gemeinschaft manchmal wichtiger sein kann als Profit und dass soziales Denken wichtig ist. Wir hätten von euch lernen sollen.«

»Naja«, erwiderten darauf die Ossis. »Eure Sachen sind besser, euer Lebensstil macht mehr Spaß, und wer will schon von Verlierern lernen? Wir waren offensichtlich die Verlierer, und deshalb sollten wir von euch lernen.« Mit dieser klaren Feststellung des Rangunterschiedes entstand ein unheilvolles Schweigen. Aus diesem Schweigen kam die leise Stimme einer anderen Frau: »Meine Familie kam kurz vor dem Mauerfall herüber. Sie hatten alles zurückgelassen und versuchten, sich eine neue Existenz aufzubauen. Sie schafften es nie. Wir zogen von einem Ort zum anderen wie Nomaden, immer unterwegs, und immer auf der Suche nach einem Ort, wo wir uns niederlassen konnten. Ich wuchs auf ohne Zuhause im Westen und ohne Zuhause im Osten. Ich hätte alles dafür gegeben, irgendwo hinzugehören, ein Zuhause zu haben.« Andere

Stimmen teilten dieselben Gefühle: an beide Seiten gebunden zu sein und die Notwendigkeit zu fühlen, sich nun auf beiden Seiten ein Zuhause zu erschaffen. Eine echte Einheit entstand in der Sehnsucht nach einem Zuhause und einem Dazugehören, das auf beiden Seiten fehlte. Die Rolle des Suchenden nach Einheit hatte die erste temporäre Auflösung der Polarisierung gebracht.

Ein weiterer Aufruhr: Wo sind die Täter?

Alle waren still und berührt. Jeder konnte mit dem Gefühl etwas anfangen, irgendwo hinzugehören, stolz auf seine Ursprünge zu sein und eine Identität zu besitzen, die einen Platz auf dem Planeten garantiert. In jenem Augenblick waren wir vereint in dem Wissen, dass wir alle verschiedene Dinge aufgegeben hatten in der Hoffnung, einen hohen Traum zu verwirklichen. In der Erkenntnis unseres kollektiven Bedürfnisses, mit anderen eins zu sein, waren wir für den Augenblick vereint. Es war ein besonderer Moment, in dem viele sich einander nahe fühlten, als es aus einem Mann herausbrach: »Moment mal – das wird mir hier zu friedlich. Ich hab da ein wichtiges Problem, das noch nicht aufgelöst ist. Wo sind die ganzen Täter hin? Wo sind die Leute hin, die die Republikflüchtlinge an der Mauer erschossen haben?[131] Mein Onkel ist geflohen, aber sie haben eins seiner Kinder im letzten Moment zurückgehalten. Wo ist jetzt derjenige, der das Kind an der Flucht gehindert hat? Auf einmal seid ihr alle Opfer der Unterdrückung, aber wo sind denn die Täter?« Jemand rief von hinten: »Und du, wie hast du denn damals dein Geld verdient? Hast du immer brav die Gesetze befolgt und nie etwas falsch gemacht?« »Keineswegs«, antwortete der erste Sprecher, »aber davon rede ich gar nicht. Sagt mir, wer von euch war bei den Tätern?« Auf der Ostseite sagte jemand: »Verlangt nicht diese Art von Geständnissen von uns. Wir werden anfangen, über unsere Beteiligung an den Dingen zu sprechen, wenn von euch welche hervortreten und zugeben, dass eure Verwandten am Holocaust beteiligt waren.« Der Mann rief wütend zurück: »Kommt mir nicht mit diesem Scheiß! Jetzt tut ihr so, als wären wir die Nazis und ihr die Antifas. Von eurer Seite waren genauso viele an den Naziverbrechen beteiligt wie von uns. Damit müssen wir uns gemeinsam auseinandersetzen.« Schließlich kam von der Westseite eine andere Stimme: »Wir würden gerne zugeben, wo wir uns geirrt haben, aber wir wissen nicht wie. Kann auf eurer Seite jemand anfangen?«

Der Weg zu einer zeitweiligen Lösung: Die Entdeckung des Eins-Seins

Inmitten dieser Pattsituation trat eine erstaunliche Frau vor. Mit zitternder Stimme sagte sie: »Ich bin im Osten aufgewachsen. Ich war Täter und Opfer. Ich schwankte zwischen beidem hin und her, und selbst heute noch bin ich zerrissen zwischen diesen beiden Rollen. Ich lernte als Kind, dass es Spaß macht, andere herumzukommandieren und herumzuschubsen. Als Jugendliche war ich in einer Machtposition, die das System mir gab. Einerseits fand ich das moralisch in Ordnung, da ich an das System glaubte und es liebte. Doch manchmal fragte ich mich insgeheim, ob das bedeutete, dass ich zur Hitlerjugend gehört hätte, wäre ich in Nazideutschland groß geworden. Ich wagte aber nie, diese Frage laut zu stellen«, sagte sie, jetzt weinend. »Es machte mir Spaß, mächtig zu sein.« Eine Frau von der westdeutschen Seite antwortete. »Das kann ich verstehen. Wir hatten einen Großvater, der als Familientyrann galt, und wir durften nicht widersprechen oder unsere Wut offen zeigen. Gleichzeitig stellte ich fest, dass ich meinen Sportverein völlig dominierte und alle in der Gegend herumschubste. Ich liebte es, endlich mal auf der anderen Seite zu sein.«

Nun herrschte tiefes Schweigen im Raum. Dass die beiden Frauen so offen und direkt über ihre Liebe zur Macht sprachen, ebenso wie über ihren Selbsthass dafür, dass sie sie liebten, und ihren Groll darüber, dass Macht über sie selbst ausgeübt wurde, verwandelte alle Gesichter. Überall waren

Tränen zu sehen. Es gab nicht einen Menschen in dem Raum, der in diesem Prozess nicht sich selbst wiedererkannte. Jemand stellte fest, dass das Verlangen nach Macht und die Schwierigkeit, damit umzugehen, eine Erfahrung ist, die uns alle verbindet. Es gab für den Moment nichts mehr zu sagen. An diesem Punkt waren die Trennlinien verschwunden. Es gab keine Ost- und Westdeutschen mehr, keine Opfer und keine Unterdrücker – nur Menschen, vereint in ihrem Bemühen, mit ihrem historischen Schicksal und ihrem persönlichen Leiden ins Reine zu kommen. Spontan ergriff jemand die Hand seines Nachbarn, und spontan taten andere es ihm gleich. Schweigend standen wir im Kreis, für den Augenblick, als Eins.

Nachbereitungs-Übung

Nach der Pause gab das Facilitatorenteam den Teilnehmerinnen und Teilnehmern die folgende Übung:

a) Erinnere dich an eine Zeit, als du etwas oder jemand Mächtigem ausgesetzt warst. Bemerke die damit verbundene Energie und mache eine Handbewegung, die diese Energie zum Ausdruck bringt.

b) Gibt es eine Gangart, die die Energie dieser Handbewegung zum Ausdruck bringt?

c) Gehe ein paar Schritte in einer Weise, die diese Macht, deren Opfer du warst, darstellt, und denke an einen Bereich in deinem Leben, in dem du diese Macht kreativ anwenden kannst.

Tom Bäumer

Mensch sein in der Wirtschaft – ein Schlüssel zu einer lebenswerten Zukunft?

Die meisten erwachsenen Menschen verbringen einen erheblichen Anteil ihrer Lebenszeit in einer weisungsabhängigen Tätigkeit in der Wirtschaft. Sie verdienen ihren Lebensunterhalt durch den Einsatz ihrer Arbeitskraft in Unternehmen, welche ihrerseits im Austausch von Geld gegen Ware oder Dienstleistung Gewinn erwirtschaften wollen. Gewinn ist dabei nicht das Ziel, sondern der Gradmesser für den Erfolg. Denn ökonomisch handeln heißt, ein Ziel mit möglichst wenig Mitteln zu erreichen oder mit gegebenen Mitteln möglichst viel vom Ziel zu erreichen. Gewinn entsteht dann, wenn dies erfolgreich und wirkungsvoll geschieht – und ohne Gewinn kann kein Unternehmen überleben bzw. investieren und wachsen. Manchmal kann allerdings der Eindruck entstehen, dass das heutige Verständnis von Gewinn und Ökonomie auf dem Kopf steht, d.h. dass der Geist im Unternehmen seine sinnerfüllende Grundlage verloren hat. Der Gewinn ist zum Selbstzweck, zum Ziel selbst geworden. Die Produktion von Gütern und das Erbringen von Dienstleistungen dienen vor allem als Mittel zur Gewinnmaximierung.

Der Einsatz von Arbeitskraft in einem Unternehmen bildet den Rahmen und die Basis für die vielfältigen Beziehungen von Menschen zueinander in ihren unterschiedlichen Rollen: Menschen als Mitarbeiter – und manchmal auch als Untergebene statt als Mit-Arbeiter –, als Führungskräfte, als Kollegen und Konkurrenten, als Vertraute und als Gegner, als Unternehmer sowie als Vorstände und Geschäftsführer in ihrer Funktion als Vertreter der Eigentümer.

Die Entwicklung des Menschlichen – für den einzelnen Menschen oder auch für das gesamte Unternehmen?

Der Mensch ist ein Wesen, das das, was es sein kann, mit der Geburt noch gar nicht ist. Der Mensch ist nicht etwas Festgelegtes, sondern er ist die Möglichkeit zu etwas, das sich im Miteinander entwickeln und wachsen kann. Der Mensch ist auf lebenslange Entwicklung angelegt. Will ich etwas werden oder will ich etwas sein? Das mit einem vielfältigen Potential begabte Individuum entwickelt sich erst in mitmenschlicher Beziehung, erst im Austausch mit anderen zur Persönlichkeit. Diese Persönlichkeit ist autonom und gleichzeitig existiert sie in einem mitmenschlichen Kontext. Daraus ergibt sich sowohl die Selbstverantwortung als auch die soziale Verantwortung für die Gemeinschaft.

Wenn das Miteinander in einem Unternehmen gut geht, dann erleben die Menschen einen Zusammenhalt, eine Zugehörigkeit (»Wir-Gefühl«), sie können ihre Fähigkeiten einsetzen und weiterentwickeln, ihre Arbeit wird geschätzt, sie investieren Lebensenergie, aber sie bekommen auch Lebensenergie, indem sie ihr Tun als sinnvoll erfahren und manchmal sogar stolz sein können auf das, was sie geleistet haben. Dieses Erleben wird möglich in einer Unternehmenskultur, die den Menschen im Mittelpunkt sieht und nicht nur als Mittel. Punkt.

Zufriedene Menschen haben weniger Stress, die Burnout-, die Krankheits- und die Kündigungsquoten sind gering. Die Menschen sind nicht nur motiviert durch Bedürfnisbefriedigung, sondern suchen ein sinnerfülltes Dasein, d.h. sie möchten das Wesen von sich selbst und ihrer Umwelt erfahren und verstehen. Im Menschen ruht somit ein Kräftepotential, das durch widrige Außeneinflüsse zwar gehemmt, aber niemals ausgelöscht werden kann. Ein mitarbeiterfreundliches Klima zu gestalten heißt, Beziehungen zwischen den Menschen so zu unterstützen, dass das, was in den Menschen angelegt ist, weiter wachsen kann. Dieses Wachstum wird aber vom Unternehmenszweck beeinflusst und begrenzt. Die Sinnfrage wird sich in einem Rüstungsbetrieb, einem Atomkraftwerk oder in einem Altersheim jeweils anders stellen.

Der Prozess hin zu mehr Menschlichkeit in der Arbeitswelt wird oft durch einen von außen kommenden Leidensdruck initiiert: etwa wenn Gewinne, Umsätze und Kunden wegbrechen oder die Position im Markt in Gefahr ist – es also um's Überleben des Unternehmens geht. Wenn dieser externe Druck größer wird als die interne Angst vor Veränderung, dann kann etwas Neues entstehen. So sind die starken Bindekräfte, die sich in gewachsenen Strukturen entwickeln, und sich dadurch auch von anderen Einheiten abgrenzen (»Bereichsdenken«), oft nicht mehr erwünscht und sogar an vielen Stellen hinderlich: Gefordert sind variable Schnittstellen, Matrixgebilde mit einheitsübergreifenden, flexiblen Systemverknüpfungen. Wir müssen lernen mit Multivariabilität und Mehrdimensionalität umzugehen.

Was menschlich miteinander umgehen heißt, das spüren die meisten. Aber wie wir in einem komplexen, globalisierten Kontext tatsächlich menschlich miteinander umgehen können, das will errungen und geübt werden. Für eine lebenswerte Zukunft wird es auch darauf ankommen, in den Arbeitsbeziehungen wieder neues Vertrauen aufzubauen. Wenn sich die alten Arbeitsgemeinschaften auflösen, dann geht es jetzt darum, bewusst neue Gemeinschaften zu bilden, in denen Vertrauen lebt, sodass jeder weiß, hier gehöre ich dazu, hier wird mir vertraut, hier kann ich vertrauen. »Vertrauen ist die wirksamste Maßnahme zur Reduktion von Komplexität«, sagt Niklas Luhmann.

Der Wettbewerb im Markt um die besten Produkte, die meisten Kunden, die höchsten Gewinne überträgt sich in die interne Unternehmensorganisation. Projekte wetteifern um Aufmerksamkeit und Mittel, aus Teamkollegen werden Rivalen. »Wer kommt weiter: du oder ich?« Egoismus und Eigennutz treten mehr in den Vordergrund. Man meint, es ginge ums Überleben – und verliert dabei das Gefühl für sich und für die anderen. Wer sich durchbeißt, gehört vermeintlich zu den Erfolgreichen. Aber wer nur den eigenen Erfolg sucht, zahlt letztlich einen hohen Preis: die ständige Angst um den Verlust von Macht und von Ansehen, mit denen die Einsamkeit des einzelnen Menschen kompensiert wird. »Macht ist das Privileg, nicht lernen zu müssen«, äußerte der Politikwissenschaftler Karl Deutsch und meinte damit, dass die Mächtigen ihre Machtstellung grundsätzlich nicht verändern wollen. Deshalb wollen sie oft auch nicht, dass sich die Verhältnisse ändern. Angebliche Change-Prozesse dienen ihnen nicht zur Erneuerung und zum Aufbruch sondern als Machterhalt. Denn Macht will immer mehr. Gleichzeitig wird appelliert und beschworen, man müsse mit der beschleunigten Veränderung im Markt mithalten. Deshalb die immer schnelleren Strukturwechsel verbunden mit häufigeren Wechseln von Führungskräften. Das führt aber nicht zu einer Beschleunigung in dem Sinne, dass man sein Ziel früher erreicht. Im Gegenteil: Die erfahrenen Mitarbeiter und Führungskräfte warten erst einmal ab, ob sie sich nicht unter der schon wieder anrollenden neuen Veränderungswelle wegducken können, bis sie wieder vorbei ist wie die vorhergegangenen. Lohnt es sich, auf den neuen Vorgesetzten einzugehen oder wird er sowieso bald wieder ausgetauscht? Diese Verweigerungs-, So-tun-als-ob-Haltung verhindert jede Beschleunigung. Es wird zwar alles hektischer, Termindruck und Überstunden steigen, aber man kommt nicht früher an.

Unser früheres Verständnis von Beschleunigung kann das heutige Geschehen nicht mehr beschreiben. Wenn man sich schneller bewegte, kam man schneller ans Ziel oder wenn z. B. das Fließband schneller lief, erhöhte sich die Produktionsstückzahl einer Schicht. Was früher nacheinander ablief (Vergangenheit, Gegenwart, Zukunft) und meist inhaltlich kausal miteinander verbunden und auf ein Ziel gerichtet war, läuft heute parallel und gleichzeitig ab, hat keine Richtung mehr –

und erzeugt Stress, so wie es auch der »Stressreport 2012« der Bundesanstalt für Arbeitsschutz und Arbeitsmedizin beschreibt.

Neuigkeiten, Ereignisse und Nachrichten werden ohne Differenzierung pausenlos inner- und außerhalb des Unternehmens ins Netz gestellt. Informationen sind in beliebiger Menge jederzeit verfügbar. Und der Kunde erwartet jetzt, sofort eine Antwort, sonst wendet er sich ab: Die Konkurrenz ist nur einen Mausklick entfernt. Die alten, reflexartigen Reaktionen auf die neuen Herausforderungen, z.B. mehr Gas geben, sind ungeeignet, dem verwirrenden Informations-Overflow eine Richtung, ein Ziel zu geben wie z.B. die Fertigstellung, den Abschluss. Stattdessen geht ein Projekt ins andere über oder wird sang- und klanglos eingestellt. So entsteht auch gesamtwirtschaftlich die Frage nach dem Sinn, nach der Moralität unseres Wirtschaftens: Wohin führen die Milliardengewinne mancher Unternehmen? Nur zu einer Erhöhung des Gewinnziels im nächsten Jahr? Oder zur Förderung des Gemeinwohls oder der Befriedigung von menschlichen Bedürfnissen?

In einer Unternehmenskultur, in der die Mitarbeiter überwiegend als Kostenfaktor behandelt werden, wird es ständig cost-cutting-Runden geben, die zu einer permanenten Sorge der Mitarbeiter um ihren Arbeitsplatz führen. Dann entsteht kein Miteinander sondern ein Gegeneinander, ein Konkurrenzdenken in Teams, die eigentlich kreativ zusammenarbeiten sollten. Und der Einzelne erlebt und erkennt nicht mehr, wofür er immer mehr an Zeit, Kraft und Nerven einsetzt. Die Fehlerquote steigt, das Ergebnis ist beliebig, der Mitarbeiter identifiziert sich nicht mehr mit seiner Arbeit und seinem Unternehmen; er tut nur noch einen Job – und wartet auf den Feierabend. Das schafft Leiden statt Leidenschaft.

In dieser entwicklungsverneinenden Haltung wird der einzelne Mitarbeiter nicht als subjektives Potential für den gemeinsamen Erfolg angesehen, sondern als objektive Ressource betrachtet, die von außen gesteuert und kontrolliert werden muss. Der Mitarbeiter wird Mittel zum Zweck, er wird zum Produktionsfaktor, zum Human Capital, zur Human Ressource.

Eine Führungskultur, die nach Fehlern und Schuldigen sucht, führt zu korsettartigen Einschränkungen, Vorgaben und Kontrollen, die die Selbstentfaltung blockieren und zur Konformität zwingen. Teil dieser Misstrauenskultur sind dann auch technische Einrichtungen z.B. zur Überwachung der Arbeitsplätze und der Verhaltensweisen der Mitarbeiter. Dadurch werden Leistungswille, Kreativität und Risikobereitschaft reduziert. Und keiner wird mehr Verantwortung übernehmen, weil er weiß, dass ihm keiner helfen wird, wenn etwas schief geht. Statt Teamarbeit erfolgt ein mörderischer Überlebenskampf von Einzelgängern, die sich gegenüber allem und allen absichern. Der Weg des Einzelnen vom Dienst nach Vorschrift über die innere Kündigung bis hin zu psychischen Störungen und Burnout scheint dann ebenso vorgezeichnet zu sein wie für das Unternehmen insgesamt der Weg vom Mittelmaß über die Bedeutungslosigkeit bis zur Insolvenz droht, wenn dem nicht entgegengesteuert wird. Laut »Stressreport Deutschland 2012« wurden allein im Jahr 2011 bundesweit 59,2 Millionen Arbeitsunfähigkeitstage aufgrund psychischer Erkrankungen registriert. Psychische Belastungen seien mittlerweile zudem der häufigste Grund für Frühverrentungen, teilte das Bundesministerium für Arbeit und Soziales (BMAS) mit. Stress in der Arbeitswelt kostet sowohl die Unternehmen als auch die Sozialversicherungen viel Geld. Nach Angaben des BMAS führt der oftmals stressbedingte Ausfall von Arbeitskräften zu einem jährlichen Ausfall an Bruttowertschöpfung von 10,3 Milliarden Euro. Die Produktionsausfallkosten schätzt das Ministerium auf fast sechs Milliarden Euro pro Jahr. Hinzu kommen die Kosten für die Behandlung psychischer Erkrankungen. Diese lagen bereits allein im Jahr 2006 bei knapp 27 Milliarden Euro, die Tendenz war und ist steigend.

Wie kann ein Unternehmen sein Arbeitsumfeld so gestalten, dass die Menschen gesund bleiben und sich mit ihrer Tätigkeit und ihrem Unternehmen identifizieren? Es geht um den Unternehmensgeist, die Haltung der Unternehmensleitung und der Führungskräfte, mit der sie die Menschen im Unternehmen führen. Vertrauen in die eigene Entwicklungs- und Leistungsfähigkeit zu spüren, Wertschätzung für die geleistete Arbeit zu erfahren, Freiraum für kreatives und eigenverantwortliches Handeln zu bekommen und den Sinn der eigenen Arbeit zu erkennen, mobilisiert ungeahnte Kraftquellen und einen Willen zum Erfolg bei vielen Mitarbeitern. Ein eindrucksvolles Beispiel dafür sind die Mitarbeiter, die als Langzeitarbeitslose von der Gesellschaft schon abgeschrieben waren, und z.B. von der Augsburger Textilunternehmerin Sina Trinkwalder eine neue Chance bekommen haben.

Warum tun wir uns so schwer mit Veränderungen?

Wenn wir nach unserem aktuellen Wissensstand handeln würden – technologisch, ethisch, wissenschaftlich –, dann sähe die Welt anders aus. Warum tun wir es nicht? Wie wir die Wirklichkeit gestalten, entspricht noch nicht unseren Möglichkeiten, wie wir sie gestalten könnten. Warum tun wir es nicht? Warum bleiben wir oft in eingefahrenen Gleisen, was hindert uns, Neues zu wagen? Befolgt man die Regeln, kann man nichts falsch machen, hebt sich aber auch nicht ab von der Masse. Die Engländer sagen dazu: »Performers follow the rules – high performers break the rules«. Aber für viele ist es schon ein Ziel, sich an die Gegebenheiten anzupassen, sich schmerzfrei einzurichten in dem System, in dem sie leben. Sie sehen nur das, was sie schon kennen, und sie tun nur das, was sie schon können.

Jede Gemeinschaft ist ein System mit eigenen Regeln, die zu einem Rollenverhalten der Mitglieder führen. Und so lebt der Mensch in verschiedenen Rollen – nicht nur im Laufe seines Lebens, sondern genauso auch jeden Tag, wenn er z.B. von der Familie an seine Arbeits- oder Ausbildungsstätte, abends in den Sportverein oder zu seinem Freundeskreis geht oder noch ein soziales Ehrenamt ausübt. Jedes System ist für sich eine eigene Welt mit eigenen Regeln, die zum Halt oder zum Korsett für die Mitglieder werden. Es sind aber meist durchlässige Welten, weil der Mensch in der Regel Mitglied von verschieden Systemen ist. Diese Systeme – Unternehmen, Vereine oder auch nur lose Gemeinschaften – werden immer von Menschen geschaffen, die in den Regeln, die sie für das System aufstellen, jeweils ihre eigenen Konditionierungen und Sozialisationserfahrungen abbilden. Die innere Haltung der Gründer wird zur Kultur, zum Geist des Unternehmens. »Wie der Herr, so's Gescherr«, sagen wir im Deutschen.

Ein Beispiel: 25 % Eigenkapitalrendite hatte Josef Ackermann, der Chef der Deutschen Bank, für 2005 als Ziel vorgegeben und gleichzeitig den Abbau von 6000 Arbeitsplätzen angekündigt. Dieses Ziel war mit dem normalen Privat- und Firmenkundengeschäft nicht zu erreichen, wo die Renditen damals zwischen 7 und 10 % lagen. Die Zahl 25 ist zu einem Symbol für den rücksichtslosen Kapitalismus geworden. Ist diese Zielvorgabe auch Ursache dafür, dass die Mitarbeiter und Führungskräfte zur Erreichung dieses Zieles (und der daran gebundenen Boni-Zahlungen) in dem spekulativen und risikoreichen Investmentgeschäft viele Geschäfte abgeschlossen haben, die jetzt zu zahlreichen Gerichtsverfahren in den USA und Deutschland gegen die Deutsche Bank geführt und viele Menschen um ihr Erspartes und um ihre Altersversorgung gebracht haben?

Wie fremd sind sich diese Banker selbst geworden, dass ihnen die schädigende Wirkung ihres Handelns, ihre Unmenschlichkeit nicht bewusst wird? Oder haben sie keine andere Chance, weil sie an die Renditeerwartungen ihrer Bank und die daraus für sie abgeleiteten Zielvorgaben gebunden sind? An diese Zielerfüllung koppelt die Bank Boni-Zahlungen. Dadurch wird die Geldgier der von diesem Geschäftsbereich angezogenen Mitarbeiter hervorgerufen und zugleich legalisiert. Können die Mitarbeiter mit dem angehäuften Geld vielleicht ihre eigenen Minderwertigkeitskomplexe kompensieren und dadurch endlich zu den »Großen«, von der Gesellschaft Bewunderten gehören?

Mahner und Kritiker dieses Unwesens sind Störenfriede, sie stören die bestehende Ordnung. Die Finanzwirtschaft als Teilsystem der Marktwirtschaft und die Banken als deren Subsysteme funktionieren nach den Regeln, die für diese Systeme aufgestellt worden sind. Und die Menschen in diesen Systemen verhalten sich entsprechend ihrem Platz und ihrer Stellung in diesem System. Wenn der Wertekanon des Systems bedingungslose Fokussierung auf den Erfolg, verbunden mit Gnadenlosigkeit, Arbeitswut und Risikobereitschaft hoch bewertet, dann deformiert das System seine Führungskräfte so, dass sie sich selbst nicht mehr spüren und infolgedessen die seelischen Verletzungen, die sie bei anderen anrichten, nicht wahrnehmen können. Diese soziale Abspaltung von ihren Mitmenschen, verbunden mit einem Realitätsverlust durch das Leben im Elfenbeinturm, führt zu einer Arroganz und Skrupellosigkeit, die den kurzfristigen Sieg über den Gegner oft erst ermöglicht. Weil dadurch das System stabilisiert wird, ist dieses Verhalten für das System funktional sinnvoll und erfolgreich – der menschlich-moralische Aspekt spielt dann keine Rolle mehr.

Wenn man das System mit seinen Spielregeln und Entscheidungsfaktoren nicht verändert, wirken die Regeln weiter. Z.B. die Regel Profitmaximierung als Ziel, als Selbstzweck hat erst dazu geführt, dass die Menschen in diesem System eine virtuelle Scheinwelt geschaffen haben, in der die Gewinne privatisiert und die Verluste sozialisiert wurden. Von denselben Menschen zu verlangen, dass sie sich moralisch korrekt, damit aber anders verhalten sollen, als es die Regeln vorgeben, dass sie sich also systemfremd und im Verzicht auf die Boni sogar selbstschädigend verhalten sollen, das ist absolut sinnlos. Deswegen spekulieren die Banker trotz Finanzkrise und öffentlichem Aufschrei über Arroganz, Boni-Zahlungen und Missachtung ihres eigentlichen Auftrags zur Unterstützung der

Realwirtschaft unverändert weiter in ihrer selbst erfundenen, globalen Wett-Welt – es sei denn, es werden tatsächlich die Regeln geändert, wie dies zum Beispiel in der Schweiz durch die Volksabstimmung über die »Initiative gegen Abzockerei« im März 2013 möglich wurde. Mit ungewöhnlich deutlicher Mehrheit von 68 % haben die gemeinhin als wertkonservativ und wirtschaftsgläubig geltenden Schweizer für eine Begrenzung und Kontrolle der Managergehälter gestimmt und damit für ihr Land – nach Umsetzung durch das Parlament – eines der schärfsten Aktionärsrechte der Welt erstritten.

Wenn die Menschen anfangen, am System selbst etwas zu ändern, statt das System als gegeben hinzunehmen und nur innerhalb des Systems etwas ändern zu wollen, dann können die anthropologischen Konstanten, können die menschlichen Anliegen von der Arbeitswelt wieder berücksichtigt werden.

Es geht um die kollektiven Glaubenssätze, die unser Handeln prägen – und fesseln: »Wer nicht mitnimmt, was er bekommen kann, zählt zu den Dummen«, und: »Die Gesellschaft bewundert jene, die so viel nehmen und so wenig geben, wie sie können (Geiz ist geil)«, »Nur noch der Erfolg zählt, nicht mehr die Leistung. Der Zweck heiligt die Mittel«, oder: »Man ist nicht auf der Welt, um Spaß zu haben; man muss hart arbeiten und der Beste sein«, und: »Es genügt nicht zu sein – man muss sein Dasein verdienen.« Wir rechtfertigen diese inneren Haltungen mit Sätzen wie: »Aber ich behaupte trotzdem, glücklich zu sein, oder ich werde es jedenfalls später sein, wenn ich reich und berühmt bin.« Diese Konditionierungen, Prägungen, kurz: diese inneren Fesseln zu hinterfragen und zu einem eigenen Urteilsvermögen, einem eigenen Weltbild zu kommen, ist die große Lebensaufgabe des Menschen. Wenn der Mensch etwas verändern möchte, ist es seine Aufgabe, zu diesem eigenen Denken überhaupt erst zu erwachen. – Und rufen die apokalyptischen Wirren unserer Zeit nicht gerade zum Erwachen auf?

Perspektiven für einen Wandel in der Wirtschaft

Die Lösung besteht in der Regel nicht in einer Schwarz-weiß-Entscheidung, sondern darin, die Situation für sich bewusst zu machen, den eigenen Spielraum auszuloten und in kleinen Schritten den eigenen Selbstwert zu stabilisieren. Es ist nicht der Big Bang, sondern es sind die Achtsamkeit und die Sensibilität für die eigenen Bedürfnisse, die neue Wege eröffnen, wenn man wirklich etwas ändern will. Die Schwelle spüren zwischen aushalten und sich auf etwas einlassen. Fühle ich mich als Opfer oder übernehme ich die Verantwortung für mich?

Schauen wir als Beispiel auf die heutige Arbeitswelt: Manche Unternehmen beginnen sich aus der oft noch militärisch geprägten Struktur zu lösen: Flache Hierarchien, Frauen in Führungspositionen, Teamarbeit, Schulung der Führungskräfte, Burnout-Prävention und mehr. Dadurch entsteht eine andere Unternehmenskultur, ein anderer Spirit im Unternehmen, der den Mitarbeitern ein selbstverantwortliches, mitgestaltendes und von ihnen als sinnvoll erlebtes Handeln ermöglicht, das auch wertgeschätzt wird. Jeder Unternehmer, jeder Eigentümer bzw. die Vertreter der Eigentümer im Aufsichtsrat müssen zusätzlich zu den grundsätzlichen Fragen nach Erhalt und Mehrung des eingesetzten Kapitals die Sinnfrage beantworten. Die Antwort auf die Frage, welchen Sinn hat mein Wirtschaften, welchen Beitrag leistet mein Unternehmen für die Menschen inner- und außerhalb meines Unternehmens, diese Antwort prägt die Auswahl und die innere Haltung der Führungskräfte, prägt die Unternehmenskultur und bestimmt den Geist des Systems. Und die Antwort offenbart auch die Bereitschaft zur eigenen Veränderung und zum Anpassungsbedarf im Unternehmen. Denn bisher war es überwiegend so, dass die herkömmliche Massenproduktion zunächst die Konsumwünsche der Menschen erzeugte, um sie dann befriedigen zu können. Durch die Vielfalt an Produkten zu erschwinglichen Preisen wurden die Bedürfnisse differenzierter und komplexer und die Menschen individueller. Die weitere technische Entwicklung von einer Produktions- zu einer Informationsverarbeitung ermöglicht heute ein neues Kundenverhalten: Die Menschen wollen das, was sie sich wünschen, nicht das, was die Unternehmen ihnen anbieten. Dieser Wandel der Kundenwünsche erzwingt einen Wandel in der Entwicklung der Unternehmen: von den traditionellen, meist noch patriarchalisch strukturierten und geführten Unternehmen zu den neuen »open source«-Unternehmen mit flachen, mehr und mehr weiblich geführten Hierarchien, die den Wunsch nach Selbstbestimmung der individualisierten Menschen (als Kunden und als Mitarbeiter) berücksichtigen und ernst nehmen. Der traditionelle Managerkapitalismus ist dagegen auf große Stückzahlen, geringe Produktionskosten und Standardisierung ausgelegt, meist verbunden mit Kontroll- und Steuerungsmechanismen, damit von dem vorgegebenen Standard nicht abgewichen wird. Das alte Geschäftsmodell, das sich nur selbst reproduzieren, aber nicht transformieren will, trifft auf ein neues Umfeld, das das menschliche Verlangen in den Vordergrund rückt. Das neue Geschäftsmodell geht draußen vom Kunden aus, nicht drinnen vom Unternehmen. Das neue Modell fragt, wer der Mensch, der Kunde oder der Mitarbeiter ist, wonach er verlangt und wie das Unternehmen ihm dabei in seinem individuellen, nicht standardisierten Raum helfen kann.

Der ökonomische Wert hat sich von dem Sachgegenstand zu den Bedürfnissen des einzelnen Menschen verlagert. Dieses Individuum öffnet seinen Raum und bezahlt, wenn sein Verlangen erfüllt wird. Wird sein Vertrauen enttäuscht, klickt er weiter. Enttäuschtes Vertrauen kostet Geld. Die Bedürfnisse des Menschen, wie sie Maslow, einer der Gründungsväter der Humanistischen Psychologie formuliert hat, bestimmen nicht nur das Verhalten der Menschen als Kunden und als Mitarbeiter, sondern immer mehr auch den Erfolg der Unternehmen. Diese Bedürfnisse ernst zu nehmen, dient nicht nur den Menschen, sondern auch dem Unternehmen selbst. Das eigene und das unternehmensweite Tun nach der

Sinnhaftigkeit zu hinterfragen, hilft, bei klarem Verstand zu bleiben. Statt sich fatalistisch dem Opferschicksal zu ergeben, kann man den vielleicht kleinen, aber immer vorhandenen Gestaltungsspielraum nutzen und die eigene Arbeitskraft für Herausforderungen einsetzen, die Sinn machen. Nicht mehr fragen, wie muss man sich der Regel entsprechend verhalten, sondern fragen, was verlangt die gegebene Situation von mir?

Der Schlüssel zu einer lebenswerten Zukunft könnte darin liegen, dass

- der einzelne Mensch in bewusster, freier Entscheidung die Verantwortung für sich übernimmt und ein soziales Bewusstsein für das Gemeinwohl entwickelt, sodass jeder sein Dasein und seine Tätigkeit als sinnvoll erleben kann;
- die Unternehmen eine Kultur entwickeln, die den Menschen in den Mittelpunkt stellt und im Menschen den Garanten für den Unternehmenserfolg sieht.

Behandle die Menschen so,
als wären sie, was sie sein sollten,
und du hilfst ihnen zu werden,
was sie sein können.
Johann Wolfgang von Goethe

Literatur

Alain Ehrenberg: Das erschöpfte Selbst. Depression und Gesellschaft in der Gegenwart. Suhrkamp, Berlin, 2008

Robert Greene, Power: Die 48 Gesetze der Macht. Hanser, München, 2013

Martina Gürste: Mitarbeitermotivation: Die Bedürfnispyramide nach Abraham H. Maslow. Grin, München, 2010

Honegger, Claudia: Strukturierte Verantwortungslosigkeit. Berichte aus der Bankenwelt. Suhrkamp, Berlin, 2010

Luhmann, Niklas: Vertrauen. Ein Mechanismus der Reduktion sozialer Komplexität, 4. Aufl., UTB, Stuttgart, 2000

Wilhelm, Oliver: Motivation und Führung von Mitarbeitern: Personalführung in Zeiten des Wertewandels, Diplomica, Hamburg, 2010

Rosenzweig, Phil: Der Halo-Effekt: Wie Manager sich täuschen lassen. Gabal, Offenbach am Main, 2008

Volk, Theresia: Unternehmen Wahnsinn – Überleben in einer verrückten Arbeitswelt. Kösel. München, 2011

Anmerkungen

1 Erhard Eppler benannte es (FAS 14.10.2012, S. 7) so, dass sich der Marktradikalismus als Verheißung ad absurdum geführt habe.

2 Noch ist es für ökonomische wie ökologische Aufgaben nicht allgemeines Handlungswissen, dass bei der Fahrt in eine Sackgasse die Erhöhung der Geschwindigkeit das Problem nicht löst.

3 Es war die Frage von Augustinus (Confessiones Kap. 26): »Was ist es, was dich nährt? Es ist die Freude.«

4 Skidelsky, Robert: Endloses Wachstum ist sinnlos, Interview in: DIE ZEIT, 28.2.2013, S. 19.

5 Die jeweiligen Anmerkungen verweisen auf den Kontext, in dem die Beiträge für ZIST entstanden sind. Texte ohne diesen Hinweis wurden von den Autoren eigens für diese Anthologie verfasst oder zur Verfügung gestellt.

6 So die Auskunft seiner Frau, Else Natalie Warns, mit deren Genehmigung das Bild hier verwendet wurde (auch im ZIST-Programm 2009, S.38).

7 Erstdruck in ZIST-Programm: September 1980 – Februar 1981.

8 Überarb. Fassung mit freundlicher Genehmigung des Verlags nachgedruckt aus: Zeitschrift für Humanistische Psychologie, 3. Jahrgang, Heft 1/2, 1980.

9 Überarb. Fassung eines Vortrag auf der ZIST-Konferenz: Humanistische Medizin, 26.10.1990.

10 Dank eigener Beobachtungen und Literaturstudium hat sich diese erste intuitive Einsicht im Lauf der Jahre seither ergänzt zu dem Wissen, dass Krebs eine psychosomatische Krankheit ist auch nach der psychoanalytischen Definition, wonach bei einer spezifischen, in früher Kindheit entwickelten Erlebnisverarbeitung eine wiederum spezifische Versuchungs- und Versagenssituation in Form einer akuten persönlichen Krise die Somatisierung des nicht verarbeiteten innerseelischen Konfliktes auslöst.

11 Mit diesen Worten charakterisierte vor rund dreihundert Jahren ein Huronenhäuptling die mangelnde Selbstkenntnis des weißen Mannes und meinte, dass das nicht ausreiche, den Titel ›Mensch‹ zu verdienen.

12 Jenö Barcsay, Budapest 7/1981
13 hierzu ausführlich: Büntig, Wolf: Beachtung ein menschliches Grundbedürfnis, unveröffentlichtes Manuskript.
14 Was ist Sucht? Sucht bedeutet Krankheit. Krankheit ist die Folge von Mangel oder Übermaß – etwas fehlt oder etwas ist zu viel. Sucht im engeren Sinne ist das Leiden an den Folgen eines Übermaßes an Ersatz – etwas, das ersetzen soll, was fehlt, ist zu viel. Sucht ist die Abhängigkeit von einer Ersatzbefriedigung. In der Sucht wird die Befriedigung eines wesensgemäßen Bedürfnisses ersetzt durch Deckung eines künstlich geweckten Bedarfs.
Welches Verlangen nach Ersatz als Sucht bezeichnet wird, ist gesellschaftlich bestimmt. Zum Beispiel ist bei uns die Toleranz gegenüber der Arbeits-, Geltungs-, Unterhaltungs- oder Zuckersucht sehr groß, vielleicht weil diese Formen der Sucht die zum Beweis der Dominanz notwendigen grenzenlosen Wachstumsraten sichern.
Die Sucht ist ein Teufelskreis, denn der Ersatz kann das wesensgemäße Bedürfnis nie befriedigen. Das Bedürfnis behält seine treibende Kraft, solange es nicht bedürfnisgemäß befriedigt wird. In der Fehldeutung des bleibenden Verlangens versuchen wir vergeblich, das Bedürfnis mit immer mehr Ersatz zu stillen.
Ein junges Mädchen leidet an einer Lesesucht. Sie fürchtet das Leben im allgemeinen und die Liebe im besonderen. Sie liest gerne über das Leben und die Liebe. Je mehr sie liest, desto größer wird ihre Sehnsucht nach Leben und Liebe und desto länger zögert sie die Entwicklung von Kompetenz im Umgang mit dem Leben und der Liebe hinaus.
Menschen haben eine eingeborene Neigung, sich Bilder von sich selbst, von der Welt und von Gott zu machen, und ein Bedürfnis nach Austausch über diese Bilder. Je weniger wir uns in der zunehmenden Isolation miteinander unterhalten, umso mehr werden wir süchtig abhängig von Unterhaltung durch die sogenannten Medien. Das Ergebnis ist in jedem Fall zunehmende Inkompetenz in der Befriedigung des eigentlichen Bedürfnisses und wachsende Abhängigkeit vom Ersatz. Dies ist die eigentliche Dynamik der Sucht: Die zunehmende Abhängigkeit von einer das eigentliche Bedürfnis nicht stillenden Ersatzbefriedigung; ausführlich hierzu: Vortrag: Wolf Büntig, Qualitätsmerkmale therapeutischer Prozesse in der Behandlung von Suchtkranken aus der Sicht der Körperpsychotherapie, Fachverband Sucht, Heidelberg, 16. 6. 1994.
15 Mit freundlicher Genehmigung, überarb. Fassung aus »Der Bayerische Internist«, 1992.
16 Im psychosomatischen Denken ungeübte Kollegen mögen sich

an dieser Stelle mit der Kurzformel begnügen: »Was die Person nicht aussprechen kann, muss der Körper sagen«.

17 Literatur zur Psychosomatik und zur Körperpsychotherapie beim Verfasser.

18 Auch diese Ambivalenz ging auf entsprechende Erfahrungen in früher Kindheit zurück.

19 Die Zahlen in Klammern verweisen auf die entsprechenden Erläuterungen in der Diskussion.

20 *Kursiv* wiedergegebene Zitate wurden mit dringlicher Betonung als Aufforderung gesprochen. Sie haben so suggestive Wirkung, selbst wenn der rationale Verstand das Kommando nicht bemerkt wie zum Beispiel in dem Satz: Wenn Kinder über etwas nachdenken, *machen Sie die Augen zu!*

21 Vortrag: Medizin und Religion, ZIST- Kongress, 3.10.1993.

22 Statement zur Eröffnung der Podiumsdiskussion beim 5. Weiterbildunskongress des DIHT, 21. Juni 1996, München.

23 Nachdruck aus ZIST-Programm 2009, auch in: Warns, Eberhard: »Ich will Freiheit beim Malen«. Kunst als autonome Kommunikation eines Menschen mit Demenz. EB-Verlag, Berlin 2008.

24 Vortrag beim Förderkreis Ganzheitliche Medizin in der Evangelischen Akademie Bad Herrenalb, 8.10. 2011.

25 Alle hier geschilderten Beispiele sind in Anlehnung an tatsächliche Aufstellungen frei erfunden.

26 Mit freundlicher Genehmigung des Kunstverlags Josef Fink, gekürzte Fassung eines Beitrags in: Kulturhermeneutik und Kritische Rationalität, FS Hans-Otto Mühleisen, Lindenberg 2006.

27 Überarb. Fassung nach Erstdruck in ZIST-Programm I/2000.

28 Wolf Büntig: Zur Situation: 1969 lebte ich mit meiner Frau Christa und vier Kindern in San Francisco. Ein Jahr zuvor war Rudi Dutschke in den Kopf geschossen worden und Martin Luther King junior und Robert F. Kennedy waren Attentaten zum Opfer gefallen. Vielerorts legten Schwarze Feuer in ihren Slums. Liberale Intellektuelle von der Civil Liberties Union stritten für die Bürgerrechte von Minderheiten. Studenten und Professoren gingen ins Gefängnis dafür, dass sie Wehrdienstverweigerer berieten. An den Hochschulen rebellierten die Studenten und verlangten Mitsprache bei der Lehrplangestaltung, ein Ende der Rassendiskriminierung und eine Distanzierung vom Vietnamkrieg. Die USA waren dabei, einen Krieg zu verlieren. In San Francisco versammelten sich Hunderttausende, um gegen den Einmarsch in Kambodscha zu protestieren.

In Berkeley, auf der anderen Seite der Bucht, tobte der Krieg um Peoples' Park; Hippies und andere Bürger von Berkeley hatten des Amerikaners heiligste Kuh – den Privatbesitz – angetastet, indem sie ein eingezäuntes und verwildertes Grundstück besetzt, aufgeräumt und zu einem Kinderspielplatz hergerichtet hatten. Die Nationalgarde kontrollierte die Straßen. Wochenlang herrschte Ausgangssperre.

Ich hatte gerade eine aussichtsreich scheinende Karriere als Nierenphysiologe an den Nagel gehängt. Ich wollte nicht den Rest meines Arbeitslebens über narkotisierte Ratten gebeugt verbringen. Ich wollte mit Menschen arbeiten. Ich hatte gekündigt und eine Halbtagsstelle in einem Biofeedback-Labor angenommen. Ich hatte viel Zeit. Ich bummelte durch die Stadt und staunte über die freundliche Freizügigkeit der Hippies. Ich ging viel im Golden Gate Park spazieren. Ich schlenderte stundenlang am Strand und bestaunte die Kunst der Möwen, sich vom Wind tragen zu lassen. Christa und ich hatten angefangen, in Gruppen zu gehen. Wir hatten eine kleine Werkstatt in der Garage, wo wir lange Abende verbrachten – sie an der Töpferscheibe, ich an meiner Silberschmiedebank. Die Zukunft war offen – und ungewiss. Das war die Situation, in der ich Carl Rogers über The Person of Tomorrow sprechen hörte.

Der Saal der First Unitarian Universalist Church war gepackt voll und vibrierte von einer elektrisierenden Ladung. Die Menge war bunt gemischt – Weiße, Schwarze, Rote und Gelbe; Studenten, Freaks, Hippies; ergraute Intellektuelle, Frauen in langen Kleidern, einige mit Baby auf dem Arm. Carl Rogers, ein so bescheiden wie entschieden wirkender, ein stiller und doch eindrucksvoller Mann, sprach aus, was viele von uns, die wir irgendwie den Eindruck hatten, in diese entfremdete Welt nicht zu passen, fühlten. Diese Begegnung mit Carl Rogers war richtungsweisend für mich. Dank E-Mails habe ich eine Tonbandaufzeichnung aufgetrieben. Ich finde die Ausführungen von Carl Rogers heute so aktuell wie vor 40 Jahren.

29 Henry David Thoreau (1817–1862), amerikanischer Schriftsteller und Philosoph, lebte in Concord, Massachusetts. Er führte ein Leben abseits der Gesellschaft, einfach, bewusst und im Einklang mit der Natur. »Ich habe so oft den Frühling, Sommer, Herbst und Winter durchlebt, als hätte ich nichts anderes zu tun, als zu leben. Ich hätte den ganzen Herbst damit zubringen können, die sich wandelnde Färbung des Laubes zu beobachten.« Seine Stelle als Lehrer verließ er freiwillig, weil er nicht bereit war, sich der üblichen Prügelpädagogik zu unterwerfen. Er führte ein Leben als Einzelgänger und galt in den Augen seiner Mitbürger als Faulpelz. »Gearbeitet« hat er nie länger als sechs Wochen im

Jahr. Er hatte keine Zeit zum Arbeiten. Er hatte Wichtigeres zu tun. Er benötigte all seine Zeit, um intensiv zu leben. In einer selbstgebauten Hütte will er sich dem Leben ausliefern, sich einer radikalen Selbsterfahrung stellen und, wenn möglich, sein gesamtes Dasein neu formulieren und Grundsätze einer authentischen Lebensweise finden: »Ich zog in die Wälder, weil ich bewusst leben, mich nur mit den wesentlichen Dingen des Lebens auseinandersetzen und zusehen wollte, ob ich das nicht lernen konnte, was es mich zu lehren hatte, um nicht auf dem Sterbebett einsehen zu müssen, dass ich nicht gelebt hatte.« (zit. nach der Annonce von H. D. Thoreau: Walden oder Leben in den Wäldern. Verlagsbuchhandlung Joseph Tewes, Oelde 1996).

30 Zeitschrift Erfahrungsheilkunde, 1990, Heft 12, S. 807.

31 Überarb. Nachdruck aus ZIST-Programm II /1995, Referat am 12.12.1994 bei der Tagung des Zentrums für Individual- und Sozialtherapie in Penzberg.

32 Noll, Peter: Diktate über Sterben & Tod. Mit der Totenrede von Max Frisch. Pendo-Verlag, Zürich 1984.

33 Autorisierte und genehmigte Nachschrift eines Vortrags in der Kath. Akademie München, 21.10.2010.

34 Überarb. Vortrag anlässlich der Feier zum 100. Geburtstag von Karlfried Graf Dürckheim, gehalten am 26. Oktober 1996 in Todtmoos, Erstabdruck ZIST-Programm II/1998

35 Überarbeiteter Vortrag auf dem ZIST-Kongress 2007.

36 Haiku: Japanische Gedichte. Hrsg. von Dietrich Krusche. dtv, München 2001.

37 Wolff, Hans-Walter: Anthropologie des Alten Testaments. Kaiser, München 1973, S. 29, S. 39.

38 Wolff 47.

39 Grün, Anselm: Chorgebet und Kontemplation. Vier Türme Verlag, Münsterschwarzach 1990, S. 56; zitiert nach Willigis, Jäger/Beatrice, Grimm: Der Himmel in dir. Einübung ins Körpergebet, München 2000, S. 27f.

40 Evangelisches Gesangbuch, Ausgabe für die Evangelische Kirche von Kurhessen-Waldeck, Kassel 1994, Lied 503.

41 Benn, Gottfried: Gesammelte Werke, Dritter Band, 6. Auflage Wiesbaden / München 1978, S. 174.

42 Vgl. Schubert, Franz: Die Winterreise, Lied 22: Mut:

Fliegt der Schnee mir ins Gesicht,
Schüttle ich ihn herunter.
Wenn mein Herz im Busen spricht,
Sing ich hell und munter;

Höre nicht, was es mir sagt,
Habe keine Ohren,
Fühle nicht, was es mir klagt,
Klagen ist für Toren.

Lustig in die Welt hinein
Gegen Wind und Wetter!
Will kein Gott auf Erden sein,
Sind wir selber Götter!

43 Ernst Jandl: gedichte an die kindheit 1, der seelenhirte.
44 Baker, Augustine: Die inneren Weisungen des Heiligen Geistes. Übertragen von Lilo Ebel. Herder, Freiburg 1955, S. 49 f.; zitiert bei Willigis, Jäger: Kontemplation. Gott begegnen – heute. Herder, Freiburg 2005, S. 28.
45 Meister Eckhart: Deutsche Predigten und Traktate. Hrsg. von Josef Quint. Hanser, München 1969, S. 383.
46 Bonhoeffer, Dietrich: Widerstand und Ergebung. Hanser, München 1961, S.154, S. 202f; vgl. S. 64, S. 177, S. 249.
47 Martin, Marcel Gerhard: Sachbuch Bibliodrama. Eb. Verlag, Berlin 2011.
48 Franz Kafka: Gibs auf!, in: Hohler, Franz (Hg.): 112 einseitige Geschichten. Luchterhand, München 2007, S.119.
49 Sibler, Hans-Peter/Riemer, Christoph/Kuhn, Marc/Erne, Christina: Spiele ohne Sieger. Otto-Maier-Verlag, Ravensburg 1986.
50 Albert Camus: Le Mythe des Sisyphe. Essai sur l'absurde. (Gallimard) 1942; ders.: Der Mythos von Sisyphos. Ein Versuch über das Absurde. Reinbek, Rowohlt 1959.
51 Vortrag auf dem ZIST-Kongress 2006.
52 Galuska, Joachim.: Die erwachte Seele und ihre transpersonale Struktur, in: Transpersonale Psychologie und Psychotherapie, Jahrgang 2003, 2. Heft, S. 6–17.
53 Wilber, Ken.: Eros, Kosmos, Logos. Krüger, Frankfurt 1996.
54 Galuska, Joachim.: Grundprinzipien einer transpersonal orientierten Psychotherapie, in: Galuska (Hrsg.): Den Horizont erweitern. Ulrich Leutner-Verlag, Berlin 2003.
55 Galuska, Joachim.: Auf dem Weg zu einer Psychotherapie des Bewusstseins, in: Galuska, Joachim/Pietzko, Andreas. (Hrsg.): Psychotherapie und Bewusstsein. Kamphausen-Verlag, Bielefeld 2005.
56 Sloterdijk, Peter (Hrsg.): Mystische Zeugnisse aller Zeiten und Völker. Diederichs, München 1993.
57 Überarb. Nachdruck aus ZIST- Programm II/1997.
58 Überarb. Vortrag auf dem ZIST-Kongress 2008
59 Vertiefend zu den hier vorgetragenen Überlegungen: Dörner,

Klaus: Leben und sterben, wo ich hingehöre. Neumünster, Paranus 2007.

60 Überarb. Vortrag auf dem ZIST-Kongress 2008. Der Beitrag entstand zunächst für den ZIST-Kongress mit dem Thema: Potential und Wirklichkeit – Seele in der Welt.

61 Diese Arbeit geht auf einen Beitrag für einen ZIST-Kongress zur Potentialorientierten Psychotherapie zurück und beruht weitgehend auf meinem Buch: Reddemann, Luise: Würde – Annäherung an einen vergessenen Wert in der Psychotherapie. Klett-Cotta, Stuttgart 2008.

62 Duve, Freimut.: Vorwort zu Lakoff, in: Lakoff, George/Wehling, Elisabeth: Auf leisen Sohlen ins Gehirn. Poltische Sprache und ihre heimliche Macht. Carl Auer, Heidelberg 2007.

63 Schweitzer, Albert: Kultur und Ethik. Kulturphilosophie. Zweiter Teil, 10. Auflage, C.H. Beck'sche Verlagsbuchhandlung, München 1955, S.227.

64 Wetz, Franz-Josef: Illusion Menschenwürde. Aufstieg und Fall eines Grundwerts. Klett-Cotta, Stuttgart 2005, S.193.

65 Ebd., S.192.

66 Baumann, Peter.: Menschenwürde und das Bedürfnis nach Respekt., in: Stoecker, Ralf (Hrsg.): Menschenwürde. Annäherung an einen Begriff. Pöv und hpt, Wien 2002.

67 Englert, Klaus: Zum 100. Geburtstag von Emmanuel Lévinas, Deutschlandradio Kultur 2006. http://www.dradio.de/dlf/sendungen/buechermarklt/460719.

68 Lévinas; E.: Die Unvorhersehbarkeit der Geschichte. Aus dem Französischem von Alwin Letzkus. Karl Alber, Freiburg/München 2006, S. 173, zitiert nach: Englert, Klaus: Zum 100. Geburtstag von Emmanuel Lévinas.

69 Englert, Klaus: Zum 100. Geburtstag von Emmanuel Lévinas.

70 Wolzogen, Christoph von: Emmanuel Lévinas. Denken bis zum Äußersten. Karl Alber, Freiburg 2005.

71 Wolzogen, Christoph von: Emmanuel Lévinas.

72 Rorty, Richard: Wahrheit und Fortschritt. Suhrkamp, Frankfurt am Main 2000, S. 244ff.

73 Boss, Pauline: Verlust, Trauma und Resilienz. Die therapeutische Arbeit mit dem »uneindeutigen Verlust«. Klett-Cotta, Stuttgart 2008.

74 Taureck, B.H.F.: Die Menschenwürde im Zeitalter ihrer Abschaffung. Eine Streitschrift. Merus, Hamburg 2006, S. 94.

75 Benhabib, Seyla: Selbst im Kontext. Kommunikative Ethik im Spannungsfeld von Feminismus, Kommunitarismus und Postmoderne. Frankfurt am Main, Suhrkamp, Frankfurt 1995, S.123.

76 Ebd., S. 65.

77 Ebd., S. 64 f.

78 culturebase.net

79 Benhabib, Seyla: Selbst im Kontext, S. 8.

80 Ebd., S. 18.

81 Ebd., S. 66.

82 Ebd., S. 16.

83 Ebd., S. 129.

84 Ebd., S. 129 f.

85 Reddemann, Luise: Würde – Annäherung an einen vergessenen Wert in der Psychotherapie. Stuttgart, Klett-Cotta 2008, S. 69.

86 Ebd., S. 70.

87 Maslach, Christina, Leiter, P. Michael: Die Wahrheit über Burnout und Stress am Arbeitsplatz und was sie dagegen tun können. Springer, Wien 2001.

88 Bartmann, Christoph: Leben im Büro. Die schöne neue Welt der Angestellten. Hanser, München 2012, S. 305.

89 Dieser Artikel ist eine stark verkürzte und abgewandelte Version des Artikels: »UM WELCHEN KÖRPER GEHT ES DENN. Körperkonzepte in der Psychotherapie« in: Psychoanalyse & Körper, 8. Jahrgang, 2009, Giessen.

90 Reich, Wilhelm: Charakteranalyse. Farrar, Straus, Giroux, New York, 1983. (erstveröffentlicht 1933)
Lowen, Alexander: The Language of the Body. McMillan, New York, 1958, Kelley, C. Orgonomy, Bioenergetics and Radix. The Reichian Movement Today. Radix Institute, 1972.
Pierrakos, John: Core Energetics. Life Rhythm. Mendocino, CA 1987.

91 Keleman, Stanley: Your body Speaks its Mind. Simon and Schuster, New York 1975.

92 Boadella, David: Lifestreams. Routledge, London, 1987.

93 Freud, Sigmund: Das Unbewusste, in: Studienaugabe, Bd. 3, Fischer, Frankfurt 1915.

94 Reich, Wilhelm: Charakteranalysis.

95 Kelley, C. Orgonomy, Bioenergetics and Radix.

96 Keleman, Stanley: Your body Speaks its Mind.

97 Boadella, David: Lifestreams.

98 Pierrakos, John: Core Energetics.

99 Lowen, Alexander: The Language of the Body.

100 Damasio, Antonio: The Feeling of What Happens: Body and Emotion in the Making of Consciousness. Harcourt. San Diego/New York/London 1999.

101 Damasio, A. R.: Ich fühle, also bin ich. List, München 2000, S. 341.

102 Aaron, Lewis/ Anderson, Sommer Frances. Relational Perspectives on the Body. The Analytic Press, Hillsdale NJ, 1998, S. xxvii.

103 Klopstech, Angela: Psychoanalyse und Körperpsychotherapie im Dialog, in: Koemeda-Lutz, Margit (Hg.): Körperpsychotherapie – Bioenergetische Konzepte im Wandel. Schwabe, Basel 2002, S. 49–60.

104 Dimen, Muriel: Polyglot Bodies. Thinking Through the Relational, in: Aaron, Lewis/Anderson, Sommer Frances. Relational Perspectives on the Body, S. 65–93.

105 Limbische Resonanz ist ein neuerer, neurowissenschaftlicher Begriff für das althergebrachte und vertraute therapeutische Konzept von Empathie. Im neuropsychologischen Kontext wird Empathie als »Konversation zwischen zwei limbischen Systemen« verstanden. Unser limbisches System versteht verbale Sprache nicht, aber es scheint den emotionalen Inhalt von Sprache zu erfassen und Körpersprache zu verstehen. In diesem Sinne lässt sich der Begriff ›Konversation‹ rechtfertigen.

106 Überarbeiteter Nachdruck aus ZIST-Programm 2006.

107 Überarbeiteter Nachdruck aus ZIST-Programm 2012.

108 Es gibt drei wichtige Ressourcen, auf die man zurückgreifen kann, wenn man in Schwierigkeiten kommt. Also wenn man Angst hat, wenn man bedroht ist, wenn man den Mut verliert. Wenn man sich ohnmächtig fühlt, gibt es drei große, ich nenne das mal so, Stützpfeiler, an denen man wieder Kraft findet und die einen aufrichten. Der erste dieser Stützpfeiler – das ist vielleicht vergleichbar mit einem dreibeinigen Schemel – und das erste Bein, das man immer zuerst versucht wieder zum Stehen zu bringen, das ist das verloren gegangene Vertrauen, dass man selbst etwas kann. Also dieses Vertrauen, dass man jemand ist, der was zustande bringt. Das wird auch in vielen Therapieformen gemacht. Dann gibt man den Menschen eine Chance, die Erfahrung zu machen, dass sie doch was hinkriegen, was sie bisher gar nicht für möglich gehalten haben. Traumatherapien sind wunderbare Beispiele für so etwas. Aber dieses Wiedergewinnen dieses Vertrauens, das man jemand ist, der etwas hinkriegt, der etwas gestalten kann, der über Fähigkeiten und Fertigkeiten verfügt, mit denen er in der Welt sich zurechtfindet, ist in sich selbst ein dünnes Standbein. Und das ist so ein Hocker mit nur einem Bein dran. Wenn das wieder weggeschlagen wird, und das wird automatisch weggeschlagen, weil wir älter werden, und weil sich die Welt ständig verändert, dann brechen wir mit unseren bisher erworbenen Kompetenzen und all dem, worauf wir ja so stolz sind, einfach weg. Und dann brechen wir ein. Und

deshalb ist es gut, wenn dieses zweite Bein an diesem Hocker noch dran ist, und dieses zweite Bein ist das Vertrauen, dass man in einer menschlichen Gemeinschaft lebt. Und dass man dort jemanden findet, der einem, wenn man es alleine nicht mehr hinkriegt, hilft. Eine volle Vertrauensressource, die auch dann noch trägt, wenn man selbst die Kompetenz nicht mehr besitzt. Wenn man älter wird, wenn man krank wird, wenn es einem nicht gut geht. Aber, es ist ja für uns Menschen auch häufig so, dass man sich auf die anderen nicht ein ganzes Leben lang verlassen kann. Also, das kann ja auch wegbrechen. Diese anderen Personen. Dann kommt dieses dritte ins Spiel. Dieses dritte Standbein, das eigentlich das wichtigste ist. Das Vertrauen, und jetzt formuliere ich es mal nicht religiös, sondern formuliere es mal so, dass alle dazu ja sagen können. Das Vertrauen, dass man in dieser Welt auf irgendeine Weise gehalten ist, dass das, was man in dieser Welt erlebt, Sinn macht, und dass man von dieser Welt getragen wird. Man könnte auch sagen, das ist das Vertrauen, dass es dann wieder gut wird. Und das brauchen Sie. Wenn Sie das nicht haben, sind Sie ein armer Mensch. Und deshalb brauchen wir dieses Gottvertrauen, das über das das hinausgeht, was wir in dem anderen finden, der uns stützt. Und was noch über das hinausgeht, was wir glauben, in uns selbst alles an Kräften mobilisieren zu können.

109 Siehe auch: Schönberger, Josef: Die Wiederentdeckung des Respekts. Wie interkulturelle Begegnungen gelingen. Mit einem Vorwort des Dalai Lama. München 2010

110 Der vorstehende Absatz folgt im Wesentlichen der Darstellung von Wolf Büntig im ZIST-Programm 2013, S. 82.

111 www.freie-alternativschulen.de

112 Wild, Rebeca: Erziehung zum Sein. Erfahrungsbericht einer aktiven Schule. Arbor- Verlag, Heidelberg 1992, S. 21.

113 Erich Kästner, dt. Schriftsteller (1899–1974)

114 Wallrabenstein, Wulf: Offene Schule – offener Unterricht. Ratgeber für Eltern und Lehrer. Rowohlt, Reinbek bei Hamburg 1994. S. 128, vgl. insgesamt ebd. S. 123 ff.

115 Zimmer, Renate: Kreative Bewegungsspiele. Psychomotorische Förderung im Kindergarten. Herder, Freiburg, 2009. S. 17 f.

116 Hengstenberg, Elfriede: Entfaltungen. Bilder und Schilderungen aus meiner Arbeit mit Kindern. Arbor-Verlag, Heidelberg 1993, S. 15.

117 Montessori, Maria: Grundlagen meiner Pädagogik und weitere Aufsätze zur Anthropologie und Didaktik. Quelle und Meyer, Heidelberg 1965, S. 21–23.

118 Wild, Rebecca: Kinder wissen, was sie brauchen. Herder, Freiburg 1998, S. 16.

119 Winfried Böhm (Hg.): Maria Montessori. Texte und Diskussion, S.19.

120 Wild, Rebecca: Kinder wissen, was sie brauchen, S. 41 f.

121 Vgl. dazu auch Rebeca Wild: Kinder im Pesta. Erfahrungen auf dem Weg zu einer vorbereiteten Umgebung für Kinder. Arbor-Verlag, Freiamt 1993, S. 136.

122 Juul, Jesper: Das kompetente Kind. Auf dem Weg zu einer neuen Wertgrundlage für die ganze Familie. Rowohlt, Reinbek bei Hamburg 2000, S. 231.

123 Wild, Rebecca: Sein zum Erziehen. Mit Kindern leben lernen. Arbor-Verlag, Heidelberg 1991, S. 37.

124 Wild, Rebecca: Freiheit und Grenzen – Liebe und Respekt. Was Kinder von uns brauchen. Arbor-Verlag, Freiamt 1998, S. 128.

125 Ebd., S. 125ff.

126 Oswald, Paul / Schulz-Benesch, Günter: Grundgedanken der Montessori-Pädagogik. Herder, Freiburg 1995, S. 42.

127 »Glasnost [...] bezeichnet als Schlagwort die nach seinem Amtsantritt (März 1985) von Generalsekretär Michail Gorbatschow in der Sowjetunion eingeleitete Politik einer größeren Transparenz und Offenheit der Staatsführung gegenüber der Bevölkerung. [...] Im Westen wurde, vermutlich aufgrund des im Deutschen und Englischen bekannten Glases, der Begriff häufig als Transparenz interpretiert. Tatsächlich stammt Glasnost vom kirchenslawischen Wort glas (russisch golos) ab, was »Stimme« bedeutet und »die offene und umfassende Information über gesellschaftlich bedeutsame Aktivitäten und die Möglichkeit ihrer freien und eingehenden Erörterung« bezeichnet. Es beinhaltet somit auch das demokratische Prinzip der Meinungsfreiheit.« (Quelle: http://de.wikipedia.org/wiki/Glasnost)

128 Im Original: citizen empowerment. »Im Umfeld politischer Bildung und demokratischer Erziehung wird Empowerment als Instrument betrachtet, die Mündigkeit des Bürgers/der Bürgerin zu erhöhen. Empowerment ist auch ein Schlüsselbegriff in der Diskussion um die Förderung des bürgerschaftlichen Engagements.« (Quelle: http://de.wikipedia.org/wiki/Empowerment)

129 Dieses Thema haben wir auch später in öffentlichen Foren in Deutschland aufgegriffen, z.B. 2008 in einem offenen Forum in Berlin mit dem Thema: »Nationalstolz in Deutschland – verboten oder erwünscht?«

130 Diese Bemerkung bezieht sich auf die Nachkriegszeit. Nach dem Ende des Zweiten Weltkrieges war Deutschland von den vier

Siegermächten besetzt. Die ersten Unterschiede zwischen den Alliierten zeigten sich jedoch schon anlässlich der ersten und zugleich letzten freien Wahlen zum Gesamtberliner Magistrat nach Kriegsende, die am 20. Oktober 1946 stattfanden. Das Wahlergebnis, bei dem die SED lediglich 20 % der Gesamtstimmenzahl erzielte, bestätigte nicht die hohen Erwartungen, dass die Partei in der »Ostzone« die Spitzenposition einnehmen würde. Nach der Vereinigung der West-Sektoren Berlins in ein »Trizone« genanntes Wirtschafts- und Verwaltungsbündnis verließ die UdSSR den alliierten Kontrollrat. Dieses Ereignis markierte den Beginn des Kalten Krieges in Berlin. Nach Meinung des Sprechers/der Sprecherin mussten die Ostdeutschen die Unterdrückung durch die Russen als Bezahlung für die Kriegsverbrechen ganz Deutschlands erdulden. Anders als die Westdeutschen, die vom amerikanischen »Marshallplan« profitierten und wirtschaftliche und demokratische Unabhängigkeit erlangten, mussten ihre ostdeutschen Vettern die »Strafe« absitzen.

131 Zwischen dem 13. August 1961, dem Tag des Mauerbaus, und dem 9. November 1989 starben an der Berliner Mauer 255 Republikflüchtlinge.

KENNEN SIE FRAGEN, WIE ZUM BEISPIEL:

· Wie finde ich heraus, was mir gut tut?
· Wie kann ich meine Richtung finden?
· Ich denke zu viel. Wie lerne ich fühlen?
· Wie kann Beziehung gelingen?
· Wie kann ich in Beziehung leben und gleichzeitig ich selbst
  bleiben lernen?
· Ich kann nicht mehr – was kann ich tun, um nicht auszubrennen?
· Ich bin krank – wie kann ich meine Heilung unterstützen?
· Wie qualifiziere ich mich als Therapeut für den Umgang mit der
  zunehmenden seelischen Not sowie der wachsenden Sehnsucht
  nach Spiritualität?

DIE LÖSUNG IST IM PROBLEM ZU FINDEN.

ZIST IST EIN SEMINARZENTRUM
für potentialorientierte Selbsterfahrung in Krisenhilfe, Wegbegleitung, Psychotherapie und Coaching vor dem Hintergrund der Humanistischen Psychologie.

DAS PROGRAMMANGEBOT VON ZIST UMFASST
· Workshops zur Selbsterfahrung in den Bereichen Persönliches Wachstum, Beziehungen, Gesundheit, Kreativität und Spiritualität.
· Workshops zur Fortbildung und
· längere Fort-, Weiter- und Ausbildungen in tiefenpsychologisch fundierten, potentialorientierten und Spiritualität integrierenden Verfahren.

· Ausbildung zu Psychologischen Psychotherapeutinnen und Psychotherapeuten an der als Ausbildungsinstitut staatlich anerkannten *ZIST Akademie für Psychotherapie*.

HINWEIS
Wir weisen Sie darauf hin, dass eine finanzielle Unterstützung für Workshops zur Selbsterfahrung durch den *ZIST Förderverein e.V.* möglich ist. Bitte wenden Sie sich im Bedarfsfall an das ZIST Büro.

ZIST.
gemeinnützige GmbH

LASSEN SIE SICH UNSER PROGRAMM ZUSCHICKEN:
ZIST gemeinnützige GmbH · Zist 1 · 82377 Penzberg · Deutschland
Telefon +49-8856-93690 · Fax +49-8856-936970
E-Mail: info@zist.de · Internet: www.zist.de